DANS LA MÊME COLLECTION

Georges Barbarin : **Le Livre de la mort douce.**
Claude Darche : **Initiation pratique au Tarot.**
Nerys Dee : **Comment interpréter vos rêves.**
Yves Gaël : **Talismans dévoilés.**
Josephine Harper et Michael Miller : **Comment développer votre énergie psychique.**
Paul-Clément Jagot : **Comment développer votre magnétisme personnel.**
Paul-Clément Jagot : **L'Influence à distance.**
Paul-Clément Jagot : **Méthode pratique de magnétisme, hypnotisme, suggestion.**
Paul-Clément Jagot : **Théorie et pratique de l'hypnotisme.**
Philippe Kerforne : **Hypnose et autohypnose.**
Jean-Pol de Kersaint : **Toute la numérologie.**
Jean-Pol de Kersaint : **Tout par la radiesthésie.**
René Lacroix à l'Henri : **Manuel de radiesthésie.**
Joanne Leslie : **La Cartomancie pour tous.**
Antoine Luzy : **La Radiesthésie moderne.**
Michel Nicole : **Initiation au magnétisme curatif.**
Papus (Dr Gérard Encausse) : **La Réincarnation. Ce que deviennent nos morts.**
Papus (Dr Gérard Encausse) : **Comment on lit dans la main.**
Kurt Tepperwein : **Méthode de training mental.**

Tout par la
radiesthésie

collection Initiation

OUVRAGES DU MÊME AUTEUR

Toute la numérologie (Éditions Dangles).
Tout par la radiesthésie (Éditions Dangles).
Les 13 Pantacles du bonheur (Éditions Dangles).

Jean-Pol de Kersaint

Tout par la radiesthésie

Notions élémentaires pratiques pour toutes recherches dans les domaines les plus variés

66e mille

Editions Dangles
18, rue Lavoisier
45800 ST-JEAN-DE-BRAYE

ISSN : 0763-8566

ISBN : 2-7033-0153-7

AVANT-PROPOS

En créant cette méthode particulière de recherche radiesthésique, je n'ai pas voulu bouleverser les données déjà acquises, mais simplement rationaliser les procédés connus pour faciliter la recherche des débutants comme des professionnels.

Ce que je vais décrire ici n'est pas une méthode de « concordance absolue » entre les nombres et les choses, mais une méthode de « concordance relative », fruit, non pas d'une détection scientifique, mais d'une convention mentale organisée. Vous pouvez donc modifier l'ordre des listes, les compléter, en rajouter d'autres. Vous pouvez aussi modifier les procédés de recherche car ce qui est décrit ici n'est qu'une simple indication constituant, tout de même, une base assez sérieuse d'approche de la radiesthésie.

Rien n'empêche de penser, non plus, que si de nombreux radiesthésistes adoptent une telle méthode rationnelle et facile, se prêtant bien aux statistiques, et éliminant au maximum les risques de suggestion, nous ne puissions, tous ensemble, réussir enfin à jeter les bases d'une radiesthésie scientifique reconnue.

INTRODUCTION

Peut-on vraiment tout savoir par la radiesthésie ?

OUI ! je ne crains pas de l'affirmer. Et pourtant, la radiesthésie n'est pas un procédé magique. Elle n'est que le résultat de l'utilisation de certains pouvoirs psychiques encore inconnus des hommes, soit par ignorance, soit par refus systématique, soit, surtout, par faute d'une étude rationnelle.

Il y a eu, au cours des dizaines d'années écoulées, quelques radiesthésistes célèbres. Certains, qui obtenaient des résultats quasi miraculeux, ont tenté d'imposer leur méthode. Or, si l'on consulte ces ouvrages, l'un après l'autre, force est de constater que ces méthodes sont toutes différentes. Pourtant, il est certain que ces gens-là obtenaient des résultats parfaits, leur bonne foi ne peut être mise en doute. Alors ? Alors il est bien difficile de disposer des absents. Peut-être ces radiesthésistes n'étaient-ils que des voyants particulièrement doués ? Le procédé qu'ils utilisaient n'était qu'un moyen de se repérer, de faciliter le décodage des résultats, une sorte de convention mentale personnelle. Ce qui explique que chacun avait son code propre et que si l'un trouvait de l'or quand son pendule tournait 3 fois à gauche et 1 fois à droite, l'autre en obtenait quand son pendule tournait à l'envers, sans compter le nombre des girations.

Pour moi qui n'ai aucun don particulier et qui, pourtant, obtiens des résultats proches de 100 %, la radiesthésie est surtout une affaire d'artisan. Elle est un art, mais pourrait bien devenir une science si l'on y mettait un peu d'ordre et de bonne volonté comme je l'expliquerai dans la conclusion de cet ouvrage. Et ce serait merveilleux car nous aurions alors un instrument exceptionnel qui permettrait d'avancer à pas de géant dans de nombreuses disciplines comme la recherche médicale, celle du pétrole, celle des personnes disparues, des criminels, etc. Sans compter, pourquoi pas, l'utilisation du pendule dans le contre-espionnage. La radiesthésie deviendrait alors l'anti-arme absolue, l'instrument de la paix universelle. On peut toujours rêver un peu...

Restons-en, pour l'instant, à ce qui est possible actuellement, et ce n'est déjà pas si mal, comme vous allez le voir, et étudions ensemble comment pratiquer la radiesthésie dans la vie quotidienne, tant pour notre bonheur que pour celui de nos semblables.

Première partie

DEVENIR RADIESTHÉSISTE

A.- TOUT LE MONDE PEUT FAIRE DE LA RADIESTHÉSIE

Je puis vous le prouver en vous expliquant comment je suis devenu moi-même radiesthésiste, alors que rien ne m'y prédisposait, bien au contraire.

Dès ma plus tendre enfance, j'étais passionné de prestidigitation. Je l'ai pratiquée tant en amateur qu'en professionnel sur des scènes réputées. Mais, surtout, j'ai eu à créer et mettre en scène plusieurs grandes séries de spectacles magiques internationaux. C'est dire que j'ai lu beaucoup de livres sur la prestidigitation et appris par cœur tous les truquages. C'est ainsi que, tout jeune encore, et tout imbu de mes connaissances en magie blanche, j'affirmais avec une merveilleuse inconscience que la radiesthésie n'existait pas et que c'était une fumisterie où tout était truqué. Il est vrai que j'avais vu des expériences de théâtre où un pendule de radiesthésie était requis, mais seulement pour originaliser la mise en scène. Il est vrai aussi que je portais un jugement sur la radiesthésie sans rien y connaître, comme on le fait quand on est jeune.

C'est dans ces dispositions d'esprit que mon père, un soir, me dit avoir rencontré un client surprenant qui, à l'aide d'un pendule lui avait fait une démonstration stupéfiante. Sceptique, mais heureusement curieux de nature, je ne pus résister au désir de rencontrer cet homme. Probablement d'ailleurs avec le secret espoir de le confondre. Je m'attendais à voir une sorte de charlatan, entouré d'amulettes et de gris-gris, travaillant au pendule dans une quasi-obscurité plus ou moins mystique.

Je ne fus pas peu surpris, en me rendant chez lui, de pénétrer dans une boutique banale de marchand de couleurs, fleurant bon l'encaustique et la térébenthine. Un brave homme en blouse blanche, plutôt petit et trapu, jovial, rougeaud, le crâne dégarni auréolé d'une demi-couronne de cheveux gris, me jaugea d'un regard vif, perçant mais rieur. L'examen dut être satisfaisant puisque, les présentations faites, il me permit d'entrer dans son bureau, encombré de papiers, d'emballages, de pots de peinture et de balais.

Sans discours, sans chercher à me convaincre, très simplement, cet homme aimable m'expliqua comment il avait appris la radiesthésie, par son père, qui lui-même la tenait du grand-père. Il me parla des expériences auxquelles il se livrait, d'une façon un peu empirique, mais avec des résultats satisfaisants, ainsi que mon propre père avait pu en faire l'expérience. Ayant toujours vénéré la franchise, je ne lui cachai pas mon scepticisme. Il ne tenta pas de se justifier mais me mit tout bonnement un pendule entre les mains, m'expliqua les mouvements pendulaires : oscillations et girations, et m'expliqua comment faire une expérience toute simple, en l'occurrence trouver parmi cinq boîtes de peinture posées sur son bureau laquelle était vide. Je réussis l'expérience du premier coup. Il m'en fit faire d'autres que je réussis presque toutes. Inutile de vous dire que je le quittai assez tard le soir, beaucoup moins sceptique, pour ne pas dire émerveillé d'avoir pénétré un monde jusqu'alors inconnu, qui me semblait un peu miraculeux et qui, en fait, devait me faire connaître bien des joies.

B. - MES PREMIÈRES CONSULTATIONS

Après plusieurs visites chez mon initiateur, je m'entraînais assidûment à la pratique de la radiesthésie. D'abord avec les quelques expériences qu'il m'avait indiquées, puis avec d'autres que j'inventais. Ce qui me permit de sélectionner les plus utiles, celles que vous trouverez dans le présent ouvrage.

Puis, ayant acquis petit à petit un grand nombre d'ouvrages de radiesthésie, je m'efforçai d'adapter les idées générales, souvent bizarres, parfois farfelues, qui avaient cours à cette période de ma jeunesse, dans une seule et simple méthode, rationnelle, qui me donna de grandes satisfactions au fur et à mesure que je la perfectionnais par la pratique.

Si le cadre de mes expériences ne dépassait pas l'environnement familial, on commençait à raconter chez les amis, les voisins, que j'étais « sourcier ».

Vous voudrez bien noter au passage, et c'est important, que je suis devenu radiesthésiste par suite d'une rencontre fortuite, certes, mais surtout à force de travail et d'entraînement, et non par la découverte d'un don exceptionnel, ce qui me permet, encore une fois, d'affirmer que tout le monde peut en faire autant, et que c'est un travail d'artisan plus que l'application de pouvoirs surnaturels.

Mais revenons à la pratique. Un voisin, un jour, vint me trouver. Il avait creusé une tranchée dans son jardin pour mettre à jour une canalisation sur laquelle il devait faire un branchement. La canalisation ayant été posée avant son arrivée, il ne savait pas où elle passait exactement. La tranchée atteignait déjà 7 mètres de long et il désespérait de trouver cette canalisation quand il eut l'idée de venir me demander de la trouver. Un peu ému (c'était ma première consultation publique !) et armé de mon pendule, je cherchai la canalisation par la méthode toute simple expliquée dans le présent ouvrage, et lui montrai du doigt l'emplacement que j'avais trouvé, en précisant que la canalisation se trouvait à 10 cm de profondeur environ. Il creusa avec le bout d'une petite pelle : la canalisation tant cherchée, et avec tant d'efforts par lui, se trouvait exactement à l'endroit que j'avais désigné. De ce jour, je devins le sourcier du pays et passais une grande partie de mon temps à chercher des sources ou des canalisations gelées ou bouchées. Je fis gagner beaucoup de temps à mes voisins, mais en perdis pas mal du mien. En fait, il ne fut pas complètement perdu, car ces expériences furent finalement des séances d'entraînement et de perfectionnement.

Quelque temps après je me mis à chercher, pour un ami archéologue amateur, l'entrée d'un souterrain. Je pus désigner, non seulement l'entrée, mais toutes les galeries et une statue qui s'y trouvait. Puis ce fut, pour ma famille et pour moi, la recherche de maladies, d'objets perdus, etc. Je ne me décidais pas à devenir « radiesthésiste professionnel », ayant d'autres études en cours, mais profitais de mes expériences d'amateur pour tenter de rationaliser la pratique de la radiesthésie et de mettre au point une méthode efficace de recherche rapide : c'est celle que vous trouverez exposée dans le présent ouvrage qui, je le souhaite vivement, vous permettra de connaître comme je les ai connues, les immenses joies que l'on peut ressentir en rendant service à ses semblables.

C. - THÉORIES DE LA RADIESTHÉSIE.

Nous nous inquiéterons peu de la théorie car, en fait, ce qui est important, ce sont les résultats obtenus quelles que soient les théories, et Dieu sait si elles sont nombreuses ! J'ai expliqué ma théorie personnelle dans mon COURS DE VOYANCE, mais cette théorie n'est pas absolue, elle n'engage que ma propre conviction ; la voici résumée :

A l'heure actuelle, faute d'une étude rationnelle, la radiesthésie n'est pas une science précise. Je ne crois pas, personnellement, à la théorie de la RADIESTHESIE PHYSIQUE, celle des longueurs d'ondes, etc... Ce qui ne veut pas dire que je ne crois pas aux longueurs d'ondes, ni que je ferme définitivement ma porte à cette théorie. Simplement, je pense que, depuis des dizaines d'années que la radiesthésie est étudiée et pratiquée par nombre d'ingénieurs, une théorie « physique » aurait déjà pu être irréfutablement prouvée scientifiquement, surtout en raison des instruments et appareils dont nous disposons. Ce qui est loin, hélas ! d'être le cas.

Alors ? Il reste donc la théorie d'une radiesthésie psychique, spirituelle, intuitive, comme elle a été si merveilleusement décrite dans les ouvrages de Monsieur Henry de France et ceux du R.P. Jurion. Je n'adhère pas d'ailleurs, à cette théorie, faute de mieux, mais par réelle conviction forgée après des années de pratique. Pour moi, il existe une ENTITE COSMIQUE, que l'on peut nommer Dieu, Jéhovah, Mahomet, Esprit Supérieur, etc... Cette Entité, comme son étymologie l'indique contient TOUT, c'est-à-dire qu'elle est un TOUT, partout et dans tous les temps, passé, présent et même futur. On pourrait la comparer, sans irrespect, à une sorte d'ordinateur qui aurait en programmation la marche totale de l'Univers pour l'Eternité, mais à un niveau supérieur, c'est-à-dire en laissant à l'homme sa propre responsabilité et son libre arbitre. Nous faisons partie intégrante de ce TOUT, comme ceux qui nous ont précédé et ceux qui nous succéderont. Toutes les choses, autour de nous, font partie de cette Entité Cosmique. Nous devrions donc connaître TOUT partout et dans tous les temps. En fait, c'est très possible mais, comme pour utiliser un ordinateur normal, il faut savoir le faire marcher et l'interpréter. Certains ont ce pouvoir inné, ce sont des voyants, mais les vrais voyants sont probablement très rares. Il existe donc des procédés qui permettent d'interroger l'ordinateur-Entité Cosmique : le tarot, la cafédomancie, l'oléomancie, etc. Mais ces procédés sont, actuellement, réservés à de vrais initiés, encore que beaucoup de gens pourraient facilement y accéder s'ils en avaient simplement la volonté et la patience. On ne devient pas voyant simplement en lisant un livre, non plus qu'on devient technicien d'ordinateur en lisant une circulaire d'information. Pour les deux cas il faut, avant tout, une très grande pratique.

Mais il y a un procédé qui est beaucoup plus facile, beaucoup plus simple et plus rapide, donc à la portée de beaucoup plus de gens, c'est la RADIESTHESIE. Car la radiesthésie permet à tout le monde, avec un minimum d'entraînement, et souvent même dès le premier essai, de recevoir la réponse à des questions parfois angoissantes.

Certains lecteurs vont bondir en me voyant classer la radiesthésie dans la voyance. Tant pis ! Je n'ai pas pour habitude de cacher ce que je pense. Et puis nous sommes à l'Ere où les plus grands pays créent des laboratoires de recherches ésotériques.

D. - UN MOT SUR LA TELE-RADIESTHÉSIE

La télé-radiesthésie est l'art de pratiquer la radiesthésie à distance, c'est-à-dire loin du sujet examiné ou du lieu de recherche. Il est, en effet, parfois difficile ou même impossible de se rendre sur les lieux de recherche, qui peuvent être disséminés partout en France, voire dans le monde entier. Il est aussi parfois difficile d'examiner un sujet, soit parce qu'il ne peut se déplacer, soit parce que le radiesthésiste perdrait beaucoup de temps à se rendre auprès de ses clients lointains. De plus, il faut bien reconnaître qu'il est plus facile de travailler dans le silence d'un cabinet de travail qu'en plein air ou entouré de curieux bruyants, parfois même hostiles. La télé-radiesthésie ne retire rien à la radiesthésie sur place, elle n'en est qu'une variante dont le principal but est d'en améliorer les résultats.

Deuxième Partie

LA PRATIQUE DE LA RADIESTHÉSIE

A. - LE MATERIEL

Le pendule

Le pendule est un poids (relativement) léger, accroché au bout d'un fil de longueur quelconque, généralement 5 à 20 cm. Le pendule peut être en n'importe quelle matière, sauf, probablement, en fer aimanté. Il en existe en buis, en ébonite, en acier, en cristal, en métaux précieux, en cristal de roche, en cuivre et même en matière plastique ! Il en existe des sphériques, des cylindriques avec une extrémité pointue, des coniques, des biscornus, des pleins, des creux, des « qui peuvent s'ouvrir pour y mettre un témoin » ; peu importe : tous donnent d'aussi bons résultats. C'est une question de goût et de fortune. Personnellement, ma préférence va au pendule de Luzy, en laiton, que je trouve très pratique grâce à sa pointe qui permet de suivre plus facilement ses évolutions en cours de travail. Mais je travaille aussi bien avec un magnifique pendule en cristal de roche, de grande valeur, qui m'a été grâcieusement offert par Madame Lambert, directrice de la « Maison de la Radiesthésie » à Paris. Certains sourciers utilisent tout bêtement une montre ancienne au bout de sa chaîne et d'autres un simple fil à plomb de maçon. L'important est que le pendule vous plaise et que vous ayez plaisir à travailler avec. Quant au fil, il peut être en lin, en coton, en laiton naturel ou chromé (chaînette ordinaire ou à rotules).

La baguette

A l'origine, la baguette était en coudrier. On en trouve maintenant en fanons de baleine, et les dernières sorties sont en matière plastique ou en osier. Toutes donnent de bons résultats. Quelle que soit la baguette employée, il faut la tenir à deux mains, les branches bien écartées chaque extrémité au creux d'une paume. La baguette peut soit monter vers le haut, soit tomber vers le bas. En général le mouvement est assez brutal. Selon la convention mentale adoptée, on dira que l'un des mouvements indique : OUI, positif, plein, vivant, etc, et l'autre : NON, négatif, vide, mort, etc.

Toutefois, comme la baguette est de moins en moins usitée, toutes les expériences décrites dans cet ouvrage seront faites au pendule. Si vous désirez travailler à la baguette, il vous suffit tout simplement d'adapter la méthode, ce qui est très facile.

Je dois toutefois attirer votre attention sur le fait que le travail à la baguette est beaucoup moins précis qu'avec un pendule, sauf, peut-être, pour la recherche « sur le terrain » notamment de sources, de cours d'eau ou de courants telluriques. De plus, on fatigue plus vite avec la baguette qui demande une certaine tension musculaire très précise en raison de l'équilibre instable dans lequel la baguette doit rester constamment, et il arrive souvent que la baguette « échappe » involontairement ce qui risque de fausser les interprétations ou d'obliger à de fréquentes vérifications.

Les témoins

Pour travailler à distance (télé-radiesthésie) il est souhaitable, mais non indispensable, de remplacer la personne ou l'objet de la recherche par un substitut appelé « témoin ». Celui-ci peut être :

— *pour une personne :* sa photo, une mèche de cheveux, un papier écrit de sa main ou un objet porté par elle. A défaut, on peut constituer un témoin en inscrivant simplement sur un petit morceau de papier son nom et son prénom avec, si on la connaît, sa date de naissance ;

— *pour un objet :* un morceau de l'objet ou son étui, un autre objet rigoureusement similaire ou, à défaut, simplement le nom de l'objet inscrit sur un morceau de papier.

EMPLACEMENT D'UTILISATION : le témoin peut être tenu dans le creux de la main qui tient le pendule, ou dans l'autre main. Il peut aussi être déposé sur la planche de recherche (voir page suivante) ou simplement sur la table, à côté de soi. Il est toutefois recommandé, lorsqu'on utilise un témoin, de faire en sorte de bien le voir ou le sentir.

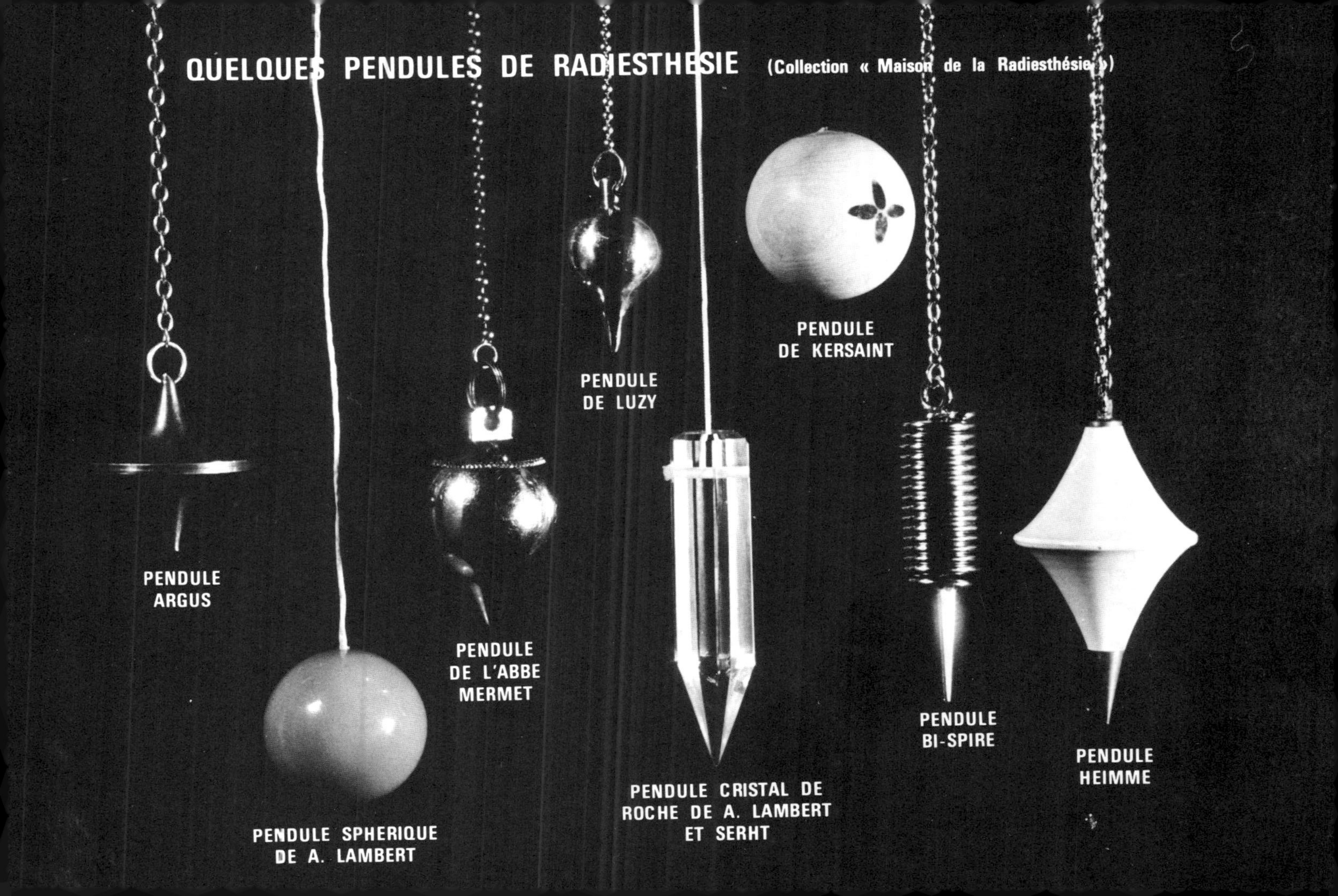
QUELQUES PENDULES DE RADIESTHESIE (Collection « Maison de la Radiesthésie »)
PENDULE ARGUS
PENDULE SPHERIQUE DE A. LAMBERT
PENDULE DE L'ABBE MERMET
PENDULE DE LUZY
PENDULE CRISTAL DE ROCHE DE A. LAMBERT ET SERHT
PENDULE DE KERSAINT
PENDULE BI-SPIRE
PENDULE HEIMME

B. - LA MÉTHODE DE KERSAINT

Vous trouverez, en annexe, une planche dépliante imprimée représentant le CHERCHEUR RADIESTHESIQUE UNIVERSEL DE KERSAINT (C.R.U.K.). Le voici en modèle réduit :

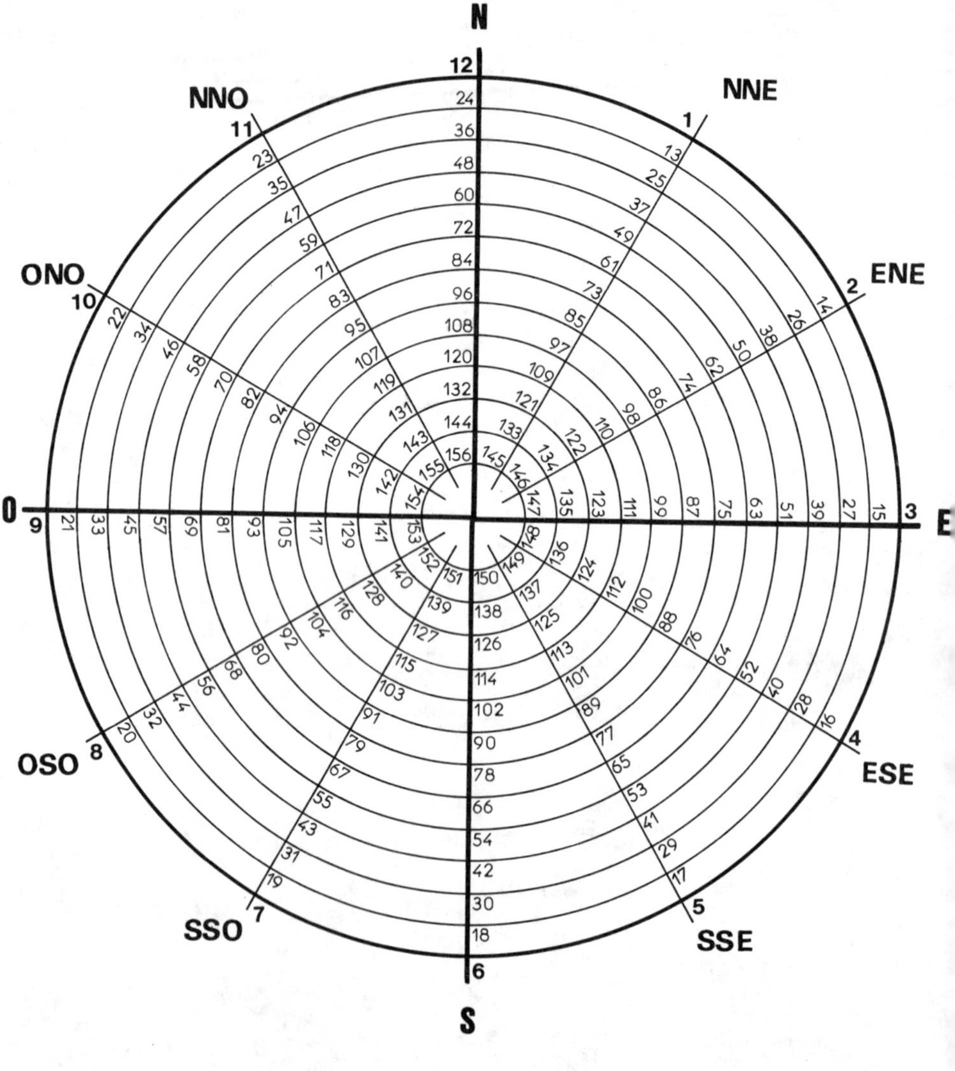

UTILISATION RATIONNELLE DU CHERCHEUR UNIVERSEL :

Ce procédé est le même pour toutes les recherches, ce qui facilite le travail.

1. Le mouvement pendulaire

Le pendule dont vous tenez le fil entre le pouce et l'index, peut, lorsque vous lui posez une question, répondre de plusieurs façons :

— GIRATION A DROITE : dans le sens des aiguilles d'une montre.

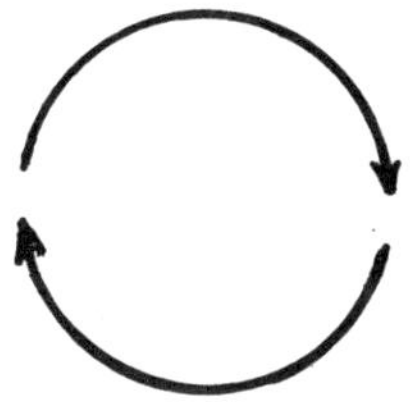

— GIRATION A GAUCHE : dans le sens inverse des aiguilles d'une montre.

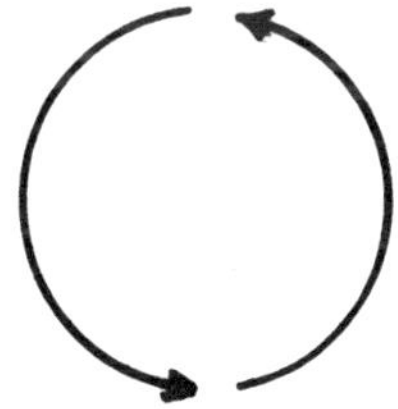

— OSCILLATION : mouvement d'oscillation en suivant une ligne bien droite, parallèle, perpendiculaire ou diagonale par rapport à votre corps.

— ELLIPSE : mouvement elliptique, à mi-chemin entre la giration et l'oscillation.

— IMMOBILITE : le pendule s'arrête net, ou refuse de démarrer.

2. *Interprétation*

Deux interprétations sont fixées définitivement :

— L'ELLIPSE : elle indique le passage d'un mouvement de giration à un mouvement d'oscillation, ou vice versa. C'est un état intermédiaire sans signification précise.

— L'IMMOBILITE : au départ, il arrive que le pendule refuse de bouger. Cela peut être causé par un manque de concentration ou par une crispation psychique inconsciente. Vous pouvez lui imposer un léger balancement qui le fera « démarrer ».

En cours de recherche : cela peut signifier que la question est mal posée ou que, pour des raisons inconnues, elle ne peut avoir de réponse. C'est ainsi que cela m'arrive régulièrement si j'aborde le problème des « esprits », celui de l'âme après un suicide, etc. Il m'est arrivé que l'arrêt brutal du pendule en cours de recherche annonce le décès de la personne sur qui je cherchais quelque chose, mais cela n'est pas absolu.

Quant aux autres mouvements, ils interprètent exactement la réponse. Mais c'est à vous de leur donner une concordance, par convention mentale. Pour moi, la giration à gauche signifie : « OUI » et l'oscillation signifie : « NON », la giration à droite veut dire : « PEUT-ETRE ». Mais pour beaucoup d'autres, la convention est différente. Pour bien savoir quelle convention vous ira le mieux, utilisez le tableau de la page suivante (Votre convention mentale). Placez votre pendule au-dessus du mot « OUI », faites le vide dans votre cerveau et pensez très fortement aux mots : « OUI », « POSITIF », « BEAUCOUP », « PLEIN », et notez le mouvement de votre pendule. Puis faites de même au-dessus du mot « NON » en pensant aux mots « NON », « NEGATIF », « RIEN », « VIDE », « MORT ». Notez le mouvement de votre pendule.

Logiquement, le troisième mouvement est celui qui signifie : « PEUT-ETRE », faites-en l'expérience.

N.B. — Les conventions mentales sont susceptibles de se modifier avec l'âge. Il est bon de les vérifier de temps en temps avec le tableau de la page suivante, notamment si vous constatez, un jour, une série d'échecs inexplicables ou de résultats insatisfaisants sans raison apparente.

3. Votre convention mentale personnelle :

Sens général	Sens complémentaires	Mouvement du pendule (soulignez le mouvement obtenu)
OUI	OUI PLUS POSITIF BEAUCOUP PLEIN VIVANT	GIRATION A DROITE GIRATION A GAUCHE OSCILLATION
NON	NON MOINS NEGATIF RIEN VIDE MORT	GIRATION A DROITE GIRATION A GAUCHE OSCILLATION
PEUT-ETRE	PEUT-ETRE INCERTAIN	GIRATION A DROITE GIRATION A GAUCHE OSCILLATION

C. - LE CHERCHEUR RADIESTHÉSIQUE UNIVERSEL DE KERSAINT.

Deux recherches rationnelles peuvent être faites avec le chercheur radiesthésique :

— recherche d'orientation,
— recherche numérique.

1. Recherche d'orientation

A) Orientation magnétique : pour chercher une orientation correspondant à l'orientation magnétique terrestre d'un lieu, par exemple : sur le chercheur,

le N = Nord, le E = Est, le S = Sud, le O = Ouest

ainsi que les orientations intermédiaires :

NNE = Nord/Nord-Est	ENE = Est/Nord-Est
ESE = Est/Sud-Est	SSE = Sud/Sud-Est
SSO = Sud/Sud-Ouest	OSO = Ouest/Sud-Ouest
ONO = Ouest/Nord-Ouest	NNO = Nord/Nord-Ouest

Par exemple, si vous cherchez dans quelle direction se trouve une source, vous placez votre pendule au-dessus de « N » et vous posez la question : *« la source se trouve-t-elle dans la direction du Nord ? »,* puis du NNE, puis ENE, etc. Lorsque votre pendule entreprend un mouvement qui correspond à « OUI » selon votre convention mentale, il vous indique la direction dans laquelle se trouve la source.

B) Orientation par secteur :

Cette orientation peut correspondre, ou non, à l'orientation magnétique terrestre, si vous la connaissez. Elle convient pour chercher dans quel secteur se trouve une personne ou un objet, notamment sur une carte ou un plan. Lorsque vous cherchez un objet (par exemple une source) vous disposez le chercheur sur un plan schématique aussi fidèle que possible de l'endroit où vous voulez trouver cette source, ou encore sur une carte routière ou une carte d'Etat-Major, de préférence, mais ce n'est pas indispensable, en faisant coïncider le Nord magnétique de la carte avec le Nord du chercheur et, de toute façon, en plaçant le centre du chercheur avec :

— l'endroit où vous vous trouvez si vous êtes sur place,

— le point d'habitation de la personne pour qui vous faites la recherche,

— l'endroit où la personne a été vue pour la dernière fois s'il s'agit de chercher une personne disparue,

— l'endroit approximatif supposé où se trouve l'objet recherché, trésor par exemple.

Ensuite vous faites la recherche avec votre pendule, comme pour l'orientation magnétique, mais en cherchant, non plus une orientation précise, mais un secteur plus vaste, compris entre deux orientations (entre N et NNE, entre NNE et ENE, entre ENE et E, etc.). Lorsque votre pendule répond « OUI » pour vous indiquer le secteur dans lequel se trouve la personne ou l'objet, il ne reste plus qu'à préciser l'éloignement par rapport au centre du chercheur :

— soit par portion de secteur si l'objet de la recherche se trouve dans le périmètre du chercheur (par exemple, si votre pendule vous indique le secteur E-ESE, vous cherchez si l'objet se trouve dans la portion 148/149, puis dans la portion 136/137, puis 124/125, etc.,

— soit par convention mentale, à une distance en mètres, kilomètres, etc., selon la méthode de « recherche numérique » ci-après décrite, si l'objet se trouve hors du chercheur et assez loin du centre.

2. Recherche numérique

Le chercheur radiesthésique universel est formé de cercles, coupés par des rayons. Chaque intersection est numérotée.

Pour une recherche de nombre ne dépassant pas 12 (nombre de mois par exemple), vous utilisez seulement le cercle extérieur numéroté de 1 à 12.

Pour une recherche de nombre plus importante (de 1 à 156) vous utilisez l'ensemble du chercheur, mais d'une façon rationnelle et rapide.

Recherche de 1 à 12 : Vous placez votre pendule au-dessus du N° 1 et vous lui posez votre question (par exemple : *« le signe zodiacal de M. X est-il le 1 - bélier ? »*), puis vous faites de même pour le 2 - taureau, etc. Lorsque le pendule vous indique « OUI » vous avez la réponse.

Recherche de 1 à 156 : par exemple si vous cherchez une plante médicinale (voir liste page 86). Vous ne procédez pas comme ci-dessus, car une recherche de 1 à 156 serait longue et fastidieuse. Vous faites ainsi :

1°) Vous placez votre pendule au-dessus du N° 1 du cercle extérieur le plus grand, et vous demandez : *« l'objet (plante ou autre) que je recherche se trouve-t-il sur le rayon N° 1 ? »,* puis vous faites de même sur le rayon N° 2, etc., jusqu'à 12. Lorsque votre pendule répond « OUI » vous notez le N° du rayon (par exemple « 5 ») ;

2°) Vous placez votre pendule au-dessus du 1er nombre du rayon indiqué, en commençant par le cercle le plus extérieur (dans notre exemple, c'est le N° 5). Puis vous faites de même sur le cercle inférieur suivant, etc., jusqu'au centre, en suivant le même rayon (dans notre exemple, vous aurez les nombres : 5, puis 17, 29, 41, 53, 65, 77, 89, 101, 113, 125, 137 et 149). A chaque fois vous posez la question : *« l'objet (plante ou autre) est-il le N° 5, puis 17, puis 29, etc. ? »* Lorsque votre pendule fait le mouvement indiquant « OUI » il vous donne la réponse, soit un numéro que vous interprétez selon la convention mentale, correspondant à votre recherche : plantes médicinales, caractères, maladies, etc.

ATTENTION ! Dans certains cas, il peut y avoir plusieurs numéros indiqués ; n'arrêtez pas vos recherches au premier résultat. Par exemple, le pendule peut vous indiquer un mélange de plusieurs plantes, une série de plusieurs maladies conjointes, un caractère composé de plusieurs tendances. Ne l'oubliez pas, car ceci est très important pour la qualité du résultat.

3. Recherches universelles

Il y a certaines choses que vous pouvez avoir souvent à connaître dans presque toutes les recherches : distance, profondeur, quantité, etc.

Vous adopterez alors une convention mentale appropriée à chaque cas, au moment de la recherche, selon le principe de la « recherche numérique ».

Par exemple :

— QUANTITE : les nombres de 1 à 156 peuvent indiquer : des gouttes, des cuillers à café, des verres, des litres, des grammes, des kilos, des tonnes ou des unités diverses : par exemple un nombre de pièces ou de documents, etc.

— DISTANCES : les nombres de 1 à 156 peuvent indiquer : des millimètres, des centimètres, des mètres, des kilomètres, des dizaines de kilomètres, etc.

— PROFONDEUR : comme pour les distances.

— TEMPS : les nombres peuvent indiquer des nombres de jours ou d'années. Pour simplifier, vous chercherez d'abord le nombre d'années (si la recherche le justifie), puis les mois (de 1 à 12), puis les jours (de 1 à 30 ou 31), puis les heures (de 1 à 12, matin ou soir), puis les minutes, etc.

— CHIFFRES : dans la recherche d'un seul chiffre (0 à 1) le N° 10 représente toujours le zéro « 0 », etc., vous pouvez continuer à l'infini vos recherches d'unités selon ces principes, en les adaptant.

4. Questions simples

Il ne faut surtout pas confondre radiesthésie et magie. Jamais la radiesthésie ne vous permettra d'établir un thème complet de vie d'une personne. Ce n'est pas qu'elle en soit incapable : c'est que cela demanderait beaucoup trop de temps. Cela tient dans sa forme : le pendule ne peut répondre que par OUI ou par NON. Quand il répond PEUT-ETRE, ce n'est déjà plus une réponse utilisable. Il est donc indispensable de lui poser des questions formulées de telle façon qu'il puisse répondre par OUI ou par NON. Par exemple :

— *« Fera-t-il beau demain ? »*
— *« Suis-je aimé ? »*
— *« Suis-je en parfaite santé ? »*
— *« Y a-t-il de l'eau à cet endroit ? »*
— *« L'objet que j'ai perdu se trouve-t-il dans ma chambre ? »*

Pour mieux comprendre ce qu'il ne faut pas faire, voici un exemple : supposons que vous recherchiez une personne disparue. Ne demandez pas à votre pendule : *« Dans quelle direction la personne est-elle partie ? »*. Bien évidemment, vous n'auriez pas de réponse. Dans ce cas précis, il faut, soit mentalement, soit à l'aide du CHERCHEUR RADIESTHESIQUE UNIVERSEL DE KERSAINT demander successivement : *« la personne est-elle partie en direction du Nord ? »*, puis du Nord-Nord-

Est, puis de l'Est-Nord-Est, etc. Jusqu'à ce que votre pendule vous dise « OUI ». Quand vous aurez la direction, ne demandez pas : *« à quelle distance se trouve cette personne ? ».* Là encore, votre pendule ne saurait vous répondre. Il faut, toujours successivement, soit mentalement, soit à l'aide du chercheur, demander : *« la personne se trouve-t-elle à 1 kilomètre ? »,* puis 2, 3, 4 km, etc., (ou par dizaines ou centaines de kilomètres, selon l'objet de la recherche).

Autre exemple pour vous montrer ce qu'il ne faut pas faire : supposons que vous étudiez le cas d'une personne malade. Ne demandez pas : *« qu'est-ce qui est malade chez cette personne ? ».* Mais demandez successivement, mentalement : *« le système osseux de cette personne est-il bon ? »,* puis le système digestif, le système nerveux, etc. Quand votre pendule vous aura indiqué le système défectueux, cherchez la partie de ce système qui est à soigner. Vous pouvez aussi aller plus vite en utilisant le chercheur, comme il est indiqué au chapitre médical, page 59.

5. *Entraînement*

Si vous faites de la radiesthésie pour la première fois, il est indispensable de suivre un entraînement régulier et quotidien pour obtenir des résultats satisfaisants. Il serait impensable de pouvoir parler correctement une langue étrangère après seulement une ou deux lectures d'un livre, même d'excellente qualité. Il en est de même pour la radiesthésie : il faut vous entraîner beaucoup pour éviter les erreurs. De toute façon, même si vous travaillez régulièrement en faisant des recherches pour vous, votre famille et vos amis, il est bon de faire des EXERCICES D'ENTRAINEMENT « à vide » pour vous maintenir en bonne condition. Vous trouverez de ces exercices que j'ai mis au point spécialement au chapitre « EXERCICES D'ENTRAINEMENT ». Ils ne sont pas limitatifs. Rien ne vous empêche de les adapter à votre personnalité ou d'en trouver d'autres.

D. - EXERCICES D'ENTRAINEMENT

1. Les cartes postales

Prenez 4 cartes postales de villes différentes. Par exemple : ANGOULEME, LYON, LILLE, QUIMPER. Placez ces cartes postales, chacune dans une enveloppe, non scellée, mais de façon à ne pas voir ce qu'elle contient. Cherchez au pendule les villes représentées par les cartes postales cachées, après avoir bien mélangé les enveloppes.

Pour ce faire, vous étalez devant vous les enveloppes contenant les cartes postales. Placez votre pendule au-dessus de la première enveloppe et posez-lui la question : *« Cette enveloppe contient-elle la carte d'Angoulême ? :* Si le pendule répond « OUI », vous mettez l'enveloppe de côté et vous passez à la suivante. Si le pendule répond « NON », vous lui posez la question : *« Cette enveloppe contient-elle la carte de Lyon ? »,* etc., jusqu'à ce qu'il réponde « OUI ». Lorsque vous avez ainsi trouvé les 4 cartes postales, vous les ouvrez et vérifiez les résultats. Consignez ces résultats sur un cahier de travail, même et surtout, si vous avez commis des erreurs. Ces notes vous seront toujours utiles pour vérifier votre condition et votre forme, et pour suivre votre évolution.

2. Les images

Vous prenez 6 à 10 images pour enfants : animaux, plantes, véhicules, etc. Mettez ces images, une par une dans des enveloppes, et retrouvez-les au pendule, après les avoir mélangées, comme il est dit pour les cartes postales.

3. Géométrie

Vous faites le même exercice avec des petites cartes blanches sur lesquelles vous aurez dessiné des figures géométriques courantes : cercle, triangle, carré, rectangle, hexagone, etc.

4. Les couleurs

Même exercice que précédemment avec des cartes blanches sur chacune desquelles vous aurez fait une tache de couleur, les couleurs étant, bien sûr, toutes différentes : BLEU, VIOLET, VERT, JAUNE, ROUGE, ORANGE, MARRON.

5. *Les photos*

Pour cet exercice, vous utilisez des photos de personnes que vous connaissez (Attention ! un seul sujet doit figurer sur chaque photo pour éviter toute confusion. Si une photo contient deux ou plusieurs personnes, il faut la découper et non vous contenter de camoufler les personnes non désirées). Toujours selon le même procédé décrit ci-dessus, vous recherchez l'identité des personnes dont la photo se trouve dans les enveloppes.

Quand vous aurez assez d'entraînement, compliquez l'exercice en cherchant, non plus l'identité, mais l'état de la personne : *« Est-elle en vie ? Est-elle en bonne santé ? Se trouve-t-elle chez elle ? »* etc. Toutes questions auxquelles le pendule peut répondre par OUI ou par NON et que vous pouvez vérifier.

N.B. — Pour tous les exercices, prenez bien soin de mélanger les enveloppes avant de faire les recherches. Ne regardez pas à chaque fois si la réponse est juste. Notez la réponse et passez à l'enveloppe suivante. Ne vérifiez qu'à la fin de l'exercice et globalement.

Ne vous inquiétez pas de connaître des erreurs au début de votre entraînement. Au fur et à mesure que votre entraînement progressera, vous serez surpris des résultats extraordinaires que vous obtiendrez.

6. *Le verre d'eau*

Prenez un verre contenant de l'eau. Trempez l'extrémité de votre index dans l'eau (1), puis demandez à quelqu'un de cacher le verre dans une pièce de la maison, à votre insu, par exemple derrière un meuble, sur une armoire, etc. Pénétrez dans la pièce, puis cherchez avec votre pendule où se trouve le verre d'eau.

Pour ce faire, mettez-vous au centre de la pièce, puis, désignant de votre main libre une direction, demandez : *« le verre d'eau se trouve-t-il dans cette direction ? »*. Si le pendule vous répond NON, pivotez

1. Afin de constituer un « témoin ».

légèrement et cherchez dans une autre direction, ainsi de suite jusqu'à ce que votre pendule vous dise OUI. Vous avez alors la bonne direction, il ne vous reste plus qu'à chercher, par le même procédé, à quelle distance de vous il se trouve, puis à quelle hauteur dans la pièce.

7. *L'objet cassé*

Prenez un objet quelconque qui peut être cassé sans dommage : une petite baguette de bois, un haricot vert, une vieille image, une page de journal périmé, etc. Coupez cet objet en deux, et faites cacher l'une des parties dans une pièce, comme pour le verre d'eau. Faites la recherche comme pour le verre d'eau, en tenant dans votre main, en guise de témoin, l'autre morceau de l'objet.

Troisième Partie

CARACTÈRE ET ORIENTATION PROFESSIONNELLE

A. - LA CARACTÉROLOGIE PAR LA RADIESTHÉSIE

Lorsqu'un radiesthésiste désire connaître le caractère fondamental d'un sujet, et cela arrive fréquemment (par exemple pour l'adaptation de conseils, pour la détermination d'un plan d'hygiène générale, etc.), il se trouve en face de nombreuses difficultés. D'abord à cause de la complexité des composantes du caractère de l'homme, ensuite parce qu'il est presque impossible de rechercher sérieusement, signe par signe, quels sont ceux qui correspondent au sujet : bonté, générosité, esprit combatif, etc., etc.

Un procédé simplifie considérablement la tâche du radiesthésiste en permettant d'utiliser les bases de la caractérologie classique. Ces bases sont celles décrites par HEYMANS, LE SENNE, SHELDON, JUNG, SZONDI et CHARTIER.

Comment concilier Caractérologie et Radiesthésie ? Tout simplement en transposant chaque série de caractères sur des listes numérotées s'adaptant sur le CHERCHEUR RADIESTHESIQUE UNIVERSEL DE KERSAINT, comme on le verra plus loin dans le mode d'utilisation.

J'ai volontairement condensé l'ensemble des données caractérologiques. Il y a tant de composantes pour un seul caractère, et tant de caractères différents, que toute une bibliothèque n'y suffirait pas. Chaque Radiesthésiste-Caractérologue pourra puiser dans les données générales et, orienté par son pendule, composer le caractère du sujet qu'il étudie en tenant compte de toutes les indications au fur et à mesure qu'elles se présenteront. Par ailleurs, il m'a semblé préférable d'éviter un langage technique psychologique, encombrant, et souvent mal compris des inhabitués : cet ouvrage est, avant tout, un outil de travail pratique.

B. - MODE D'UTILISATION

Vous trouverez ci-après la description des caractères de plusieurs méthodes. Au moment d'étudier le caractère d'un sujet et, éventuellement, de lui donner des conseils psychologiques appropriés, notamment des indications pour son orientation professionnelle, vous choisirez l'une de ces méthodes (vous pouvez aussi utiliser conjointement plusieurs méthodes).

Pour chaque méthode, tous les caractères décrits sont numérotés :

Méthode HEYMANS et LE SENNE : de 1 à 8.

Méthode SHELDON : de 1 à 3.

Méthode de JUNG : de 1 à 8.

Méthode de SZONDI : de 1 à 8.

Méthode de CHARTIER : de 1 à 12.

Lorsque vous aurez choisi une méthode, vous chercherez au pendule à quel caractère-type s'apparente le sujet étudié, sans oublier qu'un même sujet peut être apparenté à plusieurs caractères-types, l'un dominant généralement les autres.

Par exemple : vous avez choisi la méthode de CHARTIER. Vous placez votre pendule au-dessus du Numéro 1 du CHERCHEUR RADIESTHESIQUE UNIVERSEL DE KERSAINT en posant la question : *« Selon la méthode de Chartier, le sujet est-il apparenté au N° 1 ? »*. Si le pendule vous répond « NON », vous continuez avec le N° 2, et ainsi de suite avec les 12 numéros.

Les pages suivantes vous donnent, pour les cinq méthodes, une description schématisée, mais aussi précise que possible de tous les caractères-types, chacun étant numéroté.

C. - MÉTHODE HEYMANS/LE SENNE

1. E-A-P ou « Colérique »

Ce sujet est émotif et actif, donc il réagit à l'émotion par l'action ; par ailleurs, sa Primarité le rend impulsif. Il est démonstratif, cordial, sympathique ; mais il s'attache peu. Il a besoin d'obtenir des résultats immédiats et se laisse rarement décourager par les obstacles : au contraire, ceux-ci le stimulent. Il est persévérant. Il n'est pas boudeur ni rancunier, mais généralement gai, aimant plaisanteries et bonne chère. Il parle facilement mais a tendance à mentir, à enjoliver.

2. E-A-S ou « Passionné »

Ce sujet est émotif et actif, donc proche du précédent. Pourtant, sa Primarité faible prolonge les effets de l'émotion et de l'activité, et lui confère une tension de vie nettement supérieure. Il travaille sans cesse avec persévérance. Ses actions sont décidées, rapides. Il a assez de sens pratique, des vues larges et un certain don d'observation, ainsi qu'une bonne mémoire. Il est économe, ponctuel, honorable et digne de confiance, mais manque de courage en présence du péril.

3. E-NA-P ou « Nerveux »

Ce sujet est émotif, mais inactif. Il se rapproche donc du Passionné, mais en diffère essentiellement par son inactivité qui fait que l'émotion le rend asthénique, paralysé. Il a peu de volonté et de résistance. Il est instable et connaît des sautes d'humeur, de l'agitation. Il est impressionnable et indiscipliné, mais intelligent et doué d'une bonne faculté de compréhension.

4. E-NA-S ou « Sentimental »

Ce sujet, comme le précédent est inactif et émotif, mais sa secondarité calme sensiblement son impulsivité et le fait rester longtemps sous l'influence des événements. Il est anxieux, craint l'avenir, ce qui le rend mélancolique. Il est porté au pessimisme. Très sensible et imaginatif, il s'enferme volontiers dans un rêve qu'il a forgé, et n'en sort que pour rencontrer les difficultés matérielles de la vie courante qui l'accablent. Il souffre de se sentir mal aimé. Sa sensibilité le rend susceptible d'où une tendance à se replier sur lui-même.

5. NE-A-P ou « Sanguin »

Ce sujet n'est plus émotif, ce qui l'éloigne des sujets étudiés ci-dessus. Il est froid, calme, tranquille, méthodique. Il est courageux et subit l'influence du milieu dans lequel il évolue. Il aime le mouvement, la société, et souffre de la solitude. Il est sociable, courtois, galant, diplomate. Il est attaché au milieu familial, mais recherche plus son confort que celui de ses amis, par égoïsme. Il est optimiste, bon, et pardonne facilement.

6. NE-A-S ou « Flegmatique »

Ce sujet, non émotif comme le précédent est calme, maître de lui, paisible, méthodique. Tout chez lui est mesuré : les mouvements, la voix, l'écriture. Il est méticuleux, voire maniaque ; aime la sobriété dans les vêtements et la décoration de sa maison. Peu affectif, il n'est guère dérangé par les passions amoureuses. Il est honorable, ponctuel et discipliné.

7. NE-NA-P ou « Amorphe »

Il y a peu de sujets de ce type pur. On distingue plutôt deux sortes de sujets approchants : l'amorphe para-nerveux et le para-sanguin. Le premier s'adapte facilement au milieu, mais reste assez calme, froid, paresseux, nonchalant, gros mangeur et gros dormeur. Il se laisse facilement dominer par les événements ou par quelqu'un, car il a peu le goût des responsabilités.

Le second est plus vif, mais facilement découragé ; peu démonstratif. Il est plus courageux, mais les grands élans lui sont inconnus. Il n'aime guère la société, et le montre volontiers.

8. NE-NA-S ou « Apathique »

Ce sujet participe peu à la vie ambiante. Il est d'humeur morose, mélancolique, renfermé, très discret, n'aimant pas ce qui est nouveau, il s'enferme dans sa sphère et devient maniaque. Il est économe, voire avare, car il a peur de l'avenir. Il fuit les responsabilités auxquelles il préfère la routine.

D. - MÉTHODE SHELDON

Sheldon tient compte, pour définir ses types caractérologiques, de trois composantes :

— Composante VISCEROTONIQUE,

— Composante SOMATOTONIQUE,

— Composante CEREBROTONIQUE,

chacune de ces composantes indique un certain nombre d'éléments caractérologiques qui lui sont propres. C'est le dosage de chaque composante qui précise le caractère du sujet étudié.

On peut donc dire qu'il y a trois types caractérologiques purs dans la méthode Sheldon : le *Viscérotonique,* le *Somatotonique* et le *Cérébrotonique.* Ce sont les types purs que vous trouverez décrits ci-dessous. Mais dans la pratique, ces types purs se rencontrent rarement. Les caractères humains sont, en effet, composés d'un mélange de ces trois types. On distinguera donc un type dominant, qui pourra décrire le sujet de façon générale, et un ou deux sous-types qui modifieront le type dominant proportionnellement à leur degré propre.

DESCRIPTION DES CARACTERES-TYPES DE SHELDON

1. *Viscérotonique :*

Vie axée sur la digestion, le bien-être. Le sujet est bon, affectueux, altruiste. Son attitude est relaxée. Il aime son confort, réagit lentement. Il est sociable, courtois, aimable. Il aime être approuvé pour ce qu'il fait et ce qu'il dit. Il est tolérant, d'humeur égale. Son sommeil est généralement profond. Il manque de caractère, mais communique facilement avec son entourage : c'est un extraverti. En cas d'ennuis, il cherche appui dans la société. Il a l'esprit familial développé et aime bien ses enfants. L'alcool le rend affectueux.

2. *Somatotonique :*

Vie axée sur l'activité musculaire. Son attitude et ses mouvements sont fermes. Il recherche les activités physiques. Il réagit avec énergie. Il aime l'exercice et a besoin de dominer, de faire reconnaître sa puissance. Il a du goût pour les combats, le jeu, la compétition. Il est intrépide mais souvent agressif. Il est indifférent à la douleur et assez dur psychiquement. Il a souvent peur des espaces fermés (claustrophobie). Il est peu délicat et préfère la manière directe, forte au besoin. Il a le verbe haut. Les ennuis qu'il rencontre le poussent à agir avec violence. Il préfère les activités de jeunesse. L'alcool le rend agressif.

3. *Cérébrotonique :*

Vie axée sur l'activité mentale. C'est un esprit profond, souvent tourmenté. Son attitude est retenue, parfois contrainte. Ses réactions physiologiques sont importantes, parfois graves à l'excès. Ses réactions physiques sont souvent trop rapides. Il aime la solitude, la privation. Il est hypertendu, toujours en alerte, prêt à recevoir les idées, à comprendre, à interpréter. Il dissimule ou refoule ses propres sentiments. Il fuit la société, il est timide et a peur des grands espaces découverts (agoraphobie). Son attitude est très mobile, et difficile à prévoir. Il craint le bruit et est très sensible à la douleur. Il dort peu et mal, il est souvent fatigué. Son apparence est juvénile. Les ennuis lui font rechercher la solitude. L'alcool le déprime.

E. - MÉTHODE DE JUNG

Jung a établi huit types caractérologiques en se basant sur deux notions :

— d'abord celle de l'intraversion/extraversion, selon laquelle un individu se replie sur lui-même ou se tourne vers le monde extérieur,
— ensuite sur 4 types caractérologiques de base : PENSEUR, SENTIMENTAL, SENSITIF et INTUITIF.

Chaque individu, là encore, est le reflet d'une combinaison plus ou moins harmonieuse de tous ces éléments. C'est donc encore le dosage de chaque constituante qui permet de déterminer le caractère d'un sujet.

DESCRIPTION DES CARACTERES-TYPES DE JUNG

1. Intraverti penseur :

Ce sujet, plutôt cérébral, vit intérieurement. Il est sensible aux idées, et plutôt aux idées abstraites. Souvent il peut être fanatique et suivre une seule idée qui détermine chez lui une passion. Mais il se complaît dans les théories et, peu pratique, il met rarement ses idées à exécution.

2. Intraverti sentimental :

Ce sujet vit aussi intérieurement, mais il est plutôt sensible. Son intériorisation l'empêche de divulguer ses sentiments pourtant très forts. Il est renfermé, silencieux, inaccessible, et semble indifférent, ce qui est injuste. Il se rend souvent sympathique par son apparence calme et confiante, mais il est passionné intérieurement.

3. Intraverti sensitif :

Ce sujet, au tempérament d'artiste, s'adapte difficilement aux circonstances. Plutôt du genre « paranoïaque » il est égocentrique, ramène tout à lui et voit la société et les autres humains déformés par le prisme de sa subjectivité. Ses réactions sont imprévisibles, car elles ne semblent jamais liées à la réalité extérieure.

4. Intraverti intuitif :

Ce sujet, très imaginatif, vit dans un rêve profond dont on n'arrive que rarement à l'extraire. Il se croit aisément incompris, méconnu. Ses connaissances sont surtout dues à son intuition et reposent souvent sur des idées chimériques et nombreuses qui traversent son esprit. Il lui est donc difficile de les exprimer clairement et, plus encore, de les faire partager aux autres hommes.

5. Extraverti penseur :

Ce sujet, plutôt cérébral, est tourné vers le monde extérieur. Il est sensible aux idées concrètes. Il se fie plus volontiers aux faits qu'aux théories, ce qui lui fait manquer de souplesse dans les choses rigides, comme l'esprit des lois, mais le rend apte à des métiers exigeant sûreté de jugement et connaissance technique. Il comprend peu les humains et se laisse rarement influencer par les sentiments et la sensibilité.

6. Extraverti sentimental :

Ce sujet est sociable, également tourné vers l'extérieur, mais sous la dépendance des sentiments. Il est très influençable par l'aspect de ce qui l'entoure : le soleil, un compliment, un sourire le rendent gai, de bonne humeur ; au contraire, la pluie, une désapprobation, une critique le rendent triste, morose. Il a tendance à juger un peu légèrement, en se basant sur ses propres sentiments, ce qui fausse sensiblement son jugement sur les événements généraux.

7. Extraverti sensitif :

Ce sujet est réaliste et objectif. Il est surtout sensible à ce qui est concret, visuel ou palpable. Il s'inquiète rarement, mais recherche toujours de nouvelles sensations, ce qui fait que son expérience et ses connaissances restent très fragmentées et superficielles.

8. Extraverti intuitif :

Ce sujet est le type de « l'homme-qui-a-de-la-chance ». En fait, ceci n'a rien de surnaturel. C'est son intuition qui lui fait savoir quelle attitude prendre en telle circonstance, quel objet, quelle orientation choisir, quel comportement adopter. Il sait se mettre au diapason de son entourage. Et, par conséquent, il réussit facilement dans la vie, tant en amour qu'en affaires. Par contre, il a tendance, de par ses succès, qu'il comprend mal, à se laisser aller à trop de confiance, ce qui rend ses échecs rares, mais cuisants.

F. - ORIENTATION PROFESSIONNELLE D'APRÈS LA MÉTHODE SZONDI

Il ne s'agit plus là de déterminer le caractère, mais de préciser quelles professions un sujet peut envisager, en fonction de son caractère.

La méthode classique en radiesthésie consiste à énumérer des quantités de professions, plus ou moins classées, et de chercher au pendule, au fur et à mesure, celles qui pourraient convenir au sujet.

Il m'a semblé qu'il était bien préférable d'utiliser, en l'adaptant, la méthode de Szondi qui établit une corrélation entre les types caractérologiques de base, tels qu'il les a définis, et les familles professionnelles.

NOTA. Certains, qui connaissent la classification de Szondi, s'étonneront que ses termes soient remplacés par des lettres initiales. Ceci a été fait volontairement, car les types de Szondi peuvent prêter à confusion pour qui ne connaît pas cette méthode psychologique, et risquent de se méprendre sur ses définitions psychopathologiques.

FAMILLES DE PROFESSIONS

1. HO

GENRE : tendre, aime servir les autres, se soumettre, toucher.
METIERS : coiffeur, maquilleur, dermatologue, gynécologue, employé de bains, lingerie, dessin de mode, artiste, chanteur, danseur, garçon de café, hôtelier, pâtissier, cuisinier.

2. SA

GENRE : agressif, viril, actif, musculaire.
METIERS : cocher, garçon de ferme, dresseur, infirmier, chirurgien, dentiste, forestier, bûcheron, mineur, cordonnier, sculpteur, militaire, masseur, prof. de gymnastique.

3. AP

GENRE : aime servir, possède le sens de l'équilibre.
METIERS : marin, livreur, aviateur, forgeron, chauffeur, pompier, ramoneur, boulanger, prêtre, moine, assistante sociale.

4. HY

GENRE : exhibitionniste affectif.
METIERS : crieur de foire, artiste, comédien, politicien.

5. CA

GENRE : renfermé, égocentrique, narcissique.
METIERS : professeur, instituteur, comptable, graveur, gardien de nuit, mannequin.

6. PA

GENRE : créateur, aime sentir, entendre, se donne de l'importance.
METIERS : constructeur, organisateur, archéologue, astrologue, graphologue, psychiatre, musicien, pharmacien, chimiste, droguiste, juge, détective, avocat.

7. DE

GENRE : aime sentir, s'attache aux collections, recherche les objets de valeur.

METIERS : magasinier, philatéliste, antiquaire, commissaire-priseur, conservateur de musée, teinturier, peintre, services d'hygiène, balayeur, tripier, critique, travailleur du cuir.

8. MA

GENRE : aime goûter, prendre et donner des objets.

METIERS : garçon de café, cuisinier, dégustateur, musicien (instrument à vent), vendeur, acheteur, professeur de langues, stomatologiste.

Bien entendu, il s'agit de familles de métiers très générales, et que chacun peut compléter à son gré, en respectant l'esprit dans lequel elles ont été conçues par Szondi. Le choix du métier dépend aussi de l'étude du caractère selon l'une ou l'autre des méthodes exposées plus haut.

G. - MÉTHODE DE JEAN CHARTIER

Jean CHARTIER, docteur en psychologie contemporain a créé une nouvelle caractérologie dont il décrit avec beaucoup de minutie les 12 caractères-types dans son ouvrage : COURS PRATIQUE DE CARACTEROLOGIE (Editions Dangles). C'est une approche nouvelle de la personnalité que vous propose J. CHARTIER, approche qui s'adapte bien aux problèmes de la vie moderne. Il est impossible de reproduire la description complète des caractères-types de CHARTIER : il faudrait recopier tout son livre. Vous trouverez donc ci-après, seulement les principales données de ces caractères, qui suffiront à vous faire une idée des immenses possibilités offertes par cette caractérologie.

DESCRIPTION DES CARACTERES-TYPES DE CHARTIER

1. Inventif

— *Caractère :* sensible, spontané, vif, volontaire, esprit curieux, comprend rapidement, sens de la fraternité, utopiste, imagination désordonnée.

— *Comportement sentimental :* versatile, sujet au coup de foudre, pas de sensiblerie.

— *Orientation professionnelle :* goût de la liberté, transmissions, communications, inventeur, ingénieur, architecte, psychologue, mécanicien, électricien, aviateur.

2. Plastique

— *Caractère :* aime la beauté, sens artistique développé, caractère ouvert, bon, aimable, prévenant, besoin de vibrer en harmonie avec autrui, goût du confort, instable, versatile, manque d'initiative et de volonté, inconstant, peu ambitieux.

— *Comportement sentimental :* caractère sentimental, bon époux, esprit raffiné, grand besoin d'affection, peut aimer profondément, recherche l'harmonie des goûts et du caractère.

— *Orientation professionnelle :* artiste, mūsicien, coiffeur, manucure, masseur, fonctionnaire, enseignant.

3. Instable

— *Caractère :* souple, s'adaptant facilement, curieux, subtil, esprit vif et alerte, compréhensif, éloquent, élégant, aime les voyages, influençable, comédien, superficiel, incertain, nerveux, égoïste, dispersé, bavard.

— *Comportement sentimental :* aime le flirt, volage, versatile, peut jouer la comédie de la passion, esprit conquérant, besoin d'affinités intellectuelles.

— *Orientation professionnelle :* commerçant, représentant, voyageur de commerce, journaliste, interprète, diplomate, conférencier, publicitaire, très habile de ses mains.

4. Ambitieux

— *Caractère :* désir de dominer, de commander, réagit rapidement, passionné, réalisateur, imagination créatrice, goût des grandes choses, esprit pratique, orgueilleux, vaniteux, amour-propre excessif, tyrannique, superficiel.

— *Comportement sentimental :* amoureux passionné, ne supporte pas la médiocrité, besoin de partenaires de même niveau social et intellectuel.

— *Orientation professionnelle :* artiste, décorateur, metteur en scène, esthéticien, politicien, ambassadeur, directeur d'entreprise, banquier, avocat.

5. Harmonique

— *Caractère :* franc, généreux, gai, sociable, expansif, idées larges, spontané, aimant les voyages, orgueilleux, très émotif, superficiel, favoritiste.

— *Comportement sentimental :* fort sentiment familial, amour profond et spontané, époux attentionné, dévoué, fidèle.

— *Orientation professionnelle :* apte à commander et à obéir, explorateur, missionnaire, reporter, voyageur de commerce, interprète, guide, homme de loi, métiers concernant les animaux.

6. Impulsif

— *Caractère :* spontané, enthousiaste, ardent, exubérant, combatif, courageux, volontaire, loyal, réalisateur, coléreux, agressif, violent, s'emballant facilement, craint la solitude, manque de réflexion, dépensier, sentiments exaltés.

— *Comportement sentimental :* sensible au coup de foudre, fait don de sa personne, querelleur au foyer mais bon et sans rancune, âme tendre sous une apparence rude.

— *Orientation professionnelle :* aime commander, apte au commandement et à l'action énergique, militaire, chirurgien, boucher, dresseur, chef d'équipe, dentiste, oculiste.

7. Taciturne

— *Caractère :* ambitieux, réfléchi, aime méditer, patient, persévérant, prévoyant, logique, soif d'apprendre, rythme lent, très renfermé, doute de lui, économe, avare, circonspect, déteste l'imprévu, aime la société mais craint de s'y incorporer.

— *Comportement sentimental :* ni exubérant, ni spontané, mais profond et stable, maladroit, aime les partenaires plus âgés.

— *Orientation professionnelle :* autodidacte, travailleur acharné, classification, archives, librairie, fonctionnaire, sous-directeur, antiquaire, métiers agricoles.

8. Entêté

— *Caractère :* sensitif, laborieux, persévérant, routinier, conservateur, placide, doux, apparence calme, besoins physiques importants, forte émotivité intérieure, besoin d'être stimulé, peur du changement, rancunier, aime l'argent et le bien.

— *Comportement sentimental :* fidèle, dévoué, sensuel, jaloux, souvent fruste.

— *Orientation professionnelle :* travailleur acharné, métiers agricoles, horticulture, métiers du bâtiment, Eaux-et-Forêts, Ponts-et-Chaussées, chanteur, avocat, haute couture.

9. Scrupuleux

— *Caractère :* méticuleux, analytique, studieux, aime la précision, éclectique, souci de la perfection, honnête, courageux, nerveux, esprit étriqué, parcimonieux, arriviste, manque de chaleur humaine, besoin de morceler les problèmes pour les résoudre.

— *Comportement sentimental :* peu affectif, fidèle mais étriqué, soupçonneux, pudique, réservé, insensible aux crises sentimentales.

— *Orientation professionnelle :* cérébral, ordonné, chercheur, mécanicien, horloger, comptable, chimiste, pharmacien, commerçant, épicier, journaliste, secrétaire.

10. Lymphatique

— *Caractère :* réceptif, perméable à l'ambiance, tolérant, indulgent, sensible, intuitif, assimile bien, généreux, hospitalier, idéaliste, volonté instable, timide, hésitant, indolent, nonchalant, manque d'envergure, apathique, romanesque, insouciant.

— *Comportement sentimental :* dévoué, conciliant, aime être câliné, dorloté, choyé, sensiblerie maladive parfois, besoin de partenaires actifs et énergiques.

— *Orientation professionnelle :* manque d'énergie et de sens pratique, poète, écrivain, musicien, peintre, religieux, fonctionnaire, graphologue, auxiliaire de santé.

11. Affectif

— *Caractère :* patient, bon, affable, discret, imaginatif, réagit à la sensation, tenace et opiniâtre sous une apparence versatile, se cuirasse, mais reste vulnérable, manque de combativité, orgueilleux, susceptible, timide, se lie difficilement.

— *Comportement sentimental :* besoin intense d'amour et d'affection, sens paternel, époux dévoué, aime son foyer, rêveur : sujet aux déceptions amoureuses.

— *Orientation professionnelle :* écrivain, artiste-peintre, enseignant, histoire, archéologie, petite entreprise, navigation, pêche, employé de bains, sage-femme, puéricultrice.

12. Agressif

— *Caractère :* nature riche, dynamique sous une apparence flegmatique, forte vitalité, grande capacité de travail, intelligent, courageux, endurant, rude, autoritaire, manque de plasticité, irritable, méfiant, rancunier, s'adapte mal.

— *Comportement sentimental :* entier dans ses affections, apprécie le plaisir physique qui lui permet de libérer son potentiel vital, très jaloux, ne déteste pas le scandale, ferveur amoureuse nerveuse.

— *Orientation professionnelle :* chirurgien, gynécologue, physicien nucléaire, psychiatre, sciences occultes, spéléologue, métallurgiste, armurier, militaire, policier.

H. - LA CARACTÉROLOGIE RADIESTHÉSIQUE

Vous avez en main tous les éléments permettant, par la radiesthésie, de déterminer le tempérament d'un individu, de le guider, de l'orienter, en fonction de son caractère. Plusieurs méthodes caractérologiques sont à votre disposition, vous pourrez choisir celle qui s'accorde le mieux avec votre propre personnalité, mais je vous conseille de ne pas négliger pour autant les autres qui peuvent, au besoin, vous permettre de confirmer ou de vérifier la précision d'une détermination caractérielle. Vous pouvez orienter sur le plan professionnel, conseiller une série de métiers, ou vérifier le bien-fondé d'un choix par le sujet.

Toutes ces données ont été condensées, concentrées volontairement, d'abord pour en faciliter la compréhension et l'application pratique, ensuite pour permettre à chacun d'adapter chaque méthode à ses besoins et à son propre tempérament.

Je conseille aux débutants en caractérologie d'être très prudents dans leurs diagnostics. Certains termes, issus d'une psychopathologie, qui éclairent l'esprit du caractérologue, risquent de rebuter le sujet qui n'en connaît pas la signification précise, ce qui n'est jamais le but recherché. Notre métier ne consiste pas à critiquer inutilement, mais à construire *positivement,* en orientant le sujet qui consulte, en réduisant ses défauts et développant ses qualités. A quoi sert de dire à quelqu'un qu'il est timide, si l'on n'est pas en mesure de l'aider à se guérir de cette timidité ? C'est ici qu'intervient la valeur du Caractérologue, c'est-à-dire la somme de ses connaissances et de ses capacités.

Quatrième Partie

DIAGNOSTIC MÉDICAL ET TRAITEMENTS

Article L/372 du code de la santé publique :

— *Exerce illégalement la médecine :* 1°) Toute personne qui prend part habituellement ou par direction suivie, même en présence d'un médecin, à l'établissement d'un diagnostic ou au traitement de malades ou d'affections chirurgicales congénitales ou acquises, réelles ou supposées, par actes personnels, consultations verbales ou écrites, etc.

A.- LE DIAGNOSTIC MÉDICAL PAR LA RADIESTHÉSIE

Il n'est pas très bon de chercher à établir un diagnostic d'une façon trop empirique, comme cela se fait, hélas ! souvent encore, au grand détriment de cet art merveilleux qu'est la radiesthésie. De plus, l'empirisme favorise les omissions, toujours préjudiciables.

Plusieurs méthodes peuvent être utilisées. Celle que j'ai choisie consiste à chercher rationnellement le ou les, organes malades. Rationnellement, c'est-à-dire :

1°) le (ou les) système déficient,

2°) la partie du système déficient,

3°) l' (ou les) organe malade.

Par cette façon de procéder, on risque peu d'oublier un organe malade. De plus, elle permet de « passer en revue » la totalité du terrain qui, comme chacun sait, est ce qui doit être étudié en priorité.

La méthode que j'ai conçue spécialement permet une recherche rapide et sûre, plus précise que les traditionnelles « PLANCHES ANATOMIQUES », lesquelles ont toujours leur utilité et ne sont pas à rejeter pour autant. Mon but n'est d'ailleurs pas de prouver que ma méthode est la seule valable, ce qui serait faux et dangereux, mais, tout simplement, d'apporter une modeste contribution à la recherche radiesthésique. Je voudrais profiter de ce chapitre pour faire une petite mise au point importante : que l'on soit médecin, guérisseur, ou simplement chercheur, je pense qu'il faut se garder, à tout prix, de vouloir prouver que seule la méthode que l'on emploie et connaît est valable. En fait, toutes les méthodes peuvent être valables, tant pour l'établissement d'un diagnostic que pour l'application d'un traitement. On ne devrait jamais entendre dire que seule l'acupuncture peut guérir telle maladie, ou « qu'il n'y a que l'argile pour soigner telle personne ». C'est une hérésie dangereuse. Même le médecin honnête doit pouvoir accepter que l'on utilise une autre méthode, naturelle ou non, conjointement à son allopathie. Trop souvent le praticien, légal ou non, voudrait ne voir appliquer que SA méthode (allopathie, homéopathie, magnétisme, hydrothérapie, etc., etc.) pour pouvoir affirmer que LUI SEUL peut soigner. Cette attitude est critiquable, voire dangereuse ; elle peut même être criminelle. Le seul but du guérisseur, légal ou non, patenté ou non, doit être de TOUT tenter pour guérir le malade qui s'adresse à lui. Si le malade suit un traitement allopathique, qu'il le continue (sauf cas de danger notable !) ; si le malade veut suivre à la fois les conseils de son médecin, d'un phytothérapeute et d'un chiropraticien, qu'il les suive, dans la mesure, bien sûr, où il n'y a pas de danger à suivre plusieurs traitements conjoints (ne pas laisser prendre, par exemple, des purgatifs différents en même temps !). Evidemment, ceci implique que, lorsque le malade guérit, on ne sait plus trop si la guérison est due au médecin traitant, à la tisane qui lui a été conseillée ou au massage vertébral. Mais qu'importe ! ce qui compte est que le malade soit guéri. Même s'il ne le doit, en fait, qu'à la Nature, qui fait souvent des miracles, toute seule, sans l'aide de personne. C'est là suivre à la lettre, il me semble, le véritable serment d'Hippocrate que devraient suivre logiquement tous ceux qui pensent avoir la vocation d'aider leur prochain.

B. - COMMENT ETABLIR UN DIAGNOSTIC PAR LA RADIESTHESIE

Il y a certainement plusieurs méthodes, toutes valables. J'ai choisi celle qui consiste à déterminer l'état du « terrain ». Autrement dit, non pas quelle maladie ou quel microbe attaque le terrain mais, au contraire, quelle est la partie du terrain qui se trouve affaiblie et doit être renforcée. En effet, il faut bien savoir que nous sommes perpétuellement entourés de milliards de microbes et de bactéries. La maladie dépend donc bien moins de la puissance d'une attaque d'éléments étrangers que de la capacité du terrain à se défendre tout seul.

Vous trouverez ci-après des « tableaux médicaux », tant pour le diagnostic que pour quelques traitements. Voici comment les employer.

DIAGNOSTIC

1°) Vous cherchez sur le chercheur quel est l'appareil (terrain) qui se trouve déficient chez le malade étudié. Pour cela, vous promenez votre pendule au-dessus de chaque numéro de 1 à 9 en posant la question : « *cet appareil est-il en bonne santé chez M...* (ici le nom de la personne) ? ». ATTENTION ! à l'inverse de toutes les autres recherches, vous ne notez que les numéros sur lesquels votre pendule répond « NON » (l'appareil est déficient).

2°) Lorsque vous avez noté l'appareil (ou les appareils) déficient, vous cherchez par la totalité des numéros, quels organes sont atteints, toujours par le même procédé décrit au chapitre « Recherche numérique de 1 à 156 », mais en notant les numéros sur lesquels le pendule répond « NON » selon votre convention mentale, numéros qui correspondent à des organes précis selon les tableaux médicaux que vous trouverez ci-après :

— tableau de diagnostic « état général » (les appareils),

— tableaux de désignation de tous les organes pour chaque appareil.

NOTA : certains appareils ne contiennent pas 156 organes.

Autre NOTA : certains organes sont appariés (reins, poumons, oreilles, etc.), n'oubliez pas de demander à votre pendule s'il s'agit de l'organe Gauche ou Droit.

TABLEAU N° 1 : Diagnostic « Etat général »

1 Appareil osseux	27	53
2 Appareil nerveux	28	54
3 Appareil circulatoire	29	55
4 Appareil digestif	30	56
5 Appareil respiratoire	31	57
6 Appareil musculaire	32	58
7 Appareil génital	33	59
8 Appareil auditif	34	60
9 Appareil oculaire	35	61
10	36	62
11	37	63
12	38	64
13	39	65
14	40	66
15	41	67
16	42	68
17	43	69
18	44	70
19	45	71
20	46	72
21	47	73
22	48	74
23	49	75
24	50	76
25	51	77
26	52	78

Nota : Il n'est pas fait mention de l'appareil glandulaire, très important, car les glandes ont été distribuées séparément dans les autres appareils.

79	105	131
80	106	132
81	107	133
82	108	134
83	109	135
84	110	136
85	111	137
86	112	138
87	113	139
88	114	140
89	115	141
90	116	142
91	117	143
92	118	144
93	119	145
94	120	146
95	121	147
96	122	148
97	123	149
98	124	150
99	125	151
100	126	152
101	127	153
102	128	154
103	129	155
104	130	156

TABLEAU N° 2 : Diagnostic de l'appareil osseux

1 Frontal	27 8e dorsale	53 3e fausse côte
2 Pariétal	28 9e dorsale	54 Iliaque
3 Occipital	29 10e dorsale	55 Symphise pubienne
4 Temporal	30 11e dorsale	56 Ischion
5 Malaire	31 12e dorsale	57 Humérus
6 Maxillaire supérieur	32 1e lombaire	58 Cubitus
7 Maxillaire inférieur	33 2e lombaire	59 Radius
8 Mastoïde	34 3e lombaire	60 Carpe
9 Nasal	35 4e lombaire	61 Pouce : 1e phalange
10 Arcade zygomatique	36 5e lombaire	62 Pouce : 2e phalange
11 Voûte palatine	37 Sacrum	63 Index : 1e phalange
12 Condyle de mâchoire	38 Coccyx	64 Index : 2e phalange
13 Atlas	39 Sternum	65 Index : 3e phalange
14 Axis	40 Appendice xyphoïde	66 Majeur : 1e phalange
15 3e cervicale	41 Clavicule	67 Majeur : 2e phalange
16 4e cervicale	42 Acromion	68 Majeur : 3e phalange
17 5e cervicale	43 Omoplate	69 Annulaire : 1e phal.
18 6e cervicale	44 1e vraie côte	70 Annulaire : 2e phal.
19 7e cervicale	45 2e vraie côte	71 Annulaire : 3e phal.
20 1e dorsale	46 3e vraie côte	72 Auriculaire : 1e phal.
21 2e dorsale	47 4e vraie côte	73 Auriculaire : 2e phal.
22 3e dorsale	48 5e vraie côte	74 Auriculaire : 3e phal.
23 4e dorsale	49 6e vraie côte	75 Fémur
24 5e dorsale	50 7e vraie côte	76 Tibia
25 6e dorsale	51 1e fausse côte	77 Péroné
26 7e dorsale	52 2e fausse côte	78 Rotule

Nº 1 à 12 : *Tête*
Nº 13 à 38 : *Colonne vertébrale*
Nº 39 à 56 : *Tronc*
Nº 57 à 74 : *Membre supérieur*
Nº 75 à 88 : *Membre inférieur*

79 Astragale	105	131
80 Scaphoïde	106	132
81 Cuboïde	107	133
82 Calcanéum	108	134
83 Tarse	109	135
84 Gros orteil	110	136
85 2e orteil	111	137
86 3e orteil	112	138
87 4e orteil	113	139
88 5e orteil	114	140
89	115	141
90	116	142
91	117	143
92	118	144
93	119	145
94	120	146
95	121	147
96	122	148
97	123	149
98	124	150
99	125	151
100	126	152
101	127	153
102	128	154
103	129	155
104	130	156

TABLEAU N° 3 : Diagnostic de l'Appareil Nerveux

1 Olfactif	27 Cardiaque	53 Sciatique poplit. interne
2 Optique	28 Plexus cardiaque	54 Sciatique poplit. externe
3	29 Ganglions rachidiens	55 Tibial postérieur
4 Tuberc. mammaire	30 Plexus solaire	56 Tibial antérieur
5 Moteur oculaire commun	31 Plexus mésentérique	57 Plantaire externe
6 Pédonc. céréb.	32 Plexus hypogastrique	58
7 Maxillaire supérieur	33 Plexus iliaque	59
8 Maxillaire inférieur	34 Pneumogastrique	60
9 Pathétique	35 Intercostal	61
10 Trijumeau	36 Tronc lombo-sacré	62
11 Moteur oculaire ext.	37 Plexus lombaire	63
12 Facial	38 Plexus sacré	64
13 Auditif	39 Génito-crural	65
14 Rachidien	40 Crural	66
15 Glosso-pharyngien	41 Musculo-cutané	67
16 Spinal	42 Brachial cutané int.	68
17 Bulbe rachidien	43 Cubital	69
18 Pneumogastrique	44 Radial	70
19 Grand hypoglosse	45 Médian	71
20 Cervelet	46 Fémoro-cutané	72
21 Scissure de Rolando	47 Musculo-cutané ext.	73
22 Scissure de Sylvius	48 Petit sciatique	74
23 Moelle épinière	49 Grand sciatique	75
24 Chaîne ganglionnaire du cou	50 du Quadriceps	76
25 Ganglion cervical moyen	51 Saphène interne	77
26 Ganglion cervical inférieur	52 Obturateur	78

Nº 1 à 22 : *Encéphale*
Nº 23 : *Moelle épinière*
Nº 24 à 40 : *Système sympathique*
Nº 41 à 45 : *Membre supérieur*
Nº 46 à 57 : *Membre inférieur*

79	105	131
80	106	132
81	107	133
82	108	134
83	109	135
84	110	136
85	111	137
86	112	138
87	113	139
88	114	140
89	115	141
90	116	142
91	117	143
92	118	144
93	119	145
94	120	146
95	121	147
96	122	148
97	123	149
98	124	150
99	125	151
100	126	152
101	127	153
102	128	154
103	129	155
104	130	156

TABLEAU N° 4 : Diagnostic de l'appareil circulatoire

1 Oreillette	27 Circonflexe antér.	53
2 Ventricule	28 du Quadriceps	54
3 Grande veine coronaire	29 Fémorale	55
4 Sinus coronaire	30 Fémorale profonde	56
5 Orifice aur. ventriculaire	31 Péronière	57
6 Valvules pulmonaires	32 Tibiale postérieure	58
7 Valvules aortiques	33 Faciale	59
8 Temporale	34 Jugulaire	60
9 Faciale	35 Pulmonaire	61
10 Linguale	36 Cave supérieure	62
11 Carotide	37 Axillaire	63
12 Sous-clavière	38 Porte	64
13 Aorte	39 Rénale	65
14 Pulmonaire	40 Cave inférieure	66
15 Humérale	41 Céphalique	67
16 Radiale	42 Basilique	68
17 Cubitale	43 Radiale accessoire	69
18 Hépatique	44 Radiale superficielle	70
19 Splénique	45 Cubitale	71
20 Mésentérique sup.	46 Saphène interne	72
21 Mésentérique inf.	47	73
22 Rénale	48	74
23 Spermatique	49	75
24 Iliaque primit.	50	76
25 Hypogastrique	51	77
26 Ischiatique	52	78

Nº 1 à 7 : *Cœur*
Nº 8 à 32 : *Artères*
Nº 33 à 46 : Veines

79	105	131
80	106	132
81	107	133
82	108	134
83	109	135
84	110	136
85	111	137
86	112	138
87	113	139
88	114	140
89	115	141
90	116	142
91	117	143
92	118	144
93	119	145
94	120	146
95	121	147
96	122	148
97	123	149
98	124	150
99	125	151
100	126	152
101	127	153
102	128	154
103	129	155
104	130	156

TABLEAU N° 5 : Diagnostic de l'appareil digestif

1 Lèvre supérieure	27 Capsule surrénale	53
2 Lèvre inférieure	28 Rein	54
3 Langue	29 Uretère	55
4 Dents	30 Vessie	56
5 Amygdale palatine	31 Sphinctère urétral	57
6 Amygdale linguale	32 Urètre	58
7 Epiglotte	33	59
8 Glande parotide	34	60
9 Glande sublinguale	35	61
10 Glande sous-maxillaire	36	62
11 Œsophage	37	63
12 Estomac	38	64
13 Foie	39	65
14 Vésicule biliaire	40	66
15 Rate	41	67
16 Pancréas	42	68
17 Pylore	43	69
18 Duodénum	44	70
19 Intestin grêle	45	71
20 Caecum	46	72
21 Appendice	47	73
22 Côlon ascendant	48	74
23 Côlon transverse	49	75
24 Côlon descendant	50	76
25 Anse sigmoïde	51	77
26 Rectum	52	78

Nº 1 à 10 : *Tête*
Nº 11 à 18 : *Thorax*
Nº 19 à 26 : *Abdomen*
Nº 27 à 32 : *Système urinaire*

79	105	131
80	106	132
81	107	133
82	108	134
83	109	135
84	110	136
85	111	137
86	112	138
87	113	139
88	114	140
89	115	141
90	116	142
91	117	143
92	118	144
93	119	145
94	120	146
95	121	147
96	122	148
97	123	149
98	124	150
99	125	151
100	126	152
101	127	153
102	128	154
103	129	155
104	130	156

TABLEAU N° 6 : Diagnostic de l'appareil respiratoire

1 Narine	27	53
2 Cornet Santorini	28	54
3 Cornet supérieur	29	55
4 Cornet moyen	30	56
5 Cornet inférieur	31	57
6 Méat moyen	32	58
7 Sinus sphénoïdal	33	59
8 Sinus frontal	34	60
9 Pharynx	35	61
10 Epiglotte	36	62
11 Corde vocale sup.	37	63
12 Corde vocale inf.	38	64
13 Glotte	39	65
14 Ventric. Morgagni	40	66
15 Membrane thyro-hyoïdienne	41	67
16 Cartilage thyroïde	42	68
17 Arc cricoïdien	43	69
18 Trachée artère	44	70
19 Eperon trachéal	45	71
20 Lobe supérieur	46	72
21 Lobe moyen	47	73
22 Lobe inférieur	48	74
23 Ganglion trach. bronc.	49	75
24 Bronches	50	76
25	51	77
26	52	78

N° 1 à 9 : *Tête*
N° 10 à 19 : *Larynx*
N° 20 à 24 : *Thorax*

79	105	131
80	106	132
81	107	133
82	108	134
83	109	135
84	110	136
85	111	137
86	112	138
87	113	139
88	114	140
89	115	141
90	116	142
91	117	143
92	118	144
93	119	145
94	120	146
95	121	147
96	122	148
97	123	149
98	124	150
99	125	151
100	126	152
101	127	153
102	128	154
103	129	155
104	130	156

TABLEAU N° 7 : Diagnostic de l'appareil musculaire

1	Frontal	27	Grand rond	53	Pubio-fémoral sup.
2	Orbiculaire des paup.	28	Petit rond	54	Grand fessier
3	Orbiculaire des lèvr.	29	Biceps huméral	55	Moyen fessier
4	Petit zygomatique	30	Brachial antérieur	56	Biceps fémoral
5	Grand zygomatique	31	Coraco-brachial	57	Demi-tendineux
6	Carré du menton	32	Triceps	58	Demi-membraneux
7	Triangulaire des lèvr.	33	Rond pronateur	59	Grand abducteur
8	Masséter	34	Grand palmaire	60	Jambier antérieur
9	Temporal	35	Palmaire grêle	61	Extenseur gros orteil
10	Occipital	36	Long supinateur	62	Long extenseur des orteils
11	Buccinateur	37	1er radial externe	63	Long péronier latéral
12	Houppe	38	2e radial externe	64	
13	Pyramidal	39	Extenseur des doigts	65	Soléaire
14	Releveur supérieur	40	Abducteur du pouce	66	Long fléchisseur des orteils
15	Releveur profond	41	Cubital postérieur	67	Jumeau externe
16	Dilateur des ailes du nez	42	Cubital antérieur	68	Jumeau interne
17	Sterno-mastoïdien	43	Anconé	69	Tendon d'Achille
18	Sterno-hyoïdien	44	Thénar	70	Court péronier
19	Grand pectoral	45	Hypothénar	71	Ligament annulaire
20	Droit abdominal	46	Couturier	72	Pédieux
21	Grand oblique	47	Droit antérieur	73	Abducteur du gros orteil
22	Grand dentelé	48	Vaste interne	74	Abducteur du petit orteil
23	Deltoïde	49	Vaste externe	75	
24	Grand trapèze	50	Droit interne	76	
25	Grand dorsal	51	Pubio-fémoral inf.	77	
26	Sous-épineux	52	Pubio-fémoral moyen	78	

Nº 1 à 16 : *Tête*
Nº 17 à 18 : *Cou*
Nº 19 à 28 : *Torse*
Nº 29 à 32 : *Bras*
Nº 33 à 43 : *Avant-bras*
Nº 44 à 45 : *Main*
Nº 46 à 59 : *Cuisse*
Nº 60 à 71 : *Jambe*
Nº 72 à 74 : *Pied*

79	105	131
80	106	132
81	107	133
82	108	134
83	109	135
84	110	136
85	111	137
86	112	138
87	113	139
88	114	140
89	115	141
90	116	142
91	117	143
92	118	144
93	119	145
94	120	146
95	121	147
96	122	148
97	123	149
98	124	150
99	125	151
100	126	152
101	127	153
102	128	154
103	129	155
104	130	156

TABLEAU N° 8 : Diagnostic de l'appareil génital

1 Prostate	27	53
2 Vésicule séminale	28	54
3 Bulbo-caverneux	29	55
4 Bulbe	30	56
5 Sphincter strié	31	57
6 Corps caverneux	32	58
7 Gland	33	59
8 Prépuce	34	60
9 Fosse naviculaire	35	61
10 Corps spongieux	36	62
11 Urètre	37	63
12 Artère caverneuse	38	64
13 Artère dorsale	39	65
14 Nerf dorsal	40	66
15 Veine dorsale profonde	41	67
16 Veine dorsale sup.	42	68
17 Cordon spermatique	43	69
18 Epididyme	44	70
19 Ligament scrotal	45	71
20 Canal déférent	46	72
21 Canalicules séminal.	47	73
22 Canal épididymaire	48	74
23 Cônes efférents	49	75
24	50	76
25	51	77
26	52	78

Appareil génital masculin :
N° 1 à 5 : *Appareil interne*
N° 6 à 16 : *Verge*
N° 17 à 23 : *Testicule*

Appareil génital féminin :
N° 79 à 91 : *Appareil interne*
N° 92 à 96 : *Mamelle*

79 Utérus	105	131
80 Ovaire	106	132
81 Trompe de Fallope	107	133
82 Pavillon	108	134
83 Col d'utérus	109	135
84 Vagin	110	136
85 Urètre	111	137
86 Méat urinaire	112	138
87 Petite lèvre	113	139
88 Grande lèvre	114	140
89 Clitoris	115	141
90 Mésosalpinx	116	142
91 Org. de Rosenmüller	117	143
92 Mamelon	118	144
93 Canaux Galactoph.	119	145
94 Glande mammaire	120	146
95 Fosse adipeuse	121	147
96 Crêtes fibreuses	122	148
97	123	149
98	124	150
99	125	151
100	126	152
101	127	153
102	128	154
103	129	155
104	130	156

TABLEAU N° 9 : Diagnostic de l'appareil oculaire

1 Paupière supérieure	27	53
2 Paupière inférieure	28	54
3 Sclérotique	29	55
4 Cornée	30	56
5 Pupille	31	57
6 Glande lacrymale	32	58
7 Globe oculaire	33	59
8 Muscle paupière sup.	34	60
9 Muscle droit sup.	35	61
10 Muscle grand oblique	36	62
11 Muscle petit oblique	37	63
12 Muscle droit interne	38	64
13 Nerf optique	39	65
14 Anneau de Zinn	40	66
15 Macula	41	67
16 Fovéa	42	68
17 Choroïde	43	69
18 Iris	44	70
19 Cristallin	45	71
20 Corps vitré	46	72
21 Membrane hyaloïde	47	73
22 Canal hyaloïdien	48	74
23	49	75
24	50	76
25	51	77
26	52	78

79	105	131
80	106	132
81	107	133
82	108	134
83	109	135
84	110	136
85	111	137
86	112	138
87	113	139
88	114	140
89	115	141
90	116	142
91	117	143
92	118	144
93	119	145
94	120	146
95	121	147
96	122	148
97	123	149
98	124	150
99	125	151
100	126	152
101	127	153
102	128	154
103	129	155
104	130	156

TABLEAU N° 10 : Diagnostic de l'appareil auditif

1 Pavillon	27	53
2 Conduit auditif interne	28	54
3 Marteau	29	55
4 Enclume	30	56
5 Etrier	31	57
6 Tympan	32	58
7 Fenêtre ovale	33	59
8 Fenêtre ronde	34	60
9 Conduit auditif ext.	35	61
10 Parotide	36	62
11 Trompe d'Eustache	37	63
12 Canaux semi-circul.	38	64
13 Aqueduc de Fallope	39	65
14 Utricule	40	66
15 Saccule	41	67
16 Canal cochléaire	42	68
17 Limaçon	43	69
18 Glandes à cérumen	44	70
19 Rocher	45	71
20	46	72
21	47	73
22	48	74
23	49	75
24	50	76
25	51	77
26	52	78

79	105	131
80	106	132
81	107	133
82	108	134
83	109	135
84	110	136
85	111	137
86	112	138
87	113	139
88	114	140
89	115	141
90	116	142
91	117	143
92	118	144
93	119	145
94	120	146
95	121	147
96	122	148
97	123	149
98	124	150
99	125	151
100	126	152
101	127	153
102	128	154
103	129	155
104	130	156

C. - LES TRAITEMENTS

En ce qui concerne le choix d'un ou de plusieurs traitements, on pourra également utiliser la radiesthésie. Le principe est facile à suivre : lorsque le diagnostic est établi, vous déterminez le ou les traitements les plus appropriés avec votre pendule, au-dessus du chercheur universel en posant la question : *« le traitement N° 1 convient-il à ce malade ? »*, puis N° 2, N° 3, etc... Lorsque le pendule répond « OUI », vous noterez la correspondance entre le N° indiqué et le traitement sur le TABLEAU suivant « LE CHOIX DES THERAPEUTIQUES ».

Pour l'application de la thérapeutique, vous pouvez également utiliser la radiesthésie par l'intermédiaire du chercheur et des tableaux correspondant aux modes d'application. A titre d'exemple, vous trouverez ci-après un TABLEAU DES SELS DE SCHUESSLER. Votre pendule vous indiquera, pour un malade donné, quels sels sont les mieux appropriés, toujours par la même méthode des nombres. Vous trouverez aussi un tableau de PHYTOTHERAPIE. Mais vous pouvez aussi faire d'autres tableaux selon la thérapeutique employée ou selon les procédés qui vous conviennent le mieux : thermalisme, allopathie, acupuncture, homéopathie, etc.

TABLEAU N° 11 : Le choix des thérapeutiques

1 Chirurgie	27	53
2 Allopathie	28	54
3 Homéopathie	29	55
4 Acupuncture	30	56
5 Magnétothérapie	31	57
6 Electrothérapie	32	58
7 Physiothérapie	33	59
8 Psychothérapie	34	60
9 Régime	35	61
10 Rééducation hygiénique	36	62
11 Hydrothérapie	37	63
12 Cure thermale	38	64
13 Métallothérapie	39	65
14 Argilothérapie	40	66
15 Biothérapie	41	67
16 Opothérapie	42	68
17 Sels de Schuessler	43	69
18 Phytothérapie	44	70
19 Thalassothérapie	45	71
20 Chiropractie	46	72
21 Kinésithérapie	47	73
22 Radiothérapie	48	74
23 Chromothérapie	49	75
24 Héliothérapie	50	76
25	51	77
26	52	78

79	105	131
80	106	132
81	107	133
82	108	134
83	109	135
84	110	136
85	111	137
86	112	138
87	113	139
88	114	140
89	115	141
90	116	142
91	117	143
92	118	144
93	119	145
94	120	146
95	121	147
96	122	148
97	123	149
98	124	150
99	125	151
100	126	152
101	127	153
102	128	154
103	129	155
104	130	156

TABLEAU N° 12 : Sels de Schuessler

1 Calcarea Fluorica	27	53
2 Magnesia Phosphorica	28	54
3 Kalium Sulfuricum	29	55
4 Natrum Phosphoricum	30	56
5 Calcarea Sulfurica	31	57
6 Silicea	32	58
7 Calcarea Phosphorica	33	59
8 Natrum Muriaticum	34	60
9 Ferrum Phosphoricum	35	61
10 Kalium Phosphoricum	36	62
11 Natrum Sulfuricum	37	63
12 Kalium Muriaticum	38	64
13	39	65
14	40	66
15	41	67
16	42	68
17	43	69
18	44	70
19	45	71
20	46	72
21	47	73
22	48	74
23	49	75
24	50	76
25	51	77
26	52	78

79	105	131
80	106	132
81	107	133
82	108	134
83	109	135
84	110	136
85	111	137
86	112	138
87	113	139
88	114	140
89	115	141
90	116	142
91	117	143
92	118	144
93	119	145
94	120	146
95	121	147
96	122	148
97	123	149
98	124	150
99	125	151
100	126	152
101	127	153
102	128	154
103	129	155
104	130	156

TABLEAU N° 13 : Phytothérapie

1 Absinthe	27 Bleuet	53 Cumin
2 Ache	28 Boldo	54 Cyprès
3 Acore	29 Bouillon blanc	55 Douce amère
4 Agripaume	30 Bouleau	56 Epine-vinette
5 Aigremoine	31 Bourdaine	57 Erysimum
6 Airelle	32 Bourrache	58 Eucalyptus
7 Alchemille	33 Bourse à pasteur	59 Fenouil
8 Alkékenge	34 Bruyère	60 Ficaire
9 Aneth	35 Bugrane	61 Fougère mâle
10 Angélique	36 Buis	62 Fraisier
11 Anis	37 Busserole	63 Frêne
12 Aristoloche	38 Camomille	64 Fucus
13 Armoise	39 Capillaire	65 Fumeterre
14 Arnica	40 Capucine	66 Galanga
15 Artichaut	41 Carvi	67 Genêt
16 Asperge	42 Cassis	68 Genévrier
17 Aspérule odorante	43 Centaurée	69 Gentiane
18 Aubépine	44 Chardon bénit	70 Géranium Robert
19 Aunée	45 Chélidoine	71 Germandrée
20 Baguenaudier	46 Chêne	72 Gui
21 Balsamite	47 Chicorée sauvage	73 Guimauve
22 Bardane	48 Chiendent	74 Hamamélis
23 Basilic	49 Cognassier	75 Houblon
24 Benoîte	50 Consoude	76 Houx
25 Betoine	51 Coquelicot	77 Hysope
26 Bistorte	52 Coriandre	78 Jaborandi

Lexique extrait de l'ouvrage de Jean de Sillé : « *Des plantes pour vous guérir* » (Éditions Dangles).

79	Laurier sauce	105	Pariétaire	131	Santoline
80	Lavande	106	Passiflore	132	Saponaire
81	Lichen d'Islande	107	Patience	133	Sauge
82	Lierre grimpant	108	Pêcher	134	Saule blanc
83	Lierre terrestre	109	Pensée sauvage	135	Scabieuse
84	Liseron	110	Persicaire	136	Séneçon
85	Livêche	111	Persil	137	Serpolet
86	Maïs	112	Pervenche	138	Souci des jardins
87	Marjolaine	113	Petit-houx	139	Sureau
88	Marrube blanc	114	Pin	140	Tanaisie
89	Matricaire	115	Pissenlit	141	Thym
90	Mauve	116	Pivoine	142	Tilleul
91	Mélilot	117	Plantain	143	Tormentille
92	Mélisse	118	Prêle	144	Tussilage
93	Menthe	119	Primevère	145	Uvette
94	Menyanthe	120	Pulmonaire	146	Valériane
95	Mercuriale	121	Quinquina	147	Véronique
96	Millefeuille	122	Quintefeuille	148	Verveine
97	Millepertuis	123	Réglisse	149	Vigne rouge
98	Mouron	124	Reine-des-prés	150	Violette
99	Nénuphar	125	Renouée des oiseaux	151	
100	Noyer	126	Rhubarbe	152	
101	Oranger	127	Romarin	153	
102	Origan	128	Ronce	154	
103	Orme	129	Salicaire	155	
104	Ortie	130	Salsepareille	156	

Cinquième Partie

COMMENT DÉCOUVRIR LES TRESORS, LE PÉTROLE ET LES PERSONNES DISPARUES

A. - OUI ! IL Y A DES TRESORS A DÉCOUVRIR

Ne dites pas, ne pensez pas que tous les trésors ont été découverts. Vous feriez bien sourire les terrassiers qui en découvrent sans cesse au hasard de leurs coups de pioche et qui deviennent archi-millionnaires en l'espace de quelques secondes.

Des quantités de nobles ont caché leur fortune au moment de la Révolution. Des quantités de gens, dans les siècles passés, enfouissaient sous terre ou dans les murs les pièces d'or et d'argent qu'ils possédaient car il n'y avait pas de banque ni de caisse de dépôts assez sûres. Plus près de nous, des quantités de gens, campagnards et citadins, cachent encore des titres, des pièces ou des trésors divers qu'ils ne veulent pas convertir ni exposer à la vue des convoiteurs.

Parfois la mort vient distraire le « cacheur » de ses occupations terrestres, avant même qu'il n'ait eu le temps de révéler la cachette à ses héritiers.

C'est alors un trésor de plus à découvrir.

Généralement, les héritiers qui supposent un trésor fouillent un peu partout, au hasard, et ils abandonnent, vite découragés, laissant à plus malins qu'eux la joie d'une découverte enrichissante.

Certaines personnes ont ainsi marché quelques dizaines d'années sur un plancher contenant une véritable fortune. D'autres ont dormi, le ventre creux, au pied d'un arbre entre les racines duquel un coffret se tenait caché, coffret qui aurait pu leur offrir maison, voiture et retraite confortable pour le restant de leurs jours.

Oui, il y a des trésors à découvrir et peut-être bien tout à côté de vous.

Il y a, en tout cas, à votre portée, bien des heures enivrantes et merveilleuse à passer, lorsque vous établirez peu à peu l'existence d'un trésor, que vous parviendrez vers lui et le dernier coup de pioche ou de marteau, celui qui fera jaillir à vos yeux éblouis des dizaines de pièces d'or fera « le plus beau jour de votre vie »... en attendant peut-être le prochain trésor.

B. - OU Y A-T-IL DES TRESORS ?

Voici la question cruciale : où avez-vous le plus de chance de trouver un trésor ? Où y a-t-il des trésors ?

Il y en a partout !

Il y en a dans le sol, les murs, les caves et les greniers de certaines maisons, tant en ville qu'à la campagne. Il y en a dans le sol, dans le sous-sol de la campagne et de la montagne ; dans des souterrains, dans des cavernes, au pied des arbres, etc., etc., sans oublier les trésors sous-marins.

Pour votre information, voici où ont été découverts quelques trésors des années précédentes (cités par J. de Kerdelant dans son livre *« La nouvelle Course aux Trésors »* - Edition R. Laffont).

En 1948 à ABBEVILLE (Somme) dans une cheminée : une quantité de louis d'or.

En 1948 dans un bois près d'AVIGNON : deux valises pleines d'or.

En 1949 à VALENCIENNES (Nord) dans le sol de l'îlot sinistré N° 11 : un tonnelet de pièces d'une valeur d'environ 100 millions d'A.F.

En 1950 à CORBERON (S.-et-M.) dans de vieilles fondations en ruines.

En 1950 à BEAUVAIS (Oise) dans un immeuble sinistré : un coffret contenant plus de 2 000 pièces d'argent.

En 1952 à LIEVEN (P.-de-C.) dans un jardin, une grosse liasse de billets.

En 1953 à VIX (Côte d'Or) dans un champ : une chambre funéraire gallo-romaine.

En 1954 à ST-GILLES-DU-VIEUX-MARCHE, dans un champ : une quantité de pièces d'argent.

En 1955 à BROUCHY (Somme) dans un jardin : une quantité de pièces d'or.

etc... etc...

C. - LA RADIESTHÉSIE, MÉTHODE SUPÉRIEURE POUR CE GENRE DE RECHERCHE

Pourquoi la radiesthésie ?

C'est très simple et logique.

Un trésor caché, même s'il est « supposé », ne peut être découvert que par hasard. Même les renseignements les plus précis sont insuffisants. Supposez que l'ensemble des renseignements que vous avez recueillis vous amènent à penser qu'un trésor se trouve enfoui au pied d'un chêne.

D'abord il peut y avoir erreur de chêne. Ensuite... le pied d'un chêne est plus vaste qu'on ne croit. Le trésor peut se trouver enfoui dans un rayon de 3 mètres autour du chêne, et à une profondeur de plus d'un mètre. Savez-vous ce que cela représente ? environ 18 camions de terre.

Et vous pouvez décider de suspendre les recherches alors même que le trésor est à 20 cm de votre dernier coup de pioche.

Par contre, si vous utilisez la radiesthésie, vous obtiendrez une précision rigoureuse, avant même de vous déplacer sur le terrain.

Et même si, faisons plaisir à nos détracteurs, vous commettez deux ou trois erreurs, cela n'équivaudra jamais à déplacer 18 camions de terre. Et cela vaudra toujours mieux que de se confier totalement au hasard.

Il ne faut pas demander à la radiesthésie ce qu'elle ne peut faire, mais la radiesthésie, considérée comme sixième sens, ou comme la matérialisation du phénomène de l'intuition, peut vous rendre de grands services, en particulier dans la recherche des trésors.

1. Comment utiliser la radiesthésie.

La radiesthésie peut être utilisée à de nombreuses fins dans la recherche d'un Trésor. Elle peut vous dire :

— s'il y a ou non un trésor,

— dans quelle direction il se trouve, à quelle distance, à quelle profondeur ou à quelle altitude,

— de quoi il est composé,

— quelle est son origine,

— quel est le meilleur moyen d'y accéder, etc...

Nous verrons au chapitre du « Mode d'Emploi », comment pratiquer exactement pour ces différentes recherches.

Mais la radiesthésie ne suffit pas.

2. *Il faut aussi d'autres renseignements*

Bien sûr, vous pouvez tout faire par la seule radiesthésie. Mais je vous le déconseille. D'abord parce que vous éviterez les erreurs en multipliant les renseignements. Ensuite, et surtout, parce que vous décuplerez votre joie en constituant un dossier de *votre trésor*. Joie de la découverte progressive, joie de voir votre trésor se préciser chaque jour davantage. Joie surtout de multiplier les contacts humains avec des personnes intelligentes et de commerce agréable et enfin joie de découvrir, avant le trésor, des ouvrages et des documents vraiment passionnants.

Comment donc agir rationnellement ?

D'abord cherchez si un trésor se trouve à proximité. Cela peut-être par la radiesthésie (OUI ou NON), cela peut-être par connaissance de « on-dit » et d'histoires colportées, souvent embellies mais contenant parfois un fond de vérité.

Cherchez tous les renseignements possibles par la radiesthésie, notamment avec l'aide du chercheur.

Constituez un dossier. Et partez en campagne pour vérifier vos résultats, les confirmer ou les infirmer.

Essayez de déterminer l'origine du trésor, à qui il appartenait et de quoi il se compose.

Vérifiez les chances de possibilités d'existence du trésor. S'il est sous une maison, cette dernière est-elle plus récente que le trésor ? Comment était-elle bâtie ? etc...

Contactez les gens qui ont entendu parler du trésor, essayez de remonter aux sources de l'histoire du Trésor. Les gens les plus capables de vous renseigner sont : les notabilités, les anciens du pays, le secrétaire de Mairie, le garde champêtre ou garde-chasse, le curé aussi, souvent, qui connaît bien l'histoire de sa paroisse. Il y a aussi les historiens locaux ou régionaux, les chercheurs, les curieux et les archives communales, départementales et paroissiales ; les archives personnelles aussi, dans les greniers, les livres anciens ou historiques, etc...

Un conseil pour vos relations avec les gens : mieux vaut passer pour un journaliste ou un écrivain que pour un « chercheur de trésors », le premier délie les langues, le second ferme les portes ou encourage les bobards.

Notez bien que je ne vous encourage pas au mensonge. Vous pouvez faire toutes vos recherches sans dire exactement qui vous êtes. D'ailleurs, rien ne vous empêche non plus de publier l'histoire de vos recherches ou de votre course au Trésor, soit d'une façon sérieuse, soit avec humour. Après tout ce ne serait là qu'un gain supplémentaire, accessoire au Trésor.

D. - COMMENT LA RADIESTHÉSIE PEUT VOUS DIRE OU SE TROUVE LE TRÉSOR

1. Recherche sur plan

Je ne saurais trop vous encourager, avant de vous lancer sur les routes, à faire vos premières recherches sur un plan ou une carte.

Nous partons du principe que vous avez eu connaissance d'un trésor possible, dans un certain endroit (un château ou une forêt, par exemple).

D'abord, procurez-vous, ou dessinez, le plus exactement possible :

— un plan (pour un château, une propriété, une maison, etc.),

— ou une carte (pour une forêt, un champ, etc...) qui peut être une carte routière ordinaire, type « Michelin » ou une carte d'Etat-Major.

Il s'agit de déterminer, par rapport à un point fixe, facilement identifiable (portail principal pour un château ou calvaire pour une forêt, par exemple) :

— l'orientation,

— l'éloignement,

— l'altitude,

puis, éventuellement : la nature, la composition et l'importance du trésor.

2. L'orientation

Placez le chercheur radiesthésique sur le plan ou la carte, de façon à faire coïncider :

— le centre du chercheur avec le point de repère (portail ou calvaire, par exemple),

— si possible, le Nord du chercheur avec le Nord géographique du plan ou de la carte.

Cherchez avec votre pendule, selon le mode d'emploi général du chercheur (voir page 28, Orientation par secteur) dans quel secteur se trouve le trésor : N/NNE ou NNE/ENE ou ENE/E etc.

3. L'éloignement

Lorsque vous avez déterminé l'orientation (par exemple E/ESE) cherchez dans quelle portion, à partir de celle qui est la plus près du centre, se trouve le trésor. Dans l'exemple E/ESE, vous chercherez d'abord dans la portion 148/149, puis 136/137, puis 124/125, etc.

Si la portion indiquée est trop vaste pour y effectuer valablement des recherches sur place, refaites l'expérience avec un plan ou une carte à échelle plus petite et plus détaillée. Ainsi, si votre recherche sur un plan de château vous indique le trésor dans la salle des gardes, faites une seconde recherche sur le seul plan, assez grand, de la salle des gardes.

4. L'altitude

Lorsque vous aurez déterminé aussi précisément que possible l'endroit où se trouve le trésor, il vous restera à déterminer l'altitude (ou la profondeur) à laquelle il se trouve. Pour cela vous utiliserez le chercheur en attribuant aux nombres de 1 à 156 une norme de valeur appropriée, par exemple :

— centimètres pour la profondeur dans un sol de maison,

— décimètres pour la profondeur dans un sol extérieur, ou la hauteur dans une maison,

— mètres pour la hauteur d'une colline ou la profondeur d'un étang ou d'une mer (trésor sous-marin), etc...

E. - LA COMPOSITION DU TRÉSOR

Vous pouvez connaître ou vérifier la composition du trésor que vous cherchez par la radiesthésie.

1. Nature :

Vous pouvez déterminer la nature du trésor en attribuant aux nombres du chercheur une correspondance qui vous conviendra. En voici un exemple que vous pouvez modifier ou compléter :

1 = or

2 = argent

3 = bijoux

4 = monnaie

5 = billets de banque

6 = objets préhistoriques

7 = pétrole

8 =

9 =

10 =

11 =

12 =

2. Quantité

Vous pouvez aussi, de la même façon, déterminer la quantité d'éléments composant le trésor en attribuant aux nombres du chercheur une correspondance adéquate : nombre de billets de banque, nombre de pièces, poids de métal en grammes ou kilos, volume d'une nappe de pétrole, etc... C'est une question de convention mentale.

3. Vérification

N'oubliez pas d'utiliser votre pendule, qui peut toujours vous répondre par OUI ou par NON, soit pour compléter la recherche, soit pour vérifier ce que vous avez trouvé. Exemples de questions :

— *« le trésor existe-t-il réellement ? »*
— *« me suis-je trompé ? »*
— *« le trésor est-il bien à l'endroit indiqué ? »*
— *« le trésor contient-il des manuscrits intéressants ? »*
— *« la nappe de pétrole est-elle utilisable industriellement ? »*

etc..., etc...

F. - LA RECHERCHE SUR LE TERRAIN

La recherche sur le terrain est, en fait, très simple. On pourrait même dire inutile si la recherche sur plan a été effectuée sérieusement et avec précision.

En réalité, elle est surtout utile pour confirmer la découverte avant d'entamer les recherches concrètes.

La recherche sur le terrain se déroule de la même façon que sur le plan, ou plutôt dans le même ordre c'est-à-dire :

1°) Recherche de l'orientation.
2°) Recherche de l'éloignement.
3°) Recherche de l'altitude.
4°) Recherche des quantités, composition, etc...

Vous aurez soin d'effectuer les recherches sur le terrain dans le plus grand calme et autant que possible, dans la solitude, pour éviter tout ce qui peut gêner la concentration de l'esprit.

1. Déroulement d'une recherche

Supposons que vous ayez entendu parler d'un trésor dans un village voisin.

Avant toute chose, cherchez au pendule, si ce trésor existe bien (OUI ou NON).

Ensuite, et parallèlement à votre étude radiesthésique, réunissez tous les renseignements que vous pourrez trouver sur le trésor. Essayez de déterminer son emplacement approximatif, son origine et sa composition. Pour cela, interrogez les habitants du village, à commencer par les autorités, compulsez les ouvrages historiques et géographiques régionaux. Pour l'étude radiesthésique, procédez comme il est dit au mode d'emploi :

Procurez-vous, (ou dessinez) un plan de l'endroit supposé du Trésor. Posez le chercheur sur le plan en faisant coïncider son orientation avec celle du plan. Déterminez la direction dans laquelle se trouve le trésor, ensuite déterminez l'éloignement, etc...

Effectuez les recherches sur plan dans un endroit calme, en faisant en sorte de ne pas être dérangé.

Notez soigneusement les renseignements recueillis.

N'hésitez pas à recommencer plusieurs fois une recherche si vous doutez du résultat ou si vous vous sentez fatigué.

Suspendez immédiatement toute recherche dès que vous ne pouvez plus vous concentrer totalement sur le sujet. N'oubliez pas que la recherche radiesthésique est fatigante si vous la faites avec la concentration requise. Mettez toutes les chances de réussite de votre côté en éloignant les risques d'erreur.

Lorsque vous aurez déterminé l'emplacement et la composition du trésor, rendez-vous sur les lieux et cherchez, toujours avec votre pendule, la confirmation de ce que vous pourrez avoir trouvé. Confrontez vos résultats avec les renseignements que vous aurez recueillis lors de votre petite enquête préliminaire. Entourez-vous des garanties suffisantes avant de donner le premier coup de pioche... et n'oubliez surtout pas de demander l'autorisation du propriétaire de l'endroit avant d'entamer vos recherches d'une façon concrète.

Au fur et à mesure de la fouille ou de la démolition, cherchez avec votre pendule la confirmation que vous êtes dans la bonne voie.

2. Les fouilles archéologiques

Le Trésor « monétaire » n'est pas le seul intéressant. Il est tout aussi passionnant, sinon plus, de mettre à jour un trésor archéologique.

Pour ce genre de trésor le travail est le même et le déroulement des opérations identique.

Je vous engage vivement à vous essayer sur ce genre de recherches qui, s'il est fait rationnellement et sérieusement, ne tardera pas à éveiller en vous une véritable passion.

LOI SUR LE TRESOR ET SA DECOUVERTE

Il m'a semblé utile de transcrire ici, simplement et sans commentaire inutile, l'article de la loi française concernant le Trésor et sa découverte. Il s'agit de l'article 716 du Code Civil.

Cet article dit :

— La propriété d'un Trésor appartient à celui qui le trouve dans son propre fonds ; si le trésor est trouvé dans le fonds d'autrui, il appartient pour moitié à celui qui l'a découvert, et pour l'autre moitié au propriétaire du fonds.

— Le Trésor est toute chose cachée ou enfouie sur laquelle personne ne peut justifier sa propriété, et qui est découverte par le pur effet du hasard.

G. - LA RECHERCHE DES PERSONNES DISPARUES

Elle se fait exactement comme pour la recherche des trésors.

Dans toute la mesure du possible (mais ce n'est pas rigoureusement indispensable) procurez-vous un témoin de la personne disparue (photo, vêtement porté récemment, etc.). Conservez ce témoin pendant la recherche, regardez-le et touchez-le souvent.

La recherche se fait sur un plan ou une carte, comme pour un trésor, en faisant coïncider le centre du chercheur universel avec l'endroit où la personne a été vue pour la dernière fois.

Vous recherchez, comme pour un trésor, et dans le même ordre : l'orientation, l'éloignement et l'altitude.

En matière de recherche de personnes disparues, plus qu'en toute autre recherche, observez la plus grande prudence. Soyez objectif, ne vous laissez pas suggestionner, ne vous auto-suggestionnez pas en laissant votre imagination vagabonder. Ne donnez pas de faux espoir ni de fausse alarme. Pensez que vous pouvez vous tromper. Refaites les recherches deux, trois fois ou plus si nécessaire. Surtout, si votre pendule vous indique la mort de la personne recherchée, ne le dites JAMAIS ! Vous pourriez vous tromper et causer un drame en faisant cesser les recherches sur le terrain. Considérez que tant que la personne n'est pas retrouvée, il doit y avoir de l'espoir.

Collaborez aussi étroitement que possible avec la Police ou les autres personnes habilitées à faire des recherches ; n'outrepassez pas vos droits et, ne faites rien qui puisse gêner les recherches officielles.

Ceci étant dit, la recherche désintéressée de personnes disparues est certainement l'utilisation la plus belle et la plus noble de la radiesthésie.

Sixième Partie

QUI VA GAGNER ?

— Le tiercé,

— Les courses de chevaux,

— La loterie,

— Les pronostics sportifs

etc...

A. - QUI VA GAGNER ?

Précisons tout de suite que la radiesthésie n'a pas la prétention de vous donner en 10 secondes l'ordre exact d'arrivée du prochain tiercé. Si cela était possible, tout le monde serait millionnaire. En fait, pour des raisons inconnues mais assez morales, il est pratiquement impossible de connaître à l'avance le résultat des jeux, des courses et des loteries. Probablement d'ailleurs, parce que, dans toutes ces disciplines, il y a un facteur de hasard très important qui peut fausser tous les pronostics.

Ce que vous pouvez demander à votre pendule, de toute façon, ce sont des questions du type de celles-ci :

— *« le moment est-il favorable pour moi en ce qui concerne les jeux de hasard ? »*

— *« ai-je intérêt à acheter aujourd'hui un billet de loterie ? »*

— *« ai-je intérêt à jouer plus de 3 chevaux ? »*

— *« la course réserve-t-elle des surprises importantes ? »*

— *« tel cheval est-il en bonne forme ? »*

— *« telle équipe sportive est-elle en bonne forme ? »*.

En fait, et vous le constaterez au cours de ce chapitre, ce que la radiesthésie peut vous aider à connaître, ce ne sont pas des résultats certains, qui ne sont dus qu'au hasard ou à des impondérables absolument imprévisibles (par exemple un cheval qui en bouscule un autre au cours d'une course), mais deux éléments essentiels, selon le genre de recherche :

1°) La forme (vitalité) d'un cheval, d'un sportif ou d'une équipe au moment de la compétition, donc, par comparaison des résultats, l'ordre probable d'arrivée.

2°) Les nombres et jours de chance qui vous sont particulièrement favorables pour un moment et une discipline donnés.

B. -LE TIERCÉ ET LES COURSES DE CHEVAUX

Le problème n'est pas de savoir d'avance l'ordre d'arrivée des courses, qui est lié à des impondérables et à un certain hasard, mais de connaître la vitalité des chevaux en fonction des divers éléments qui peuvent influer sur les résultats : état du terrain, jockey, genre de course, etc.

Je vous conseille, avant de commencer la recherche et pour faciliter votre travail, d'établir une fiche pour chaque course, fiche qui favorisera la mémorisation des éléments, la notation de vos recherches et l'étude comparative des résultats.

Voici ce que vous noterez sur cette fiche :

FICHE D'ETUDE RADIESTHESIQUE DE COURSE DE CHEVAUX.

Date de la course : (1) Lieu : (2)
Genre de la course : (3)
N° et nom de la course : (4)
Nombre de partants : (5)

N°	nom des chevaux (6)	jockeys (7)	vitalité (8)	ordre de jeu (9)
1				
2				
3				
4				
5				
6				
etc.				

Explications :

(1) Vous inscrivez ici la date à laquelle aura lieu la course et non celle de la recherche.

(2) Vous inscrivez ici le nom du lieu où se déroulera la course.

(3) Vous inscrivez ici le genre de la course (trot, haies, etc).

(4) Vous inscrivez ici le N° de la course dans la réunion et son nom (par exemple : 4e course, Prix d'Amérique).

(5) Vous inscrivez ici le nombre de chevaux partants dès qu'il est indiqué officiellement.

(6) Dans cette colonne vous inscrivez, les uns au-dessous des autres les noms des chevaux, en face des numéros qui leurs sont attribués.

(7) Dans cette colonne vous inscrivez les noms des jockeys en face des chevaux qu'ils doivent monter ou driver.

(8) Dans cette colonne, en face de chaque couple (cheval/jockey) vous inscrivez le N° de vitalité que vous aurez trouvé par la radiesthésie (voir plus loin : « recherche de vitalité »).

(9) Quand toutes les recherches de vitalité seront faites et inscrites dans la colonne (8), vous noterez dans la colonne (9) l'ordre des chevaux à jouer, par ordre décroissant de vitalité, en mettant 1 devant celui qui a la plus forte vitalité, puis 2 à celui qui vient immédiatement après, puis 3, etc...

NOTA : vous pouvez faire vos recherches surtout pour vous entraîner, sur toutes les courses de chevaux et pas seulement sur celles du tiercé. Plus vous serez entraîné et plus vous aurez de chances de réussite.

1. Recherche de vitalité des chevaux

Lorsque votre fiche de course est préparée, vous cherchez sur le chercheur universel quelle est la vitalité de chaque cheval, en fonction du lieu, du genre de course et de jockeys.

Pour ce faire, vous placez le chercheur devant vous et la fiche à gauche ou à droite.

Puis vous cherchez avec votre pendule, sur le cercle extérieur du chercheur la vitalité du premier cheval (de 1 à 12) en posant la question : *« la vitalité du cheval N° 1 est-elle 1 ? »* puis : *« est-elle 2 ? »*, puis : *« est-elle 3 ? »*, etc... jusqu'à ce que votre pendule vous réponde « OUI ». Alors vous notez en face du cheval N° 1, et dans la colonne (8) (VITALITE) le N° sur lequel votre pendule a dit « OUI ».

Puis vous recommencez successivement pour tous les chevaux partants dans cette course. Lorsque toutes les vitalités ont été déterminées, il ne vous reste plus qu'à les comparer pour connaître l'ordre probable d'arrivée, les chevaux ayant les plus fortes vitalités étant ceux qui ont le plus de chance d'arriver dans les premiers.

2. *Exemple :*

Voici une FICHE-EXEMPLE pour une course, qui vous permettra de mieux suivre les explications :

FICHE D'ETUDE RADIESTHESIQUE
DE COURSE DE CHEVAUX

Date de la course : **10 août 1973** Lieu : **Auteuil**
Genre de la course : **course d'obstacles**
N° et nom de la course : **4e course ; Prix de la Fresnaye**
Nombre de partants : **10**

N°	Chevaux	Jockeys	Vitalité	Ordre de jeu
1	**Accapulco**	**Dupont**	**8**	**5**
2	**Aviateur**	**Duval**	**6**	**7**
3	**Amidon**	**Durand**	**9**	**4**
4	**Amétyste**	**Porte**	**5**	**8**
5	**Ami-ami**	**Sibois**	**11**	**2**
6	**Autobus**	**Simon**	**12**	**1**
7	**Amiral**	**Pidoux**	**7**	**6**
8	**Armateur**	**Chalain**	**3**	**9**
9	**Aigremoine**	**Prioux**	**10**	**3**
10	**Amirobis**	**Lejemtel**	**2**	**10**

Donc, si vous désirez jouer 4 chevaux (pour un tiercé) vous choisirez, de préférence, les 4 chevaux qui ont obtenu les plus fortes vitalités, par ordre décroissant, soit, dans l'exemple ci-dessus :
en 1 : cheval N° 6 *Autobus*
en 2 : cheval N° 5 *Ami-Ami*
en 3 : cheval N° 9 *Aigremoine*
en 4 : cheval N° 3 *Amidon.*

NOTA. Si vous ne connaissez pas le nom des chevaux, ni celui des jockeys, vous ne mettez rien dans les colonnes correspondantes et faites vos recherches sur les seuls Numéros. Mais il est évident que, plus vous avez de renseignements précis, et plus vous avez de chances de trouver un résultat exact.

N'oubliez pas, après chaque recherche, même celles faites « à vide » pour votre entraînement, de noter les résultats réels de la course, dès que vous les connaîtrez. Cela vous permettra de suivre vos progrès et, éventuellement, de tirer la leçon de vos erreurs.

ATTENTION !

Des facteurs extérieurs peuvent erroner le résultat des recherches :

— ETAT DU TERRAIN : dépend du temps au départ de la course, ce qui peut modifier les chances des chevaux. C'est pourquoi il faut faire les recherches le plus près possible du départ.

— LA FATIGUE : si vous sentez une trop grande fatigue, il faut vous abstenir.

— AUTO-SUGGESTION : méfiez-vous des idées préconçues ou des « tuyaux » que l'on vous donne. Le pendule sait mieux que quiconque les chances vraies.

Entraînez-vous longuement avant de risquer un peu d'argent, et vérifiez soigneusement les résultats à chaque fois, en déterminant, éventuellement, les causes d'échec.

De toute façon, souvenez-vous que :

JOUER AUX COURSES EST AGREABLE
S'Y ENRICHIR EST RARE
S'Y RUINER EST FACILE

Soyez prudent !

C. -LES MATCHES SPORTIFS (foot-ball, volley, tennis, etc...)

Pour tenter de connaître à l'avance les résultats d'un match sportif, vous pouvez utiliser la radiesthésie.

Le principe est le même que pour les courses de chevaux, mais il est plus simple et plus rapide, du fait qu'il n'y a, en général, que deux personnes ou deux équipes en présence.

La méthode simpliste qui consiste à demander au pendule : *« l'équipe A va-t-elle gagner ? »* ne donne pas de bons résultats.

Voici la méthode que j'utilise et qui est plus précise :

Vous constituez une FICHE, comme pour les courses de chevaux :

FICHE D'ETUDE RADIESTHESIQUE

Date du Match :	Lieu :
Sport :	Désignation du match :
PARTICIPANTS	VITALITE
Equipe A :	....
Equipe B :	....
Vainqueur probable :	Equipe : ....

La recherche de vitalité se fait exactement comme pour les courses de chevaux : à l'aide du chercheur universel vous cherchez la vitalité (de 1 à 12 sur la couronne extérieure) de chaque adversaire. L'équipe qui a la plus forte vitalité étant celle qui a le plus de chance de remporter le match.

Vous trouverez page suivante, deux exemples de FICHES.

Exemple N° 1 :

FICHE D'ETUDE RADIESTHESIQUE

Date du Match : **14 novembre 1973** Lieu : **Rennes**
Sport : **foot-ball** Désignation : **match aller Coupe de France**

PARTICIPANTS	VITALITE
A : **F.C. Rennes**	**10**
B : **U.S. Bordeaux**	**7**

Vainqueur probable : Equipe A **(F.C. Rennes)**

Exemple N° 2 :

FICHE D'ETUDE RADIESTHESIQUE

Date du match : **9 mars 1974** Lieu : **Coubertin**
Sport : **tennis** Désignation : **Coupe Tartempion double-messieurs**

PARTICIPANTS	VITALITE
A : **David & Russel (France)**	**12**
B : **Smith & Pickwick (Grande-Bretagne)**	**11**

Vainqueur probable : **Equipe A, mais match très serré et résultat incertain en raison de la vitalité presque identique.**

Nota : Pour ces exemples comme pour tous ceux donnés dans le présent ouvrage, tous les noms, dates et lieux sont purement imaginaires. Toutes ressemblances avec des noms existants seraient involontaires et purement fortuites.

D. -LA LOTERIE PAR LA RADIESTHÉSIE

Il ne s'agit plus là de chercher une vitalité, mais des nombres favorables.

Vous pouvez chercher par la radiesthésie :

— le dernier chiffre d'un nombre,

— les deux derniers chiffres,

etc., jusqu'au numéro entier. Mais ce dernier n'apporte guère d'intérêt, du moins en ce qui concerne la Loterie Nationale française, car il est très difficile de se procurer un billet de loterie d'un numéro bien déterminé.

Par contre. si l'on vous donne le choix entre plusieurs billets, vous pouvez demander à votre pendule de vous indiquer celui qui vous est le plus favorable.

Si vous désirez plutôt, et c'est le cas le plus fréquent, déterminer quel billet vous devez choisir, en fonction de sa terminaison, voici comment il faut agir :

— vous utilisez le chercheur (couronne extérieure, nombres de 1 à 10, le 10 représentant le 0-zéro),

— vous placez votre pendule au-dessus du N° 1 et vous posez cette question : « *Le N° 1 m'est-il favorable, en unité, pour le choix d'un billet de loterie du... (ici la date du tirage) ?* », ainsi de suite sur tous les chiffres de 1 à 0. Vous notez le chiffre sur lequel le pendule vous a dit « OUI » et qui sera le chiffre des unités du billet à choisir (par exemple « 7 »).

Puis vous faites de même, en remplaçant, dans la question, les mots « en unité » par « en dizaines ». Ce qui vous indique le chiffre des dizaines (par exemple « 3 »), chiffre que vous placez à gauche du chiffre des dizaines obtenu précédemment. (Dans l'exemple, cela vous donne « 37 »). Vous pouvez continuer ainsi avec le chiffre des centaines, puis celui des milliers si vous le désirez.

NOTA 1. — N'oubliez pas d'indiquer pour chaque recherche la date du tirage.

NOTA 2. — Pour certains tirages vous pouvez demander en outre à votre pendule de vous indiquer : la série favorable (série A ou B) ou le signe du zodiaque (Tranche des Signes du Zodiaque de la Loterie Nationale).

Septième Partie

VOTRE AVENIR DEVOILE

A. - QUEL EST VOTRE AVENIR ?

Beaucoup de personnes sont intéressées par ce qui pourrait se passer dans leur avenir, ne serait-ce que pour prendre des précautions suffisantes et profiter pleinement des moments de joie qui leur sont dévolus.

Le problème était de savoir si la radiesthésie pouvait permettre de connaître l'avenir. Personnellement j'en suis convaincu et je l'explique au début de cet ouvrage par ma théorie de l'Entité Cosmique qui sait tout, partout et dans tous les temps. Mais mon but n'est pas de vous convaincre à tout prix de ce que je crois être vrai car je n'ai pas la prétention de connaître à moi seul la Vérité. J'aimerais simplement mettre à votre disposition un moyen facile, pratique et efficace d'interroger l'avenir par la radiesthésie, moyen que vous pourriez essayer et qui vous permettrait de vous faire une opinion par l'expérience. Ce moyen, je pense l'avoir trouvé : il s'agit de la cartomancie. Puisqu'il se trouve que je connais bien ce procédé divinatoire, j'ai imaginé de codifier la signification ésotérique de la combinaison des 32 cartes et de les numéroter selon un ordre logique. Vous en trouverez le tableau d'interprétation un peu plus loin.

B. - MODE D'EMPLOI

Lorsque vous désirez consulter la radiesthésie pour connaître votre avenir, vous placez le chercheur devant vous et, armé de votre pendule, vous posez la question :

« Je désire savoir quels sont les numéros qui concernent mon avenir. Pour cela, je désire que mon pendule dise OUI au-dessus des numéros qui me concernent » (vous pouvez aussi interroger votre pendule pour une tierce personne).

Vous recherchez alors quels sont les numéros du chercheur universel qui vous concernent par le procédé de la RECHERCHE NUMERIQUE de 1 à 156 (page 29).

TABLEAU N° 14 : Votre avenir dévoilé

1. Proposition profitable au sujet d'un litige.
2. Proposition défavorable au sujet d'un litige.
3. Déclaration d'amour sincère.
4. Obstacle dans vos projets sentimentaux.
5. Proposition intéressante permettant un gain.
6. Proposition masquant une tromperie, méfiance.
7. Secours imprévu dans des ennuis.
8. Un médecin visitera la maison.
9. Bon conseiller dans un désaccord sentimental.
10. Un conseiller intervient maladroitement ou est incompétent.
11. Homme de Loi. Bon conseil pour le travail ou les affaires.
12. Homme de Loi. Mauvais conseil dans les affaires.
13. Une méchante femme échoue dans un projet contre vous.
14. Une méchante femme cherche à vous brouiller avec des amis.
15. Une femme méchante cherche à nuire mais sera démasquée.
16. Une femme jalouse cherche à se venger.
17. Un homme méchant et traitre de l'entourage sera démasqué.
18. Un homme méchant et fourbe cherche à nuire.
19. Guérison rapide ou solution immédiate d'un problème.
20. Déception ou guérison incomplète, rechute à prévoir.
21. Mariage, union, bonheur.
22. Déception, risque de rupture sentimentale.
23. Solution inespérée à vos problèmes financiers.
24. Amélioration de vos problèmes financiers. Répit.
25. Retour au calme, une séparation sera évitée.
26. Eloignement d'un être aimé par déception.
27. Petit souci d'argent qui sera surmonté.
28. Inquiétude à propos des finances.
29. Une affaire sera retardée.
30. Une petite trahison est à craindre.
31. Petite brouille sans gravité suivie d'une réconciliation.
32. Dispute, querelle sentimentale, suivie de brouille.
33. Argent ou objet perdu sera retrouvé.

34. Souci à propos d'argent perdu.
35. Le travail est retardé par de petits obstacles.
36. Vous vous ferez des soucis pour vos affaires ou votre travail.
37. Grand bonheur complet, solution des problèmes.
38. Bonheur incomplet, une guérison se fait attendre.
39. Grand bonheur en amour ou en amitié.
40. Amours brèves, un peu d'ombre sur le bonheur.
41. Cadeau imprévu ou rentrée importante d'argent inattendu.
42. Retard dans une rentrée d'argent.
43. Un homme blond sera de bon conseil et saura protéger.
44. Un homme blond souffre physiquement ou moralement.
45. Un homme blond, fidèle et confiant digne d'être aimé.
46. Un homme blond est malheureux en amour ou en amitié.
47. Un homme blond, généreux apportera une aide matérielle.
48. Un homme blond est un concurrent redoutable en affaires.
49. Une femme blonde saura consoler.
50. Une femme blonde connaît quelques soucis.
51. Une femme blonde, affectueuse digne d'être aimée.
52. Une femme blonde éprouve une déception amoureuse.
53. Une femme blonde est une collaboratrice efficace et dévouée.
54. Se méfier d'un jeune homme blond au caractère léger.
55. Un jeune homme blond, discret est un ami sûr ou bon amoureux.
56. Un jeune homme blond est déçu sur le plan amoureux.
57. Un jeune homme blond est un collaborateur utile en affaires.
58. Un collaborateur déçu tentera de s'éloigner.
59. Changement prochain dans la famille.
60. Inquiétude familiale sans fondement.
61. Travail progressant, apportant prospérité.
62. Instabilité dans le travail causant des soucis.
63. Joie, solution heureuse des problèmes.
64. Déception, solution difficile à obtenir.
65. Succès, rentrée d'argent importante.
66. Amélioration faible de la situation.
67. Chaude amitié, bonheur calme au foyer.
68. Quelques nuages sur le bonheur familial.
69. Lettre ou voyage apportant satisfaction.
70. Visite décevante ou désagréable.
71. Une personne blonde s'intéresse à vous.
72. Une personne blonde demande votre aide.
73. Guérison rapide.
74. Guérison retardée mais assurée.

75. Grand succès amoureux.
76. Grand succès financier.
77. Un homme brun saura conseiller utilement.
78. Un homme brun a besoin de vous.
79. Un homme brun, fidèle, loyal est digne d'être aimé.
80. Un homme brun apportera son appui en affaires.
81. Une femme brune vous tirera d'embarras.
82. Une femme brune est malade et désespère.
83. Une femme brune, fidèle et bonne est digne d'être aimée.
84. Une femme brune a besoin de vous.
85. Un jeune homme brun a un bel avenir devant lui.
86. Un jeune homme brun est dans une situation difficile.
87. Argent à recevoir par héritage ou gain d'un litige.
88. Maladie ou procès à craindre.
89. Vous recevrez un cadeau d'amour.
90. Petite dépense à faire pour un être aimé.
91. Gain à la loterie, réception d'argent inattendu.
92. Prêt à mauvais escient ou perte au jeu.
93. Affaire réussie qui rapporte de l'argent.
94. Affaire difficile qui fait perdre de l'argent.
95. Une personne brune s'intéresse à vous.
96. Une personne brune demande votre aide.
97. Une lettre annonce la solution d'un litige.
98. Une lettre désagréable annonce un retard.
99. Lettre d'amour.
100. Lettre de reproches.
101. Lettre annonçant un cadeau ou mandat agréable.
102. Lettre réclamant de l'argent.
103. Lettre annonçant une visite agréable.
104. Une lettre cause une déception.
105. Un ami éloigné intervient utilement.
106. Un ami éloigné intervient maladroitement.
107. Intervention d'une personne bienveillante mais égoïste.
108. Vous serez jugé sévèrement.
109. Les calomnies d'une femme perfide seront mises à jour.
110. Une femme perfide vous trahit.
111. Une femme jalouse sera démasquée.
112. Méfiez-vous d'une fausse amie qui est une rivale.
113. Une femme cherche à vous soutirer de l'argent.
114. Méfiez-vous des indiscrétions d'une collaboratrice.
115. Quelqu'un vous apportera de bonnes nouvelles.

116. Quelqu'un vous apportera de mauvaises nouvelles.
117. Vous apprendrez une guérison.
118. Vous apprendrez une maladie.
119. Nouvel amour, amitié naissante.
120. Petite déception amoureuse ou amicale.
121. Amélioration de la situation.
122. Détérioration de la situation.
123. Démarche fructueuse pour la situation.
124. Voyage pénible pour cause de maladie.
125. Voyage agréable pour une affaire sentimentale.
126. Démarche contrariante pour une affaire sentimentale.
127. Démarche fructueuse pour une affaire d'argent.
128. Une affaire en cours aura un bon résultat mais plus tard.
129. Un retard ou des obstacles sont à prévoir.
130. Vous risquez de vous mettre en colère.
131. Une hésitation sentimentale vous contrarie.
132. Un projet sentimental n'aboutira pas.
133. De l'argent attendu sera un peu retardé.
134. De l'argent attendu sera beaucoup retardé.
135. Un voyage prévu sera annulé.
136. Une candidature sera rejetée.
137. Une visite apportera la solution des problèmes.
138. Visite inutile ne donnant aucun résultat.
139. Rencontre amoureuse ou amicale prochaine.
140. Rencontre amoureuse ou amicale annulée.
141. Un petit déplacement rapportera de l'argent.
142. Un petit déplacement occasionnera des frais.
143. Une démarche apportera la réussite d'une affaire.
144. Visites ennuyeuses et sans utilité.
145. Petites nouvelles apportant petites joies.
146. Petites nouvelles apportant contrariétés.
147. Réconciliation heureuse, apportant le pardon.
148. Discussion risquant d'entraîner la colère.
149. Amitié nouvelle.
150. Dispute amoureuse entraînant une bouderie sans gravité.
151. Annonce d'une naissance agréable.
152. Annonce d'une naissance désagréable.
153. Petit cadeau ou petite somme d'argent à recevoir.
154. Petite sortie d'argent imprévue.
155. Petite satisfaction dans le travail.
156. Petite déception dans le travail.

C. -DEROULEMENT DE LA CONSULTATION :

Lorsque vous avez décidé d'interroger la radiesthésie sur votre avenir, vous déterminez, avec votre pendule, comme il est indiqué au mode d'emploi, tous les numéros qui vous concernent (ou qui concernent le consultant ou la consultante si vous travaillez pour une tierce personne). Puis, en vous reportant au tableau ci-dessus, vous interprétez les significations en faisant la synthèse de l'ensemble.

Par exemple. Supposons que votre pendule vous répond OUI sur les numéros suivants : 34, 27, 55, 127, 65, 75, 90, 99. Voici à peu près ce que vous pourriez en déduire :

34 — De petits obstacles vont retarder vos projets de travail,

27 — ce qui entraînera des soucis d'argent de faible importance mais que vous pourrez surmonter,

55 — probablement grâce à un jeune homme blond, ami sûr et discret,

127 — qui fera une démarche fructueuse pour vos affaires financières,

65 — ce qui entraînera une rentrée d'argent importante.

75 — Je vois l'annonce d'un grand succès amoureux,

90 — qui entraînera une petite dépense imprévue,

99 — et qui vous sera confirmé par une lettre.

Bien entendu, l'interprétation peut être étoffée, voire même modifiée, selon votre propre intuition qui se développera au fur et à mesure que votre entraînement progressera.

Huitième Partie

LA DIETETIQUE

A. -LA DIÉTÉTIQUE PAR LA RADIESTHÉSIE

Après la respiration, la principale fonction du corps humain est la nutrition. « Bien se nourrir, c'est bien se porter ». Cette fonction, souvent mal connue, généralement mal remplie en raison des vicissitudes d'une vie moderne à laquelle nous nous adaptons difficilement, nécessite pourtant des soins très minutieux si nous voulons maintenir notre corps en bonne santé. La radiesthésie appliquée à la nutrition offre des débouchés intéressants. Elle peut même constituer une spécialisation pour ceux que la diététique attire tout particulièrement.

Il y a deux façons d'utiliser la radiesthésie en diététique :

1°) déterminer quels sont les besoins du corps humain à un moment donné : quelles sont les vitamines qui lui manquent, quels sont les sels minéraux dont il a besoin, etc.,

2°) déterminer si un aliment donné convient à une certaine personne, à un moment donné. Par exemple : *« Puis-je manger des épinards aujourd'hui ? »*

Je ne puis vous faire ici, dans le cadre d'une méthode radiesthésique, tout un cours de diététique. Il existe d'ailleurs d'excellents ouvrages sur cette discipline. Voyons donc, seulement schématisées, quelles sont les grandes lignes de la diététique :

Le corps humain est composé d'un groupe important d'atomes de matières diverses : protides, glucides, lipides, vitamines, sels minéraux, etc., sans oublier l'eau. C'est l'ensemble, bien équilibré, qui constitue le corps humain en bonne santé. Que l'une ou l'autre de ces matières vienne à manquer et le terrain se trouve déficient, autrement dit, le corps humain devient malade, momentanément ou chroniquement.

Pour déterminer, par la radiesthésie, soit quelles sont les matières dont un corps (humain ou animal) a besoin, soit par exemple, quelle doit être la composition d'un menu, on utilisera le chercheur universel, selon le TABLEAU suivant, qui interprète les principales composantes du corps. Vous pouvez modifier ou compléter ce tableau selon vos convenances.

TABLEAU N° 15 : La composition des aliments

1 Protides	27 Magnésium	53
2 Glucides	28 Calcium	54
3 Lipides	29 Potassium	55
4 Vitamine A	30 Fer	56
5 Vitamine B 1	31 Silicium	57
6 Vitamine B 2	32 Chlore	58
7 Vitamine C	33 Fluor	59
8 Vitamine D	34 Phosphore	60
9 Vitamine E	35 Soufre	61
10 Vitamine K	36 Sodium	62
11	37 Iode	63
12	38	64
13	39	65
14	40	66
15	41	67
16	42	68
17	43	69
18	44	70
19	45	71
20	46	72
21	47	73
22	48	74
23	49	75
24	50	76
25	51	77
26	52	78

79	105	131
80	106	132
81	107	133
82	108	134
83	109	135
84	110	136
85	111	137
86	112	138
87	113	139
88	114	140
89	115	141
90	116	142
91	117	143
92	118	144
93	119	145
94	120	146
95	121	147
96	122	148
97	123	149
98	124	150
99	125	151
100	126	152
101	127	153
102	128	154
103	129	155
104	130	156

B. - COMPOSITION DES ALIMENTS

Pour faciliter vos recherches, je précise maintenant quelques points concernant les composants du corps humain, en particulier les aliments qui contiennent ces composants.

1. Protides : aliments azotés ou protéines.

Leur principal rôle est de construire ou de réparer les cellules du corps humain. Elles sont particulièrement nécessaires : dans la croissance, après une maladie ou un accident.

On en trouve dans : viande, poisson, œufs, fromages, fruits oléagineux (noix, noisette, amande, etc.). On en trouve aussi, mais en quantité moindre dans : céréales, blé, seigle, avoine (pain complet, pâtes, flocons d'avoine, etc.) et légumes verts.

2. Glucides : hydrates de carbone.

Leur principal rôle est de fournir au corps humain la chaleur dont il a besoin, de fortifier les muscles (les GLUCIDES sont leur principale nourriture). Les « surplus » de GLUCIDES sont entreposés par le foie sous forme de glycogène. Ils sont particulièrement nécessaires : au cours de baisse de température, d'efforts musculaires violents et répétés (sport) et de fatigue musculaire.

On en trouve dans :

FARINEUX :

céréales : blé, avoine, orge, riz, seigle, maïs, etc.
tubercules : pomme de terre, topinambour.
légumes secs : fèves, lentilles, pois, etc.

SUCRE : sucre de canne et de betterave, lactose, confiture, miel, etc.

3. Lipides : graisses.

Leur principal rôle est de fournir au corps humain le combustible dont il a besoin pour fonctionner. Ils servent aussi à l'édification de certaines substances entrant dans la composition de cellules et tissus nerveux.

On en trouve dans :
Origine végétale : amandes sèches, arachides, noix et noisettes, huile d'olive et d'arachide, margarine végétale.
Origine animale : porc, charcuterie, lard, saindoux, beurre, jaune d'œuf, lait en poudre, gruyère, fromages gras.

4. Vitamines

Bien que leur rôle soit incontestable dans le fonctionnement du corps humain, il est encore mal défini. Les principales vitamines sont :

A : croissance, résistance aux maladies, vue.
On en trouve dans : abricot, anguille, beurre, carotte, chicorée, citrouille, foies de porc et de veau, fromages cuits, huile de foie de morue, laitue, mange-tout, œuf, oseille, épinards, endive, persil, petit-suisse, pissenlit, etc.

B 1 : facilite l'assimilation des glucides, donne de l'appétit, équilibre le système nerveux.
On en trouve dans : arachides, germe de blé, levure de bière, poulet, rognons de bœuf, soja, etc.

B 2 : facilite l'assimilation générale, équilibre la nutrition.
On en trouve dans : foies de bœuf et de veau, germe de blé, lait en poudre, levure de bière, porc, rognons de bœuf, soja, etc.

C : antiscorbutique, stabilise le sang et les sécrétions internes, détruit les toxines.
On en trouve dans : ail, cassis, céleri vert, châtaigne, choux, citron, cresson, endive, épinards, foies de bœuf, de mouton, de porc et de veau, fraises, framboises, groseilles, laitue, mandarine, mange-tout, mûres, navets, noisette, noix, raifort, saumon, thon, scarole, tomate, etc.

D : antirachitique, fixe le calcium, participe à la formation des os.
On en trouve dans : anguille, cervelle de bœuf, cœur de veau, huile de foie de morue, saumon, thon, etc.

E : facilite l'équilibre sexuel, nerveux et musculaire. Recommandée en cas de grossesse.
On en trouve dans : arachides, foies de porc, de bœuf, de mouton et de veau, germe de blé, laitue, etc.

K : facilite la coagulation du sang.
On en trouve dans : épinards, tomates, pois frais, pommes de terre, fraises.

5. *Sels minéraux*

Le corps humain contient de nombreux sels minéraux et certaines parties du corps en contiennent plus que d'autres (os, ongles, dents, muscles, sang, etc.). Les sels minéraux sont indispensables à l'équilibre nutritif. Et la Nature a TOUT bien conçu puisqu'elle nous offre les sels minéraux dont nous avons besoin sous la forme la plus assimilable : dans les fruits et légumes. Voici où l'on peut trouver les principaux sels :

MAGNESIUM (Mg) : asperge, épinards, laitue, poireau, avoine, blé, maïs, abricot, amande, banane, châtaigne, cerise, datte, noix, noisette, poire, pomme, prune, pruneau, raisin, miel.

CALCIUM (Ca) : artichaut, asperge, aubergine, betterave, carotte, céleri-rave, choux, cresson, épinard, endive, fève, haricots secs, lentilles, mâche, navet, oignon, oseille, persil, pissenlit, poireau, pois, pomme de terre, potiron, radis, salsifis, avoine, blé, maïs, orge, abricot, amande, banane, cacahuète, châtaigne, cerise, citron, coing, datte, figue, fraise, framboise, groseille, mûre, myrtille, noisette, noix, olive, pêche, poire, pomme, prune, pruneau, raisin, (beurre et œufs, lait).

POTASSIUM (K) : artichaut, aubergine, betterave, céleri-rave, champignon, chicorée, choux, cresson, échalotte, épinards, haricots verts, laitue, navet, oignon, poireau, pomme de terre, radis, salsifis, topinambour, avoine, blé, maïs, orge, abricot, amande, banane, cacahuète, châtaigne, cerise, citron, datte, noisette, noix, orange, pêche, poire, groseilles, myrtilles, olives, pomme, prune, pruneau, raisin, miel, (beurre et œufs).

FER (Fe) : asperge, carotte, céleri branche, chicorée, choux, cresson, échalotte, épinards, haricots verts, laitue, lentille, mâche, oseille, persil, pissenlit, poireau, pomme de terre, rhubarbe, tomate, avoine, blé, maïs, orge, riz complet, abricot, amande, banane, châtaigne, cerise, citron, datte, fraise, noisette, noix, orange, pêche, poire, pomme, prune, pruneau, raisin, (jaune d'œuf).

SILICIUM (Si) : ail, chou-fleur, oignon, pois, blé, pomme, raisin.

CHLORE (Cl) : haricots verts, céréales, abricot, amande, banane, châtaigne, cerise, datte, fraise, framboise, groseille, mûre, myrtille, noisette, noix, orange, pêche, poire, raisin, miel (beurre et œufs).

FLUOR (F) : asperge, carotte, avoine, blé, orge, riz complet.

PHOSPHORE (P) : artichaut, asperge, céleri-rave, champignons, choux, épinards, navet, oignon, pois, pomme de terre, potiron, tomate, blé, avoine, orge, riz, sarrazin, abricot, amande, banane, cacahuète, châtaigne, cerise, citron, coing, datte, fraise, myrtille, noisette, noix, olive, orange, pêche, poire, pomme, prune, pruneau, raisin, miel, (beurre et œufs).

SOUFRE (S) : ail, choux, cresson, échalotte, haricots verts, navet, oignon, poireau, radis, maïs, orge, riz, abricot, amande, banane, châtaigne, cerise, datte, myrtille, noix, (œufs).

SODIUM (Na) : asperge, aubergine, betterave, carotte, céleri, chicorée, échalotte, endive, fève, haricots verts et secs, lentilles, mâche, oseille, persil, pissenlit, pois, rhubarbe, avoine, blé, orge, riz, abricot, amande, banane, cacahuète, châtaigne, cerise, coing, datte, figue, groseille, mûre, myrtille, noisette, orange, pêche, poire, pomme, prune, pruneau, raisin, (beurre et œufs).

IODE (I) : ail, artichaut, asperge, carotte, choux, cresson, épinards, haricots verts, laitue, navet, oignon, oseille, poireau, pois tomate, avoine, riz, ananas, fraise, raisin.

L'un des meilleurs moyens de tirer profit du contenu des fruits et légumes est de les déguster crus, à jeun. On peut aussi utiliser une centrifugeuse pour en extraire le jus qui contient les sels minéraux. Ce jus sera alors dégusté lentement, mais immédiatement après extraction, car il s'oxyde rapidement au contact de l'air.

Neuvième Partie

LES TABLEAUX RADIESTHESIQUES DE KERSAINT

— Agriculture,
— Art vétérinaire,
— Astrologie,
— Bourse,
— Couleurs,
— Départements,
— Matières,
— Météorologie,
— Minéralogie et géologie,
— Pays du monde,
— Plantes d'appartement,
etc.

LES TABLEAUX RADIESTHÉSIQUES DE KERSAINT

Nous avons vu qu'il était assez facile de déterminer, avec l'aide du chercheur radiesthésique universel des nombres de 1 à 156. Nous nous sommes servis de cette méthode déjà pour la caractérologie, le diagnostic, etc. Rien ne nous empêche de l'appliquer à des quantités d'autres recherches ou disciplines. Dans tous les cas, il faudra bien préciser :

— la discipline générale ou « direction du tableau » (agriculture, météorologie, etc.),

— la correspondance entre chaque N° de 1 à 156 et l'objet qui est concerné.

Vous trouverez ci-après des TABLEAUX-TYPES concernant diverses disciplines utiles dans la vie courante, quotidienne ou professionnelle. Rien ne vous empêche de compléter ces tableaux lorsqu'ils ne contiennent pas une liste de 156 objets, de les modifier au mieux de votre convenance, ni de créer d'autres tableaux. C'est d'ailleurs pourquoi vous trouverez quelques TABLEAUX vierges en fin de volume, que vous pourrez utiliser à votre guise.

La méthode de recherche générale restera toujours la même, elle est expliquée en début de ce volume, au chapitre « RECHERCHE NUMERIQUE », 2e partie « la pratique de la radiesthésie » page 29 avec une légère différence selon que votre liste numérique dépasse ou ne dépasse pas le nombre de 12. Les recherches de 1 à 12 se faisant sur la seule couronne extérieure du chercheur et les recherches de 1 à 156 se faisant sur l'ensemble du chercheur.

Tableau n° 16 : agriculture.

Si vous êtes agriculteur ou si vous travaillez pour un agriculteur, vous pourrez savoir, par la radiesthésie, quel est l'engrais qui convient le mieux pour un sol donné. Vous en trouverez une description sur le tableau N° 16, que vous pouvez compléter au mieux de vos besoins.

Mais la radiesthésie peut aussi vous permettre de déterminer, en fonction d'un sol donné, quels sont les légumes, les arbres, les céréales, etc., les mieux appropriés. Il vous suffit d'en faire une liste sur l'un des tableaux vierges que vous trouverez en fin de volume.

Bien entendu, la radiesthésie vous permettra aussi de trouver de l'eau à proximité d'un terrain qui en a besoin (la méthode est la même que celle indiquée pour trouver un trésor).

Tableau N° 17 : art vétérinaire.

Le vétérinaire ou l'éleveur trouvera un auxiliaire précieux dans le tableau N° 17 qui indique les principales maladies de nos amis les animaux. La radiesthésie est d'autant plus précieuse en art vétérinaire que les animaux qui souffrent peuvent difficilement faire savoir où et comment ils souffrent. Votre pendule pourra vous indiquer les maladies, mais aussi les remèdes : vous pouvez en établir une liste sur un des tableaux vierges, selon les animaux que vous traitez et selon les traitements que vous avez l'habitude d'utiliser.

Tableau N° 18 : astrologie.

Ce tableau peut vous permettre de retrouver les influences planétaires, et zodiacales de tout consultant. Vous saurez certainement en faire un très bon usage en lui attribuant les aspects bénéfiques et maléfiques qui s'attachent à chaque signe zodiacal et à chaque planète : pierres, parfums, jours favorables, etc., à conseiller pour chacun, si vous avez quelques connaissances en astrologie.

Tableau N° 19 : Bourse (Monnaies étrangères).

Si vous voyagez beaucoup, si vous aimez placer vos économies en monnaies étrangères, vous aimerez savoir quelles sont les tendances à la hausse ou à la baisse pour les principales monnaies étrangères. Ce tableau vous aidera à savoir à l'avance quelles sont les meilleures monnaies de placement, quels sont les meilleurs moments pour acheter les devises dont vous avez besoin. Vous pourrez, bien sûr, le compléter avec des monnaies d'autres pays si vous le désirez.

Tableau N° 20 : Bourse (Valeurs au comptant).

Si vous jouez à la Bourse, ou même si vous voulez faire un petit placement occasionnel, demandez à la radiesthésie de vous indiquer les meilleures valeurs du moment, celles qui ont toutes chances de gagner des points dans un futur plus ou moins lointain. Ce tableau contient les principales valeurs au comptant. Vous pouvez en rajouter d'autres. Vous pouvez aussi, sur les TABLEAUX VIERGES, faire d'autres tableaux à votre convenance : valeurs à terme, SICAV, valeurs étrangères, bons et obligations, etc. Votre pendule peut être votre meilleur conseiller en placements.

Tableau N° 21 : les couleurs.

Ce tableau contient les principales couleurs fondamentales dans leurs divers tons. Vous pouvez le compléter à votre convenance pour l'utiliser en chromothérapie (utilisation des couleurs contre les maladies) comme, tout simplement, pour choisir les couleurs des pièces de votre appartement ou celles des tissus d'ameublement qui conviendront le mieux à votre maison de campagne. N'oubliez pas que les couleurs émettent des radiations plus ou moins bénéfiques. Tout le monde sait que le bleu calme tandis que le rouge excite. Mais chaque couleur a aussi une influence. Demandez à votre pendule quelles sont les couleurs qui conviennent le mieux à votre santé, à votre teint, à votre environnement.

Tableau N° 22 : départements.

Que vous cherchiez où passer les meilleures vacances en fonction de votre santé ou que vous cherchiez dans quel département implanter une usine ou un commerce, ce tableau vous sera utile. Vous pouvez en faire d'autres, sur les TABLEAUX VIERGES avec, par exemple, les principales communes d'un seul département ou tous les hameaux d'un canton. Tout ce qui a trait à la géographie physique ou économique peut être trouvé par la radiesthésie. Vous pouvez aussi utiliser ce tableau pour la recherche de trésors, de pétrole, de personnes disparues, etc. A l'échelle mondiale, le tableau N° 26 « LES PAYS DU MONDE » complétera bien le tableau N° 22.

Tableau N° 23 : matière.

Ce tableau vous indique toutes les matières connues à ce jour, et classées par numérotation atomique. Quelles que soient vos recherches, ce tableau standard vous sera utile. Mais vous pouvez aussi faire des tableaux qui vous soient personnels, sur les TABLEAUX VIERGES, par exemple : tableau de tissus, de produits chimiques, etc., selon vos recherches, votre travail, vos besoins et ceux de vos clients.

Tableau N° 24 : météorologie.

Il peut être intéressant pour vous de savoir quel temps il fait dans un autre lieu ou quel temps il fera demain à un certain endroit, aussi bien pour aller à la pêche ou à la chasse, ou encore en promenade s'il s'agit de vos loisirs, que pour circuler en voiture ou en avion, ou ramasser les foins, semer des graines, etc., s'il s'agit de votre travail. Vous pourrez compléter ce tableau que j'ai volontairement simplifié, avec les éléments qui vous sont les plus familiers.

Tableau N° 25 : minéralogie et géologie.

Pour vos recherches en minéralogie et géologie, recherches d'amateur ou de professionnel, ce tableau contient tous les minéraux divers (1 à 13), les minéraux non métalliques (14 à 25), les minerais métalliques (26 à 50), les composés du carbone (51 à 56), les éléments de géologie (57 à 80) et les minerais radio-actifs (81 à 84). Bien entendu, là encore, selon vos recherches, vous pouvez compléter ce tableau ou en faire d'autres mieux appropriés, sur les tableaux vierges.

Tableau N° 26 : les pays du monde.

Pour vos recherches géographiques à l'échelon du monde, recherches de mines, de pétrole, de personnes disparues, de trésors, de pays d'implantation industrielle ou commerciale, etc., ce tableau vous indiquera en quelques minutes les pays les meilleurs ou, au contraire, si vous le désirez, les pays à éviter. Selon vos recherches particulières, vous pouvez constituer des tableaux spéciaux sur les tableaux vierges, par exemple donnant des descriptions précises d'un pays ou d'une région : cantons, états, villes, etc.

Tableau N° 27 : plantes d'appartement.

Ce tableau vous indique les principales plantes d'appartement. Vous pouvez le compléter pour savoir, grâce à la radiesthésie, quelles sont les plantes qui conviennent le mieux à votre appartement, à votre décor, à votre environnement. Mais vous pouvez aussi faire d'autres tableaux, sur les tableaux vierges, pour savoir quels sont les LEGUMES A CULTIVER, LES FLEURS DE JARDIN A SEMER, LES ARBRES FRUITIERS A PLANTER, etc., etc. Il n'est pas douteux que vous saurez trouver des quantités de tableaux à faire pour votre usage personnel et qui conviendront très exactement à vos besoins.

TABLEAU N° 16 : Agriculture

1 Fumier	27 Chlorate de potasse	53
2 Purin	28 Cendre de bois	54
3 Lisier	29 Corne	55
4 Fumier artificiel	30 Cyanamide	56
5 Compost	31 Gadoue	57
6 Engrais vert	32 Nitrate de potasse	58
7 Résidus urbains	33 Nitrate de chaux	59
8 Déchets végétaux	34 Os	60
9	35 Phosphate d'ammoniaque	61
10	36 Phosphate bicalcaire	62
11	37 Phosphal	63
12	38 Phosphate de potasse	64
13 Azote	39 Sulf. d'ammoniaque	65
14 Acide phosphorique	40 Superphosphate de chaux	66
15 Potasse	41 Supertriple	67
16 Chaux	42 Scorie	68
17 Soufre	43 Sylvinite	69
18	44 Humus	70
19	45	71
20	46	72
21	47	73
22	48	74
23	49	75
24 Ammonitrate	50	76
25 Bicarbonate de potasse	51	77
26 Chlor. d'ammoniaque	52	78

Nº 1 à 12 : *Humus*
Nº 13 à 23 : *Eléments fertilisants*
Nº 24 à 44 : *Engrais*

79	105	131
80	106	132
81	107	133
82	108	134
83	109	135
84	110	136
85	111	137
86	112	138
87	113	139
88	114	140
89	115	141
90	116	142
91	117	143
92	118	144
93	119	145
94	120	146
95	121	147
96	122	148
97	123	149
98	124	150
99	125	151
100	126	152
101	127	153
102	128	154
103	129	155
104	130	156

Tableau N° 17 : Art vétérinaire.

Nota : En raison de l'importance de chacun de ces textes, il aurait été difficile de les faire tenir dans les petites cases des tableaux tout en leur conservant leur lisibilité. Aussi les présentons-nous sous forme de liste, dont vous pourrez d'ailleurs vous inspirer si vos propres recherches exigent des textes longs, ou si les tableaux vierges en fin d'ouvrage ne vous suffisent pas.

AFFECTIONS DU TUBE DIGESTIF :

1. Accidents dentaires. Vominutrition, vomissements.
2. Obstruction œsophagienne.
3. Indigestion gazeuse aiguë.
4. Indigestion gazeuse chronique.
5. Indigestion de l'estomac.
6. Gastrite. Péricardite.
7. Entérite diarrhéique aiguë.
8. Entérite chronique.
9. Entérite hémorragique.
10. Obstruction ou occlusion intestinale.
11. Prolapsus du rectum.
12. Hernie.

INTOXICATIONS ALIMENTAIRES, MEDICAMENTEUSES ET ACCIDENTELLES :

13. Empoisonnement par la mercuriale.
14. Intoxication par la colchique.
15. Empoisonnement par l'if.
16. Ivresse.
17. Accident causé par ingestion de céréales.
18. Intoxication par les tourteaux de lin cyanogénétiques.
19. Intoxication alimentaire.
20. Intoxication médicamenteuse.

21. Iodisme.
22. Intoxication par le mercure.
23. Accident causé par l'émétique.
24. Accident causé par l'arsenic.
25. Empoisonnement par le cuivre.
26. Empoisonnement par le plomb.
27. Accident causé par le nitrate de soude.
28. Accident causé par le carbure de calcium.

MALADIES DE L'APPAREIL RESPIRATOIRE :

29. Angine.
30. Bronchite.
31. Pneumonie - pleurésie.
32. Sinusite.
33. Cornage aigu ou chronique.
34. Emphysème pulmonaire.
35. Maladie du brouillard.

MALADIES DE L'APPAREIL CIRCULATOIRE :

36. Congestion ou pseudo-congestion.
37. Cardiopathie.
38. Artérite, anévrisme, thrombose.
39. Phlébite.
40. Lymphangite.
41. Purpura hémorragique et hémophilie.
42. Fourbure.
43. Hémoglobinurie.
44. Insolation, coup de chaleur.

MALADIES PARASITAIRES :

45. Actinobacillose.
46. Babesiellose.
47. Coccidiose.
48. Distomatose.

49. Hypodermose.
50. Parasitose gastro-intestinale.
51. Strongylose pulmonaire.
52. Parasitose externe.

MALADIES DE LA PEAU :

53. Dermite d'été.
54. Dermite suintante.
55. Pododermatire.
56. Photodermatose.
57. Dermatose toxico-alimentaire.
58. Dermite inflammatoire.
59. Urticaire.
60. Chéloïde cicatricielle.
61. Papillomatose.
62. Mélanose.

MALADIES DE L'APPAREIL LOCOMOTEUR :

63. Paralysie.
64. Ostéite.
65. Accrochement de la rotule, pseudo-luxation.
66. Arthrite.
67. Maladie des yeux.
68. Maladie des mammelles.
69. Maladie de l'appareil urinaire.
70. Maladie des organes génitaux mâles.
71. Maladie des organes génitaux femelles.
72. Maladie du système nerveux.

MALADIES CONTAGIEUSES ET INFECTIEUSES :

73. Charbon bactéridien.
74. Charbon symptomatique.
75. Coryza gangréneux.
76. Septicémie.
77. Fièvre aphteuse.

78. Gangrène gazeuse des cuisses.
79. Oedème septique des membres.
80. Tétanos.
81. Gourme.
82. Anasarque.
83. Tuberculose.
84. Vaccine.

TABLEAU N° 18 : Astrologie

1 Maison 1	27 Mars	53 Mai
2 Maison 2	28 Mercure	54 Juin
3 Maison 3	29 Jupiter	55 Juillet
4 Maison 4	30 Vénus	56 Août
5 Maison 5	31 Saturne	57 Septembre
6 Maison 6	32 Uranus	58 Octobre
7 Maison 7	33 Neptune	59 Novembre
8 Maison 8	34 Pluton	60 Décembre
9 Maison 9	35	61
10 Maison 10	36 Lundi	62
11 Maison 11	37 Mardi	63
12 Maison 12	38 Mercredi	64
13 Bélier	39 Jeudi	65
14 Taureau	40 Vendredi	66
15 Gémeaux	41 Samedi	67
16 Cancer	42 Dimanche	68
17 Lion	43	69
18 Vierge	44	70
19 Balance	45	71
20 Scorpion	46	72
21 Sagittaire	47	73
22 Capricorne	48	74
23 Verseau	49 Janvier	75
24 Poissons	50 Février	76
25 Soleil	51 Mars	77
26 Lune	52 Avril	78

Nº 1 à 12 : *Maisons*
Nº 13 à 24 : *Signes zodiacaux*
Nº 25 à 34 : *Planètes*

79	105	131
80	106	132
81	107	133
82	108	134
83	109	135
84	110	136
85	111	137
86	112	138
87	113	139
88	114	140
89	115	141
90	116	142
91	117	143
92	118	144
93	119	145
94	120	146
95	121	147
96	122	148
97	123	149
98	124	150
99	125	151
100	126	152
101	127	153
102	128	154
103	129	155
104	130	156

TABLEAU N° 19 : Bourse (Monnaies étrangères)

1 Dollar U.S.	27	53
2 Dollar canadien	28	54
3 Mark allemand	29	55
4 Schilling autrichien	30	56
5 Franc belge	31	57
6 Couronne danoise	32	58
7 Peseta espagnole	33	59
8 Livre sterling (G.B.)	34	60
9 Lire italienne	35	61
10 Couronne norvégienne	36	62
11 Florin (Pays-Bas)	37	63
12 Couronne suédoise	38	64
13 Franc suisse	39	65
14	40	66
15	41	67
16	42	68
17	43	69
18	44	70
19	45	71
20	46	72
21	47	73
22	48	74
23	49	75
24	50	76
25	51	77
26	52	78

79	105	131
80	106	132
81	107	133
82	108	134
83	109	135
84	110	136
85	111	137
86	112	138
87	113	139
88	114	140
89	115	141
90	116	142
91	117	143
92	118	144
93	119	145
94	120	146
95	121	147
96	122	148
97	123	149
98	124	150
99	125	151
100	126	152
101	127	153
102	128	154
103	129	155
104	130	156

TABLEAU N° 20 : Bourse (Valeurs au comptant)

1 Banque Transat.	27 OPS Paribas	53 Distilleries Réunies
2 C F E C	28 Revillon	54 Saint-Raphaël
3 COFICA	29 Rosario	55 Lebaudy
4 Cogéfimo	30 Cambodge	56 Union Sucr. Aisne
5 Finextel	31 Clause	57 Berliet
6 Immobanque	32 Mimot	58 Chausson
7 Générale Occident	33 Aliment Essentiel	59 Motobécane
8 Lyon. Alemand	34 Alsac. Supermarchés	60 Bois Déroulés Océan
9 Sofinco La Hénin	35 Banania	61 Borie
10 Foncière Lyonnaise	36 Fromageries Bel	62 Campenon Bernard
11 Cie Midi	37 Cédis	63 Cim. Vicat
12 Rente Foncière	38 Chambourcy	64 Dumez
13 Cogifi	39 Comptoirs Mod.	65 Eternit
14 Gr. Financ. Constr.	40 Damoy	66 Fse Entreprises
15 Lyon Immobilier	41 Genvrain	67 Herlica
16 Simnor	42 Glacières Paris	68 Isorel
17 Investiss. Gestion	43 Goulet-Turpin	69 Lambert
18 Palcem. Select	44 Pommery	70 Leroy
19 Sofragi	45 Potin	71 Origny-Desvroise
20 Utinord	46 Primistères	72 Porcher
21 L'Abeille	47 Roquefort	73 Rougier
22 Appl. Hydraul.	48 Taittinger	74 Routière Colas
23 Electro Métal.	49 Unipol	75 Sablières Seine
24 Financ. Bretagne	50 Vve Clicquot	76 Tribdel
25 Gaz et Eaux	51 Bénédictine	77 Dunlop
26 Lebon et Cie	52 Cusenier	78 Ardois. d'Angers

79 Musée Grévin	105 Lampes Part.	131
80 Tour Eiffel	106 Lemercier	132
81 Air-Industrie	107 Océanic	133
82 Arbel	108 Paris-Rhône	134
83 Arthur Martin	109 Piles Wonder	135
84 Ascens. Westinghouse	110 SAFT Accus fixes	136
85 Ateliers G.S.P.	111 Carnaud	137
86 Auer	112 Céfilac	138
87 Avions M. Dassault	113 Senelle Maubeuge	139
88 Bignier Schmidt	114 Sidélor Mosellane	140
89 Brissonneau Lotz	115 Wendel S.A.	141
90 Compteurs	116 Kinto	142
91 Cope Allman	117 Mokta	143
92 Fichet-Bauche	118 Antargaz	144
93 Fco Belge Matériel	119	145
94 Frangeco	120	146
95 Jaeger	121	147
96 Soudure Autogène	122	148
97 Syein et Roubaix	123	149
98 Virax	124	150
99 Bon Marché	125	151
100 Louvre	126	152
101 Prisunic	127	153
102 Uniprix	128	154
103 Crouzet	129	155
104 Forclum	130	156

TABLEAU N° 21 : Les couleurs

1 Noir	27 Orangé clair	53
2 Gris clair	28 Vermillon	54
3 Gris moyen	29 Rouge foncé	55
4 Gris foncé	30 Rouge moyen	56
5 Arc-en-ciel	31 Rouge clair	57
6 Violet foncé	32 Rouge cardinal	58
7 Violet moyen	33 Or	59
8 Violet clair	34 Argent	60
9 Parme	35	61
10 Bleu outre-mer	36	62
11 Bleu foncé	37	63
12 Bleu moyen	38	64
13 Bleu clair	39	65
14 Vert foncé	40	66
15 Vert moyen	41	67
16 Vert clair	42	68
17 Emeraude	43	69
18 Jaune foncé	44	70
19 Jaune moyen	45	71
20 Jaune clair	46	72
21 Ocre jaune	47	73
22 Terre de Sienne foncé	48	74
23 Terre de Sienne clair	49	75
24 Marron foncé	50	76
25 Marron clair	51	77
26 Orangé foncé	52	78

79	105	131
80	106	132
81	107	133
82	108	134
83	109	135
84	110	136
85	111	137
86	112	138
87	113	139
88	114	140
89	115	141
90	116	142
91	117	143
92	118	144
93	119	145
94	120	146
95	121	147
96	122	148
97	123	149
98	124	150
99	125	151
100	126	152
101	127	153
102	128	154
103	129	155
104	130	156

TABLEAU N° 22 : Les départements

1	Ain	27	Eure	53	Mayenne
2	Aisne	28	Eure-et-Loir	54	Meurthe-et-Moselle
3	Allier	29	Finistère	55	Meuse
4	Alpes Hte-Provence	30	Gard	56	Morbihan
5	Hautes-Alpes	31	Haute-Garonne	57	Moselle
6	Alpes-Maritimes	32	Gers	58	Nièvre
7	Ardèche	33	Gironde	59	Nord
8	Ardennes	34	Hérault	60	Oise
9	Ariège	35	Ille-et-Vilaine	61	Orne
10	Aube	36	Indre	62	Pas-de-Calais
11	Aude	37	Indre-et-Loire	63	Puy-de-Dôme
12	Aveyron	38	Isère	64	Pyrénées-Atlant.
13	Bouches-du-Rhône	39	Jura	65	Hautes-Pyrénées
14	Calvados	40	Landes	66	Pyrénées-Orient.
15	Cantal	41	Loir-et-Cher	67	Bas-Rhin
16	Charente	42	Loire	68	Haut-Rhin
17	Charente-Maritime	43	Haute-Loire	69	Rhône
18	Cher	44	Loire-Atlantique	70	Haute-Saône
19	Corrèze	45	Loiret	71	Saône-et-Loire
20	Corse	46	Lot	72	Sarthe
21	Côte-d'Or	47	Lot-et-Garonne	73	Savoie
22	Côtes-du-Nord	48	Lozère	74	Haute-Savoie
23	Creuse	49	Maine-et-Loire	75	Ville de Paris
24	Dordogne	50	Manche	76	Seine-Maritime
25	Doubs	51	Marne	77	Seine-et-Marne
26	Drôme	52	Haute-Marne	78	Yvelines

79 Deux-Sèvres	105	131
80 Somme	106	132
81 Tarn	107	133
82 Tarn-et-Garonne	108	134
83 Var	109	135
84 Vaucluse	110	136
85 Vendée	111	137
86 Vienne	112	138
87 Haute-Vienne	113	139
88 Vosges	114	140
89 Yonne	115	141
90 Terr. de Belfort	116	142
91 Essonne	117	143
92 Hauts-de-Seine	118	144
93 Seine-St-Denis	119	145
94 Val-de-Marne	120	146
95 Val-d'Oise	121	147
96	122	148
97	123	149
98	124	150
99	125	151
100	126	152
101	127	153
102	128	154
103	129	155
104	130	156

TABLEAU N° 23 : Matière (métaux, métalloïdes, etc.)

1 Hydrogène	27 Cobalt	53 Iode
2 Hélium	28 Nickel	54 Xénon
3 Lithium	29 Cuivre	55 Césium
4 Béryllium	30 Zinc	56 Baryum
5 Bore	31 Gallium	57 Lanthane
6 Carbone	32 Germanium	58 Cérium
7 Azote	33 Arsenic	59 Praséodyme
8 Oxygène	34 Sélénium	60 Néodyme
9 Fluor	35 Brome	61 Prométhium
10 Néon	36 Krypton	62 Samarium
11 Sodium	37 Rubidium	63 Europium
12 Magnésium	38 Strontium	64 Gadolinium
13 Aluminium	39 Yttrium	65 Terbium
14 Silicium	40 Zirconium	66 Dysprosium
15 Phosphore	41 Niobium	67 Holmium
16 Soufre	42 Molybdène	68 Erbium
17 Chlore	43 Technétium	69 Thulium
18 Argon	44 Ruthénium	70 Ytterbium
19 Potassium	45 Rhodium	71 Lutécium
20 Calcium	46 Palladium	72 Hafnium
21 Scandium	47 Argent	73 Tantale
22 Titane	48 Cadmium	74 Tungstène
23 Vanadium	49 Indium	75 Rhénium
24 Chrome	50 Etain	76 Osmium
25 Manganèse	51 Antimoine	77 Iridium
26 Fer	52 Tellure	78 Platine

79 Or	105	131
80 Mercure	106	132
81 Thallium	107	133
82 Plomb	108	134
83 Bismuth	109	135
84 Polonium	110	136
85 Astate	111	137
86 Radon	112	138
87 Francium	113	139
88 Radium	114	140
89 Actinium	115	141
90 Thorium	116	142
91 Protactinium	117	143
92 Uranium	118	144
93 Neptunium	119	145
94 Plutonium	120	146
95 Américium	121	147
96 Curium	122	148
97	123	149
98	124	150
99	125	151
100	126	152
101	127	153
102	128	154
103	129	155
104	130	156

TABLEAU N° 24 : Météorologie

1 Plein soleil	27	53
2 Soleil voilé	28	54
3 Nuageux	29	55
4 Ciel couvert	30	56
5 Pluie	31	57
6 Neige	32	58
7 Brouillard	33	59
8 Vent	34	60
9 Brume	35	61
10	36	62
11	37	63
12	38	64
13	39	65
14	40	66
15	41	67
16	42	68
17	43	69
18	44	70
19	45	71
20	46	72
21	47	73
22	48	74
23	49	75
24	50	76
25	51	77
26	52	78

79	105	131
80	106	132
81	107	133
82	108	134
83	109	135
84	110	136
85	111	137
86	112	138
87	113	139
88	114	140
89	115	141
90	116	142
91	117	143
92	118	144
93	119	145
94	120	146
95	121	147
96	122	148
97	123	149
98	124	150
99	125	151
100	126	152
101	127	153
102	128	154
103	129	155
104	130	156

TABLEAU N° 25 : Minéralogie et géologie (d'après A. Lambert)

1	Quartz en cristaux	27	Réalgar	53	Graphite
2	Quartz de filon	28	Stibine	54	Tourbe
3	Feldspath orthose	29	Molybdénite	55	Houille
4	Muscovite	30	Wolfram	56	Lignite
5	Béryl	31	Chromite	57	Granit
6	Tourmaline	32	Pyrolusite	58	Granulite
7	Topaze	33	Pyrite	59	Pegmatite
8	Zircon	34	Fer oligiste	60	Porphyre
9	Disthème	35	Limonite	61	Diorite
10	Amiante	36	Sidérose	62	Gneiss
11	Talc	37	Nouméite	63	Micaschiste
12	Grenat	38	Smaltine	64	Phyllade
13	Serpentine	39	Blende	65	Basalte
14	Bauxite	40	Smithzonite	66	Obsidienne
15	Rutile	41	Calamine	67	Anésine
16	Iliménite	42	Cassitérite	68	Lave
17	Globertite	43	Galène	69	Grès
18	Dolomie	44	Chalcopyrite	70	Calcaire lithogr.
19	Calcite	45	Eribescite	71	Calcaire du primaire
20	Barytine	46	Malachite	72	Calcaire du secondaire
21	Célestine	47	Azurite	73	Calcaire du tertiaire
22	Apatite	48	Cinabre	74	Craie
23	Phosphorite	49	Argent	75	Silex
24	Gypse	50	Quartz aurifère	76	Argile
25	Fluorine	51	Asphalte	77	Marne
26	Soufre	52	Schiste à hydroc.	78	Meulière

Nº 1 à 13 : *Minéraux divers*
Nº 14 à 25 : *Minéraux non métalliques*
Nº 26 à 50 : *Minerais métalliques*
Nº 51 à 56 : *Composés du carbone*
Nº 57 à 80 : *Géologie*
Nº 81 à 84 : *Minerais radio-actifs*

79 Loess	105	131
80 Sable vert	106	132
81 Autunite	107	133
82 Bétafite	108	134
83 Euxénite	109	135
84 Monazite	110	136
85	111	137
86	112	138
87	113	139
88	114	140
89	115	141
90	116	142
91	117	143
92	118	144
93	119	145
94	120	146
95	121	147
96	122	148
97	123	149
98	124	150
99	125	151
100	126	152
101	127	153
102	128	154
103	129	155
104	130	156

TABLEAU N° 26 : Les pays

1	Afghanistan	27	Congo	53	Inde
2	Afrique du Sud	28	Corée du Nord	54	Indonésie
3	Albanie	29	Corée du Sud	55	Irak
4	Algérie	30	Costa Rica	56	Iran
5	Allemagne Démocrat.	31	Côte-d'Ivoire	57	Irlande
6	Allemagne Fédérale	32	Cuba	58	Islande
7	Andorre	33	Dahomey	59	Israël
8	Arabie	34	Danemark	60	Italie
9	Argentine	35	Egypte	61	Jamaïque
10	Australie	36	Equateur	62	Japon
11	Autriche	37	Espagne	63	Jordanie
12	Bangla Desh	38	Etats-Unis d'Amérique	64	Kenya
13	Belgique	39	Ethiopie	65	Koweit
14	Birmanie	40	Finlande	66	Laos
15	Bolivie	41	France	67	Liban
16	Brésil	42	Gabon	68	Libéria
17	Bulgarie	43	Gambie	69	Libye
18	Burundi	44	Ghana	70	Liechtenstein
19	Cambodge	45	Grande-Bretagne	71	Luxembourg
20	Cameroun	46	Grèce	72	Madagascar
21	Canada	47	Guatemala	73	Malaisie
22	Centrafrique	48	Guinée	74	Mali
23	Chili	49	Haïti	75	Maroc
24	Chine Populaire	50	Haute-Volta	76	Mauritanie
25	Chypre	51	Honduras	77	Mexique
26	Colombie	52	Hongrie	78	Monaco

79	Mongolie	105	Syrie	131	
80	Népal	106	Tanzanie	132	
81	Nicaragua	107	Tchad	133	
82	Niger	108	Tchécoslovaquie	134	
83	Nigéria	109	Thaïlande	135	
84	Norvège	110	Togo	136	
85	Nouvelle-Zélande	111	Trinité et Tobago	137	
86	Ouganda	112	Tunisie	138	
87	Pakistan	113	Turquie	139	
88	Panama	114	U.R.S.S.	140	
89	Paraguay	115	Uruguay	141	
90	Pays-Bas	116	Venezuela	142	
91	Pérou	117	Viet-Nam Nord	143	
92	Philippines	118	Viet-Nam Sud	144	
93	Pologne	119	Yemen	145	
94	Portugal	120	Yougoslavie	146	
95	Roumanie	121	Zaïre	147	
96	Ruanda	122	Zambie	148	
97	Saint-Marin	123		149	
98	Salvador	124		150	
99	Sénégal	125		151	
100	Sierra-Leone	126		152	
101	Somalie	127		153	
102	Soudan	128		154	
103	Suède	129		155	
104	Suisse	130		156	

TABLEAU N° 27 : Les plantes d'appartement

1 Abutilon	27 Campanula	53 Echinocactus
2 Acacia	28 Carex	54 Episcia
3 Acalypha	29 Céphalocéreus	55 Erica
4 Achimenes	30 Céréus	56 Eucharis
5 Adiantum	31 Chamaécéréus	57 Euonymus
6 Aechmea	32 Chlorophytum	58 Euphorbia
7 Agave	33 Cissus	59 Exacum
8 Aglonéma	34 Citrus	60 Fatshédéra
9 Allamanda	35 Clérodendron	61 Fatsia Japonica
10 Ampelopsis	36 Clivia	62 Ficus
11 Anthurium	37 Cocos	63 Fittonia
12 Aphélandra	38 Codiaeum	64 Fragaria
13 Araucaria	39 Coléus	65 Fuschia
14 Arégélia	40 Columnéa	66 Gardénia
15 Asparagus	41 Cordyline	67 Gloriosa
16 Aspidistra	42 Crassula Falcata	68 Grévileá
17 Asplénium	43 Crocus	69 Guzmania
18 Astrophytum	44 Crossandra	70 Cynura
19 Aucuba	45 Cryptanthus	71 Hédéra
20 Bégonia	46 Cyclamen	72 Hibiscus
21 Bougainvillée	47 Cypérus	73 Hippéastrum
22 Broxallia	48 Cytisus	74 Hyacinthus
23 Brunfessia	49 Dipladénia	75 Hypocyrta
24 Caladium	50 Dizygothéca	76 Hypoestes
25 Calathéa	51 Dracanéa	77 Impatiens
26 Calcéolaria	52 Echévéria	78 Irésine

79 Iris	105 Primula Obconica	131
80 Ixora	106 Ptéris	132
81 Jasminum	107 Punica	133
82 Kalanchoé	108 Pyrrheima	134
83 Lantana	109 Rhododendron	135
84 Mamillaria	110 Rhoicissus	136
85 Maranta	111 Ruellia	137
86 Médinilla	112 Sansévéria	138
87 Monstéra	113 Saxifraca	139
88 Narcissus	114 Schefflera	140
89 Néphrolépis	115 Sédum	141
90 Nertéra	116 Sélaginella	142
91 Notocactus	117 Sénécio	143
92 Opuntia	118 Solanum	144
93 Pandanus	119 Syngonium	145
94 Paphiopédilum	120 Théa Japonica	146
95 Passiflora	121 Tillandsia	147
96 Pélargonium	122 Tulipa	148
97 Pellaéa	123 Vallota	149
98 Pellionia	124 Vrieséa	150
99 Philodendron	125 Zygocactus	151
100 Phillocactus	126	152
101 Piléa Cadiéri	127	153
102 Platycérium	128	154
103 Plumbago	129	155
104 Polypodium	130	156

TABLEAU N° 28 :

1	27	53
2	28	54
3	29	55
4	30	56
5	31	57
6	32	58
7	33	59
8	34	60
9	35	61
10	36	62
11	37	63
12	38	64
13	39	65
14	40	66
15	41	67
16	42	68
17	43	69
18	44	70
19	45	71
20	46	72
21	47	73
22	48	74
23	49	75
24	50	76
25	51	77
26	52	78

79	105	131
80	106	132
81	107	133
82	108	134
83	109	135
84	110	136
85	111	137
86	112	138
87	113	139
88	114	140
89	115	141
90	116	142
91	117	143
92	118	144
93	119	145
94	120	146
95	121	147
96	122	148
97	123	149
98	124	150
99	125	151
100	126	152
101	127	153
102	128	154
103	129	155
104	130	156

TABLEAU N° 29 :

1	27	53
2	28	54
3	29	55
4	30	56
5	31	57
6	32	58
7	33	59
8	34	60
9	35	61
10	36	62
11	37	63
12	38	64
13	39	65
14	40	66
15	41	67
16	42	68
17	43	69
18	44	70
19	45	71
20	46	72
21	47	73
22	48	74
23	49	75
24	50	76
25	51	77
26	52	78

79	105	131
80	106	132
81	107	133
82	108	134
83	109	135
84	110	136
85	111	137
86	112	138
87	113	139
88	114	140
89	115	141
90	116	142
91	117	143
92	118	144
93	119	145
94	120	146
95	121	147
96	122	148
97	123	149
98	124	150
99	125	151
100	126	152
101	127	153
102	128	154
103	129	155
104	130	156

TABLEAU N° 30 :

1	27	53
2	28	54
3	29	55
4	30	56
5	31	57
6	32	58
7	33	59
8	34	60
9	35	61
10	36	62
11	37	63
12	38	64
13	39	65
14	40	66
15	41	67
16	42	68
17	43	69
18	44	70
19	45	71
20	46	72
21	47	73
22	48	74
23	49	75
24	50	76
25	51	77
26	52	78

79	105	131
80	106	132
81	107	133
82	108	134
83	109	135
84	110	136
85	111	137
86	112	138
87	113	139
88	114	140
89	115	141
90	116	142
91	117	143
92	118	144
93	119	145
94	120	146
95	121	147
96	122	148
97	123	149
98	124	150
99	125	151
100	126	152
101	127	153
102	128	154
103	129	155
104	130	156

TABLEAU Nº 31 :

1	27	53
2	28	54
3	29	55
4	30	56
5	31	57
6	32	58
7	33	59
8	34	60
9	35	61
10	36	62
11	37	63
12	38	64
13	39	65
14	40	66
15	41	67
16	42	68
17	43	69
18	44	70
19	45	71
20	46	72
21	47	73
22	48	74
23	49	75
24	50	76
25	51	77
26	52	78

79	105	131
80	106	132
81	107	133
82	108	134
83	109	135
84	110	136
85	111	137
86	112	138
87	113	139
88	114	140
89	115	141
90	116	142
91	117	143
92	118	144
93	119	145
94	120	146
95	121	147
96	122	148
97	123	149
98	124	150
99	125	151
100	126	152
101	127	153
102	128	154
103	129	155
104	130	156

TABLEAU N° 32 :

1	27	53
2	28	54
3	29	55
4	30	56
5	31	57
6	32	58
7	33	59
8	34	60
9	35	61
10	36	62
11	37	63
12	38	64
13	39	65
14	40	66
15	41	67
16	42	68
17	43	69
18	44	70
19	45	71
20	46	72
21	47	73
22	48	74
23	49	75
24	50	76
25	51	77
26	52	78

79	105	131
80	106	132
81	107	133
82	108	134
83	109	135
84	110	136
85	111	137
86	112	138
87	113	139
88	114	140
89	115	141
90	116	142
91	117	143
92	118	144
93	119	145
94	120	146
95	121	147
96	122	148
97	123	149
98	124	150
99	125	151
100	126	152
101	127	153
102	128	154
103	129	155
104	130	156

TABLEAU N° 33 :

1	27	53
2	28	54
3	29	55
4	30	56
5	31	57
6	32	58
7	33	59
8	34	60
9	35	61
10	36	62
11	37	63
12	38	64
13	39	65
14	40	66
15	41	67
16	42	68
17	43	69
18	44	70
19	45	71
20	46	72
21	47	73
22	48	74
23	49	75
24	50	76
25	51	77
26	52	78

79	105	131
80	106	132
81	107	133
82	108	134
83	109	135
84	110	136
85	111	137
86	112	138
87	113	139
88	114	140
89	115	141
90	116	142
91	117	143
92	118	144
93	119	145
94	120	146
95	121	147
96	122	148
97	123	149
98	124	150
99	125	151
100	126	152
101	127	153
102	128	154
103	129	155
104	130	156

TABLEAU N° 34 :

1	27	53
2	28	54
3	29	55
4	30	56
5	31	57
6	32	58
7	33	59
8	34	60
9	35	61
10	36	62
11	37	63
12	38	64
13	39	65
14	40	66
15	41	67
16	42	68
17	43	69
18	44	70
19	45	71
20	46	72
21	47	73
22	48	74
23	49	75
24	50	76
25	51	77
26	52	78

79	105	131
80	106	132
81	107	133
82	108	134
83	109	135
84	110	136
85	111	137
86	112	138
87	113	139
88	114	140
89	115	141
90	116	142
91	117	143
92	118	144
93	119	145
94	120	146
95	121	147
96	122	148
97	123	149
98	124	150
99	125	151
100	126	152
101	127	153
102	128	154
103	129	155
104	130	156

TABLEAU Nº 35 :

1	27	53
2	28	54
3	29	55
4	30	56
5	31	57
6	32	58
7	33	59
8	34	60
9	35	61
10	36	62
11	37	63
12	38	64
13	39	65
14	40	66
15	41	67
16	42	68
17	43	69
18	44	70
19	45	71
20	46	72
21	47	73
22	48	74
23	49	75
24	50	76
25	51	77
26	52	78

79	105	131
80	106	132
81	107	133
82	108	134
83	109	135
84	110	136
85	111	137
86	112	138
87	113	139
88	114	140
89	115	141
90	116	142
91	117	143
92	118	144
93	119	145
94	120	146
95	121	147
96	122	148
97	123	149
98	124	150
99	125	151
100	126	152
101	127	153
102	128	154
103	129	155
104	130	156

POUR TERMINER

En guise de conclusion brève, je voudrais vous rappeler deux faits assez importants, faits incontestables et qui peuvent être facilement opposés à tous les incrédules, à tous les hésitants et même à tous les détracteurs de la radiesthésie :

1°) depuis des années et des années, il y a eu des centaines de radiesthésistes fameux qui ont trouvé des quantités de choses et, en particulier, des centaines de sources : choses cachées, mais tangibles, concrètes et qui peuvent facilement être vérifiées. Même de très grosses entreprises font appel à des radiesthésistes pour déterminer les emplacements de sources, de rivières souterraines et de mines. N'est-ce pas suffisant, déjà, pour que l'on accorde au moins un petit crédit à cet art merveilleux qu'est la radiesthésie ?

2°) c'est par la radiesthésie qu'ont été découvertes les célèbres Mines de Potasse d'Alsace.

Alors, n'hésitez plus, et puisque vous avez déjà ce livre en main, confectionnez un pendule immédiatement et faites un essai. Vous avez là une chance de pouvoir passer des heures extraordinaires qui éblouiront votre vie, comme tant d'autres avant vous et, souhaitons-le, tant d'autres après nous.

INDEX NUMERIQUE DES TABLEAUX RADIESTHESIQUES DE KERSAINT

TABLE DES MATIERES

La composition et l'impression de cet ouvrage
ont été réalisées par CLERC S.A.
18200 SAINT-AMAND - Tél. : 48-96-41-50
pour le compte des ÉDITIONS DANGLES
18, rue Lavoisier - 45800 ST-JEAN-DE-BRAYE
Dépôt légal Éditeur n° 1970 - Imprimeur n° 5585
Achevé d'imprimer en Septembre 1994

Du même auteur :

Jean-Pol de KERSAINT :

LES 13 PANTACLES DU BONHEUR.

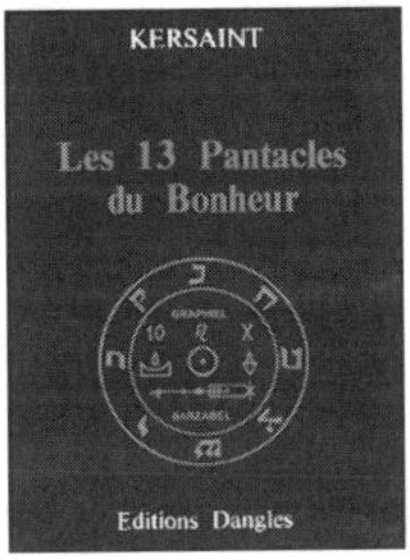

Format 13,5 x 18 ; relié ; présentation luxueuse, avec en supplément 13 véritables pantacles sur parchemin végétal.

Savez-vous ce qu'est un Pantacle, quels innombrables bienfaits (fortune, amour, réussite) il peut vous apporter, comment vous en servir, quand et comment il est né, son évolution à travers l'histoire ?

Ce livre répond à toutes ces questions, et mieux encore, vous offre la possibilité de mettre immédiatement en pratique ce « mystérieux pouvoir bénéfique des Pantacles », car il contient, et ceci est très important : **13 VÉRITABLES PANTACLES EN COULEURS SUR PARCHEMIN VÉGÉTAL GARANTI,** que vous pouvez utiliser sur-le-champ, avec la plus grande facilité.

Que vous vouliez développer vos facultés psychiques et intellectuelles, réaliser toutes vos ambitions, réussir dans ce que vous entreprendrez, vous prémunir contre les impondérables de la vie, accumuler les richesses, trouver la joie de vivre, il y a un Pantacle pour chaque chose que vous désirez. Vous le trouverez à l'intérieur de cet ouvrage.

EXTRAIT DE LA TABLE DES MATIÈRES :

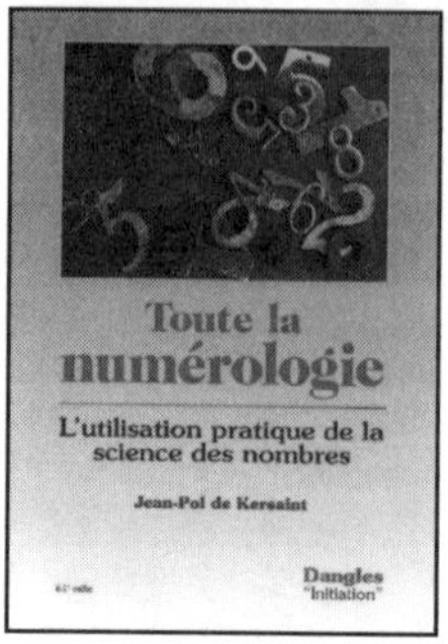

Dans la même collection :

Jean-Pol de KERSAINT :

TOUTE LA NUMÉROLOGIE.

L'utilisation pratique de la science des nombres.

Format 15 x 21 ; 216 pages ; illustré.

La numérologie est l'art de déterminer, par la transcription de noms et de dates en chiffres, le caractère, la personnalité et les aptitudes de chacun, ainsi que bien d'autres choses encore... et ce, avec une précision souvent extraordinaire. Sur le plan caractérologique, la numérologie donne des résultats au moins aussi précis que l'astrologie : c'est dire toute son efficacité !
Jusqu'à présent, cette « Science des nombres », énormément utilisée par les Anciens, n'est parvenue jusqu'à nous que fragmentée, déformée et confuse, rendant son application très délicate aux non-initiés.

Heureusement, cette lacune est désormais comblée, car voici enfin reconstituée la base de cette science aux ressources étonnantes, synthèse d'innombrables notes, manuscrits, recherches et travaux qui ont permis à J.-P. de Kersaint de débarrasser cet art merveilleux de ses imprécisions, le rendant ainsi utilisable par tous, sur-le-champ.
Vous connaître déjà vous-même !... Connaître parfaitement les autres !... : autant d'atouts pour réussir au mieux votre vie, tant professionnelle que sentimentale.

Mais ce n'est pas tout ! La numérologie peut encore vous indiquer bien d'autres choses très intéressantes, telles que :
– Votre **nombre d'hérédité,** celui qui vous pousse à réagir de telle ou telle façon aux événements en fonction de vos tendances héréditaires.
– Votre **nombre de destinée,** celui qui contient le secret de votre réussite professionnelle.
– Tous les nombres bénéfiques de votre vie, depuis les dates conseillées pour prendre quelque décision que ce soit, jusqu'aux nombres favorables pour jouer au tiercé, loterie, etc.

EXTRAIT DE LA TABLE DES MATIÈRES :

Dans la même collection :

Paul-Clément JAGOT :

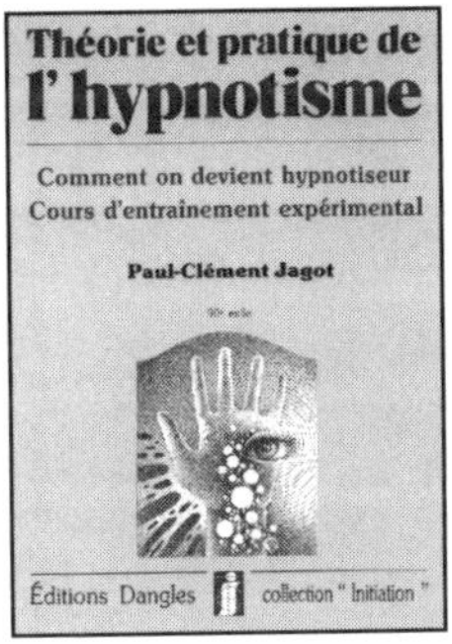

THÉORIE ET PRATIQUE DE L'HYPNOTISME.

Comment on devient hypnotiseur. Cours d'entraînement expérimental.

Format 15 x 21 ; 224 pages.

Devenir hypnotiseur c'est acquérir, au travers de multiples expériences sur des personnes de tout âge et de toute condition, l'aisance, la précision, le tact, la sûreté et l'autorité, pratiques nécessaires à la pleine efficacité des techniques hypnotiques.
Outre l'intérêt que présente l'étude de ces phénomènes psychiques et de leurs applications pratiques, l'expérimentation doit être considérée comme un moyen exceptionnellement efficace de **développement de la volonté, de l'assurance et de l'influence personnelle.**
Ce cours, clair, précis et rigoureusement scientifique, n'en reste pas moins **à la portée de tous,** en permettant de faire immédiatement des expériences en « toute sécurité ».
Tous les lecteurs de ce livre ne se résoudront peut-être pas à l'effort représenté par l'entraînement méthodique indispensable pour devenir hypnotiseur ; en revanche, ils auront au moins l'avantage de se former sur cette question une notion claire et précise.
Les suggestibles, les influençables et les timides se doivent de connaître et de pratiquer la suggestion, afin d'être à même de **déjouer toute tentative extérieure de domination,** de devenir maîtres de leurs pensées et d'acquérir une **parfaite assurance en toutes circonstances.**
Un livre à lire et à mettre en application.

EXTRAIT DE LA TABLE DES MATIÈRES :

Dans la même collection :

René LACROIX À L'HENRI :

MANUEL DE RADIESTHÉSIE.
Cours complet, théorique et pratique de radiesthésie pour tous.

Format 15 x 21 ; 208 pages ; illustré.

La radiesthésie est l'art de détecter et de découvrir, grâce au pendule ou à la baguette de sourcier, toute chose cachée ou inconnue que l'on recherche : sources, puits, souterrains, personnes disparues, diagnostic médical et vétérinaire, analyse d'un corps inconnu, archéologie, gisements métalliques ou autres... ou tout simplement les réponses aux questions que vous vous posez quotidiennement.

À chaque instant de votre vie où vous hésitez devant un problème, une décision à prendre ou un choix à faire, la radiesthésie peut vous être d'un grand secours, et les résultats concrets et positifs ne se comptent plus. Ce livre mérite vraiment une place à part ; en effet, l'auteur a su réunir en un seul ouvrage tout ce qui concerne la THÉORIE et la PRATIQUE de cet art. C'est donc un **ouvrage particulièrement complet** et d'un intérêt exceptionnel, tant pour le néophyte que pour le radiesthésiste chevronné.
Un livre de base, indispensable à l'étude de cet art maintenant universellement reconnu et utilisé.

EXTRAIT DE LA TABLE DES MATIÈRES :

Dans la même collection :

PAPUS (Docteur Gérard ENCAUSSE) :

COMMENT ON LIT DANS LA MAIN.
Premiers éléments de chiromancie.

Format 15 x 21 ; 192 pages ; abondamment illustré.

Les mains sont révélatrices de nos royaumes intérieurs; visages de notre passé, de notre présent et de notre avenir, elles détiennent – dès la naissance – nombre d'indices révélateurs de notre individualité et de notre destin. La chiromancie est l'art très ancien de lire le caractère des gens et de déceler la trame de leur destinée par l'interprétation des lignes et signes de leurs mains.
Avec cet ouvrage pratique – un classique – vous pourrez très rapidement discerner, d'un seul coup d'œil, les tendances, goûts, penchants, inclinations, prédispositions et aptitudes de toute nature des gens à qui vous avez affaire. Un examen plus approfondi vous indiquera les faveurs ou les éventuels revers du destin, les indices de la réussite, de longévité, de maladie ou de risques possibles, avec un système fiable de datation des événements.
Plus de 70 illustrations précises éclairent ce texte et le rendent assimilable par chacun en quelques heures.

EXTRAIT DE LA TABLE DES MATIÈRES :

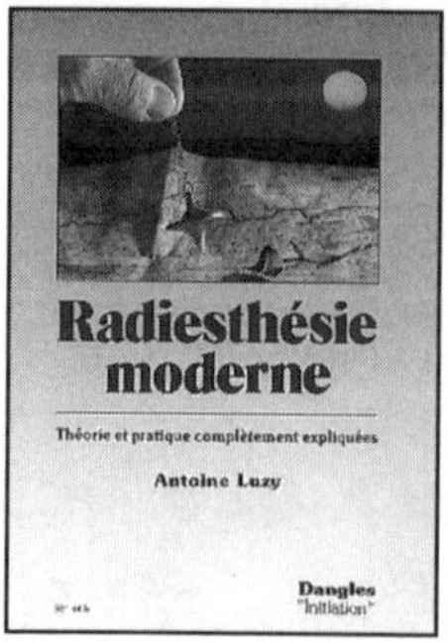

Dans la même collection :

Antoine LUZY :

RADIESTHÉSIE MODERNE.
Théorie et pratique complètement expliquées.

Format 15 x 21 ; 392 pages ; illustré.

Antoine Luzy, professeur technique adjoint honoraire à l'école nationale d'Arts et Métiers de Paris, versé depuis de longues années dans l'étude des sciences positives, a appliqué, à l'examen des phénomènes radiesthésiques, les **rigoureuses méthodes d'observation scientifique** auxquelles sa formation l'avait habitué.
L'étude présentée dans cet ouvrage est donc une véritable **mise au point de la radiesthésie,** épurée de toutes les erreurs, dégagée de toutes les fausses théories, libérée de l'empirisme et de la routine.
Mais le plus important, pour l'avenir de l'art des sourciers, réside dans la définition précise du processus intégral de l'action radiesthésique. Cette définition, énoncée dans ce livre, dévoile les principes généraux de cet art, formant la **base sérieuse et solide** lui ayant manqué jusqu'à présent.
Par les idées neuves contenues dans ce guide pratique, le praticien tant amateur que chevronné découvrira le processus logique du succès des recherches radiesthésiques et, ensuite, sera à même d'éliminer définitivement toutes les causes d'erreurs.
Un livre de base, indispensable à quiconque veut expérimenter dans cette direction.

EXTRAIT DE LA TABLE DES MATIÈRES :

Wassili Grossman

TIERGARTEN

Erzählungen

Aus dem Russischen
von Katharina Narbutovič

Mit einem Nachwort
von Franziska Thun-Hohenstein

claassen

Die für den vorliegenden Band vom Estate of Vassili Grossman
ausgewählten Erzählungen wurden der folgenden russischen
Ausgabe entnommen: *Wsjo tetschot. Posdnaja prosa*
(Все течет. Поздная проза), erschienen 1994 im
Verlag U-Faktorija, Moskau.

Die Übersetzung wurde gefördert vom Literarischen Colloquium
Berlin mit Mitteln des Auswärtigen Amtes und der
Kulturverwaltung des Berliner Senats.

claassen ist ein Verlag
der Ullstein Buchverlage GmbH

ISBN 978-3-546-00437-4

Gesetzt aus der Sabon bei Pinkuin Satz und Datentechnik, Berlin
Druck und Bindung: CPI – Clausen & Bosse, Leck
Printed in Germany

DIE JUNGE UND DIE ALTE

Stepanida Jegorowna Gorjatschewa, Abteilungsleiterin in einem der Volkskommissariate der Sowjetunion, fuhr am 29. Juli auf die Krim. Ihr Urlaub begann am 1. August, doch um Zeit zu gewinnen, fuhr sie schon am neunundzwanzigsten vor dem Wochenende los.

Als sie aus dem Büro kam, beeilte sich Stepanida Jegorowna, auf ihre Datscha in Kunzewo zu kommen. Ihr Auto war in der Werkstatt. Weil sie befürchtete, sich zu verspäten, rief sie ihren alten Freund Tscherjomuschkin an, mit dem zusammen sie 1932 in einer Brigade einer Getreidesowchose gearbeitet hatte, beide als Gehilfen des Mähdrescherfahrers. Nun schickte ihr Tscherjomuschkin eine »M-1«-Limousine vorbei.

Nach Kunzewo fuhr der Wagen auf einer neuen, breiten Chaussee.

»Was klappert denn da bei Ihnen?«, fragte Stepanida Jegorowna den Fahrer.

Er sah sie schräg von der Seite an, fuhr sich mit der Zunge über die Oberlippe und fragte, ohne ihre Frage zu beantworten:

»Werden Sie das Auto in Kunzewo länger brauchen?«

»So lange wie nötig«, antwortete sie.

»Man hat mir für heute einen Reparaturtermin gegeben, das habe ich Tscherjomuschkin gesagt.«

»Ich muss um elf am Bahnhof sein. Früher werden Sie nicht freihaben«, antwortete Gorjatschewa.

Gorjatschewa sah noch ein paarmal zum Fahrer hinüber, sprach ihn aber nicht mehr an, denn sein Gesicht schien wirklich mürrisch. Das Auto brauste über den Asphalt dahin, ihm kamen längliche »SIS«-Wagen in hellem Kaffeebraun, Grün, Schwarz entgegen, und die »M-1«-Limousinen glänzten mit ihrem neuen Lack. Entlang der Chaussee, die mit einer gestrichelten Linie markiert worden war, hatte man an den Übergängen hübsche bunte Brücken für die Fußgänger gebaut und an den Haltestellen bequeme Bänke mit Schutzdächern für die wartenden Fahrgäste aufgestellt. Auf der Chaussee selbst gingen – mit der behaglichen Ruhe, die mächtigen Männern eigen ist – die Milizionäre in weißen Handschuhen hin und her. Die Autos fuhren nicht unter 70 Stundenkilometer: Kaum hatte Stepanida Jegorowna auf der grauen, trübe schimmernden Chaussee einen schwarzen Punkt bemerkt, so wuchs er blitzschnell an, und wenige Sekunden später huschten an ihr schon die Gesichter vorbei, blitzte das Fensterglas auf, und im Nu war das entgegenkommende Auto wieder verschwunden, als wäre es nie da gewesen und als hätte Stepanida Jegorowna von dem Frauenkopf mit dem breiten Hut, dem Strauß Feldblumen und der Offiziersmütze nur geträumt. Genauso leicht und schnell tauchten vor Stepanida Jegorownas Augen die Holzhäuser mit den kleinen, mit Blumentöpfen vollgestellten Fenstern, die Frau im schwarzen Kleid mit der Ziege, das Bahnwärterhäuschen auf und verschwanden gleich wieder.

Stepanida Jegorowna fuhr oft mit dem Auto auf ihre Datscha, und jedes Mal freute sie sich über diese leichte und beunruhigende Geschwindigkeit, mit der Gegenstände, Menschen, Tiere auftauchten, anwuchsen und flugs wieder verschwunden waren. Auf der Datscha lebten Stepanida Jegorownas Mutter Marja Iwanowna sowie ihre beiden Nichten Vera und Nataschka, Töchter ihrer verstorbenen Schwester. Die Datscha war prächtig, hatte acht Zimmer, und außer Stepanida Jegorownas Angehörigen wohnte da noch die Familie eines anderen Mitarbeiters in gehobener Position. Bis 1937 hatte ein gewisser Jeschegulski, ein kinderloser Mann, mit seiner Ehefrau und seinem alten Vater auf der Datscha gelebt. Jeschegulski war als Volksfeind verhaftet worden, und nun lebte seit bereits zwei Jahren die Familie der Gorjatschewa hier, und nichts erinnerte mehr an Jeschegulski, außer den gelben Lilien, die sein Vater hier gepflanzt hatte. Außerdem hatte Stepanida Jegorownas Nachbar Senjatin, der leitender Angestellter im Volkskommissariat für Sowchosen war, ihr einmal eine große Kiste voller Tannenzapfen gezeigt, die er in der Scheune gefunden hatte. Jeder Tannenzapfen war in ein spezielles weißes Papier eingewickelt und mit Watte bedeckt gewesen. Manche waren riesengroß gewesen, wie merkwürdige Vögel mit aufgestellten Federchen aus Holz, an manchen hingen ausgetretene bernsteinerne Harztropfen; manche waren winzig gewesen, kleiner noch als Eicheln; manche waren aus dem Süden, vom Mittelmeer gewesen, manche aus dem fernen sibirischen Norden. All diese Hunderte von Tannenzapfen hatte der ehemalige Datschabewohner gesammelt. Etwas ausgesprochen Komisches hatten diese großen und winzigen braven Zapfenpüppchen gehabt, die schön in Papier und Watte eingewickelt waren. Stepanida Jegorowna und Senjatin hatten einander angeschaut, den Kopf geschüttelt und geschmunzelt.

»Was sollen wir damit nur anstellen? Nichts wie in den Ofen damit«, hatte sie gesagt. »Der Samowar lässt sich mit solchen Granaten nicht warm machen. Die passen doch in kein Rohr hinein.«

»Nein, wieso denn in den Herd? Das ist unverantwortlich von dir, Genossin Gorjatschewa«, hatte Senjatin geantwortet. »Für einen Botaniker sind sie sehr wertvoll. Ich werde diese Kiste den ›Jungen Naturforschern‹ übergeben, oder vielleicht einem Museum.«

Der Wagen fuhr bei der Datscha vor, und während Stepanida Jegorowna noch mit dem Fahrer Absprachen traf, kamen Vera und Nataschka ihr schon entgegengelaufen, gefolgt von der Großmutter Marja Iwanowna. Der Fahrer parkte die »M-1«-Limousine auf der grünen, schattigen Wiese neben der Einfahrt, als würde das Auto lieber auf dem frischen Gras und im Schatten der Bäume stehen wollen. Er ging langsam um den Wagen herum und stieß mit dem Stiefel gegen den festen Reifen, aber nicht zur Kontrolle, sondern einfach nur so, aus Spaß; er polierte das Fensterglas mit dem Ärmel, schüttelte den Kopf, ging zum Zaun und legte sich ins Gras. Das Auto roch nach Benzin und heißem Öl, der Fahrer atmete gern diesen Geruch ein und dachte:

»Hat sich erwärmt, ist verschmiert ...«

Er war kurz eingedöst, als die alte Marja Iwanowna mit einem Eimer an ihm vorbeiging.

»Wir haben schlechtes Wasser. Es hat einen faulen Geschmack. Wir nehmen es nicht zum Kochen«, sagte Marja Iwanowna und blieb vor ihm stehen. Er hatte ihr keine Frage gestellt, aber sie begann zu erzählen, dass auch ihr Wasser gut sein könnte, nur wegen des bösen Nachbarshundes keiner mehr zum Brunnen gehe, weshalb das Wasser verfault sei. »Der Brunnen ist krank wie eine ungemolkene Kuh.«

»Gehen Sie denn selbst Wasser holen, Mütterchen?«, fragte er vorwurfsvoll und spöttisch zugleich. Er sah ihr mageres, braunes Gesicht, ihr farbloses, graues Haar und sagte: »Eine leitende Angestellte, und lässt ein Mütterchen Wasser holen. Sie sind doch bestimmt schon sechzig, oder?«

Die alte Frau wusste nicht mehr, wie alt sie war. Wenn sie wollte, dass die Nachbarinnen sich darüber wunderten, wie flott sie Wasser holte, Wäsche wusch, den Boden wischte, dann sagte sie, sie sei einundsiebzig. In der Poliklinik dagegen hatte sie angegeben, sie wäre neunundfünfzig, und auch zu ihrer Tochter hatte sie gesagt, sie wäre neunundfünfzig, damit es ihr leidtäte, wenn die Mutter stürbe, sonst sagte sie am Ende noch: »Sie hat ihr Leben gehabt, jetzt reicht es.« Sie seufzte und sagte zum Fahrer:

»Schon über siebzig, mein Lieber.«

»Ihre Tochter hätte mal das Wasser holen sollen, oder die Mädchen losschicken. Und nicht einen so alten Menschen abkommandieren!«, sagte der Fahrer

»Ach was, wie soll sie denn«, sagte Marja Iwanowna, »sie

ist heute nur wegen der Abreise so früh da. Sonst kommt sie immer erst nachts. Die Stepa[1], die ist ganz arm dran. Jetzt geht es schon wieder, jetzt ist sie ausgeglichener geworden, aber im Winter, als sie vom Land zurück war … Da kam sie immer mit dem Wagen und weinte. ›Was hast du denn, Liebchen, hat dir wer weh getan?‹ – ›Nein‹, antwortet sie, ›es ist nur so schwer, wenn man neu ist.‹ Was soll sie sich da mit dem Wasser rumschlagen? Aber die Mädchen sind wirklich kleine Biester. Die lügen und sagen schlimme Worte. Bei der Älteren geht es noch, sie liegt meistens da und liest. Aber die Nataschka ist einfach nur böse. Da hat sie doch heute früh zu mir gesagt: ›Großmutter, du hast alle Pralinen aufgegessen, die die Tante für mich dagelassen hat. Du kriegst jetzt eins in die Fresse.‹ So ist sie.«

»Damit müsste man vors Schiedsgericht, Beleidigung des Alters ist doch eine Strafsache«, sagte der Fahrer. »Sind es denn nicht ihre Töchter?«, fragte der Fahrer.

»Nein, sie sind die Kinder von ihrer Schwester, meinem älteren Töchterchen Schura[2]. Also ihre Nichten. Schura ist 1931 gestorben. Vor Hunger angeschwollen und gestorben, damals bei der Hungersnot«, erzählte Marja Iwanowna. »Mein Mann ist auch in dem Jahr gestorben. Er ist immer so fleißig gewesen. Die Schwellung hatte ihn schon am Herzen gepackt, er aber hat sich noch ums Haus gekümmert. Hat mich nicht den Flechtzaun fürs Feuerholz auseinandernehmen lassen. Ich hab damals Fladen aus Stechapfel gebacken. Also hat uns die jüngste Tochter zu sich genommen, sie hat bei der Sowchose 800 Gramm pro Tag bekommen. So haben wir zu viert gelebt, die Jüngste war noch ganz klein. Und jetzt …«

»Jetzt geht's euch gut«, sagte der Fahrer und zeigte auf die hohen Fenster der Datscha.

»Ja, schon«, sagte die Alte, »nur kriege ich es nicht aus dem Kopf, es dauert mich so – die Schura, meine Älteste, hat

1 Kurzform von Stepanida
2 Kurzform von Alexandra

den Verstand verloren, immerzu hat sie gerufen: ›Mama, es brennt überall, Mama, das Brot brennt!‹ Das kriege ich nicht aus dem Kopf. Mein Mann war ein lieber Mensch. Oh, mein Gott!« Sie hatte sich an etwas erinnert. »Was erzähle ich da! Sie braucht doch Tee. Sie muss doch zum Bahnhof. Und davor noch in die Stadt, zur Wohnung.«

»Das schaffen wir schon, wir sind ja mit dem Auto da«, sagte der Fahrer.

Stepanida Jegorowna freute sich auf ihre Reise. Zum ersten Mal fuhr sie in den Urlaub ans Meer. Bis jetzt konnte sie sich nicht daran gewöhnen, wie unerwartet und schnell ihr Leben sich geändert hatte. Mit siebzehn hatte sie, ein junges, fröhliches Mädchen, nach Abschluss des siebten Schuljahrs angefangen, im Wohnheim der Sowchosenarbeiter als Putzfrau zu arbeiten. Dort hatten die Mädchen sie überredet, am neunmonatigen Mähdrescherfahrerkurs teilzunehmen. Diesen Kurs hatte sie mühelos und als eine der Besten absolviert. Mit unglaublicher, für sie selbst erstaunlicher Leichtigkeit hatte Gorjatschewa vor allem die technischen Fächer bewältigt. Sie konnte gut zeichnen und auf einen Blick komplexe Entwürfe in Erinnerung behalten. Anhand einer technischen Zeichnung konnte sie sofort einen ganzen Motor auseinandernehmen. Nach einem Jahr war sie oberste Mähdrescherfahrerin gewesen. 1935 hatte man ihre Leistung als beste in der ganzen Region ausgezeichnet. 1937 waren der Direktor der Sowchose, der Agronom und der Leiter der technischen Werkstätte verhaftet worden. Sie hatten einen neuen Direktor bekommen, Semidolenko. Gorjatschewa hatte Angst vor ihm gehabt und ihn nicht gemocht. War etwas in der Sowchose passiert, hatte Semidolenko darin gleich Sabotage gesehen. Bei jeder noch so kleinen Störung im Fahrwerk, bei jeder Verzögerung in der Werkstatt hatte Semidolenko einen Bericht an den Bezirksbeauftragten geschrieben. Binnen kürzester Zeit waren in der Sowchose zwölf Personen aufgrund seiner Berichte verhaftet worden. Während der Versammlungen hatte Semidolenko die Festgenommenen als Diversanten und Brandstifter bezeichnet. Als der Ausbilder

der Reparaturwerkstatt Newrajew verhaftet worden war, ein rauer, schweigsamer alter Mann, der bei allen hochangesehen war, weil er jeden Tag bis spät in die Nacht arbeitete, fünf Jahre lang keinen Urlaub machte und keine Abgeltung dafür haben wollte, hatte Semidolenko während einer Versammlung gesagt:

»Diese Person hat uns alle an der Nase herumgeführt, hinter der Stoßarbeitermaske hat sich ein Erzfeind des Volkes versteckt, ein verschlagener Spion des Auslands, der mitten ins Herz unserer Sowchose vorgedrungen ist.«

Der Sekretär des Direktors hatte sich zu Wort gemeldet und gesagt, er habe erst jetzt verstanden, warum Newrajew nachts so lange im Werkstättenbüro geblieben sei und er einen Fotoapparat aus Moskau bestellt habe. Dann hatte sich Gorjatschewa zu Wort gemeldet und laut und deutlich gesagt:

»Stimmt nicht, er wurde nicht aus dem Ausland geschickt, sondern ist auf Anweisung des Bezirksparteikomitees zu uns gekommen. Er selbst stammt aus dem Dorf Pusyri, wo auch seine Schwester und sein jüngerer Bruder leben.«

Semidolenko hatte sie scharf zu kritisieren begonnen und gesagt, Newrajew sei vom Sekretär des Bezirksparteikomitees geschickt worden, der selbst ein Volksfeind sei, und sie selbst stehe wohl ebenfalls unter dem Einfluss der Feinde, er wisse einiges über sie. Ein paar Tage später hatte ihr eine junge Stenotypistin unter dem Siegel der Verschwiegenheit erzählt, dass sie einen Bericht des Direktors an den Bezirksbeauftragten abgetippt habe, in dem gestanden hätte, das Komsomolmitglied Gorjatschewa sei die Konkubine des Volksfeindes Newrajew und habe regelmäßig Geldgeschenke von ihm erhalten. Alles schien so vollends durcheinandergeraten zu sein, als würde der Wahrheit nie wieder zu ihrem Recht verholfen werden. Doch bald darauf hatte sich alles geändert: Semidolenko war verhaftet worden, ebenso der Bezirksbeauftragte und einige weitere Bezirksangestellte. Und dann war es losgegangen. Gorjatschewa war zum Sekretär des Bezirksparteikomitees einbestellt worden. Das war ein breitgesichtiger Mann in Kattunhemd und blauen Segeltuchschuhen mit Gummisohle gewesen.

»Wir haben beschlossen, dich zur Direktorin der Sowchose zu machen!«, hatte er gesagt.

Gorjatschewa hatte ihm erschrocken und gereizt geantwortet:

»Machen Sie sich über mich lustig? Ich bin gerade mal vierundzwanzig, komme vom Lande und bin jetzt erst das dritte Mal in meinem Leben Zug gefahren.«

»Und ich bin achtundzwanzig«, hatte der Bezirksparteisekretär gesagt. »Nichts zu machen.«

Zwei Jahre waren inzwischen vergangen. Sie war nach Moskau versetzt worden, hatte gearbeitet und parallel dazu studiert. Oft hatte sie das Gefühl gehabt, alles sei nur ein Traum – die Telefone, die Sekretäre, die Präsidiumssitzungen, die Wagen, die Moskauer Wohnung, die Datscha. Nachts hatte sie manchmal wirklich geträumt, dass sie nach der Arbeit mit ihren Freundinnen die Dorfstraße entlanggehen und zur Harmonika Lieder singen würde. Sie hatte im Schlaf gelächelt und gespürt, wie schön es war, barfuß über das weiche, kühle Gras zu laufen, das auf dem Platz vor dem Dorfsowjet wuchs. Und nur wenn sie auf die Datscha gefahren war und vor ihren Augen blitzschnell Häuser aufgetaucht und wieder verschwunden waren, hatte sie gedacht, ihr Leben sei doch nicht außergewöhnlich, sondern habe sich einfach von diesem atemberaubenden Rennen mitreißen lassen.

Am selben Tag fuhr auch die stellvertretende Leiterin der Planungsabteilung Gagarewa zur Kur, eine dicke, parteilose Alte mit vollständig ergrautem Haar und einem Zwicker auf der fleischigen Nase. Gorjatschewa kam um zehn Uhr mit dem Wagen vorbei, um sie abzuholen. Gagarewa wartete bereits auf sie. Im Auto sprachen sie nicht miteinander, Gagarewa putzte die ganze Zeit mit einem Tuch ihren Zwicker, und Gorjatschewa schaute zum Fenster hinaus. Im Zug hatten sie ein Zweierabteil.

»Ich nehme die obere Liege, ich bin ja jung«, sagte Gorjatschewa.

»Mit der Leiter ist das überhaupt kein Problem. Wenn Sie wollen, kann ich auch nach oben gehen«, erklärte Gagarewa.

»Ach nein, das geht doch nicht«, sagte Gorjatschewa bei Gagarewas Anblick und lachte.

»Dass ich korpulent bin, stört nicht«, sagte Gagarewa ebenfalls lachend. »Ich habe bis vor kurzem noch Gymnastik gemacht.«

Der Schaffner brachte ihnen Tee, und sie beschlossen, im Abteil zu Abend zu essen und nicht in den Speisewagen zu gehen. Zwischen ihnen herrschte sofort ein freundschaftliches Verhältnis, sie lächelten einander an und bewirteten sich gegenseitig.

»Ich fahre zum ersten Mal ans Meer«, sagte Gorjatschewa und fügte hinzu: »Wie schnell das Netz an Kurorten wächst.«

»Ja, eine unglaubliche Fürsorge für die Gesundheit der Bürger unserer Heimat«, sagte Gagarewa. »Allein schon bei uns sind acht Sanatorien an der Schwarzmeerküste geplant.«

»Die Ausländer können gar nicht von unseren Schätzen lassen. Die Japaner beispielsweise können sich überhaupt nicht zufriedengeben. Kein Wunder auch bei dieser Schönheit ringsum – dem Meer, den Flüssen, den Wäldern!«

»Die Rote Armee wird ihnen die Lust schon verderben, die Hände nach unserer Heimat auszustrecken«, sagte Gagarewa.

»Stimmt, ich habe mich während der Ersten-Mai-Parade auf dem Roten Platz davon überzeugen können – wie Berge aus Metall waren die Panzer. Und wie sie erst fuhren!«

»Es war mir zwar nicht vergönnt, auf dem Roten Platz dabei zu sein. Aber ich weiß auch so, dass unsere Armee nicht nur aufgrund ihrer Technik stark ist, sondern auch aufgrund der Idee des Sozialismus.«

»Das haben Sie sehr richtig gesagt, Genossin Gagarewa«, pflichtete ihr Gorjatschewa bei. »Sehr richtig. Bei uns sind alle dabei.«

Sie unterhielten sich und legten sich dann schlafen. Gorjatschewa wachte nachts auf. Auf der oberen Liege war es bequem wie in einer Wiege. Der Zug fuhr schnell, aber der schwere internationale Waggon schaukelte kaum. Gorjatschewa schaute nach unten. Gagarewa saß in einem Flanellnachthemd auf die Ellbogen gestützt da, mit aufgelöstem grauen Haar, das ihr bis zur Schulter ging, sah zum Fenster hinaus und weinte. Sie weinte nicht lautlos, wie es sonst die alten Frauen tun, sondern schluchzend, schniefend, und bei jedem Schluchzer bebten ihre fleischigen Schultern. Gorjatschewa wollte sie fragen, warum sie weinte, und sie beruhigen, aber sie hielt sich zurück, legte sich unauffällig wieder hin und schloss die Augen. Sie verstand, warum Gagarewa weinte. Vor etwa acht oder neun Monaten hatte der stellvertretende Volkskommissar Gorjatschewa Gagarewas wegen zu sich bestellt. Die Alte bekleidete einen wichtigen Posten, arbeitete sehr gut, mit großer Kompetenz. Aber eines Tages schickte sie einen Bericht, in dem sie mitteilte, sie halte es für ihre Pflicht zu melden, dass im Herbst 1937 ihr Schwiegersohn, ein leitender Angestellter des Volkskommissariats für Schwerindustrie, und kurze Zeit später auch ihre Tochter verhaftet worden seien. Der stellvertretende Volkskommissar hatte Gorjatschewa gefragt:

»Wie siehst du das? Koschuro beispielsweise hat mir nachdrücklich empfohlen, sie zu entlassen.«

Sie hatten beide gelacht, denn es war bekannt, dass von allen Abteilungsleitern der Leiter der Planungsabteilung Koschuro der vorsichtigste und ängstlichste war. Er entließ viele Leute, und im Moskauer Parteikomitee wurde er dafür gerügt, dass er beim geringsten Anhaltspunkt Mitarbeiter entließ. Einmal hatte er eine junge Frau entlassen, die mit dem Kalkulator verheiratet war, nur weil dessen Schwester die Frau eines Professors war, der wegen seiner Verbindung zu den Volksfeinden aus der Partei ausgeschlossen worden war. All das stellte sich heraus, als dem Professor die Parteimitgliedschaft wieder zuerkannt wurde, während Koschuro immer noch zögerte, die Frau des Kalkulators wieder einzustellen.

Damals hatte Gorjatschewa gesagt:
»Koschuro selbst gehört entlassen, wenn er so verdammt übervorsichtig ist. Wenn die Gagarewa entlassen wird, dann gehe ich bis zum ZK, denn sie ist eine prima Frau!«
Der stellvertretende Volkskommissar hatte geantwortet:
»Es ist nicht an uns, über Koschuro zu entscheiden. Das wird sich alles zeigen. Und du brauchst dich an niemanden zu wenden, weil wir Gagarewa einfach nicht entlassen werden.«
Gorjatschewa hatte bei sich gedacht: »Auch ein vorsichtiger Bursche«, aber sie hatte nichts gesagt. Und nun verstand sie: Gagarewa fuhr zur Kur und weinte, weil sie es so bequem hatte, ihre Tochter aber alles andere als weich gebettet war.
Am Morgen fragte Gagarewa:
»Wie haben Sie geschlafen, Genossin Gorjatschewa? Ich schlafe in den letzten Jahren immer schlecht im Zug. Ich fühle mich wie gerädert, wie nach einer schweren Krankheit.« Ihr Gesicht war geschwollen, die Lider gerötet.
»Bekommen Sie Briefe von Ihrer Tochter?«, fragte plötzlich Gorjatschewa.
Gagarewa wurde verlegen. »Wie soll ich sagen, ich stehe nicht in Kontakt mit ihr, offiziell, ich habe mit ihr nichts zu tun. Aber eigentlich weiß ich, dass sie in Kasachstan arbeitet und die Wiederaufnahme ihres Verfahrens beantragt hat.«
Es war heiß, aber wegen des Staubs mussten sie das Fenster schließen. Reife Felder erstreckten sich ringsum in weite Ferne. Abends, als sie Charkow schon hinter sich gelassen hatten, kamen sie an Orten vorbei, in denen bereits mit der Ernte begonnen worden war. Auf den Feldern standen Mähdrescher und Lastwagen.
»Ich habe so einen gefahren«, sagte Gorjatschewa, und ihr Herz schlug höher.
Das Erholungsheim für leitende Angestellte war nicht groß, aber sehr komfortabel. Jeder Kurgast hatte ein Zimmer für sich. Zum Mittagessen wurde guter Wein gereicht, das Essen stand frei zur Auswahl, und es gab sogar mehrere Desserts – Eis, Creme und Pfannkuchen mit Konfitüre. Im

Erholungsheim sprachen Gorjatschewa und Gagarewa selten miteinander, weil sie in unterschiedlichen Stockwerken untergebracht waren und Gagarewa sich außerdem oft unwohl fühlte, weshalb ihr das Essen aufs Zimmer gebracht wurde. Abends, wenn es kühler war, legte Gagarewa ein Tuch um die Schultern und spazierte mit einem Buch in der Hand die Zypressenallee am Meer entlang. Sie ging mit kleinen Schritten, blieb oft stehen, um sich auszuruhen, oder setzte sich auf eine der niedrigen Steinbänke. Bis auf die alte Ärztin Kotowa, die im Erholungsheim arbeitete, hatte sie keinen Gesprächspartner. Kotowa kam oft zu Gagarewa ins Zimmer, und sie sprachen lange miteinander. Und manchmal besuchte Gagarewa sie nach dem Abendessen.

»Ich fühle mich hier wie im Kindergarten«, beklagte sie sich. »Ich habe niemanden, mit dem ich sprechen könnte.«

»Stimmt. Es ist wirklich ein Kindergarten«, bestätigte Kotowa. »Im gesamten Augustkontingent gibt es keinen einzigen Kurgast, der über dreißig wäre. Außer mir.«

Gagarewa erinnerte sich, wie schön es 1931 in diesem Erholungsheim gewesen war: Im Salon waren Erinnerungsabende veranstaltet worden, immer wieder hatten sich Gäste gefunden, die singen oder Musikinstrumente spielen konnten, es hatte Lesungen gegeben, und es war über Literatur diskutiert worden.

»Ja, ja«, stimmte Kotowa zu, »es waren interessante Leute da, aber ich hatte es manchmal auch schwer. Einen Kurgast hat es zum Beispiel gegeben, einen gutaussehenden Mann mit dunkelblondem Vollbart, er hatte ein leicht verfettetes, liegendes Herz, Stoffwechselstörungen und Gicht mit Schmerzen in den Gelenken der linken Hand. Ich weiß schon nicht mehr, wie er hieß und wo genau er gearbeitet hat. Seine Krankheiten waren nicht wirklich schlimm, aber er hat mich regelrecht gequält, so launisch und verwöhnt war er. Ich habe sogar einen Bericht ans Sanitäramt geschrieben, damit sie mich von diesem Fall befreien.«

»Ach, ich weiß, wen Sie meinen, er lebt nicht mehr«, antwortete Gagarewa. »Er ist der Leiter des Landeskatasteramtes während der forcierten Kollektivierung gewesen. Bei uns im Aktiv ist damals viel davon gesprochen worden.«

»Sei's drum«, sagte Kotowa, »hier jedenfalls hat er sich unmöglich aufgeführt. Einmal bin ich nachts geweckt und zu ihm geholt worden. Er sitzt auf seinem Bett und sagt: ›Mir ist übel.‹ Da ist mir der Geduldsfaden gerissen: ›Sie haben abends viel zu viel gegessen. Sie sollten sich schämen, eine alte Frau wie mich nachts zu belästigen!‹«

»Tja«, sagte Gagarewa, »jeder ist irgendwie anders.«

Kotowa lebte allein, und Gagarewa gefiel ihr sauberes weißes Zimmer mit dem kleinen »eigenen« Garten vor dem Fenster. Dieser Garten erschien ihr sogar schöner als der prächtige große Park, und sie saß hier gerne mit einem Buch auf den Stufen neben dem Kübel mit dem rosa Oleander.

Die meiste Zeit verbrachten die Kurgäste am Strand. Doch selbst unter den eifrigsten Schwimmern und Sonnenanbetern stach Gorjatschewa besonders hervor. Das Meer hatte sie in seinen Bann gezogen, Gorjatschewa war wie verliebt. Morgens frühstückte sie geschwind, steckte Birnen und Weintrauben in ihr Frottierhandtuch und begab sich zum Strand.

»Warte doch, Gorjatschewa, lass uns noch kurz rauchen, dann gehen wir alle zusammen. Hast du Angst, einundzwanzig Minuten zu spät zu kommen?«, riefen ihr die Witzbolde aus dem Sanatorium hinterher. »Keine Sorge, die Felsen kriegen keine Garderobenmarken.«

Sie zog sich hastig aus, stürzte sich ins Meer und schwamm, wie Mädchen vom Lande meistens schwimmen: Sie streckte den Hals aus dem Wasser, kniff fest die Augen zusammen, drosch mit den Beinen und verschluckte sich an den Spritzern, die sie selbst mit ihren ungeübten, kräftigen Armen aufgewirbelt hatte. Ihr Gesicht zeigte dann so viel kindliche Freude, ja sogar Erstaunen, als könne sie nicht glauben, dass es etwas so Schönes geben kann. Sie schwamm stundenlang und kam oft nicht zum Mittagessen. Sie liebte gerade diese Mittagsstunden am Meer, wenn der Strand sich leerte und die Wellen nach und nach die Weintraubenhäute, Zigarettenstummel, Apfel- und Birnengehäuse mitnahmen und wegspülten. Gorjatschewa half dem Wasser bei der Reinigung des Strandes. Und wenn der Müll beseitigt war und die Wellen nur noch die Uferkiesel gegeneinanderschlagen ließen und im Sand knisterten, dann lag sie auf dem Bauch, die Jochbeine in die Handteller gestützt, und starrte unbeirrt, als erwartete sie etwas, auf das glitzernde, geschmeidige Wasser und die leere steinerne Küste. Sie wollte, dass der Strand so lange wie möglich leer blieb, und war traurig, wenn sie oben die Glocke nach dem Mittagsschlaf und dann die Stimmen der Badenden vernahm. Sie fand es selbst merkwürdig, denn viele Kurgäste waren einfache, fröhliche Leute, die sie kannte. Unter ihnen befand sich Iwan Michejewitsch, Abgeordneter des Obersten Sowjets, der früher als Brigadeführer in einer Kolchose gearbeitet hatte, auf deren Feldern Gorjatschewa mit ihrem Mähdrescher unterwegs gewesen war. Sie traf auch zwei Kolchosbäuerinnen aus der Ukraine wieder, mit denen sie auf einer Konferenz in Moskau gewesen war. Die eine hatte ihr Studium an der Wirtschaftsakademie beendet und die andere, Stanjuk, arbeitete beim Obersten Gericht der Ukrainischen Sowjetrepublik. Zu den Kurgästen des Erholungsheims zählte auch der Direktor des Donezker Kohlekombinats, der vor einigen Jahren als Hauer im Kohlebergwerk gearbeitet hatte. Gorjatschewa erkannte ihn, weil sie beide am selben Tag im Kreml mit Orden ausgezeichnet worden waren. All diese Menschen waren ihr sympathisch und vertraut, sie fühlte sich wohl in ihrer Gesellschaft. Und doch verspürte sie Erleichterung, wenn sie am Strand allein zurückblieb. Sie lauschte dem Rauschen der Wellen und dachte daran zurück, wie sie als Kind zum Wasser gelaufen war und, das Hemd zu einem Ballon aufgeblasen, den Fluss bei der Dorfmühle durchquert hatte. Nun schaute sie aufs Meer und ging wieder und wieder ins Wasser …

Eines Tages fingen auf einmal alle an, sie auf den Arm zu nehmen und sich über sie lustig zu machen.

Iwan Michejewitsch sagte:

»Tja, Mähdrescherfahrerin, als Ledige bist du angereist,

schick mal besser ein Telegramm nach Hause, dass du einen Ehemann mitbringst.«

Stanjuk bemerkte schmunzelnd:

»Pass auf, Gorjatschewa, dass du hier nicht zwei oder drei Kilo abnimmst.«

Selbst Gagarewa wusste abends schon Bescheid, obwohl sie nie ans Meer ging. Als sie Gorjatschewa im verglasten Durchgang traf, sagte sie zu ihr:

»Doktor Kotowa sorgt sich, dass Sie sich vom ausgiebigen Sonnenbaden eine Herzneurose zuziehen könnten! Und ich habe gehört, dass man sich ganz besonders vor Mondbädern in Acht nehmen soll.«

»Was für Mondbäder?«, staunte Gorjatschewa, die zum ersten Mal in einem Erholungsheim im Süden war.

Gorjatschewa hatte nämlich Oberst Karmalejew aus dem benachbarten Erholungsheim der Leitungskader der Roten Armee kennengelernt. Sie hatten sich ein wenig unterhalten und waren dann schwimmen gegangen. Er hatte ihr erzählt, dass die Ärzte ihm nach der Verletzung, die er sich im August 1938 zugezogen hatte, erst jetzt das Schwimmen wieder erlaubt hatten. Gorjatschewa hatte ängstlich-besorgt zugeschaut, wie weit er hinausschwamm, und sie hatte die ganze Zeit gedacht, dass sich die Brustwunde, die sich mit einer zarten rosa Haut überzogen hatte, von seinen schnellen, kräftigen Zügen wieder öffnen könnte. Manchmal kam es ihr so vor, als ob sein Gesicht nicht braungebrannt, sondern blass wäre. Wenn sie spazieren gingen, dann fragte sie:

»Sind Sie nicht müde?«

»Nein, wieso?«, fragte er gekränkt.

Er war vier Jahre älter als sie, aber ihre Lebensgeschichten hatten vieles gemeinsam: Er war ebenfalls bis 1926 Komsomolze auf dem Lande gewesen und dann zum Grenzschutz in den Fernen Osten gegangen. Nach seinem Militärdienst war er dort geblieben und hatte Kommandeurskurse belegt. Er machte den Eindruck eines sehr ruhigen Menschen, er sprach langsam und artikulierte seine Worte deutlich; er bewegte sich leicht und schnell, doch waren seine Bewegungen klar und bedächtig, weshalb er etwas langsam wirkte. Gorjatschewa belustigte es, dass er in belehrendem Tonfall mit ihr sprach, und sie sagte es ihm einmal. Er wurde verlegen und antwortete, er habe es sich angewöhnt – schließlich müsse er seinen Unterführern und Rotarmisten ja oft Sachen einschärfen.

»Bin ich etwa ein Unterführer?«, fragte Gorjatschewa beleidigt. »Wenn man es in die Militärhierarchie überträgt, dann stehe ich vom Rang her über einem Oberst.«

»Gewiss, nicht weniger als ein Korpskommandeur«, sagte er lächelnd. Er hatte gerade und ebenmäßige Zähne, die wie ein geschlossener weißer Streifen wirkten. Sein Haar war dunkelblond und wahrscheinlich sehr weich, die Augen waren hell, ernst und etwas traurig.

Zwei Erholungsheime verfolgten ihr Verhältnis, kommentierten es fröhlich und machten Witze darüber, doch war dieses Verhältnis von Anfang an so klar und einfach, dass weder Gorjatschewa noch Karmalejew Verlegenheit verspürten und damit fortfuhren, abends Hand in Hand in den Park und dann zum Meer zu spazieren. Er brachte ihr besondere Weintrauben in den Speisesaal, und morgens, wenn er von der Post mit einer Zeitung zurückkam, gab er sie Gorjatschewa, ohne sie selbst gelesen zu haben.

Seine Freunde machten sich über ihn lustig:

»Na bitte, Alexander Nikiforowitsch, du wirst der Ehemann einer stellvertretenden Volkskommissarin, und sie bittet dann darum, dass man dich vom Fernen Osten nach Moskau versetzt, in den Generalstab, das gibt ein prima Leben ...«

Er lächelte ruhig und schwieg.

Gagarewa bewegte dieses kleine Ereignis, das nur für Gorjatschewa und Karmalejew interessant und von Bedeutung war, ganz besonders. Sie beobachtete Gorjatschewa mit Wohlwollen, Verständnis und Wehmut. Ihr schien, als gäbe es ein Gesetz, das das Schicksal der Generationen steuerte.

»Jetzt«, dachte sie, »sind sie an der Reihe, glücklich zu sein. Mögen sie es sein!« Und sie dachte an ihre Studienzeit zurück – an die politischen Diskussionen, die Ausflüge zu den Sperlingsbergen, die Jahre in der Emigration, als ihr Mann aus der zaristischen Verbannung und Zwangsarbeit ins Ausland geflohen war, sie ihr Studium abgebrochen hatte und ihm nach Frankreich gefolgt war ... Sie war sogar stolz darauf, dass sie ihre Zeit, das russische Leben philosophisch durchdacht und den Sinn dieser Bewegung und all der Opfer begriffen hatte. »Ja«, dachte sie, »es ist wahr, unser Kampf und unsere Leiden waren nicht umsonst. Unsere Generation hat sich nicht umsonst geopfert.« Sie dachte viel nach, und diese Gedanken beschäftigten sie so sehr, dass sie aufhörte, Doktor Kotowa zu besuchen, und ihre Zeit allein verbrachte. Sie war stolz darauf, dass sie alles begriff, und betrachtete die jungen Menschen um sich herum mit einem nachsichtigen, wohlwollenden Lächeln.

In den letzten Augusttagen begann es auf einmal zu regnen. Man sagte, dies passiere nur sehr selten, alle zehn oder fünfzehn Jahre einmal. Die Berge waren in Wolken gehüllt, vom Meer her wehte eine kühle Brise, mehrmals täglich nieselte es. Viele Gäste reisten ab. Am 26. August fuhr Gorjatschewa ab. Sie hätte auch noch bleiben können, aber am 26. musste Karmalejew fort, er war mit einem Telegramm in den Fernen Osten zurückbeordert worden. Gorjatschewa beschloss, ihn bis nach Moskau zu begleiten. Gagarewa aber blieb, sie störte das schlechte Wetter nicht. Sie hatte Gummischuhe und einen Regenmantel aus Moskau mitgebracht, ließ sich vom Nieselregen nicht abschrecken und spazierte weiter die Kieselwege entlang. Ihr gefiel dieses Wetter sogar, es passte besser zu ihrer Stimmung, an solch grauen, traurigen Tagen konnte sie besser nachdenken ...

Eines Abends im November kam Gagarewa kurz vor Feierabend in Gorjatschewas Büro. Sie war gerade im Gespräch mit einem aus der Provinz angereisten Ausbilder.

»Wird es länger dauern?«, fragte Gorjatschewa sie.

»Nein, nein, bitte, ich warte, ich habe ein besonderes Anliegen«, sagte Gagarewa lächelnd und setzte sich aufs Sofa. Sie betrachtete Gorjatschewas von der Tischlampe bestrahltes Gesicht und dachte: »Die Bräune ist weg, und stark abgenommen hat sie auch. Zu viel Arbeit. Tag und Nacht. Hat wahrscheinlich Sehnsucht nach ihrem Mann.«

Als der Ausbilder weg war, sagte Gagarewa lächelnd und zugleich verlegen: »Genossin Gorjatschewa, ich wollte Ihnen etwas erzählen. Ich weiß doch, welche Haltung Sie damals in meiner Angelegenheit eingenommen haben. Deswegen möchte ich eine freudige Nachricht mit Ihnen teilen: Der Fall meiner Tochter geht in Revision. Sie wird wahrscheinlich sehr bald nach Moskau zurückkehren.«

Sie sprachen einige Minuten miteinander, dann fiel Gorjatschewa ein, dass sie noch eine Kollegiumssitzung hatte, und sie machte sich auf den Weg. Gagarewa trat ins Empfangszimmer und sagte zu Gorjatschewas Sekretärin:

»Lidija Iwanowna, wissen Sie was, meine Tochter wird wahrscheinlich bald wieder bei mir sein!«

Die sonst so gestrenge Sekretärin sah Gagarewa an, lachte und drückte ihr die Hand.

»Sagen Sie, was ist eigentlich mit Gorjatschewa los, ist sie krank?«, fragte Gagarewa. »Sie ist irgendwie merkwürdig.«

Die Sekretärin blickte zur Tür und sagte leise:

»Sie hat eine richtige Pechsträhne. Im Oktober ist ihre Mutter an Herzstillstand gestorben. Sie hat Wäsche gewaschen, und eine Sekunde später war sie tot. Und vor wenigen Tagen hat sie die Nachricht erhalten, dass ihr Mann in einem Kampf an der Grenze im Fernen Osten gefallen ist. Sie haben sich am Tag ihrer Rückkehr von der Krim trauen lassen, und er ist noch am selben Abend weitergereist.«

Gagarewa trat ans Fenster und sah, wie unten im nebligen Dunkel urplötzlich die grellen Scheinwerferlichter der Autos auftauchten und rasch über den Platz dahinzogen.

»Also wie jetzt? Das stimmt alles nicht, gar nichts habe ich vom Gesetz des Lebens verstanden«, dachte sie.

Aber sie hatte keine Lust, nachzudenken und die Gesetze des Lebens zu ergründen, denn sie war glücklich.

1938–1962

EINIGE TRAURIGE TAGE

Der verstorbene Nikolai Andrejewitsch hatte als Chefingenieur in einem bekannten Kasaner Werk gearbeitet. Er hatte außer mit seiner Frau und den zwei Söhnen noch mit der Mutter Anna Germogenowna und dem Neffen Ljowuschka zusammengelebt. Ljowuschka hatte einmal eine schwere Form von Scharlach mit Komplikationen gehabt, und seitdem wollte es ihm nicht gelingen, die Zahlen von eins bis zehn auswendig zu lernen, und er hatte Angst, ins Esszimmer zu kommen, wenn dort fremde Leute saßen.

Das Telegramm über den Tod des Bruders wurde am Morgen gebracht, als Marja Andrejewna gerade im Flur stand und in den Briefkasten linste – war durch die Löcher hindurch ein weißer Umschlag zu erkennen oder nicht? Sie wartete auf Briefe ihres Mannes aus Mittelasien. Plötzlich ertönte ein Klingeln direkt neben ihrem Ohr. Im Halbdunkel des Flures las sie »verschieden« – ihr stockte der Atem, aber sogleich erreichte die Tatsache ihr Bewusstsein, dass das Telegramm aus Kasan kam. Ihr Bruder war gestorben, Nikolai Andrejewitsch. Wider Willen empfand sie Erleichterung:

»Grischa[3] lebt!«

Sie liebte ihren Sohn, ihre Mutter, ihren Bruder, aber all das war nicht mit ihren Gefühlen für Grischa zu vergleichen. Sie wusste: Ohne Grischa konnte sie nicht leben.

---

3 Kurzform von Grigori

Als sie ins Zimmer kam, ging sie zu Serjoschas Bett und sagte:

»Der arme Onkel Kolja[4] ist gestorben.«

Serjoscha öffnete die Augen und lächelte mit seinem blassen, pummeligen Gesichtchen.

Und plötzlich erinnerte sie sich: Einmal hatte der Vater sie in der Kindheit bestraft. Sie hatte den ganzen Abend geweint, und Kolja war zu ihr gekommen und hatte ihr eine kalte, schwere Apfelsine in die Hand gelegt.

Marja Andrejewna trat ins Nachbarzimmer, rief laut:

»Kolja!«

Zur Beerdigung fuhr Marja Andrejewna nicht – Serjoscha hatte Fieber bekommen, der Doktor entdeckte grauen Belag im Hals. Sie schickte ein Telegramm: »Verschiebe Abreise – Serjoscha Verdacht Diphtherie.«

Marja Andrejewna schrieb der Mutter und der Frau des verstorbenen Bruders einen Brief: »Ihr Lieben, seid tapfer, Mama, Sie bitte ich insbesondere darum, denken Sie daran, dass ich und Grischa …«

In der Nacht dachte sie an den Bruder – vor zwei Monaten war er auf Dienstreise zu ihnen zu Besuch gekommen. Solange er in Moskau gewesen war, hatte die Wohnung einem Kaufhaus geglichen. Nikolai Andrejewitsch hatte Bücher, Schuhe und eine Strickjacke für die Mutter gekauft, Olivenöl, ein elektrisches Bügeleisen, geräucherte Wurst, Kattun als Geschenk für die Hausgehilfin, Filzstiefel für den geistesschwachen Ljowuschka, der es liebte, im Winter im Hof Schnee zu fegen.

Marja Andrejewna erinnerte sich, dass sie, als Nikolai Andrejewitsch in Grischas »SIS«-Limousine Platz genommen hatte, innerlich zufrieden gewesen war. Grischa war abends, als er von der Sitzung nach Hause gekommen war, durch die Zimmer gegangen und hatte gesagt:

»Jetzt ist wieder Ordnung eingekehrt.« Er hatte nichts weiter gesagt, aber nun war sie entsetzt: Beide hatten sie sich

4 Kurzform von Nikolai

über Nikolai Andrejewitschs Abreise gefreut. Sie wollte seine Briefe noch einmal lesen, aber dann erinnerte sie sich daran, dass Grischa alte Briefe immer wegschmiss.

Es hatte ein kleines Vorkommnis gegeben. Der Bruder hatte zwei Karten für »Pique Dame«[5] gekauft. Als Marja Andrejewna den Anzug des Bruders gesehen hatte, den dünnen Knoten seiner Krawatte und die Kragenspitzen, die mit einer Kragennadel festgemacht waren, da hatte sie gedacht, dass alle sie ansehen und meinen würden, sie seien Hinterwäldler, und es abgelehnt, hinzugehen.

Am Morgen ging die Hausangestellte Antonina Romanowna die Untersuchungsergebnisse abholen und teilte per Telefon mit:

»Keine Klebs-Loeffler-Bazillen, nur Streptokokken.«

Vor der Revolution hatte Antonina Romanowna ein Geschäft für Damenhüte gehabt. Weil sie ihre Mittel verloren hatte, war sie Hausangestellte bei Marja Andrejewna Lobyschewa geworden. An die Lobyschews hatte sie sich schnell gewöhnt. Grigori Pawlowitsch fragte sie nach ihrer Gesundheit. Marja Andrejewna hörte sich manchmal ihre Geschichten an. Gewöhnlich sagte Antonina Romanowna etwas wie:

»Wie schrecklich, heute stand ich mit einer Dame um Sauerkraut an und erkannte kaum meine Kundin wieder – die Witwe von General Maslow. Bis heute lebt sie davon, dass sie ihre Sachen an Kommissionsgeschäfte verkauft, und stellen Sie sich vor, sie ist einundsiebzig Jahre alt, und an jedem freien Tag wettet sie bei Pferderennen.«

Die ganze Welt der alten Damen mit ihren Täschchen, abgeschabten violetten Pelzen, Pelzhalskragen, Hüten mit zerbrochenen Federn und Lorgnons, die zugleich Filzstiefel und Zwirnfäustlinge trugen, war ihr vertraut: Sie kannte Hunderte von Geschichten mit traurigem Ende – von jungen Damen, die einstmals in Villen gelebt hatten und jetzt in Kinderkrippen und Ambulanzen beschäftigt waren.

---

5 Oper von P. I. Tschaikowski nach der gleichnamigen Erzählung von A. S. Puschkin

Als Antonina Romanowna morgens aus dem Haus gegangen war, überkam Marja Andrejewna die Angst. Sie fing an, ihre Freundinnen anzurufen. Aber Schura Roschdestwenskaja war bei der Arbeit, Marussja Korf war krank, und ihre beste, ihre Busenfreundin Matilda Seresmund war nicht in Moskau: Sie war für fünf Tage nach Uskoje gefahren, ins Sanatorium.

Marja Andrejewna trat in den Flur und öffnete die Eingangstür. Unten hustete die Aufzugführerin, auf dem Treppenabsatz darüber sprachen Frauenstimmen. Marja Andrejewna hörte ein Weilchen zu und ging, als sie sich beruhigt hatte, ins Kinderzimmer.

Tagsüber kam ein Telegramm von der Mutter: »Komm nicht, Beerdigung heute, telegrafiere Zustand von Serjoscha.«

»Ich fahre«, sagte Marja Andrejewna entschlossen.

Aber Antonina Romanowna erwiderte:

»Ich bleibe nicht allein mit dem kranken Kind. Wie Sie wollen, aber ich lehne es kategorisch ab.«

Marja Andrejewna fügte sich. Am Morgen kam endlich Grischas Brief. Er schrieb: »Solch ein blauer Himmel ist nur auf den Bildern von Wereschtschagin[6] zu finden – weißt du noch, in der Tretjakow-Galerie, dort, wo Indien ist[7]. Wie traurig, du und Serjoschka dort im novemberlichen Matschwetter, und hier gehen die Menschen weiß gekleidet, blühen Blumen auf den Straßen.« Marja Andrejewna las den Brief ihres Mannes, und die Dunkelheit, in die sie in den letzten Tagen versunken war, fing gleichsam an aufzuklaren. Sie erinnerte sich an den Vorschlag, für eine Zeitschrift den Roman eines amerikanischen Schriftstellers zu übersetzen, erinnerte sich, dass Grischa Anfang März mit ihr ans Meer fahren wollte. Sie dachte: »Wie ist im Leben doch alles verwickelt!«

---

6 Wassili Wassiljewitsch Wereschtschagin (1842–1904), russischer Maler

7 Gemeint sind vermutlich Bilder, die während oder nach Wereschtschagins Indienreisen 1874 und 1884 entstanden sind.

Sie trat zum Spiegel.

»Man könnte meinen, ich wäre mindestens fünfundvierzig«, dachte Marja Andrejewna – aber sie fing nicht an, sich das Gesicht zu pudern, sondern sagte:

»Leiden und Beschwer/Droht mir der Zukunft
sturmbewegtes Meer ...«[8]

Sie ging ins Arbeitszimmer und arbeitete bis in die Nacht. Sie war Leiterin der gesellschaftlichen Arbeit in der Gewerkschaft der Verlagsmitarbeiter, und die Klärung von komplizierten, konfliktträchtigen Angelegenheiten gehörte mit zu ihren Aufgaben.

2

Am Morgen ging Marja Andrejewna in beruflichen Dingen aus dem Haus. Sie musste nicht die Kontrolltafel in der Dienststelle aufhängen, aber sie hatte viel Arbeit. Sie übersetzte, unterrichtete in Kursen zur Lehrerfortbildung, war Beraterin am Bibliotheksinstitut, saß an ihrer Doktorarbeit.

Marja Andrejewna gefiel es, dass die Kursteilnehmer sie, eine junge, schöne Frau, achteten und sogar ein wenig fürchteten, ihr gefiel es, im Pädagogischen Rat zu diskutieren.

Sie war ehrgeizig, und es erstaunte sie immer, wenn einige ihrer Bekannten, die eine hohe Position bekleideten, herumalberten, wenn sie sich des Abends trafen, sich die verschiedensten komischen Situationen ins Gedächtnis riefen, über das Alter, die Jugend philosophierten. Ihr gefiel es, sich als beschäftigten Menschen zu präsentieren, und besonders gerne sagte sie: »Was für ein Theater«, oder: »Wo denken Sie

---

8 Aus dem Gedicht »Elegie« von Alexander Puschkin, dt. von Rolf-Dietrich Keil, in: Alexander Puschkin, »Die Gedichte«, Russisch und Deutsch, Frankfurt a.M. 1999

hin, als ob ich Zeit hätte, zu meinem eigenen Vergnügen zu lesen.«

Marja Andrejewna trat aus dem Haus und ging über die Brücke. Der Asphalt, der Granit der Ufermauer, der weite Himmel über dem Kreml – alles war grau und rau. Marja Andrejewna ging die Uferstraße an der Kremlmauer entlang. Der Stern auf dem Spasski-Turm leuchtete am dunklen Himmel, als hätte schon die Dämmerung eingesetzt. Durch die Zinnen der Mauer hindurch war das noch immer grüne Gras am Hang des Kremlhügels zu erkennen, und im dunklen Himmel verschwand die Kuppel des Glockenturms »Iwan der Große«.

Unter der Brücke tauchte ein weißes Fahrgastschiff auf, und Marja Andrejewna erinnerte sich daran, wie sie im Jahr 1938 zusammen mit Grischa mit dem Dampfer von Moskau nach Astrachan gefahren war. Der Dampfer hatte nachts in Kasan angelegt, Grischa hatte geschlafen, sie aber hatte sich nicht hingelegt – sie hatte an der Anlegestelle einen Brief einwerfen wollen; ihr wäre nie in den Sinn gekommen, dass ihr Bruder nachts zur Anlegestelle käme. Der Bruder hatte sie gerufen – er stand in einer weißen Uniformjacke und einer weißen Schirmmütze da. Sie hatte Grischa nicht geweckt, weil er sich tagsüber beim Sonnen auf dem Oberdeck den Rücken verbrannt hatte und nur mit Mühe eingeschlafen war. Nikolai Andrejewitsch hatte ihr einen Stock aus Nussbaumholz mit in die Rinde eingeritzten Quadraten gereicht, an denen, wie er sagte, Ljowuschka an die zwei Wochen gearbeitet hatte. Dann waren sie die Anlegestelle entlangspaziert, sie hatte Kolja zugeredet, nach Hause zu fahren, sie hatte schrecklich gerne schlafen wollen, er aber hatte gesagt: »Nein, nein, Maschenka, ich finde es angenehm, mit dir umherzuspazieren, ich bin doch Tag und Nacht in den Werkhallen, und hier ist es so schön kühl.«

Und nun, als sie auf das Fahrgastschiff schaute, das in den Winterhafen fuhr, auf die mit gelben Jalousien geschlossenen Kajütfenster, auf den Matrosen im Halbpelz, der in einem

Korbsessel saß, dachte Marja Andrejewna: »Er ist tot, er ist tot ...«

Am Abend kehrte sie nach Hause zurück, erschöpft und zufrieden. Sie hatte einen Übersetzungsvertrag bekommen, es war sofort eine Zahlungsanweisung ausgestellt worden, der Buchhalter hatte sich sehr zuvorkommend ihr gegenüber verhalten.

Ein Brief der Mutter wartete auf sie. Sie schrieb, dass Nikolai Andrejewitsch urplötzlich gestorben sei, im Werk. »Den ganzen Tag kamen Arbeiter, um von Kolja Abschied zu nehmen«, teilte die Mutter mit, »fast alle weinten, und es kamen nicht nur die Alten, sondern auch viele Junge, die Putzfrauen aus dem Werksbüro, die Wächter.«

Im Brief lag gleichsam ein versteckter Vorwurf: Die Mutter schrieb voller Stolz auf den Sohn und forderte Hochachtung für ihn ein. Marja Andrejewna fühlte Gereiztheit, als sie den Brief las. Aber sie gestand sich sogleich ihr garstiges Gefühl ein.

»Wie traurig, was für ein Einschnitt im fröhlichen Treiben«, wiederholte sie immer wieder den Satz, der sich bei ihr im Kopf festgehakt hatte.

Die Verwandten in Kasan, die Freundinnen, Grischa taten ihr leid.

»Meine arme Matilda«, dachte sie, »so schön, so klug und so einsam, nichts als Arbeit, Arbeit, Arbeit ...«

3

Grigori Pawlowitsch Lobyschew kam mit dem Schnellzug aus Taschkent an. Zwei-, dreimal pro Jahr musste er dienstlich verreisen, und die Familie hatte ihr eigenes Willkommensritual. Aber diesmal öffnete Antonina Romanowna Grigori Pawlowitsch die Tür.

»Wo ist Marja Andrejewna?«, fragte er geschwind. »Ist etwas passiert? Ist sie krank? Oder Serjoscha?«

»Nein, nein«, sagte Antonina Romanowna, »sie ist gestern

nach Kasan gefahren. Dort folgt ein Unglück auf das andere. Erst ist Nikolai Andrejewitsch gestorben, er ist vor eineinhalb Wochen beerdigt worden. Und dann kam plötzlich noch ein Telegramm. Es gibt dort Probleme mit der Werkswohnung, und außerdem hat Schura eine Lungenentzündung ... Bei uns aber ist alles in Ordnung, Serjoschenka ist gesund, er schläft schon.«

Grigori Pawlowitsch ging ins Esszimmer – auf dem Tisch lag eine weiße, gestärkte Decke, es standen Blumen darauf, eine Karaffe mit Kognak.

»O weh, er hat gelebt, und nun ist er tot«, sagte Grigori Pawlowitsch, »und er ist gerade mal vier Jahre älter als ich.«

Die schöne Wohnung, in die zurückzukehren er sich so ausgemalt hatte, erschien ihm wegen Maschas Abreise leer und düster. Dabei hatte er sich so gefreut, sich vorgestellt, wie Mascha den prachtvollen Kaftan anziehen würde, den er ihr im Importlager von »Usbekseide« gekauft hatte.

»Also, wirklich ...«

Er ging nach dem schlafenden Serjoscha sehen.

»Er ist krank gewesen, der Arme«, sagte Antonina Romanowna.

Grigori Pawlowitsch rief seinen Stellvertreter Tschepetnikow an und verabredete mit ihm, dass dieser zu ihm käme.

»Gab es irgendwas Besonderes?«, fragte er. »Egal, komm.«

Das Telefon klingelte. Matilda rief an.

»Du bist eben angekommen, und ich vorgestern aus Uskoje«, sagte sie. »Mascha hat mich gebeten, dass ich mich ein wenig um dich kümmere.«

Grigori Pawlowitsch schätzte Matildas Gelehrtheit, und er hielt sie für ein gutes Parteimitglied. Aber er sprach mit ihr immer in einem spöttischen Ton. Und auch jetzt sagte er:

»Na, dann fang mal an, Matilda, und komm den Verpflichtungen nach, die du eingegangen bist. Komm zu uns ... Nein, nein, es ist nicht spät, Tschepetnikow kommt auch noch wegen dienstlicher Angelegenheiten ... Scherz beiseite, ich werde mich freuen, meine Stimmung ist hundsmiserabel.«

Wieder klingelte das Telefon. Der Volkskommissar war am Apparat.

»Herzlich willkommen. Gut, dass du wieder da bist ... Tschepetnikow hat es mir gerade gesagt ... Morgen? Morgen muss ich in den Kreml ... Ich verstehe ... Um elf ... Aber nicht mehr als fünfzehn Minuten ... Na, ruh dich aus, erhol dich.«

Und ein paar Minuten später rief Mochow an, sein alter Freund.

»Komm her, mein Lieber, dann begegnest du hier einer großgewachsenen, weißhäutigen Dame«, sagte Grigori Pawlowitsch, der wusste, dass Matilda Mochow gefiel.

Die schlechte Laune ging vorüber. Das ständige Läuten des Telefons versetzte Grigori Pawlowitsch in die übliche aufgeputschte Stimmung – es war das gute »Moskauer« Gefühl: wenn es den Anschein hat, dass du von allen gebraucht wirst, es keine Leere um dich herum gibt.

Während er wartete, holte er alte Fotos aus der Tischschublade. Zu Zeiten des Bürgerkriegs hatten sie einander in Mantel und Budjonnymütze fotografiert, wohl deswegen, weil sie immer unterwegs waren. Und sie hatten einander sehr häufig fotografiert, wohl deshalb, weil sie leicht Freundschaft schlossen und Trennungen häufig vorkamen. Wenn Grigori Pawlowitsch sich die Fotos ansah, war er immer aufgeregt. Nur zwei von seinen vielen Armeefreunden lebten in Moskau – Dimka Mochow und Abraschka Guralnik. Er sah sich die Fotos der Gefährten an, die sich gewichtig auf ihre Säbel stützten. Manche waren schon nicht mehr auf der Welt, manche lebten weiter weg. Was hatten sie nicht alles überstehen müssen – Hunger, Maschinengewehrfeuer seitens der Weißen, den Verrat von Banditen, Flecktyphus ... Und sie hatten in einem Alter gekämpft, in dem die heutigen jungen Leute gerade mal anfingen, Vorstellungen und Filmvorführungen zu besuchen, zu denen Jugendliche über sechzehn Jahren zugelassen waren.

Die Fotos von heute waren heiterer, und alle hatten sie mit

Zeiten zu tun, die sie in Kurorten verbracht hatten: Gruppenbilder aus dem Sanatorium »Für die Industrialisierung« oder »Namen des siebzehnten Parteitags«; Teberda, Gagra, Sotschi[9]. Sie fotografierten einander auf Marmortreppen, neben Kakteen in Steinschalen, auf Terrassen, in Korbsesseln, am Meeresufer. Es war merkwürdig: Diese beleibten Menschen, die am Strand lagen, waren auch einmal in Budjonnymützen umherspaziert, mit Mauserpistolen und Säbeln an der Seite.

Am schönsten war es, sich an vergangene Zeiten zu erinnern, wenn Mochow oder Abraschka kamen. Die Jungs in den Mänteln waren damals sechzehn Jahre alt gewesen, und die junge sowjetische Republik gerade einmal eineinhalb. Wie viele naive Gedanken hatten sie gehabt, welch komisches Durcheinander hatte es mitunter in ihren Köpfen gegeben! Aber wie überzeugt und mutig waren sie gewesen, ohne zu zögern, hatten sie ihr Leben für die Revolution hingegeben.

Er liebte diese verflossene Zeit, aber nicht weniger liebte er sein gegenwärtiges Leben, die Zeit der Reife, die Zeit, als die sowjetische Republik in ihrem dreiundzwanzigsten Jahr stand.

Die Atmosphäre der unentwegten Moskauer Geschäftigkeit, das Gefühl von Kraft waren für ihn unerlässlich geworden, der morgendliche Anruf aus der Garage, der geräuscharme Gang des Wagens, die gedämpfte Stimme des Sekretärs, die Berichte, Sitzungen, Diskussionen; es freute ihn, dass ein Kombinat und zwei riesige Werke gebaut worden waren, seit er im Volkskommissariat arbeitete. Sobald er Moskau für einige Wochen verlassen musste, bekam er Sehnsucht. Auch bei der jetzigen Reise war der Rückweg endlos erschienen – flache, nasse Erde war in der Novemberdämmerung an den Fenstern vorbeigezogen. So schnell wie möglich wollte er die flinken Menschenmassen erblicken, die rubinroten Lichtflecke der Ampeln, über den Roten Platz fahren, wo im fliederfarbenen Abenddunst die Basiliuskathedrale steht.

9 Beliebte Kur- und Badeorte im Großen Kaukasus (Teberda) sowie an der Schwarzmeerküste (Gagra und Sotschi)

Als Erstes kam Tschepetnikow.

Tschepetnikow hatte Anfang 1939 seinen Posten im Volkskommissariat bekommen. Zuvor war er in der Tatarischen Republik beschäftigt gewesen. Lobyschew hatte vermutet, dass Tschepetnikow Junggeselle war, er in einem Wohnheim lebte, des Abends seine Schuhe mit Wichse polierte und danach auf dem Bett saß und die Zeitschrift »Gefährte des Agitators« las. Als Tschepetnikow einmal erkrankt war, stattete Lobyschew ihm einen Besuch ab; es stellte sich heraus, dass in Tschepetnikows zwei Zimmern auch seine Frau, drei Kinder und der Großvater lebten, der auf dem Sofa im Esszimmer in Filzstiefeln und kurzer, pelzverbrämter Wattejacke schlief. Während Lobyschew mit Tschepetnikow sprach, erschallte aus dem Nebenzimmer eine muntere Frauenstimme:

»Wie viele Kindermäntel soll ich für sie kaufen, er kommt ja bald, und in Kasan gibt es überhaupt keine Kindermäntel.«

Zwischen Lobyschew und Tschepetnikow hatte sich ein schlechtes Verhältnis entwickelt. Einmal hatte Lobyschew bei einer Versammlung des Kollegiums zu Tschepetnikow gesagt, dass er »des Nächtens nicht schlafen, mit Feuereifer bei der Arbeit sein und sich nicht mit unbedeutendem Kleinkram beschäftigen solle«. Der Volkskommissar hatte ihm beigepflichtet. Lobyschew hatte gedacht, dass er die Beziehung zum Stellvertreter wohl zerstört hätte. Doch am nächsten Tag sagte Tschepetnikow zu ihm:

»Danke für die kameradschaftliche Kritik. Du bist richtig an die Frage herangegangen. Ich hatte nicht die korrekte Einstellung.«

»Was für ein durchtriebener Hundesohn, ungehobelt und ungebildet ist er, aber wie durchtrieben«, hatte Lobyschew sogar mit einer gewissen Bewunderung gedacht.

Obwohl es Grigori Pawlowitsch interessierte zu erfahren, ob der Kostenplan abgesegnet worden war, wie die Angelegenheit mit dem obersten Referenten ausgegangen war, der beschuldigt wurde, ungenaue Informationen abzuliefern, fing er als Erstes zu erzählen an.

Aber Grigori Pawlowitsch erzählte nicht von der Himmelsbläue, von dem bleichen Sand im Mondschein, vom Gespräch im Zug mit der usbekischen Schönheit. Er sagte:

»Ich gebe dir das Wichtigste in kurzen Worten wieder ...«

Und er berichtete von den Planvorgaben, die dem Baumwollreinigungswerk gegeben worden waren, von der Vergrößerung der Anbauflächen, von seinem Streit mit dem Vorsitzenden des usbekischen Trusts, Rassulow.

Während er ihm zuhörte, schaute Tschepetnikow auf die Fotos.

Grigori Pawlowitsch fragte plötzlich:

»Und wo hast du zu Zeiten des Bürgerkriegs gekämpft?«

»Ich?« Tschepetnikow schüttelte verneinend den Kopf. »Nirgends.«

»Wie nirgends?«

»So halt. Ich habe 1926 angefangen, im Werk zu arbeiten, und bis dahin habe ich auf dem Land gelebt.«

»Und hast wirklich nicht im Bürgerkrieg gekämpft?«

»Habe ich doch gesagt, warum sollte ich das verschweigen«, sagte Tschepetnikow gekränkt, »wenn du willst, kannst du das überprüfen und in meiner Personalakte nachsehen.«

»Ist ja gut«, sagte Grigori Pawlowitsch, »ich habe mich einfach nur gewundert.«

»Was ist daran verwunderlich? Ich bin 1934 in die Partei eingetreten.«

»Ja«, sagte Grigori Pawlowitsch, »und ich 1920.«

»Das ist lange.«

Sie schwiegen beide.

»Und, was gibt es Neues im Volkskommissariat?«, fragte Grigori Pawlowitsch.

»So weit wohl alles in Ordnung. Deinen Saweljew haben sie entlassen und die Angelegenheit der Staatsanwaltschaft übergeben.«

»Und die Kredite für das Textilkombinat?«

»Sind im Rat der Volkskommissare durchgegangen.«

Grigori Pawlowitsch sah Tschepetnikow in die Augen.

»Erzähl, erzähl, ich weiß schon alles.«

»Wenn du schon alles weißt, wozu soll ich es dann erzählen?«, lächelte Tschepetnikow spöttisch und fügte unerwartet hinzu: »Haben sie dich denn schon angerufen?«

Lobyschew sagte:

»Nein, das war ein Witz«, und wieder dachte er beunruhigt: »Oh, du bist durchtrieben, du Hundesohn.«

Er verabschiedete Tschepetnikow genau in dem Moment, als unten der Fahrstuhl zu lärmen anfing.

Er schaute, wie im Treppenhaus Tschepetnikows Hand am Geländer entlangglitt.

Der Fahrstuhl hielt an – heraus trat Matilda, und nach ihr Mochow.

»Wie das, ihr kommt zusammen?«

»Wir haben uns zufällig unten am Hauseingang getroffen.«

»Matilda wird immer schöner ... Man weiß sich ja gar nicht mehr zu retten.«

»Womit soll das nur enden?«, fragte sie lachend.

Grigori Pawlowitsch half ihr aus dem Mantel und sagte:

»Wenn man sie so auf der Straße trifft, kommt man überhaupt nicht auf den Gedanken, dass sie Professorin ist. Eher Filmschauspielerin oder Löwenbändigerin.«

»Sowohl von Seelöwen als auch denen der Savanne«, sagte Mochow.

Matilda und Antonina Romanowna gingen in das Kinderzimmer, um nach dem schlafenden Serjoscha zu sehen.

»Irgendwie bist du dünner geworden«, sagte Lobyschew zu Mochow.

»Ich mache Gymnastik, das hilft. Und du bist jetzt Strohwitwer, ja? Ist Mascha weggefahren?«

»Ihr Bruder ist gestorben, weißt du, er hat in Kasan gelebt.«

»Was du nicht sagst. Ich bin ihm mal begegnet.«

»Ja, Bluthochdruck, Gehirnschlag.«

»Daran sterbe ich bestimmt auch, an Bluthochdruck. Ich habe hundertsechzig.«

»Hör auf. Schewikin, das Akademiemitglied bei uns aus

dem wissenschaftlichen Rat, hat zweihundertvierzig, und der trinkt Wodka vom frühen Morgen an.«

Mochow lachte laut auf. Sie schwiegen eine Weile.

»Weißt du, wann ich Maschas Bruder getroffen habe?«, fragte Mochow. »1920. Ihr wart damals gerade frisch verheiratet, und ich war mit der Staffel auf dem Weg von der Ostfront an die polnische Front. Ich bin zu euch gekommen, um euch zu besuchen, aber ihr wart nicht da. Er hat mich nachts begleitet. Ich kannte Moskau nicht, es war dunkel, und bis zum Morgen warten wollte ich auch nicht, ich hatte Angst, dass die Staffel aufbricht. Er hat mich durch ganz Moskau begleitet, zu Fuß – ohne Scherz.«

»Was ist, trinken wir einen Kognak?«, fragte Grigori Pawlowitsch.

»Warum nicht.« Er wies mit dem Kopf zur Tür. »Was macht sie denn da so lange?«

»Frauen, das kennst du doch. Sie hat keine eigenen Kinder«, sagte Grigori Pawlowitsch. »Ich habe Nikolai Andrejewitsch nicht besonders gemocht. Er war so ein parteiloser Ingenieur, hatte etwas Spießiges.«

Matilda kam und setzte sich an den Tisch.

Sie wusste, dass sie Mochow gefiel. Und auch jetzt, da sie von ihrer Arbeit erzählte, von der neuen Aufgabe, die sie am Institut für Bodenkunde übernommen hatte, spürte sie Mochows angespannte, beharrliche Aufmerksamkeit.

Der Tisch war gedeckt, wie immer, wenn Grigori Pawlowitsch von einer Reise zurückkehrte, und offenbar auf Maschas Anweisung hin hatte Antonina Romanowna alle seine Lieblingsgabelbissen gekauft. Aber dadurch war Maschas Abwesenheit nur noch deutlicher zu spüren. Es fuchste ihn, dass Matilda, die sich 1929 von ihrem Mann getrennt hatte, bis jetzt noch nicht wieder verheiratet war, es fuchste ihn, dass Mochow, in dessen Leben es viele Flammen gegeben hatte, Junggeselle war und er nicht unter der Einsamkeit litt. Und er, Lobyschew, brauchte nur einen Monat von Mascha getrennt zu sein, und schon fing er an, gereizt zu sein und Trübsal zu blasen.

Verärgert über beide und in dem Wunsch, sie in Verlegenheit zu bringen, fragte er:

»Matilda, gefällt dir Mochow?«

»Er gefällt mir«, antwortete sie gedehnt.

»Und was gefällt dir an ihm, erzähl uns das bitte.« Und er dachte: »Ja, solche bringt man nicht so schnell aus der Fassung.«

»Vielen gefällt«, sagte sie und sah Mochow an, »vielen gefällt, dass er gut aussieht, schweigsam ist und von edler Gesinnung.« Sie sah Mochow wieder an und fuhr spöttisch lächelnd fort: »Vielen gefällt, dass er traurig ist, ich mag keine Menschen, die vor Lebensfreude nur so strotzen.«

Sie sprach langsam, lächelte verschmitzt, und Mochow konnte nicht ausmachen, ob sie scherzte oder ernst meinte, was sie sagte.

Ihr aber hatten ihre Worte einen Schreck eingejagt – sie hatte scherzhaft begonnen und gespürt, dass sie aufgeregt war.

Das Telefon klingelte. Grigori Pawlowitsch ging in sein Arbeitszimmer.

Mochow ging zu Matilda.

Sie sagte vorwurfsvoll:

»Mein Gott, was sind Sie groß, Mochow.«

»Was bin ich für ein Glückspilz«, sagte er. »Gerade habe ich gedacht, dass es schön wäre, wenn Grischa mal aus dem Zimmer ginge, und schon klingelt das Telefon.«

»Was bin ich müde«, sagte sie hastig.

Sie wollte kein ernstes Gespräch.

Mochow sagte noch einmal:

»Wissen Sie, Matilda, ich bin ein Glückspilz, mein Gott, was bin ich für ein Glückspilz.«

»Warum denn, Mochow?«

»Wie soll ich Ihnen das erklären«, sagte er, »also: Sie wissen, was für ein Leben ich hatte. Und nun ist die Liebe eingekehrt.«

Sie hob den Kopf und sagte:

»Heute habe ich einem Studenten Fragen gestellt, und der

Arme war so aufgeregt, dass er die ganze Zeit statt ›Kolloid‹ ›Galoid‹ gesagt hat.«

»Sehen Sie«, sagte er.

»Aus dem Fenster hier hat man eine wunderschöne Aussicht«, sagte sie plötzlich und trat zur Balkontür, »wirklich ganz hervorragend! Ein ›Flammen-, Flammenschein rundum ...‹[10] Ein Haufen von Lichtern, das reinste Chaos, aber wenn man aufmerksam hinschaut – dann sieht man die Systematik der Lichter. Die sich schnell bewegen – das sind die Autos, und die, die gleichmäßig dahinziehen, das sind die Obusse. Die starren gelben und bläulichen – in den Fenstern der Häuser –, das sind Lampenschirme. Und die Straßen mit ihrem hellen Bewegungsfluss sind von einer punktierten Linie aus Lichtern gesäumt ... Ich kann nicht begreifen, wie man aus der Höhe erkennen kann, wohin man die Bomben abwerfen muss.«

»Bomben werden auf verdunkelte Städte abgeworfen, die man mit Leuchtkugeln erhellt«, erklärte Mochow und fügte hinzu: »Ich höre, wie Grischa den Hörer auflegt.«

»Mochow«, sagte sie, »Sie möchten, dass ...«

»Ich verspreche Ihnen«, unterbrach er sie hastig. »Ich habe keine Eile, überhaupt nicht.«

Er drehte sich zu Grigori Pawlowitsch um, der ins Esszimmer kam, und sagte:

»Grischka, du redest wie meine Njura mit ihren Freundinnen am Telefon, vierzig Minuten lang.«

»Was ist«, fragte Matilda, »Unannehmlichkeiten?«

»Ist nicht weiter wichtig ... Mein Sekretär hat angerufen. Es ist ihnen gelungen, die Anordnung zur Qualitätsminderung mir in die Schuhe zu schieben, und ein Ingenieur ist nicht zur Arbeit erschienen, und ein Referent ist entlassen worden, und es hat sich herausgestellt, dass bei mir in der Verwaltung die Verspätungsrate höher ist als in anderen. Aber ich kann mich doch nicht mit all diesen Kleinigkeiten

---

10 Vers aus dem Poem »Die Zwölf« von Alexander Blok, deutsche Nachdichtung von Paul Celan, Leipzig 1977

befassen. Tschepetnikow ist einer, der gerne untersucht, warum der Kurier zu spät gekommen ist und der Ingenieur während der Dienstzeiten einen Friseurtermin hatte. Ich habe schon im Kollegenkreis gesagt: ein Pljuschkin.[11] Du fasst es nicht, mein Tschepetnikow dagegen hat Gogol nicht gelesen. Hat ihn nicht gründlich durchgearbeitet.«

»Grischa, Grischa«, sagte Matilda, »woher kommt bei dir dieser Hochmut gegenüber der neuen Generation? Als habe es noch nie etwas Großartigeres auf der Welt gegeben als die unsere.«

Sie schaute zu Mochow.

Der saß da, schaute finster drein und starrte auf die Tischdecke.

»Was ist«, insistierte sie heftig, als wäre ihr widersprochen worden, »warum denkst du, dass Tschepetnikow Gogol nicht gelesen hat? Ich sehe die jungen Leute. Sie sind so fleißig, von einer solchen Hochachtung für die Wissenschaft erfüllt. Ihr wart damals nicht so.«

Grigori Pawlowitsch antwortete:

»In der Tat ist das so, bezaubernde Matilda. Auf unserer Jugend ruhen große Hoffnungen. Aber denk doch mal! Der ach so fleißige Tschepetnikow hat von dieser Versammlung kein Wort erzählt. Ein richtiger Oberschlaumeier. Schwärzt die ganze Zeit Leute an, beim geringsten Anlass schreibt er eine Eingabe, beim geringsten Anlass fängt er an mit Volksfeind.«

Er goss sich Kognak ins Glas und sagte:

»Ein schrecklicher, primitiver Grünschnabel, aber macht nichts, ich habe schon ganz andere erlebt.«

»Leute, wir verpassen die letzten Nachrichten«, rief Matilda, »es ist halb zwölf.«

Die Nachrichtensendung fing an.

»Otjassowa, Teljatnikow, ich erkenne die Sprecher an der Stimme«, sagte Matilda.

---

11 Figur aus »Die toten Seelen« von Nikolai Gogol, ein verwahrloster alter Geizhals

»Was soll man da denn zuhören, das ist lachhaft: So was nennt sich neueste Nachrichten«, sagte Grigori Pawlowitsch. »Ein uralter Hut ...«

»Ich höre sie mir gerne an«, sagte Mochow. »Immer denke ich, wenn ich diesen friedlichen Nachrichten lausche: Was doch eine große Kraft ausmacht – die ganze Welt kämpft, dröhnt, bei uns aber fing eine Erdölfontäne an zu sprudeln, wurde der Wirbel eines Dinosauriers ausgegraben, ist man plötzlich auf eine Siedlung von Urmenschen gestoßen, wird das burjatisch-mongolische Theater in Moskau gastieren, hat ein Schlosser, der ein Anhänger Mitschurins[12] ist, die erste Traube Uralwein geerntet.«

»Seid mal leiser, ihr Philosophen«, sagte Matilda und hob den Finger. Der Sprecher sagte mit leicht erhobener Stimme:

»Das Deutsche Nachrichtenbüro hat folgenden Bericht des Oberkommandos der Wehrmacht übermittelt ...«

»Na, das war's dann wohl«, brummte Mochow ärgerlich.

Sie schwiegen und hörten aufmerksam zu.

Erst als die Sprecherin sagte: »In Zentralchina sind keine Nachrichten von der Front eingegangen«, seufzten alle gleichzeitig auf und rührten sich wieder.

»So ist das«, sprach Grigori Pawlowitsch, »wir lassen das Boot zu Wasser, und sie bohren es in den Grund.«

»Und was für monotone Mitteilungen«, sagte Matilda, »als handele es sich um ein Bulletin aus der Wirtschaft – Schiffstonnagen, Bruttoregistertonnen, während es nicht weit weg Feuersbrünste gibt, Explosionen, die über den Ärmelkanal hinweg zu sehen und über hundert Kilometer zu hören sind, Menschen, die sterben.«

Da fingen die Glocken des Spasski-Turms an, Mitternacht

---

12 Iwan Wladimirowitsch Mitschurin (1855–1935), russischer Botaniker; entwickelte eine neue Theorie der Pflanzenzüchtung, auf deren Grundlage er über 300 frostresistente Obstsorten züchtete; sie wurde Teil der offiziellen sowjetischen Parteilehre und für das Land verbindlich

zu schlagen, und sogleich erklang rhythmisch und lautstark die »Internationale«, die die Stimmen der Menschen übertönte. Sie verstummten.

Matilda fragte Mochow plötzlich:

»Sagen Sie, Mochow, und was ist das für eine Njura, die bei Ihnen vierzig Minuten lang telefoniert?«

»Meine Hausangestellte, eine junge Frau.«

»Und warum arbeitet diese junge Frau nicht in der Fabrik?«

»Das kann sie nicht, weil die Arme einen Buckel hat. Ein Zimmer aufräumen oder Pankratis, den Kater, füttern, das geht, aber in der Fabrik arbeiten, das übersteigt ihre Kräfte.«

Er lächelte spöttisch:

»Eva hat viele Töchter, das ist doch schön.«

Sie gingen in den Flur.

»Mitja, weißt du«, sagte Grigori Pawlowitsch, »das Radio hat mir ja der verstorbene Nikolai Andrejewitsch geschenkt. Im letzten Jahr. Ich begreife erst jetzt so langsam, dass er tot ist ... Hör mal, Mitja«, fügte er hinzu, »bleib über Nacht bei mir. Es ist bedrückend, so allein zu sein – dieser Krieg, der Tod von Nikolai Andrejewitsch, Mascha ist nicht zu Hause, und in der Arbeit gibt es Erdstöße ... Ja, Mitja? Weißt du noch, unsere Nachtlager im Krieg? Komm, Mitka, in Ordnung? Und am Morgen setze ich dich mit dem Auto dann bei der Akademie ab.«

Mochow blickte zu Matilda, die mit dem Fuß leicht aufstampfte, damit der Schuh besser in den Überschuh hineinkam, schaute auf das kindlich bittende Gesicht von Lobyschew.

»Nein, Bruder, du bist ein erwachsener Mann und alt genug, um keine Angst mehr vor Gespenstern zu haben«, gab ihm Mochow zur Antwort, »lass uns morgen miteinander telefonieren.«

4

Marja Andrejewna blieb eine Woche in Kasan. Der Gesundheitszustand von Alexandra Matwejewna, der Frau des Bruders, verbesserte sich nur allmählich.

Der ganze Haushalt, alle Sorgen lasteten während der Zeit ihrer Krankheit auf den Schultern ihrer Schwiegermutter Anna Germogenowna. Die Dreiundsiebzigjährige passte darauf auf, dass die Kinder zur rechten Zeit aßen, sich warm anzogen, wenn sie rausgingen, und sich die Hände mit Seife wuschen, wenn sie heimkamen; sie fuhr zur Versicherungskasse, regelte die Geldangelegenheiten, sprach wegen der Wohnung im Stadtsowjet und bei der Werkleitung vor, schrieb Anträge, und des Nachts wachte sie bei der Schwiegertochter.

Anna Germogenowna war in jungen Jahren Arzthelferin in einem sibirischen Dorf gewesen. Einmal war sie unterwegs von Wölfen angefallen worden, und während der Kutscher die Pferde antrieb, hatte sie mit dem Gewehr geschossen. Diese Geschichte hatte Marja Andrejewna in der Kindheit viele Male gehört, aber erst jetzt verstand sie, dass ihre Mutter eine starke, mutige Frau war. Und deshalb war es besonders schrecklich, als Anna Germogenowna sagte:

»Ich will nur eins, Mascha, sterben.«

Marja Andrejewna verlor vollends die Nerven. Sie weinte vor Mitleid, wenn sie die Neffen ansah. Alexandra Matwejewna regte sie auf. Als sie auf dem Wege der Besserung war, wollte sie immerzu essen, aber ihr Appetit war ihr peinlich, und sie schob, wenn Marja Andrejewna zugegen war, den Teller von sich. Ljowuschka saß die ganze Zeit bei Alexandra Matwejewna, und wenn Marja Andrejewna hereinkam, spürte sie seinen erschrocken-erstaunten Blick. Er sprach kein einziges Mal mit ihr.

Marja Andrejewna sagte zur Mutter:

»Mamotschka, Schura nimmt den Verlust irgendwie ziemlich teilnahmslos auf. Das ist primitiv. Man merkt doch, dass sie eine Popentochter ist.«

Aber die Mutter, die streng, ja fast böse die geringste Nichtachtung im Gedenken an den Sohn rügte, erwiderte:

»Wie kannst du nur, Maschenka, so sehr, wie Schura Kolja geliebt hat, liebt kaum jemand.«

»Ich weiß nicht, warum«, sagte Marja Andrejewna, »aber mich macht sie die ganze Zeit gereizt.«

»Und ich mag sie sehr gerne«, gab die Mutter zurück. »Schau nur, wie sie sich Ljowuschkas annimmt.«

Die Mutter klopfte mit dem Mundstück der Papirossa auf die Tischkante und zündete sie sich an.

»Weißt du, Mascha«, sagte sie, »um die Wahrheit zu sagen, es ist nicht an dir, sie zu verurteilen.«

»Mamotschka, Sie reden in einem Ton, als sei ich an irgendetwas schuld. Woran denn?«

»Siehst du, ich hatte nie vor, mit dir darüber zu reden. Aber sei mir deswegen bitte nicht böse. Ljowuschka ist der Sohn von Viktor, eurem älteren Bruder, das heißt, er steht zu dir im gleichen Verhältnis wie zu Kolja. Zu dir sogar noch in einem engeren. Viktor wurde verhaftet, seine Frau kurze Zeit später. Du hast sechs Jahre bei Viktor gewohnt. Denk daran, wie sie dich damals verwöhnt haben – die Fahrten auf die Datscha, jedes Jahr ans Meer. Viktor und seine Frau wurden verhaftet, und Ljowuschka wurde zum Waisen. Nicht du hast Ljowa zu dir genommen, sondern Kolja. Dabei ist Ljowa für Schura ein völlig fremdes Kind. Wie viel Aufmerksamkeit und Liebe hat sie an den Tag gelegt. Du hättest Ljowuschka aus Anstand wenigstens eine kleine Hilfe anbieten können, hättest ihm aus Moskau den alten Mantel deines Mannes schicken können. Wir müssen uns hier mitunter vieles versagen – Schura aber hat in ihrer Sorge um die Jungs nie auch nur einen Unterschied gemacht. Und auch ich, Maschenka, bin für Schura ein fremder Mensch – die Schwiegermutter. Und in all den Jahren, die ich hier lebe, habe ich nie etwas Hässliches gespürt, denn wenn man kein eigenes Zuhause hat, dann ist jedes falsche Wort ... wie ein scharfes Messer. Siehst du, Mascha, ich nehme dir die Unachtsamkeit, die du mir gegenüber an den Tag gelegt hast, nicht übel, nur sei du nicht so streng mit anderen.«

Marja Andrejewna senkte den Kopf, legte die Hände vor die Augen.

»Wie schwer ist nur alles«, sagte sie.

»Schwer, sehr schwer«, pflichtete ihr die Mutter bei, aber sie tröstete sie nicht.

Marja Andrejewna wurde leichter zumute, als sie mit den Jungs spazieren ging. Im Hof fuhren die Kinder in Armeewattejacken und großen Filzstiefeln Schlitten, die Straßenbahn klingelte aus irgendeinem Grund immerzu, obwohl die Straße leer war, hin und wieder fuhren in Moskau längst vergessene Militärjeeps mit Segeltuchdach vorbei.

Marja Andrejewna führte die Jungen an der Hand. Der Ältere, Aljoscha, war bleich und schweigsam, redete gern gescheit und fragte sie, als Marja Andrejewna vom Grab des Bruders zurückkam:

»Sagen Sie, Tante Mascha, haben Sie je einen Refrigerator gesehen?«

Der vierjährige Petka mit seinen hervorstehenden Backenknochen, den roten Wangen, dem weißblonden Haar, der Stupsnase und den schmalen, fröhlichen Augen war nicht unbedingt schön, aber ausgesprochen anziehend; Passanten sprachen mit ihm, und Frauen hielten ihn an und zupften an ihm herum. Einmal stieg ein Soldat aus einem Wagen, sah Petka an und sagte:

»Ach, was bist du nur für ein kecker Kaufmann.« Und salutierte.

Sie gingen in ein Spielzeuggeschäft, und Marja Andrejewna kaufte Petka einen großen schwarzen Bären. Plötzlich fing Aljoscha zu weinen an. Wie er ihn so sah, fing auch Petka an zu weinen. Sie war völlig verwirrt, verstand nicht, was los war, führte die beiden schnell nach Hause, und den ganzen Weg über kullerten die Tränen.

Zu Hause erklärten sie Marja Andrejewna den Grund für die Tränen: Der Vater hatte den Jungen versprochen, ihnen genau solche schwarzen Bären zu Neujahr zu kaufen.

»Nein, nein, das ist völlig unerträglich«, dachte Marja Andrejewna und beschloss, am Bahnhof der Stadt eine Fahrkarte zu bestellen.

Am Abend schrieb sie ihrem Mann einen Brief:

»Alles beklemmt mich hier – die Trauer, die Kompliziertheit des Lebens, das Spießig-Altmodische, der Mangel an großen Interessen. Andererseits, was soll ich von der armen Mama, von Schura verlangen. Schura muss arbeiten gehen – die Witwenrente ist nicht so hoch. Und die Sache mit der Wohnung ist nicht einfach. Der Stadtsowjet gibt ihnen ein schönes, sonniges Zimmer, denn das Werk nimmt ihnen ja die Wohnung weg; gewiss, die Werkleitung drängt sie nicht, aber es wird für alle sehr schwierig sein, gemeinsam in einem Zimmer zu leben. Und was ist mit Ljowuschka? Ich empfehle, ihn in einer Sonderkolonie unterzubringen, Mama schaut finster drein, schweigt, ich verstehe sie. Sowieso fühle ich mich schuldig vor ihnen, und ich bin auch schuldig, du hast damit nichts zu tun. Ich möchte Mama vorschlagen, dass sie nach Moskau umzieht, ich werde im Esszimmer schlafen und sie bei Serjoscha, denn wir haben ja immer bis spätnachts Besuch, und für sie würde es schwer sein zu warten, bis alle gegangen sind.«

Der Brief war in sachlichem Ton gehalten, doch bevor sie ihn zuklebte, fügte Marja Andrejewna noch hinzu:

»Ich werde noch ganz verrückt, ich habe solche Sehnsucht nach dir, nach Serjoscha, dummer Grischka, du hast ja gar keine Ahnung.«

Abends ergriff sie die Sehnsucht. Sie zog den Mantel an und ging auf die Straße. Es war völlig dunkel. Marja Andrejewna ging in Richtung Werk. Sie lief durch den Kiefernhain, vorbei an den erleuchteten Einfamilienhäusern der Ingenieure, kam zum Waldesrand und hielt inne – im Tal stand das Werk. Die fünfgeschossigen Glaskuben der Werkhallen waren voll weißen Feuers; korallenroter Rauch kroch schwer aus Dutzenden von Schornsteinen, als würde er aus riesengroßen Tuben herausgedrückt. Marja Andrejewna stand lange da, entzückt von dem ungewohnten Bild. Es schien, als arbeiteten in diesem Werk die gestrengen Ritter der Arbeit. Und es war seltsam für sie, auf dem Rückweg in den erleuchteten Fenstern die orangefarbenen Lampenschirme, die Silhouetten der Gummibäume zu sehen, die Geräusche eines Koffergrammophons zu hören.

Sie schlief im Arbeitszimmer von Nikolai Andrejewitsch in einem Bett mit einem metallenen Rost. Am Morgen erwachte sie von einem ungewohnten Gefühl, schrie auf und hielt sich an der Bettkante fest. Eine unbekannte Kraft hatte sie emporgehoben. Sie lauschte: Unter dem Bett war ein Schnaufen zu hören.

Marja Andrejewna schaute unter das Bett. Aljoscha und Petka hockten da und versuchten tüchtig keuchend, mit ihren Köpfen den metallenen Rost anzuheben.

Marja Andrejewna wurde gleich fröhlich zumute, als wäre sie bei sich zu Hause in Moskau aufgewacht.

»Ihr lieben Racker, kommt mal hier hervor«, sagte sie.

Ihre Mutter kam hinzu.

»Maschenka, Schura und ich haben beschlossen, dass du die Bücher mitnimmst, die ihr gebrauchen könnt, du und Grischa. So habt ihr eine Erinnerung an Kolja.«

»Danke, meine Liebe«, sagte Marja Andrejewna, »aber ich habe immer noch Gewissensbisse wegen des gestrigen Gesprächs. Kolja ist so aufmerksam zu uns gewesen. Ich habe plötzlich nachts wieder dran gedacht – auch das Radio hat er uns geschenkt.«

Vor dem Mittagessen machte Marja Andrejewna sich daran, die Bücher durchzusehen. Die Größe der Bibliothek erstaunte sie.

Sie nahm die Bücher von den Regalen herunter; in fast allen fanden sich mit Bleistift angebrachte Bemerkungen. Diese Bibliothek starb jetzt zusammen mit Nikolai Andrejewitsch. Marja Andrejewna frappierte der Gedanke, dass die Bücher, die durch den Willen eines Menschen zusammengetragen worden waren, sein Seelenleben spiegelten. Und nun, durch den Tod des Bruders, fing die Bibliothek an zu zerfallen, so wie das Gehirn eines Verstorbenen in einzelne Zellen zerfällt.

Die alten technischen Zeitschriften würden wohl verbrannt werden, während Nikolai Andrejewitsch in diesen nutzlos gewordenen Heften wahrscheinlich viel Kostbares gefunden hätte.

Und nicht nur die Bibliothek – das ganze Leben dieses Zuhauses war ins Wanken geraten, fing an zu zerfallen. Und schrecklich schien nicht, dass dieses Leben zerstört wurde, sondern dass es noch vorhanden war, während sein Kern bereits verschwunden war.

Der Briefträger brachte einen Stapel technischer Zeitschriften.

Es kam der Besitzer des Bauernhauses, auf dessen Datscha die Familie den Sommer verbracht hatte, und brachte getrocknete Pilze und ein Bund Dörrfische, die er Nikolai Andrejewitsch versprochen hatte.

An diesem Tag stand Alexandra Matwejewna zum ersten Mal wieder auf. Um die Mittagszeit kam der Werksdirektor. Es war ein junger Mann um die dreißig. Marja Andrejewna fiel auf, dass er sich auf fehlerhafte Weise ausdrückte. »Mein herzlicher Beileid«, wiederholte er mehrmals. Der Direktor erzählte, dass die Arbeiter vorgeschlagen hätten, Geld für den Grabstein zu sammeln, sie alle hätten Nikolai Andrejewitsch sehr gerne gemocht – er hatte die Belüftung in den Werkhallen umgerüstet und im Bereich der technischen Sicherheit große Arbeit geleistet.

»Er ist wie unser Tschepetnikow«, dachte Marja Andrejewna, »er spricht schmeichlerisch, während er sich die ganze Zeit in den Zimmern umschaut und es kaum erwarten kann, Koljas Wohnung zu belegen.«

War denn dieser Mensch, der »herzlicher Beileid« und »Tschakett« sagte, tatsächlich fähig, ein großes Werk zu leiten?

»Verzeihen Sie, Alexandra Matwejewna, und Sie entschuldigen bitte auch, Mamachen, ich muss leider los und kann nicht weiter bleiben«, sagte er, »hier ist ein Brief, Alexandra Matwejewna, der für Nikolai Andrejewitsch angekommen ist, ich habe ihn mitgebracht.«

Als der Direktor in den Flur ging, ertönte draußen das tiefe Geräusch einer »SIS«-Limousine.

»Ist er schon lange Direktor?«, fragte Marja Andrejewna.

»Eineinhalb Jahre«, antwortete Anna Germogenowna und machte eine wegwerfende Bewegung mit der Hand. »Kolja hat gesagt, dass er kein schlechter Kerl ist, er aber hat immer einen Verdacht gegen Kolja gehegt, ihn für fremd gehalten.«

»Mein Gott«, sagte Alexandra Matwejewna, als wolle sie einen Streit anfangen, »und die Arbeiter wollen einen Grabstein für Kolja aufstellen. Seht mal hier den Brief aus Moskau von einem, der früher bei uns im Werk beschäftigt war. Er ist jetzt Vorsitzender an irgendeiner wichtigen Stelle, wie viel Dankbarkeit Kolja gegenüber, und zugleich ist er beleidigt, weil er erfahren hat, dass Kolja in Moskau gewesen ist und ihn nicht besucht hat.«

Schura bezeichnete alle Werktätigen, die Verantwortung trugen, als Vorsitzende, ganz gleich, wo sie arbeiteten.

»Tante Mascha«, fragte Aljoscha, »was meinen Sie, wer siegt, die Deutschen oder die Engländer?«

»Das weiß ich nicht, mein Kind«, sagte Marja Andrejewna zerstreut, »das Wichtigste ist, dass wir in die Kämpfe nicht involviert sind.«

»Durst«, sagte Petka mit tiefer Stimme.

»Geh selbst und gieß dir aus der Karaffe ein«, bemerkte Anna Germogenowna.

»Mamotschka, er wird sich doch völlig bekleckern«, erwiderte Marja Andrejewna.

»Macht nichts«, sagte Anna Germogenowna, »soll er es lernen. So hat euer Vater euch erzogen.«

»Mir scheint das ein wenig übertrieben«, antwortete Marja Andrejewna.

Sie war sich selbst nicht im Klaren darüber, warum die Mutter und Schura sie so nervten.

In allem, was sie sagten, fühlte sie einen versteckten Vorwurf, der sich gegen sie und Grischa richtete: dass die Werktätigen Kolja gemocht hatten und ein Brief von irgendeinem

Emporkömmling aus Moskau gekommen war. Als enthielten alle diese Geschichten die geheime Moral: »Siehst du, und ihr konntet an Nikolai nichts Besonderes finden.«

Es nervte sie die intelligente Tugend, die in diesem Hause herrschte. Wie auch in der weit zurückliegenden Zeit der Kindheit erzählte die Mutter fast täglich von ihrer Bekanntschaft mit Korolenko[13]. Vom frühen Morgen an wurde den Kindern eingeschärft, dass sie ihr Bett selbst machen müssten, sie sich selbst anziehen müssten. Aljoscha trug den Mülleimer raus, putzte die Schuhe. Sogar den kleinen Petja schickten sie zur Apotheke.

»Ich ersticke hier«, dachte Marja Andrejewna.

Aber zugleich war sie beunruhigt, und ihr wurde schwer ums Herz. Sie dachte daran zurück, wie Nikolai im Frühjahr 1937 geschrieben hatte, dass er des Verkehrs mit einem Volksfeind – ihrem Bruder Viktor – bezichtigt werde und ihm Unheil drohe. Er hatte Grigori Pawlowitsch darum gebeten, der Parteiorganisation des Werks zu schreiben, zu bestätigen, dass er ihn seit zwanzig Jahren kenne. Grischa hatte gesagt: »Ich kann nicht von mir aus schreiben, ich wurde nicht darum gebeten, wenn sie mich darum bitten – dann antworte ich.« Sie hatte dem Bruder mitgeteilt, dass sein Brief ihren Mann nicht mehr rechtzeitig erreicht habe, Grischa für drei Wochen weggefahren sei. Und dann bestand keine Notwendigkeit mehr – die Vorwürfe waren fallengelassen worden. Und besonders hart war es, sich an die Postkarte des Bruders zu erinnern: Er hatte sich darüber gefreut, dass seine Abwesenheit Grischa von unnötigen Belastungen befreit habe. Und Viktor? Welcher Schrecken hatte sie und Grischa befallen, als sie von seiner Verhaftung erfuhren! Wie unbedacht hatte Kolja gehandelt, als er Ljowuschka zu sich genommen hatte!

---

13 Wladimir Galaktionowitsch Korolenko (1853–1921), russischer Prosaautor ukrainischer Herkunft, der zum Lager der Narodniki gehörte; bekannt für seinen unbeirrbaren Gerechtigkeitssinn und für seine warmherzige Menschlichkeit

»Was tue ich hier«, sagte sie plötzlich laut. »Schura ist wieder gesund, ich reise morgen nach Moskau ab.«

Ihr war froh zumute, weil sie einen so einfachen Ausweg gefunden hatte.

Der Tag der Abreise verging unmerklich.

Die Mutter saß beim Ofen, auf ihrem Gesicht lag ein ruhiger, erschöpfter Ausdruck. Schura stopfte Petkas Jacke mit den goldenen Knöpfen; und auch in dieser Matrosenjacke mit den winzigen leeren Ärmeln lag unerträgliche Hilflosigkeit. Mitleid und Liebe wie am ersten Tag, als sie das Telegramm mit der Nachricht vom Tod des Bruders gelesen hatte, ergriffen Marja Andrejewna. Ihr standen schon die Bilder des Moskauer Lebens vor Augen: der Unterricht in den Fortbildungskursen, die Langlaufpartien auf Skiern, die Anrufe der Freundinnen. Sie schämte sich für ihr glückliches Los im Leben und verspürte ein stechendes Mitleid mit der Mama, den Neffen, Schura.

»Meine Lieben, liebe Mama«, sagte sie und umarmte die Mutter, »lasst uns vor der Abreise offen miteinander sprechen. Wir bauen doch jetzt gerade eine Winterdatscha. Lasst uns alle dort zusammen einziehen. Für Aljoscha und Petka wird es paradiesisch sein, im Sommer wie im Winter. Wir haben dort schon Erdbeeren gesetzt, in diesem Sommer werden wir die ersten Beeren ernten. Wir legen Blumenbeete an und einen Brennholzvorrat, Grischa und ich werden entweder in der Stadt oder zusammen mit euch auf der Datscha sein. Ja? Einverstanden? Abgemacht? Warum sagt ihr denn nichts?«

Schura hob den Blick von ihrer Näharbeit und sagte:

»Hab vielen Dank. Aber ich muss ja arbeiten – wie soll ich da auf einer Datscha leben? Aber vielen, vielen herzlichen Dank.«

»Und ich will Englischunterricht geben«, sagte Anna Germogenowna.

»Aber Mama, für Sie ist es Zeit, sich auszuruhen«, sagte Marja Andrejewna bestimmt, »nun, kurz und gut, wir werden sehen, ich bin sicher, dass sich alles fügen wird.«

Vor der Abreise, schon in Mantel und Hut, ging sie im Arbeitszimmer auf und ab, fürchtend, dass sie gleich loswеinen würde – sie hatte sich geschworen, nicht mehr zu weinen –, und sagte:

»Mein Gott, ich komme zu spät, wo ist denn Schura?«

Marja Andrejewna ging zur Mutter:

»Mama, meine Liebe ... Ich bitte Sie um eins. Kommen Sie nach Moskau. Begreifen Sie doch, meine Liebe, es ist jetzt nicht mehr möglich, in einer so großen Familie mit Schura und den Kindern zu leben. Sie müssen zu uns kommen, Ljowuschka muss untergebracht werden, und Schura helfen wir mit ihrem Dienst. Es wird für sie so einfacher sein, das schwöre ich Ihnen. Und Sie kommen zu uns, Mamotschka, nur zu uns, hören Sie? Das ist mein einziger Wunsch.«

Die Mutter strich der Tochter über die Schulter und sagte:

»Mein Mädchen, du brauchst dir keine Sorgen zu machen, wir brauchen nichts zu überstürzen, wir finden für alles eine Lösung, der ganze Winter liegt vor uns.«

»Mamotschka, Sie sind böse mit mir, weil ich schlecht und egoistisch bin, nicht wahr? Seien Sie nicht böse! Kommen Sie nach Moskau?«

Schura trat ins Zimmer.

Sie schaute auf das verstimmte Gesicht von Marja Andrejewna und sagte:

»Anna Germogenowna, warum möchten Sie denn nicht nach Moskau? Dort ist es schön.«

»Schurotschka, überreden Sie Mama«, bat Marja Andrejewna. »Ich schicke Ihnen telegrafisch sofort Geld.«

Alexandra Matwejewna lächelte mitfühlend und breitete die Arme aus.

»In Gottes Namen«, sagte Anna Germogenowna bestimmt, »du kommst noch zu spät zum Bahnhof. Folgendes: Aus Koljas Wohnung gehe ich nicht fort. Schura und ich werden zusammen die Last schon tragen. Und Ljowuschka kommt in kein staatliches Haus. Wir werden gemeinsam darben. Wenn du Geld schickst, komme ich, lebe bei euch ein Weilchen, bin bei euch zu Besuch.«

»Mamotschka, kommen Sie? Grischa und ich werden Sie überreden!«

»Ich verspreche es – und das heißt, ich komme. Behaltet Kolja im Gedächtnis.« Und sie küsste die Tochter mit schwachen, kalten Lippen.

Dann rief sie fast böse Alexandra Matwejewna zu: »Nicht heulen, sonst heule ich selbst auch noch!«

5

In Moskau gab es eine Neuigkeit. Matilda hatte geheiratet! Wenn Marja Andrejewna erfahren hätte, dass in der Zeit ihrer Abwesenheit der amerikanische Kontinent im Ozean versunken oder aber ein neuer aus dem Meer aufgetaucht wäre, wäre sie weniger verwundert gewesen als in jenem Moment, als Grigori Pawlowitsch sagte:

»Weißt du was, Dimka Mochow hat deine Matilda geheiratet.«

»Was?«, flüsterte sie. »Matilda hat geheiratet?«

»Was hast du denn? Eine schöne, aber nicht mehr ganz junge Frau hat geheiratet – das ist doch mehr als natürlich.«

»Grischenka, du begreifst überhaupt nichts. Mich erschüttert das, verstehst du! Es will mir nicht in den Kopf.«

»Warum denn?«

»Ja ich weiß selbst nicht, warum, das ist ja das Unerklärliche, dass man nicht weiß, warum ... Erzähl mir lieber das Wie und Was. So eine Schurkin aber auch, hat mir kein einziges Wort gesagt. Überleg dir das mal!«

Sie fand sofort ins Moskauer Leben hinein, und alles, was für ein paar Tage in den Hintergrund getreten war, wurde wieder wichtig und unerlässlich. Sie staunte sogar darüber, wie sie hatte vergessen können, dass sie bei der Gesamt-Moskauer Konferenz auftreten musste, sie einen Bericht vorzulegen hatte, die Gastherme im Badezimmer kaputt war und ein Frühlingsmantel genäht werden musste.

Sie erkundigte sich bei Grigori Pawlowitsch, ob das Kollegium stattgefunden habe und wie ihm der Volkskommissar begegnet sei, sie wiegte Serjoschka in den Armen, beantwortete Antonina Romanownas Fragen, die wissen wollte, ob es in Kasan Obusse gebe.

Nach dem Mittagessen rief sie Matilda an, aber man sagte ihr, Matilda sei noch nicht von der Arbeit zurück.

Auf der Stelle rief sie Mochow an.

Irgendeine Stimme antwortete:

»Sie haben geheiratet und sind nicht zu Hause.«

Ihr Mann saß auf dem Sofa und schaute Marja Andrejewna lächelnd an. Und auch sie verspürte die ganze Zeit Wiedersehensfreude.

Es war ein Gefühl von Natürlichkeit, von Ruhe, das nach der beunruhigenden Phase der Trennung eintrat.

Sie setzte sich neben ihren Mann, schaute ihn lange an, strich ihm übers Haar.

»Grischa, erzähl ausführlich, was du erlebt hast«, bat sie.

Er umarmte sie und küsste sie vorsichtig auf den Augenwinkel.

»Verstehst du, Mascha, das hier ist ein wunderbares Erlebnis, dass du mit mir zusammen bist.«

»Es wird schon alles, mein Guter«, sagte sie, »es wird schon alles.«

Er fuhr abends nicht ins Volkskommissariat, sondern beschloss, zu Hause zu bleiben.

Sie tranken zusammen Tee.

Nie hatten das kleine Esszimmer, das Licht unter dem gelben Lampenschirm, die porzellanenen Hirtenknaben und die dahinpreschenden Angehörigen der Reiterarmee so angenehm gewirkt.

»Grischa, warum fragst du mich nicht nach meiner Reise«, wollte sie wissen, »ich habe so viel durchgemacht, so viele Tränen vergossen, so viel verstanden.«

Ihr schien, als müsse sie ihrem Mann die ganze Nacht hindurch von dem erzählen, was sie durchgemacht hatte, von den Gedanken, die ihr in Kasan gekommen waren.

»Ja, erzähl«, sagte er und gab Konfitüre ins Schälchen.

Und als er das sagte, begriff sie, dass sie gar nicht an die schweren Tage zurückdenken mochte, die schon der Vergangenheit angehörten. Sie war glücklich. Sie fühlte sich wieder leicht und ruhig – das Gefühl von Schuld verließ sie.

»Grischenka, wie steht es mit unseren Finanzen?«, fragte sie. »Ich möchte Mama nämlich Geld schicken.«

»Mit unseren Finanzen steht es nicht schlecht, aber ich habe alles Dimka Mochow gegeben. Sie wollen ein großes Festmahl ausrichten und haben ihr eigenes Geld bereits verbraucht. Das Gehalt kommt in etwa zehn Tagen.«

»Verstehst du, wenn wir Mama vierhundert Rubel schicken, dann reicht es nicht, bis du dein Geld bekommst, und meins ist nicht so bald zu erwarten. Und weniger zu schicken ist mir einfach unangenehm. Denn sie braucht ja Geld für die Reise und muss auch Schura etwas dalassen. Und schicken müssen wir es unbedingt!«

»Morgen schicken wir es«, sagte Grigori Pawlowitsch und gähnte, »schließlich leben wir ja nicht, wo sich Fuchs und Hase gute Nacht sagen, ich leihe es mir. Erzähl, Mascha, wie geht es ihnen denn?«

»Was soll ich erzählen? Das lässt sich nicht so leicht erzählen, es ist alles viel zu kompliziert.«

Sie sah ihn einige Augenblicke lang aufmerksam an und sagte:

»Weißt du, für einen Moment habe ich geglaubt, du seist tot, das war, als sie das Telegramm gebracht haben. Ich las das Wort ›verschieden‹ – und das war so schrecklich, so unendlich schrecklich, und plötzlich habe ich gesehen, dass das Telegramm aus Kasan war.«

Sie umfasste mit den Händen seinen lockigen grauen Kopf, drehte ihn langsam zu sich, näherte sich mit ihrer Stirn der seinen, schwieg lange und schaute in das warme, lebendige Dunkel seiner Augen.

1940–1962

ABEL (6. AUGUST)

I

An diesem Abend dufteten Laub und Gras stark, war die Stille zart und klar. Die schweren Blütenblätter der riesigen weißen Blumen im Beet vor dem Haus des Stabschefs färbten sich rosig, dann legte sich ein Schatten auf sie – die Nacht brach an. Die Blumen schimmerten weiß, als wären sie aus einem schweren, harten Stein gemeißelt, der in die blaue, dichte Dunkelheit hineingedrückt war.

Das ruhige, gelbgrüne Meer, das die Insel umschloss und Hitze wie salzigen Moder verströmte, wurde erst rosa, dann violett, der Wellenschlag wurde abgehackt und unruhig, und es senkte sich eine schwüle, feuchte Finsternis auf die kleine Insel, die Gebäude des Flugplatzes, den Palmenhain und den silbrigen Antennenmast herab.

Im Dunkeln schaukelten rote und grüne Punkte – die Signallichter der Wasserflugzeuge in der Bucht –, und die Sterne funkelten schwer, hell und fett, wie Schmetterlinge, Blumen oder Glühwürmchen, die inmitten von schmatzenden, stickigen Sumpfpflanzen lebten.

Ungeachtet der Nacht lastete der gusseiserne Fuß der Sonne weiter auf der Erde: keine Kühle, kein Windhauch, sondern immer noch diese feuchte, drückende Wärme, das Hemd, das einem am Körper klebt, der Schweiß an den Schläfen.

Auf der Terrasse saßen Piloten in Korbsesseln – die Besatzung einer Maschine. Ein dunkelhäutiges Mädchen mit einem weißen Häubchen, einem gestärkten weißen Kittel und einer großen runden Brille brachte auf einem Tablett das Essen und verteilte Schälchen mit kaltem schwarzen Tee.

Die Hände von Flugkapitän Bahrends waren klein wie die eines Kindes, und es schien, als hätten seine schlanken Finger nicht die Kraft, das Steuerrad einer Maschine, die über den Ozean fliegt, zu halten.

Doch die Piloten wussten, dass in den langen Personallisten der U.S. Army Air Forces der Name von Oberstleutnant Bahrends unter den ersten fünf stand. Diejenigen, die ihn privat bei sich zu Hause erlebt hatten und mit ihm im Kampfeinsatz gewesen waren, konnten in ihrem Kopf den Mann in Wachsschürze, der eine kleine grüne Gießkanne in der Hand hielt und wortreich Färbung und Form der von ihm gezüchteten Tulpen pries, nicht mit dem großen, schweigsamen, hartnäckigen Flieger zusammenbringen, der bar jeder Nervosität und Gefühlsduselei war.

Kopilot Black galt als Melancholiker. Sein Kopf lichtete sich an allen Stellen gleichmäßig. Beim Anblick der blassen Haut zwischen den spärlichen Haaren wurde einem langweilig. Aber auch Black hatte seine Leidenschaften. Er glaubte, kurz vor der Entdeckung eines sicheren Rezepts für eine soziale Umgestaltung zu stehen, die zu wirtschaftlichem Aufschwung und Frieden für die ganze Welt führen würde. Bis dahin aber flog Black einen viermotorigen Bomber.

Das dritte Besatzungsmitglied, der Funker Deal, hatte zwei konträre Leidenschaften: Er liebte den Sport und das Essen. Bis vor kurzem hatte er in der Basketballmannschaft der Marineflieger gespielt. Aber aufgrund seiner Leidenschaft für das Essen hatte er sechs Kilo zugenommen und war vom Spieler zum Zuschauer geworden. Deal war gebildet, bestens in Theorie bewandert, und seine Vorträge über Elektronik kamen bei den Technikern und Mechanikern ausgesprochen gut an.

Der Navigationsoffizier Mitscherlich, graumeliert, hager, gutaussehend, war auch ein Meister seines Fachs. Bis 1941 hatte er die Bedienung von Navigationsgeräten an der Hochschule für Marineflugwesen unterrichtet, als aber dann der

Krieg ausgebrochen war, hatte er sich freiwillig an die Front gemeldet und war zu einer der Einheiten im Pazifik abkommandiert worden. Man munkelte, dass einst eine unglückliche Liebe seine Seele zugrunde gerichtet hätte, und erklärte so den Zynismus, mit dem er seine Geliebten verließ.

Das fünfte Besatzungsmitglied, der zweiundzwanzigjährige rotwangige und helläugige Bombardierer Joseph Connor, hatte nicht viel Flugerfahrung, war aber bereits in der Ausbildung immer der Beste gewesen. Im Regiment hielt er mehrere Rekorde, hieß es – er lachte mehr als alle anderen, schwamm am weitesten ins Meer hinaus und bekam am häufigsten von Frauenhand geschriebene Briefe. Man neckte ihn mit diesen Briefen, aber sie kamen von seiner Mutter, und deshalb wurde er rot. Zechgelage konnte er nicht leiden, und wenn seine Kameraden es nicht mitbekamen, dann naschte er heimlich: Er trank Milch mit Haut und aß nach jedem Schluck einen Löffel Pfirsichmarmelade. Zweimal die Woche schrieb er Briefe nach Hause.

Seit fast einer Woche erholte sich die Mannschaft bei völligem Müßiggang, der plötzlich die allnächtlichen Flüge über die japanischen Inseln ersetzt hatte.

Das Nichtstun machte nur Connor zu schaffen, die anderen fühlten sich recht gut dabei. Der Flugkapitän setzte wildwachsende Pflanzen in aus Konservenbüchsen improvisierte Blumentöpfe um. Er wollte in der Heimat die Akklimatisation einiger Zwiebelgewächse zuwege bringen und bereitete für zu Hause eilig ein Paket vor, das ein Kamerad, der bei Frachtflügen eingesetzt war, überbringen wollte.

Mitscherlich spielte nachts mit den Versorgungsoffizieren und dem Chef des Kerosinlagers Poker, und wenn der Wind aus Nordost wehte und etwas Abkühlung brachte, dann amüsierte er sich mit der einheimischen Kellnerin, der vollbusigen Molly, die dem Gesicht nach zu urteilen nicht älter als fünfzehn war.

Deal zeichnete eine Kurve, die den Ausgang eines jeden Basketballmatches vorhersagen sollte. Diese Arbeit erwies sich als ziemlich zeitaufwendig, es galt, Informationen aus vielen Jahren aufzubereiten und sich der höheren Mathematik zu bedienen. Abends ging Deal in die Küche und kochte Gerichte aus zartem regionalen Fisch, Gemüse, Obst und getrockneten Gewürzen, die er aus den Vereinigten Staaten mitgebracht hatte. Er aß langsam, bedächtig, lud nie jemanden ein, sich hinzuzugesellen, und manchmal, wenn ihm die Zusammenstellung der Zutaten nicht ganz ausgereift schien, zog er die Augenbrauen hoch, zuckte mit den Achseln und bereitete ein und dasselbe Gericht mehrmals hintereinander zu.

Der schwermütige Black lag mit einem Haufen Zeitungen und Broschüren in der Hängematte. Mit Buntstiften machte er sich an den Rändern Notizen, bis er plötzlich, als würde er in ein Luftloch stürzen, einschlief.

Connor schwamm viel, schrieb Briefe an seine Mutter und las Romane. Er bemerkte nicht, dass die jungen Mädchen aus dem Sekretariat des Stabschefs wie auch die einheimischen Kellnerinnen in ihn verliebt waren. Wenn er vom Strand zurückkehrte – blauäugig, gebräunt, im schneeweißen Anzug, mit einer weißen Schirmmütze und einem Badetuch über der Schulter, als käme er von der Titelseite einer Illustrierten dahergeschleudert –, wurden die wenigen weiblichen Bewohner der Insel unruhig, und der drahtlose Telegraf verbreitete: »Er ist vom Strand zurück.«

Wenn die Maschine, die Connor flog, zur Landung ansetzte, konnten die weiblichen Ohren das Geräusch der vier Motoren erkennen, und ein »Er ist da!« ging über die Insel. Aber der junge Sadist und Marmeladenvertilger bewahrte seine Unwissenheit, seine Gleichgültigkeit und seine Unschuld.

Einmal sagte die dunkelhäutige Molly zu Mitscherlich, sie wäre bereit, ihn viele Jahre zu lieben, doch der Bombardierer mit den blauen Augen bräuchte nur ein einziges Wort zu sprechen, und nichts würde sie halten, weder Anhänglichkeit noch praktische Überlegungen. Mitscherlich tätschelte ihr den Rücken und antwortete:

»Ich würde an deiner Stelle das Gleiche tun.«

Aber als Connor in der Hängematte lag und mit offenstehendem Mund in einem Roman las, machte ihn Mitscherlich vor Deal und Black lächerlich:

»Voilà, eine Männerfigur aus Pappmaché. Ein junger Idiot ohne primäre Geschlechtsmerkmale.«

Deal lachte, auch wenn er sich wunderte, weshalb der treffliche Mitscherlich auf einmal so boshaft war, während der melancholische Philosoph Black, der über gute Menschenkenntnis verfügte, zu ihm sagte:

»Finden Sie sich damit ab, alter Freund, Ihnen wird eh nichts helfen!«

Nichts oder so gut wie nichts schienen diese Menschen miteinander gemein zu haben, die vom Generalstab als Besatzung eines Marineflugzeugs auf der Insel zusammengeführt worden waren. Ein Wesenszug aber war ihnen allen gleich: Jeder von ihnen war besonders begabt und eine Koryphäe auf seinem Gebiet. Ihnen wurde ein Flugzeug mit nie dagewesenen Motoren, elektrischen Apparaturen, Messgeräten, Zielvorrichtungen, mit einer Vielzahl von Neuerungen und Verbesserungen überantwortet; obwohl sie an die Errungenschaften der Technik gewöhnt waren, fühlten sie sich alle in dieser noch nicht in Serie gegangenen Maschine die erste Zeit über so, wie sich vielleicht ein Traktor fahrender Bauer fühlen würde, der außer Pflug und Dieselmotor nichts kennt und plötzlich in einem Buick säße.

Sie flogen häufig, viel und lange. Weder am Tag noch in der Nacht ließ man sie in Ruhe. Je schlechter das Wetter, je böiger der Wind, je geringer die Sicht, je breiter die Gewitterfront, desto wahrscheinlicher war der Befehl zum Start.

Der Stabschef sagte ihnen, dass sie Aufklärungsflüge machen würden und ihre Luftaufnahmen für das Oberkommando von Interesse wären.

Es ging aber offenbar doch nicht um Aufklärung, sondern um Training. Vor allem Connor war sich dessen ziemlich sicher: Vor jedem Flug wurde die Maschine mit Bomben bestückt, die anders als die gewöhnlichen aussahen und auch ein anderes Gewicht hatten. Es waren natürlich keine Sprengbomben, aber auch keine Brandbomben. Sie explodierten in unterschiedlicher Höhe und erzeugten eine kompakte Wolke von schwarzem Signalrauch. Bei ihrem Abwurf sollte immer eine ungewöhnlich hohe Zahl verschiedener Faktoren beachtet werden. All das wurde dann mit den Luftaufnahmen verglichen. Selbstverständlich hatte Joseph diese nichtsnutzige Sache schon bald sicher im Griff. Vor ein paar Tagen waren sie dann zum Stabschef gerufen worden, wo sie eine feierliche Verpflichtungserklärung hatten unterschreiben müssen, und der Stabschef hatte ihnen von der neuen Waffe erzählt. Anschließend hatten sie den Eid ablegen müssen, dass das Gespräch geheim bleibt.

Viele Militärangehörige haben beständig das tröstende Gefühl: Wir brauchen nichts anderes zu tun, als Order auszuführen. Mögen die Vorgesetzten doch entscheiden, befehlen und sich den Kopf zerbrechen, uns reicht es, dass wir unser Leben aufs Spiel setzen.

Nach Dutzenden von Flügen waren sie zu einem Team geworden und bei der Arbeit perfekt aufeinander eingespielt, so wie es unerlässlich ist, ganz gleich ob in der Fabrik, einem Bergwerk oder einem Fischerboot.

Allerdings hatte sich zwischen ihnen keine freundschaftliche, herzliche Beziehung herausgebildet, die bei schwerem, eintönigem Tagewerk so wohltuend ist, einen aufheitert und das Leben erleichtert.

Beim Abendessen zogen sie einander auf und musterten die neue Kellnerin, die an diesem Abend für Molly, die einen Anfall von Malaria hatte, eingesprungen war. Wie die meisten Menschen, die bei der Arbeit ständig mit dem Tod konfrontiert sind, dachten sie nie über den Sinn des Lebens und des Todes nach, und selbst Black, der sich für einen Philosophen hielt, tat das nicht. Der Tod eines Piloten zählte für sie zum Berufsrisiko, war das größte professionelle Pech, das mit einem Fehler bei der Arbeit einherging und leider jederzeit in Erscheinung treten konnte. Der Tod eines Piloten war nicht Schicksal und auch nicht ein mysteriöser Schlag, sondern hatte seine Ursache in Technik und Navigation, in taktischen Neuerungen bei feindlichen Jagdfliegern und der

Flakartillerie des Gegners, in Motorumdrehungen oder Wetterbedingungen.

Wenn ein Pilot umgekommen war oder eine Mannschaft, dann fragten sie: »Was ist da los gewesen?«

Aber sie gaben sich mit der Antwort »Als der Pilot auf das Ziel zusteuerte, stotterten auf der rechten Seite plötzlich die Motoren« oder »Die Kanone versagte bei der Annäherung an das feindliche Jagdflugzeug« nicht zufrieden.

Sie fragten: »Warum haben die Motoren nicht funktioniert?«, »Was war mit der Kanone los, warum hat sie versagt?« Und die Antwort, dass sich ein Kontakt gelöst hatte, die Brennstoffzufuhr unterbrochen gewesen war oder die Ladeautomatik der Kanone nach dem Rückstoß geklemmt hatte, reichte ihnen nicht aus.

Nachdem sie bis ins letzte Detail Klarheit über die technischen Ursachen für den Absturz einer Maschine gewonnen hatten, empfanden sie den Tod der Menschen bereits als etwas Normales – er hing nun mal mit technischen Fragen zusammen.

Es geschah sehr selten, dass Menschen den Tod verursachten: Einmal war ein Pilot unterwegs verrückt geworden, ein anderer war betrunken gewesen, der dritte und vierte waren verwirrt gewesen und hatten nicht schnell genug reagiert. Aber auch in diesen Fällen lief es auf eine technische Panne hinaus: Es war schließlich der Motor gewesen, der versagt hatte, und nicht der Mensch. Und darauf kam es letztendlich an.

Manchmal aber, wenn sie etwas getrunken hatten, machten die Piloten ihrem Herzen Luft. Ein Mensch ist und bleibt nun mal ein Mensch: Er hat eine Mutter, einen Vater, Geschwister, und wenn er es zu heiraten geschafft hat und dann bei der Maschine der Motor aussetzt, gibt es neue Waisenkinder und eine Witwe mehr auf der Welt.

An diesem Abend waren die Flieger am Philosophieren, auch wenn keiner von ihnen richtig betrunken war.

»Vergesst nicht«, sagte Black, »dass ein Luftwaffenpilot nicht nur selbst stirbt, sondern auch andere umbringt.«

Mitscherlich fügte hinzu, dass er einen Menschen nicht nur umbringen, sondern auch zeugen könne. Er blickte sich nach der neuen Kellnerin um, die dem Gespräch neugierig lauschte, und sagte zu ihr:

»Ich bin bereit, es Ihnen zu beweisen, natürlich erst dann, wenn es etwas kühler wird.«

Um seine Scham zu verbergen, fing Joseph zu schlucken und zu husten an. Das Mädchen sagte frech:

»Ach ja? Das bezweifle ich aber.«

Die vier lachten, und Connor musste wieder husten.

»Dann stellen Sie das Tablett ab«, sagte Mitscherlich fröhlich, »und wir lassen den Klimafaktor außer Acht.«

»Was das Können anbelangt, das kann ich nicht beurteilen«, sagte der Kapitän, »aber um die Höflichkeit ist es schlecht bestellt, Major.«

Der eitle Mitscherlich war von sich selbst ganz eingenommen – er liebte sein graumeliertes Haar, sein Profil, seine Zehen, sein Lachen, seinen feuchten Husten, seine Art, das Glas zum Mund zu führen, seine Unabhängigkeit, seine Schroffheit.

Und doch hielt er an sich und antwortete:

»Das, was Sie sagen, ist auch ziemlich rüde.«

»Ich reagiere nur auf die groben Worte, die an eine Frau gerichtet waren«, gab der Kapitän zurück.

Die Kellnerin war nicht mehr auf der Terrasse zugegen, und Mitscherlich wunderte sich aufrichtig:

»Dieses kleine Brillenäffchen?«

»Sie ist ein junges Mädchen und genauso alt wie meine Tochter«, sagte Bahrends.

Jetzt ergriff Black das Wort und hielt eine Rede. Schnell, aber eintönig sprach er darüber, dass alle Menschen bei der Geburt wie auch im Angesicht des Todes gleich seien, weshalb man in der kurzen Spanne des Lebens zwischen den beiden Abgründen der Gleichheit die Gesetze befolgen solle, die weder Schwarze noch Weiße, Gelbe, Reiche oder Arme kennten.

Deal wartete das Ende seiner Rede nicht ab und sagte:

»Aha, Blacks Unterweisung läuft darauf hinaus, dass man sich beim Kapitän anbiedert und den Navigationsoffizier schlechtmacht.«

Hier aber verlor Black seine ganze Schwermut und fuhr den Funker scharf und laut an:

»Lassen Sie sofort Ihre Unverschämtheiten mir gegenüber.«

»Hey, Jungs, hört auf«, sagte Connor mit gedehnter Stimme. »Keiner hat Schuld. Das kommt alles vom Nichtstun.«

Diese richtigen Worte kamen vom Jüngsten, einem Milchbub und Süßschnabel, weshalb sie komisch wirkten, und jeder von ihnen sagte einen spöttischen selbstkritischen Satz.

Mitscherlich bemerkte in einem für ihn absolut untypischen Tonfall:

»Ein Mensch kann trotz Klugheit und Aufrichtigkeit eine völlige Niete sein. Das ist es, was er mit allen anderen gemein hat. Deswegen sagt man ja auch, dass alle Menschen Brüder sind.«

»Außerdem liebt jeder sich selbst am meisten, darin ähneln sich alle«, fügte Black hinzu. »Auch hier findet sich die allgemeine Gleichheit. Der Unterschied besteht darin, dass der eine sich mit seiner Eigenliebe brüstet, so wie Mitscherlich, der andere sie versteckt, wie Bahrends, und der Dritte, wie ich, zu seinem eigenen Vergnügen so tut, als würde er den Nächsten mehr lieben als sich selbst.«

Deal sagte:

»Amen. Ich komme mir neben euch wie ein Dummkopf vor. Man will gleich einen Notizblock rausholen und die Sprüche festhalten.«

Bahrends brummte:

»Nur meine natürlich nicht.«

Connor sagte:

»Sie alle haben eine Beschäftigung, ich aber verblöde hier vor Langeweile und werde noch zum völligen Idioten, was bei mir allerdings nicht so schwierig ist.«

Die gute Laune und die Selbstkritik hielten nur wenige

Minuten an. Auf einmal fingen sie an, über den Krieg zu sprechen.

Black meinte:

»Man darf nicht vergessen, dass wir gegen die Nazis kämpfen, das größte Übel, das es auf Erden gibt. Für eine solche Sache zu sterben, das ist es wert, das sollte man im Kopf behalten.«

»Das stimmt«, sagte Deal, »aber wie willst du das im Kopf behalten, wenn du in einer brennenden Maschine wie ein Kasperle kopfüber abstürzt? In solch einem Moment weißt du nicht einmal mehr deinen eigenen Namen.«

Mitscherlich wandte sich auf einmal Joseph zu und säuselte, als spreche er mit einem Kleinkind:

»Böser, böser Tod, pfui! Wie kann er nur! Oder meinen Sie nicht? Sollen die Stabschefs doch über Sinn und Zweck des Krieges urteilen«, fügte er hinzu. »Mir reicht es, dass ich mein Leben riskiere. Sonst stellt sich später irgendwann heraus, dass es kein gerechter Krieg war, und dann muss wieder mein Leben herhalten.«

»Keiner kann sich vor der Verantwortung drücken«, sagte Bahrends.

Da fingen alle an, ihm zu widersprechen:

»Wie soll ein Soldat denn die Verantwortung übernehmen?«

»Ich spreche von Verantwortung in moralischem Sinne«, präzisierte Bahrends.

Black sagte:

»Weißt du, was das anbelangt, da enthebt uns die Technik der moralischen Verantwortung. Früher hat man einem Feind mit einem Knüppel den Schädel zertrümmert und dabei sein Gehirn abbekommen – da war man noch verantwortlich; dann hat sich die Entfernung auf die Länge eines Speeres und den Flug eines Pfeils vergrößert – und man hat nur seinen Schrei gehört; dann wurde sie noch größer – und nach einem Schuss mit der Arkebuse oder der Muskete hat man kein Stöhnen mehr gehört, sondern nur gesehen, wie er fiel: ein bunt angezogenes Männlein, ein graues Figürchen, eine undeutliche Silhouette, ein winziger Punkt; und dann wurde nicht nur der Mensch unsichtbar, sondern ganze Panzerschiffe, auf die man feuerte ... Wer soll da die Verantwortung tragen? Derjenige, der den Feind sieht, der Beobachter, der schießt nicht, und der Schütze, der abfeuert, der sieht ihn nicht, er hat nur Daten und Ziffern – wofür soll er die Verantwortung tragen? Nein, Verantwortung tragen nicht die, die schießen.«

Joseph sagte auch etwas:

»Ich habe noch nie einen Japaner in Uniform gesehen.«

»Das ist ja nun wirklich Unsinn, weshalb sollte der Junge wissen, was die da alles vorhaben«, bemerkte Deal. »Man braucht nur eine Kurve zu zeichnen – auf der Ordinatenachse wird die Schussweite eingetragen und auf der Abszissenachse die Verantwortung des Schützen: Die Kurve tendiert gegen null, die moralische Verantwortung wird infinitesimal, so dass man sie praktisch außer Acht lassen kann – eine ganz normale Sache bei Berechnungen.«

In der Nacht schrieb der Bombardierer einen Brief:

»Liebe Mama, wenn du nur wüsstest, wie sehr ich dich vermisse. Ich kann ja nichts dafür, dass mich die Leute hier so wenig interessieren. Mir wird von ihren Zerstreuungen, Streitereien und Zechereien ganz schlecht.

Wenn du nur wüsstest, wie unendlich gerne ich bei dir sein möchte. Das ist die Wahrheit, nicht nur weil ich dich am meisten auf der Welt liebe, sondern weil du die Einzige bist, die versteht, dass ich noch zu jung bin, um zu den Großen zu zählen, und ich mit ihren Cocktails und zweideutigen Gesprächen nichts anfangen kann. Ich möchte abends zu Tisch gerufen werden, damit ich nicht draußen im Dunkeln auf dem Sportplatz rumhänge. Und wenn ich dann schlafen gehe, möchte ich, dass du nachschaust, ob ich meine Anziehsachen ordentlich zusammengelegt habe und gut zugedeckt bin. Hier aber wollen sie wegen der Hitze überhaupt keinen Sport treiben, und sie machen sich über mich lustig, weil ich Kartenspiele und dergleichen nicht mag, nicht in betrunkenem Zustand idiotische ›tiefsinnige‹ Gespräche führe.

Und kein Ende ist in Sicht. Black hat heute Abend den Sinn und Zweck des Krieges erklärt, aber ich habe nicht wirklich verstanden, was ich mit alldem zu tun habe. Ich weiß ja, was ich möchte – zu Hause möchte ich sein, bei dir und den Verwandten, ich möchte wieder mein Zimmer, unseren Garten und den Hof sehen, beim Abendessen neben dir sitzen und deine Stimme hören …«

Am Morgen wurde der Flugkapitän zum Stab beordert. Zurück in seinem kleinen Haus, bat er alle Besatzungsmitglieder telefonisch zu sich.

Sie trafen Bahrends im Garten an, er war dabei, irgendwelche braunen, haarigen Wurzeln aus dem Boden auszugraben, die mit ihren zylindrischen bernsteinfarbenen Trieben wie Raupen aussahen, und sie mit Papiertüten zu bedecken, die mit Daten und Notizen versehen waren. Sein Hals und seine Ohren waren gerötet – in diesem Augenblick war er ganz Gärtner.

»Wir haben Flugbefehl erhalten, heute Nacht geht's los.« Er stand auf, richtete sich auf, wischte sich die Hände ab, kniff die Augen zusammen – und der Gärtner verschwand.

»Ein Kampfeinsatz?«, fragten alle vier gleichzeitig.

»Ja, die neue Waffe. Sie wissen schon – die, von der der Stabschef bei der geheimen Unterredung gesprochen hat. Wir haben diesmal aus irgendeinem Grund einen Passagier mit an Bord. Außerdem geben uns zwei Boeings 29 Geleit.«

»Stehen Objekt und Strecke schon fest?«, fragte Mitscherlich.

»Ja, der Name der Kleinstadt fällt mir jetzt bloß nicht ein. Ich schaue gleich nach. Wir sollen die Route genauestens einhalten. Die bekommen Sie gleich von mir.«

»Was ist mit dem Funk?«, fragte Deal.

»Dazu gibt es eine Instruktion. Sie werden sich also nicht langweilen, Deal.«

»Und gibt es spezielle Anweisungen, die mich betreffen?«, fragte Connor.

»Doch, aber nicht viele: Es sind keine besonderen Objekte angegeben, nur das geometrische Stadtzentrum. Ich schaue gleich nach. Nur die kritische Höhe ist genannt – sechstausend Meter, nicht höher, nicht tiefer.«

Black stellte keine Fragen, er ärgerte sich jedes Mal, wenn er den Statusunterschied zwischen erstem und zweitem Piloten spürte. Denn natürlich wäre es an ihm und nicht an Bahrends gewesen, die Leute zu instruieren.

Mitscherlich sagte an Bahrends gewandt:

»Etwas ungewöhnlich, oder?«

»Nicht ganz gewöhnlich«, antwortete Bahrends unschlüssig.

Im Verlauf des Tages wurden sie zweimal zu einer Unterredung in den Stab beordert, wo sie wieder und wieder instruiert wurden. Dann wurde ihnen der Passagier vorgestellt. Der Oberst war hager, hatte einen krummen Rücken, kurzsichtige bläuliche Augen, eine weiße Glatze, die so rund war, als wäre sie mit einem Zirkel gezogen worden, sowie Umgangsformen und Bewegungen, die nichts Militärisches an sich hatten.

»Bestimmt so ein Medizinprofessor, dem eine Klinik gehört«, sagte Mitscherlich.

»Ja, oder ein Apotheker. Vielleicht ist er aber auch der Vizepräsident«, sagte Deal.

Gemeinsam mit dem Passagier fuhren sie zum Flugzeug.

Der Oberst interessierte sich am meisten für den Bombardierer. Er fragte Joseph aus, schaute sich das automatische Visier und den Mechanismus der Abwurfvorrichtung genau an. Aus den Fragen, die er stellte, konnte man schließen, dass er nicht dumm war. Vielleicht war er ein Erfinder? Sein Name sagte keinem was. Anschließend überprüften sie die Motoren und Apparaturen.

Der Stabschef persönlich überwachte alles, während der Oberst zum Materiallager fuhr. Dann wurden sie mit mütterlicher Gründlichkeit von einem Arzt untersucht, man ließ ein Bad für sie ein und schickte sie ins Bett.

Und nun saßen sie auf der Terrasse, tranken kalten, starken Tee, schauten gelegentlich zum schmalen Streifen der Landstraße hinüber und auf die riesigen wachsbleichen Blumen, die im Dunkeln weiß schimmerten, lauschten dem leisen Plätschern der Wellen und dem Tuckern des Funkstellengenerators. Die Geheimniskrämerei, die um den Flug gemacht wurde, war für sie nicht mehr spannend. Letztendlich war es doch egal, ob es um einen Aufklärungsflug, eine neue Waffe, den Testflug einer Maschine, die in Serie gehen sollte, ein Ultimatum oder den Spazierflug einer hochgestellten Persönlichkeit in einer Militärmaschine ging. Dienst war Dienst ...

Auf dem Weg zum Flughafen saß Joseph neben dem Fahrer, einem fröhlichen, netten schwarzhaarigen Kerl, der wie ein Grieche aussah. Das Auto fuhr schnell, seine blauen Scheinwerfer verliehen der Umgebung einen märchenhaften Anstrich.

In diesen Minuten verspürte Joseph so stark wie noch nie zuvor eine Lebensfreude, wie sie sich gleichermaßen gütig und freigebig jungen und alten Menschen, Hunden, Fröschen, Schmetterlingen, Würmern und Vögeln zeigt ...

Ihm wurde drückend heiß vor Glück, und ihm trat sogar der Schweiß auf die Stirn von dem Wunsch, etwas Verrücktes zu tun, etwas, was ihm die Möglichkeit gäbe, seine heiteren zweiundzwanzig Jahre in ihrer ganzen Fülle zu spüren: seine breiten Schultern, seine leichten und schnellen Bewegungen, sein lustiges, junges Herz, seine Zuneigung allem Lebenden gegenüber.

Als das Auto am Ufer hielt, sagte Joseph zu Bahrends:

»Ich verschwinde für zehn Minuten. Darf ich?«

Bahrends nickte zustimmend:

»Wir haben noch genügend Zeit.«

Joseph lief zu den dunklen Bäumen, setzte sich, zog sich schnell aus und ging über den noch immer warmen Sand zum Wasser. In diesem Augenblick, da er in der von den Bäumen von der ganzen Welt abgeschirmten Ufersenke stand und der breite, phlegmatische Ozean schwer vor ihm wogte, spürte er erneut, wie ihn dieses grundlose Glücksgefühl überkam.

Er nahm Anlauf, warf sich ins Wasser und schwamm los. Das Wasser war warm, er tauchte immer wieder mit dem Kopf ein, ein salziger Geschmack bildete sich auf seinen

Lippen, Wasser troff von seinem Haar, kitzelte ihn an den Schläfen, tropfte ihm in die Augen. Die Sterne am Himmel wurden besonders schön, wenn er sie mit feuchten Augen anschaute. Wassertropfen zitterten auf den Wimpern, und in jedem Tropfen war ein winziges Quant des Sternenlichts aufgelöst, das Licht kam aus den unermesslichen Tiefen von Zeit und Raum, die salzigen Tropfen aber, die dieses Licht einfingen, wurden durch die Körpertemperatur eines atmenden Menschen erwärmt, und vielleicht war es deshalb, dass im Herzen des jungen Mannes ein seltsames, beklemmendes und süßes Gefühl aufkeimte ... Da schwamm er, lebendig und jung, und die Vergangenheit und Zukunft waren in diesem Augenblick in ihm vereint: Da schaut der überaus neugierige und mitfühlende Jo in seiner Kinderschürze in die traurigen Augen des Vaters, der gerade von der Arbeit zurück ist, hört seine heisere Stimme: »Guten Tag, mein lieber Junge«, er hört das triumphierende Dröhnen der vier Flugzeugmotoren hoch über den zwei Ozeanen, den weißen Wolken und dem dunklen Wasser, und er nimmt das Rauschen wahr, das er nach dem ersten Schwips in seinem Kopf mit dem blonden, zerzausten Haar gehabt hatte ...

Er hatte das Gefühl, schon einmal nachts im warmen Wasser geschwommen zu sein, und die Welt war ebenso schön gewesen, das Licht der Sterne auf den nassen Wimpern erschien ihm begreifbar, vertraut und nah – so nah und vertraut wie die Mutter war dieses Licht, das aus der galaktischen und intergalaktischen Tiefe kam, von Sirius, vom Segel des Schiffs und der Südlichen Fliege, von der Wasserschlange und dem Zentaur, von der Großen und der Kleinen Magellanwolke ... Er spürte in diesen Sekunden eine brüderliche, innige, zärtliche, herzensgute Verbundenheit mit allem, was auf Erden wie in den Tiefen des Meeres lebte, auch mit den blinden Olmen in den unterirdischen Höhlengewässern, mit allem Lebenden, dessen leichter, gütiger Atem von den Sternen her durch den Weltraum kam und seine Wimpern mit weicher, bläulicher Frische streifte.

Er stieß einen Freudenschrei aus, tauchte ein, tauchte auf,

schaute durch die Spritzer und Wassertropfen hindurch erneut nach oben, schrie wieder fröhlich auf, doch dann wurde er plötzlich von der kindlichen Angst ergriffen, dass ein Ungeheuer, womöglich ein Tintenfisch oder Hai, ihn gleich am Bein packen könnte, und er schwamm zum Ufer.

2

Seit zwei Stunden waren sie nun in der Luft. Die Maschine flog die ganze Zeit über blind. Grauer, dichter Nebel lagerte über einer riesigen Fläche.

Die Mannschaft arbeitete Hand in Hand, ihr Zusammenspiel erreichte seine höchste Vollendung, das Flugzeug erschien ihnen wie ein eigenständiges Lebewesen, wie ein Organismus, der im Vergleich mit dem des Menschen weiter entwickelt war.

Jetzt wurden alle Entscheidungen und Handlungen der Menschen von etwas anderem getroffen und bestimmt, als es normalerweise üblich war, nämlich allein von den Angaben auf den Messgeräten und den Zahlen, die die Berechnungen ergaben. Die roten und schwarzblauen Zeiger auf den großen und kleinen Skalenscheiben, die leuchtenden Ziffern standen für die komplizierte Welt der Höhe, der Geschwindigkeit, des Luftdrucks, der Breite, der Länge und der Magnetkorrekturen, die jetzt die menschlichen Leidenschaften, Erinnerungen, Zweifel und Bindungen ersetzten. Das Herz und die Atmung der Piloten waren zu einer einfachen mathematischen Funktion geworden, die aus der wellenartigen Bewegung der Sinuskurve, dem Gleiten der Logarithmen, den Angaben der Ferngeräte, dem Spannungswechsel des elektromagnetischen Feldes bestand.

Das war erstaunlich. Denn das Flugzeug bestimmte die Handlungen der Menschen, die sich leidenschaftlich seinem Willen unterwarfen, und war dabei nur eine tote Maschine aus Metall, Glas und Plastik, die allein dem menschlichen Willen ihre Existenz verdankte und auch jetzt bei ihrem Flug in der Dunkelheit gehorsam und ergeben nur diesem einen lebendigen Willen gehorchte.

Der gepanzerte Vogel mit seinen Propellern und den hellen Flügeln durchschnitt, zermalmte Dunkelheit und Raum und drängte sie beiseite – der Blinde bewegte sich sicher auf sein Ziel zu.

Der Nebel, der über dem Festland genauso dicht und wallend wie über dem Ozean war, erstreckte sich über einen unermesslich großen kosmischen Raum, der, wie Einstein es formulierte, gekrümmt zu sein schien. Obwohl der Nebel für jedes noch so starke Objektivglas undurchdringlich war, waren sich die Menschen seiner gewaltigen Ausmaße absolut sicher.

Der Passagier schaute, den großen kahlen Kopf gesenkt, aus dem Kabinenfenster – die düstere Vorwärtsbewegung in der feuchten Finsternis versetzte ihn in Erstaunen. Er sah den gewaltigen Ozean des Dunkels zum ersten Mal, und dieses Schauspiel beunruhigte ihn.

Aber die Unruhe, die er empfand, als er aus dem Fenster schaute, wurde nicht durch die Tatsache hervorgerufen, dass er zum ersten Mal im Leben die Dunkelheit betrachtete, die sich über dem Meer erstreckte. Dieses Gefühl beschlich ihn, weil das Bild ihm schon vertraut war, er es bereits kannte. Er erinnerte sich daran, wie ihm die Mutter zum ersten Mal die Anfangsverse der Bibel vorgelesen hatte: Gott flog mit ausgestrecktem Arm durch das unsortierte Chaos von Himmel, Erde und Wasser. Genau so war das unansehnliche Chaos gewesen, das er in seinen kindlichen Träumen gesehen hatte – es hatte sich exakt so geballt, wie es auch jetzt geballt war, es war schwer und leicht zugleich gewesen, in ihm waren die Finsternis, das Leben und das ewige Eis des Todes verborgen gewesen, und ebenso die Leichtigkeit des Himmels und die schwarze Schwere von Erz, Erde und Wasser.

Der Passagier streckte die Hand aus und schaute auf seine langen Finger, die die Gicht hatte wulstig werden lassen, auf die kurzen Härchen darauf, auf die gepflegten Nägel, spürte an einem Finger eine kleine Schwiele vom jahrzehntelangen

Benutzen des Füllfederhalters. Aber der Nebel über dem Abgrund blieb, und er senkte den Arm.

In dem Moment, als die Maschine die japanischen Inseln anflog, begann die Sonne aufzugehen.

Das erste Morgenlicht streifte das zerzauste blonde Haar des Bombardierers und blieb als leuchtende Wolke um sein Haupt herum stehen. Der junge Mann beugte sich über die Zielvorrichtung, beobachtete mit angehaltenem Atem die Zeiger an den Geräten und überprüfte ein letztes Mal die mit den Geräten abgestimmte langsame, fließende Bewegung des Zielfadens, der noch weit von der Markierung entfernt war.

Beide Piloten saßen am Steuerpult. Black lehnte sich zurück, seine Hände beschrieben eine Bewegung, die sonst Pianisten machen, wenn sie ein Stück zu Ende gespielt haben – er überließ das Steuern dem Kapitän, der die Maschine beim Anflug auf das Ziel lenken musste.

Black und Mitscherlich wechselten einen Blick und zwinkerten einander zu – sie freuten sich über die Präzision der geleisteten Arbeit: Fast tausend Kilometer war die Maschine im Dunkeln blind geflogen und kam nun auf die Sekunde genau exakt an der Stelle der Küste an, die ihnen vorgegeben worden war. Da konnte man schon stolz sein – der Mensch war in seinem Tun annähernd präzise wie ein Gerät, und wenn eine elektronische Lampe plötzlich versagen und damit die Automatik beeinträchtigen sollte, könnte der Mensch eine Zeitlang für sie einspringen. Die Jungs in den Boeings waren auch nicht zurückgeblieben.

Der Funker Deal atmete ein paarmal tief ein und aus. Entsprechend der Anweisung, die er vor dem Flug bekommen hatte, konnte er sich jetzt etwas ausruhen – die Verbindung, die er den ganzen Flug über aufrechterhalten hatte, sollte jetzt unterbrochen und erst mit dem Signal »Zielanflug begonnen« wiederaufgenommen werden. Deal tastete nach der Schokoladentafel in seiner Tasche, brach in gewohnter Manier ein großes Stück davon ab und schob es sich in den Mund.

»So ist es schöner«, dachte er und schielte auf seine Hamsterbacke.

Der Passagier lehnte sich wieder gegen das Kabinenfenster. Die Sonne tauchte ungeduldig aus dem schweren, dunklen Wasser auf, löste sich leicht davon und wechselte in die Luft über, im selben Augenblick färbte sich der schneebedeckte Gipfel eines in Küstennähe stehenden Berges rosa, und sein grauer, weich abfallender Hang voller japanischer Kiefern leuchtete auf. Die riesige Wasserfläche färbte sich grün und orangegelb. Das Schweigen der bewegten Oberfläche des Ozeans hatte etwas Seltsames an sich, denn in Wirklichkeit hing ein Brausen, Tosen und Heulen von Tausenden von Wellenschlägen als Geräusch über dem mächtigen Gewässer.

Und dort, wo Festland und Meer aufeinandertrafen, hinter dem frühmorgendlichen Dunstschleier, in einer halbrunden, schalenförmigen Mulde, durch den Schatten eines fernen Berghangs von der Morgensonne abgeschirmt, schlummerte die Stadt in den letzten Sekunden der Dunkelheit.

Aus der schnell dahinschmelzenden Dämmerung schälten sich die Umrisse des Piers und der Hafenbauten heraus, es ließen sich der Stadtpark, die kahlen Stellen der Plätze und die Linien der Straßen erahnen, die Arme eines Flussdeltas blitzten auf.

Der Passagier drehte sich vom Kabinenfenster weg und betrachtete die Flieger. Zwei Rücken, der eine quadratisch, der andere lang und gebeugt, beide in weißen Uniformjacken, das waren die Piloten. Mitscherlich, der sich erst tags zuvor nach Konzerten in New York erkundigt hatte, markierte etwas auf der Karte. Deal lutschte andächtig an der Schokolade und beobachtete gelassen die Apparaturen.

Der Passagier bewegte die Lippen, aber wegen der dröhnenden Motoren und des Ohrensausens konnte man seine Worte nicht verstehen.

Joseph schaute in seine Richtung; die Augen des alten Herrn waren begierig auf die Hand des jungen Mannes gerichtet; es hatte den Anschein, als würde diese Schuljungenhand mit den ungeschnittenen Nägeln und einem Tintenfleck auf dem Zeigefinger, der vom gestrigen Brief an die Mutter stammte, ihn hypnotisieren. Denn nichts und niemand – nicht der Präsident, nicht sein Schullehrer, nicht Air-Force-General Arnold[14], nicht die Physiker mit dem genialen Einstein an der Spitze, nicht DuPont[15] und nicht seine Mutter –, überhaupt keiner, niemand auf der ganzen Welt stand in diesem Augenblick diesem Jungen zur Seite.

Aber stimmte das wirklich? Waren denn die Fäden gerissen, die sich über den Ozean bis zu diesen Fingern zogen?

Die Worte waren kaum zu hören, aber anhand der undeutlichen Laute und mehr noch anhand der Lippenbewegungen konnte Joseph verstehen, dass der großköpfige Apotheker betete. Joseph selbst kannte all diese komplizierten Gedanken nicht. Seine Aufgabe war es, die Fernsteuerung einzuschalten, alles Weitere tat die Automatik.

Joseph drückte auf den glänzend weißen Knopf – er ging leicht in die ausgefräste Stahlbuchse hinein, und ein Knacken, das seine Zeigefingerkuppe spürte, bestätigte: Die Bombe war unterwegs zu ihrem Ziel. Connor empfand diesen Augenblick immer als angenehm – es war ein Augenblick der Befreiung, die hohe Anspannung ließ nach. In solchen Momenten schien es ihm, als löse die Bombe sich nicht vom Bauch der Maschine, sondern von seinem eigenen Inneren. Sofort wurde einem leichter ums Herz und war da mehr Luft zum Atmen – der Schwimmer hatte sich von dem Bleigewicht gelöst, das ihn nach unten gezogen hatte.

Er beugte sich über den Stereobetrachter und wartete darauf, dass die Bombe ihren Weg zurücklegte.

Die starken, alles erfassenden Linsen hoben den Ozean und das Land wie auf einem riesigen Handteller empor und führten sie direkt an Josephs Augen heran. Er erblickte Tausende von Einzelheiten dieses Morgens: das Ozeanwasser,

---

14 Henry Harley Arnold (1886–1950), hochrangiger US-amerikanischer General; während des Zweiten Weltkriegs Kommandeur der Army Air Forces

15 Eigentlich E.I. du Pont de Nemours and Company, einer der größten Chemiekonzerne der Welt; spielte beim »Manhattan-Projekt« eine wichtige Rolle, in dessen Rahmen die Atombomben entwickelt wurden, die Hiroshima und Nagasaki zerstören sollten

das plätscherte und atmete, die löchrige, weißrosa Gischt der Brandung, die sich bis in die endlose Weite kräuselte, das Grün der Reisfelder, durchzogen von den diamantenen Schuppen der Bewässerung, und die Stadt, die schnell nach Westen abdriftete und von der jener betörende Reiz ausging, den fremde Städte im Übermaß haben, vor allem in den Morgenstunden. Das Auge registrierte schnell das fremdartige, ungewöhnliche Aussehen der Häuser und Wege, das Geflecht der Straßen, die leuchtenden Farbflecke der Dächer, und das Herz spürte, dass auch in dieser fremden Stadt zu dieser frühen Stunde hübsche Mädchen verschlafen lächelten, Mütter aus den Fenstern ihren in die Schule rennenden Kindern hinterhersahen und alte Menschen sich über einen neuen Morgen mit blauem Himmel, voller Wärme und Licht, freuten …

Genau in diesem Moment beendete ein Stück Uran seinen Fall, und ein Teil von ihm verlor seine Stofflichkeit. Die Bombe explodierte in der vorgegebenen Höhe von 2.000 Fuß. Ein Licht flammte auf – das drückende, brennende Licht des Todes.

Wie eine scharfe, schnelle Axt schlug es ein, drückte auf die Augen, presste den Schädel zusammen, Protuberanzen purpurner, goldener, blauer und violetter Flammen durchtrennten die Morgenluft bis in die Stratosphäre hinein, tauchten die Erde und alles, was auf ihr lebte, in ein ausgesprochen schönes Licht – es war grau und gleichzeitig unbeschreiblich hell, hundertmal heller als die hellste Tropensonne und auch die hellste Wintersonne, die auf das schneebedeckte Flachland strahlt.

Die leuchtende Kugel stieg wie ein neugeborener Stern rasch zum Himmel empor, öffnete sich in der Substratosphäre zu einem riesigen Pilz und verwandelte sich in eine gleißende Feuersäule.

Dort, wo das Epizentrum der Explosion aufloderte, wurde mit der auf Erden nie dagewesenen Temperatur von 70 Millionen Grad ein Krater in die Erde gebrannt. Daraus stiegen, so schien es dem Passagier, Rauchschwaden glühenden atomaren Dampfes auf, zu dem Eisen, Aluminium, Granit, Glas, Blumen und Blätter geworden waren, eines Dampfes, zu dem Menschenaugen, pechschwarze Mädchenzöpfe, Herzen, Blut und Knochen geworden waren – und füllten den riesigen Kubus des Raumes aus.

Im selben Augenblick schlossen sich automatisch alle Kabinenfenster und schalteten die Geräte ab. Der Taifun, den das Flugzeug ausgelöst hatte, versetzte diesem einen Schlag. Der taub gewordene Passagier fiel auf den Boden, er kniff die Augen zusammen, und ihn dünkte, Himmel, Erde und Wasser seien wieder in den Zustand des Chaos zurückgekehrt ... Ohne das Böse zu besiegen, dessen Vater und Sohn er ist, hatte der Mensch das Buch des Daseins zugeschlagen ...

Dies schien ihm einen Augenblick lang so, dann aber öffnete der Passagier die Augen und sah die kleinen Hände des Flugkapitäns, der weiterhin am Steuerpult saß. Diese Hände waren wie aus Stein gemeißelt, so unbeweglich und kalt wirkten sie.

Wenig später hörte er die Stimme des Funkers und dachte: »Der Präsident weiß bereits alles ...«

Als vierzehnjähriger magerer Knabe war er abends durch die stillen Straßen einer Kleinstadt gelaufen und hatte mit sich selbst geredet, die Passanten hatten sich nach ihm umgedreht und gelacht ... Er hatte den Arm in den dunklen Himmel ausgestreckt, so wie er es im Flugzeug probiert hatte, und sich geschworen: »Ich werde mein ganzes Leben einer einzigen Sache widmen – der Freisetzung von Energie. Ich werde keine einzige Stunde verlieren, werde keinen Fußbreit davon abrücken. Das, was den Alchemisten nicht gelungen ist, wird uns gelingen. Das Leben wird wunderbar sein, und der Mensch wird zu den Sternen fliegen.«

Der Navigationsoffizier Mitscherlich half dem Passagier auf die Beine, setzte ihn in einen tiefen Ledersessel, lächelte spöttisch mit seinen blassen Lippen und sagte:

»Sie haben mich gestern mit dem, was Sie von den Konzerten im Winter berichtet haben, ganz schön in Aufregung versetzt ...«

Black fuhr sich mit der Hand über die Augen:
»Das sticht wie ein Messer. Aber wir haben ihnen für Pearl Harbor ordentlich eins verpasst – direkt auf den Kopf!«
Der Passagier dachte:
»Seltsam, von dem jungen Connor war ich von gestern an wie hypnotisiert, aber seit der Detonation beschäftigt er mich nicht mehr im Geringsten. Wo sind sie alle, die dort gewesen sind, da unten?«

Die Rundfunksender berichteten ununterbrochen. Tausende von Zeitungen brachten Extraausgaben. Zwei Milliarden Menschen sprachen über eine zugrunde gegangene Stadt, die tags zuvor noch niemanden interessiert hatte. Über die Zahl der Toten gab es höchst unterschiedliche Angaben – von neunzigtausend bis zu einer halben Million.

Der menschliche Verstand, der in der Nazizeit den millionenfachen Tod der in den Vernichtungslagern umgebrachten Menschen hatte erfassen müssen, war über die Geschwindigkeit, mit der die Uranbombe tötete, zutiefst erschüttert. In einer Sekunde, der ersten Sekunde nach der Detonation, erreichte die Zahl der Toten und Sterbenden den Wert von siebzigtausend! Alle spürten: Die Vernichtungswaffen hatten ein solches Niveau erreicht, dass eine mögliche Auslöschung der Menschheit um des Wohlergehens und Ruhmes der Staaten willen, um des Glücks und Friedens für die Völker willen nicht mehr ganz abwegig zu sein schien.

Nur wenige Stunden nach der Explosion wiesen Politiker, Philosophen, Militärangehörige, Journalisten und Publizisten bereits nach, dass der mächtige Schlag mit der Uranbombe, der die Verbrechen des Faschismus gegen die Menschheit vergelten und den Widerstand Japans in weiten Teilen brechen sollte, die Einkehr des Friedens, den alle Mütter um des Lebens ihrer Kinder willen herbeisehnten, beschleunigen würde. Diese Nachweise wurden im japanischen Generalstab wie auch im kaiserlichen Palast zu Tokio umgehend verstanden.

Der kleine vierjährige japanische Junge aber hatte nicht

die Zeit gehabt, das alles zu verstehen. Er war bei Sonnenaufgang aufgewacht und hatte seine prallen Ärmchen der Großmutter entgegengestreckt. Im Halbdunkel hinter den heruntergelassenen Vorhängen hatte er ihr graues Haar und den goldenen Zahn gesehen. Ihre schmalen, tränenden Augen hatten zwischen den dunklen Fältchen gelächelt. Der Junge hatte gewusst, wie viel Freude er damit der Großmutter bereitete – sie hatte es gern gehabt, beim Aufwachen den Enkel zu sehen. Und dieser Tag war besonders schön gewesen. Sein Magen war wieder in Ordnung gewesen, und ihn hatte eine bessere Speise als dünne Reissuppe erwartet.

Weder dieser Junge noch seine Großmutter, noch die Hunderte anderer Kinder, Mütter und Großmütter hatten verstanden, warum ausgerechnet sie für Pearl Harbor und Auschwitz büßen sollten. Aber die Politiker, Philosophen und Publizisten hielten dieses Einzelthema für nicht hinreichend aktuell.

Am Abend nach dem Essen saßen die Flieger auf der Terrasse und tranken. Sie sprachen aufgeregt und hörten einander kaum zu. Im Laufe des Tages hatten sie Dankesbezeigungen von den hochrangigsten Persönlichkeiten erhalten, Persönlichkeiten, bei denen man meinte, es wäre einfacher, auf Erden ein Funksignal vom Mars zu empfangen, als dass man von ihnen solche Diensttelegramme bekäme.

Es war sehr schwül, und das lautlose Drehen des propellergroßen Deckenventilators schien nichts zu fruchten.

Der Flugkapitän trat ans Geländer. Die Sterne der südlichen Hemisphäre funkelten in der ausgedehnten, hohen Dunkelheit, die Blütenblätter schimmerten undeutlich über dem schwarzen Boden – genauso wie gestern.

Bahrends drehte sich zu den Kameraden um, die am Tisch saßen, und sagte:

»Mein Leben lang haben mich alte, verwilderte Gärten, stumpfsinnige, dreiste Kletten, Brennnesseln und das Durcheinander der Tropenwälder genervt. Wozu kriechen diese Tausende von raffgierigen, ordinären Pflanzen aus dem Boden, die alle die gleiche Visage haben? Ich habe immer geglaubt, dass die Gärtner dieses Gestrüpp eines Tages vernichten und die Lilien, Platanen, Eichen, Buchen und der Weizen auf der Welt den Sieg davontragen.«

»Ich verstehe«, sagte Mitscherlich, der im Gesicht rot war wie ein Indianer, düster und dämlich lachend. »Alles klar. Wir und der Kapitän zusammen gegen das Gestrüpp.«

Sein Hals war purpurrot, es schien, als würde das trockene Grau seines Haars von diesem feurigen Purpur gleich in Flammen aufgehen. Er lief immer rot an, wenn er lange und viel trank. Er reichte Bahrends ein Glas:

»Auf den Erfolg der Gärtner!«

Bahrends leerte das Glas, stellte es aufs Terrassengeländer und antwortete: »Es reicht mit dem Lob für die Gärtner.«

Der Kopilot erklärte:

»Bahrends möchte heute nicht über Botanik und Vegetarismus nachdenken.«

»Black, mein lieber Freund, das ist alles Unsinn und nicht der Rede wert. Aber wo steckt eigentlich Joseph, ich will mit ihm anstoßen«, sagte Bahrends.

»Er ist kurz raus, wäscht sich die Hände.«

»Ich glaube, er war schon viermal Hände waschen.«

»So ist er halt, das hat seine Mama ihm so beigebracht«, meinte Mitscherlich.

»Für wen hat der Apotheker wohl gebetet, als Joseph auf den Knopf gedrückt hat, für sie oder für uns?«, fragte Deal.

»Das hättest du ihn gleich fragen müssen, wenn es dich wirklich interessiert. Jetzt ist er schon in Washington und erstattet Bericht, dass Mitscherlich ein Schürzenjäger und Deal ein Vielfraß ist – und der Präsident fasst sich an den Kopf.«

»Schmeichelt es euch, dass er deinen und meinen Namen gehört hat?«, fragte Mitscherlich. »Ich kann da drauf pfeifen.«

»Warum sollte es uns nicht schmeicheln? Kannst du dir vorstellen, wie die Leute für dieses Unternehmen ausgesucht worden sind? Ja? Und man hat sich für unsere Mannschaft entschieden.«

»Ich begreife es nicht«, sagte Connor, als er auf die Terrasse zurückkehrte. »Ihr habt euch kein Stück verändert.«

»Trink nicht so viel, Joseph, das ist doch keine Milch. Alle Rekorde der Geschichte sind überboten, und zwar alle gleichzeitig.«

»Es ist Krieg«, sagte Black. »Vergiss nicht, es ist Krieg gegen die Bestie, gegen den Faschismus.«

Joseph hob seine Hand und schaute sich seine Finger an.

»Wir haben gerade auf die Gärtner getrunken«, sagte Bahrends. »Ich habe immer geglaubt, dass Gärtnern die ehrlichste und friedlichste Beschäftigung auf der Welt ist. Aber jetzt habe ich gedacht: Lasst uns lieber auf die Klöster anstoßen, was meint ihr?«

»Am Ende kommt aber dabei raus, dass ich auf das Ding gedrückt habe und nicht ihr … Na gut!«

»Schrei doch nicht so, du weckst noch die ganze Insel auf!«, grinste Deal.

»Was gibt es da zu lachen? Was, Deal? Interessiert es euch gar nicht, wohin sie alle verschwunden sind?«, schrie Joseph.

»Abel, Abel, wo ist dein Bruder Kain?«

»Kain ist ein ganz normaler Kerl, nicht viel schlechter als Abel. Und die Stadt war voller Menschen, solchen, wie wir es sind. Der Unterschied besteht darin, dass wir leben, sie aber nicht mehr. Stimmt's, Black? Du hast selbst gesagt, dass es Zeit ist, über alles nachzudenken.«

»Es ist wirklich langweilig, dir zuzuhören«, antwortete Black. »Wer kann betrunkene, dumme Gedanken brauchen? Weißt du, der Mensch stirbt für eine lange Zeit, aber wenn er dumm ist, stirbt er für immer.« Auf seiner Stirn und seinen Schläfen traten rote Flecken auf.

»Ich beobachte dich, Connor, du hast nicht weniger getrunken als ich«, sagte Deal.

»Ich? Du bist ja blind! Hier, die Mädchen können es bezeugen, zwei Liter habe ich getrunken.«

»Sollen sie ruhig schwören, aber das haut nicht hin.«

»Mädchen, wie viel habe ich getrunken? Aber sagt die Wahrheit!«

»Zeit, schlafen zu gehen, oder?«, meinte Black und stand auf.

»Ich geh nicht schlafen. Ich muss nachdenken.«

»Na siehst du, du hast zu viel getrunken. Nachdenken kannst du ein anderes Mal.«

»Hör auf einen älteren Kameraden, Joseph, und geh ins Bett!«, sagte Black. »Sollen die Astronomen doch ohne uns das Problem lösen, ob ein Leben auf Erden möglich ist.«

»Das Kind soll mit einem Mädchen ins Bett steigen. Das wird ihm den Lindenblütentee und den Himbeersud ersetzen. Am Morgen wacht er dann gesund und glücklich auf«, pflichtete Mitscherlich bei.

»Schaut mal, Deal zeichnet schon eine Schnarchkurve.«

»Hör endlich auf, deine Hände und Finger anzuschauen!«, rief der Flugkapitän laut.

Sie trafen sich mittags ausgeschlafen und rasiert, kniffen die Augen zusammen und lächelten bei dem Gedanken an den bevorstehenden langen Urlaub.

Die Mittagssonne blendete, sie funkelte auf den Flugzeugflächen, und es schien, als wäre selbst der unermessliche Spiegel des Stillen Ozeans nicht groß genug, um ihren rostbeständigen ewigen Glanz zu reflektieren. Das Sonnenlicht war freigebig und gewaltig. Es überflutete den Raum, behinderte beim Sehen, stach Menschen, Vögeln, Tieren in die Augen.

Bahrends legte einen Stapel Zeitungen auf den Tisch und sagte:

»Ihr habt aber fest geschlafen! Ich habe allein gefrühstückt, und nach der Post hat auch keiner geschaut. Ihr habt gar nicht mitgekriegt, was hier los war!«

»Was war denn los?«

»Joseph ist heute früh ins Lazarett gebracht worden, er fing an überzuschnappen.«

Er blickte in die Gesichter der Kameraden und fügte hinzu: »Nicht, dass er völlig verrückt geworden wäre, aber so was in der Art. Mitten in der Nacht ist er schwimmen gegangen und hat auf dem Tisch einen Brief hinterlassen. Dann hat er versucht, sich am Ufer zu erhängen, aber der Wachposten hat ihn rechtzeitig entdeckt. Die ersten Zeilen seines Briefes habe ich gelesen. Ich möchte mich gar nicht daran erinnern – ein grausiger Brief, als würde die Mutter an allem schuld sein.«

Ergriffen stieß Black einen Pfiff aus: »Siehst du, Bahrends, das hast du gestern vergessen – es gibt außer Klöstern auch noch Irrenhäuser. Ich habe gleich gemerkt, dass etwas mit ihm nicht stimmt. Aber macht nichts. Wenn es nicht für immer ist, geht es in ein paar Tagen vorbei.«

1953

TIERGARTEN

1

Die Bewohner des Berliner Zoologischen Gartens wurden unruhig, als sie das kaum wahrnehmbare dumpfe Getöse der Artillerie hörten. Das war nicht das gewohnte Pfeifen und Krachen der nächtlichen Bomben, nicht das Hämmern der schweren Flaks.

Die wachsamen Ohren der Bären, Elefanten, des Gorillas und des Pavians registrierten sofort, zu einem Zeitpunkt, da die Schlacht noch fern war von den Eisenbahnlinien und Autobahnen rings um Groß-Berlin, das Neue, das die noch kaum auszumachenden Geräusche in sich bargen und das sich von den nächtlichen Bombenangriffen abhob.

Die Unruhe unter den Tieren rührte daher, dass die Ankunft von etwas Neuem, anderem zu spüren war. Es war nun oft das Rattern der an der Mauer des Zoologischen Gartens vorbeifahrenden Panzer zu hören. Dieses Rattern glich nicht dem vertrauten Rauschen der Personenkraftwagen, dem Straßenbahngeläute und dem Sirren der S-Bahn, die auf Hochgleisen zwischen den Häusern hindurchglitt. Die neuen lautstarken Wesen bewegten sich fast immer in der Herde fort; von ihnen ging ein fettiger Geruch nach verbranntem Öl aus, der sich vom gewohnten Geruch der Benzinwesen unterschied.

Die Geräusche wurden mit jedem Tag mannigfaltiger. Das Brummen der Stadt, das die Käfigbewohner als das natürliche und gewohnte Rauschen des rauen Steppengrases wahrgenommen hatten, oder als Brausen des Regens auf dem

Blattwerk des Äquatorialwalds, das dicht wie eine Haut war, oder als Knistern der Eisschollen an der Polarmeerküste – dieses Brummen der Stadt, das mit dem Anbruch des Tages oder der Nacht deutlich zu- oder abnahm, veränderte sich, löste sich von den Bewegungen der Sonne und des Mondes. Nachts, wenn in der Stadt für gewöhnlich Stille herrschte, war die Luft nun voll von irdischem Lärm: Menschenstimmen, Getrappel, Motorengebrumme.

Das Pfeifen und Donnern am Himmel, das monotone Schwirren, das durch die Luft hallte – all das war früher stets mit der Nacht verbunden gewesen, der nächtlichen Kühle, den Sternen, dem Mond. Und nun war das Lärmen in der Luft, das fast nicht nachließ, auch bei Sonnenlicht da, sowohl bei Sonnenaufgang als auch bei Sonnenuntergang. In der dunstigen Luft stand ein Geruch, der für alle Lebewesen, denen das ewige Grauen vor Steppen- oder Waldbränden, vor aus der Augusttundra aufsteigenden Rauchfahnen im Blut steckte, höchst alarmierend war. Auf die Erde rieselte misstrauisch schwarze knisternde Asche nieder: Es brannten die Archive der Ministerien – und die aufgeschreckten Tiere in den Freigehegen, die schnauften und niesten, witterten das.

Anders war auch, dass die Menschen, die sonst von morgens bis abends von Käfig zu Käfig schlenderten, plötzlich verschwunden waren. Was blieb, waren Eisen und Beton – das majestätische, unergründbare Schicksal.

Drei Menschen kamen im Lauf des Tages an den Käfigen vorbei – das waren eine alte Frau, ein Junge, ein Soldat. Die Tiere, denen wie Kindern Natürlichkeit und Aufmerksamkeit eigen war, nahmen sie jeweils genau wahr. Die Augen der alten Frau waren voller Leid; auf die Käfigbewohner gerichtet, baten sie um Mitgefühl. Aus den Augen des Soldaten blickte starr die Todesangst; die Tiere hatten am Kampf ums Dasein schon keinen Anteil mehr, aber sie waren am Leben, und der Soldat beneidete sie. In den blassblauen Augen des Jungen, die sich auf die Bären, den Gorilla richteten, lag begeisterte Liebe, der Traum, von zu Hause aus der Stadt fortzugehen in den Wald.

Der Kummer, das Grauen, die Liebe, mit denen die alte Frau, der Soldat und das Kind zu den Tieren kamen, übertrugen sich von Auge zu Auge und blieben nicht unbemerkt.

Und noch zwei Besucher wurden wahrgenommen: ein Verwundeter im Krankenhausschlafanzug mit orangefarbenen Aufschlägen, den Kopf mit einem rundlich-weichen Haufen aus Watte und Binden umwickelt, den großen Gipsarm in einer Mullschlinge, und ein schmächtiges Mädchen mit einer gestärkten Haube, ein rotes Kreuz darauf. Sie saßen auf einer Bank und blickten kein einziges Mal um sich; die Bewohner des Zoologischen Gartens sahen ihre Augen und Gesichter nicht. Aneinandergelehnt saßen sie da, ein vom Krieg zerfressener Bauernbursche und ein Mädchen.

Und auch die Wärter waren anders, jene Wesen, die äußerlich Menschen glichen, aber über große Macht verfügten. Lange Jahre hatten sie mit den Käfigbewohnern das Fleisch geteilt, das sie auf ihren nächtlichen Jagden stets mit Erfolg beschafft hatten.

In diesen Tagen machten die Wärter bei ihrer Jagd weniger Beute; manchmal brachten sie auch überhaupt nichts mit heim. Vielleicht war das Wild auseinandergestoben, verschreckt vom Lärm und den Bränden. Vielleicht hatten die hungrigen Wärter auch vor, das Jagdrevier zu wechseln und die pflanzenfressenden Tiere zu ihren neuen Weideplätzen zu geleiten. Vor Hunger versuchten die Tiger und Löwen Krähen zu jagen, indem sie kreuz und quer durch die Käfige liefen, oder Mäuse. Aber die Krähen und Mäuse hatten keine Angst vor ihnen, sie wussten schon längst, dass diese verschlafenen, harmlosen Wesen nur äußerlich den Stadtkatzen glichen.

Es gab noch eine Ursache für die Unruhe: die wundervolle Morgenluft, das junge Gras, das den Asphalt durchbrach, die Zweige, die dunkel wurden und sich mit Saft füllten, das Laub der Bäume, dessen Frische und Zartheit selbst in fleischfressenden Wesen den Wunsch wachrief, Pflanzenfresser zu werden.

An den zauberhaften Apriltagen wird die Welt auch für Alte, denen das Atmen schwerfällt, neu und ungewohnt. Alles, was sonst vorübergleitet, ohne Spuren zu hinterlassen, tritt hervor, wird klar vernehmbar, ist mit den Händen zu greifen. Selbst die festgestampfte Erde auf den Plätzen, das Wasser in den Gräben, der dunkle abendliche Asphalt und ein Regentropfen auf der schmutzigen Fensterscheibe eines Omnibusses – alles erscheint in dieser Zeit festlich, ungewohnt.

Und so kam es, dass all das – das ferne unterirdische Grollen, die Frühlingsdüfte und die Brandgerüche – bei vielen Zoobewohnern das Gefühl der freudigen und zuversichtlichen Erwartung einer Veränderung, eines neuen Schicksals hervorrief.

Die einen von ihnen waren als Jungtiere eingefangen worden und hatten schon keine Erinnerung mehr an die Freiheit, die anderen waren im Käfig geboren worden. Bei einigen waren die Väter, Mütter, Großväter, Großmütter hier geboren worden, und es schien, als wäre das Freiheitsempfinden aus ihrem Blut verdunstet. Aber nun liefen Wesen, die die Freiheit vergessen hatten, sie nicht kannten, Wesen, deren Großväter sie bereits nicht gekannt hatten, von Sehnsucht erfasst, allein aufgrund einer vagen Vorahnung davon in den Käfigen umher.

2

Affenwärter Ramm hing sehr an dem Gorilla Fritzi. Die Besucher, vor allem die Frauen, schrien vor Angst auf, wenn sie das braune, nackte, unbehaarte Gesicht, die gelben Eckzähne des riesigen Menschenaffen sahen. Die kräftigen langen Arme, die schwarzen basaltenen Schultern des Gorillas wirkten durch das dichte Fell noch breiter, noch massiver.

Das im Krupp-Werk als Sonderanfertigung geschmiedete Gitter trennte den unglücklichen Affen von den Besuchern. Wenn der Gorilla mit seinen Händen die eisernen Gitterstäbe umfasste, wurden die Leute unruhig. Aber Ramm wusste, dass es in der Welt kaum ein Geschöpf gab, das gutmütiger war als Fritzi: Seine Finger, mit denen er ein dickes Stück Eisen verbiegen konnte, konnten mit solch zartfühlender Zuneigung die Hand des alten Mannes schütteln, ihm nicht nur für die Leckerbissen, sondern auch für das Lächeln zur Begrüßung danken! Fritzi schob liebenswürdig seine bläulichen Kautschuklippen vor und verlangte, dass Ramm sich küssen lassen möge.

Und wenn die Lippen des Gorillas den faltigen Hals des Wärters berührten, lächelte Ramm verlegen: Kaum jemand hatte Lust darauf, einen vom Schicksal geschlagenen alten Mann zu küssen. Ramm wusste, dass die Menschen gleichgültig und manchmal sogar mit Abscheu auf sein altes Gesicht blickten, auf seine ärmlichen, flickenbesetzten Kleider, keiner fing mit ihm ein Gespräch an, wenn er im Geschäft um Lebensmittel anstand, keiner fragte ihn, wie denn heute der Bericht von der Ostfront sei, keiner hatte Lust, ihm im Omnibus einen Platz frei zu machen. Darum war es dem alten Mann ein wenig unangenehm, als er sah, mit welchem Entzücken und welcher Zärtlichkeit der Gorilla ihn anschaute.

Drei Söhne des Affenwärters waren an der Front gestorben, den vierten Sohn, Sekretär der Gewerkschaft der Kurzwarenverkäufer, hatte die Polizei festgenommen, die ingrimmig das Leben des deutschen Volkes bewachte. Drei Jahre später kamen aus Dachau ein schwarzes Plastikkästchen mit ein paar Handvoll hellgrauer Asche und eine Mitteilung darüber, dass der Gefangene Theodor Ramm im Alter von neunundzwanzig Jahren an einer Lungenentzündung gestorben sei. Graue Flocken, dunkle Partikel, einige verkrustete Schlackestückchen – das war alles, was von dem lachlustigen, lieben, braunäugigen Mitglied des Gewerkschaftschores geblieben war, das farbenfrohe Krawatten und helle Sakkos gemocht hatte. Die Polizei war nicht nur mit den Widerspenstigen unerbittlich, die versuchten, Hitler zu bekämpfen. Die Gestapo war der Ansicht, dass es auf der Welt keine Unschuldigen gab.

Die schwarzen Plastikurnen mit der weichen Asche kamen aus Dachau, aus Mauthausen in viele Wohnungen: So kehrten endlich jene heim, die die Polizei, welche die Rechtlosigkeit der Völker und die Sicherheit des Staates schützte, nachts abgeholt hatte. Ramm verstand, fühlte, dass es unter der glänzenden, stillen Oberfläche von Hitlers Staat kein Glück und keine Zufriedenheit gab. Viele Menschen wollten Freiheit. Doch wie konnte man sie finden? Die Menschen hatten Angst vor der Polizei, hatten Angst davor, denunziert zu werden, schwiegen.

Ramm hatte einst mit den Sozialdemokraten sympathisiert, einst hatte er Bebel gehört, und in seinem greisen, verkalkten Gehirn, das sich erdreistete, über unnütze Fragen zu entscheiden, geriet alles durcheinander. Er hatte eigentlich nicht vorgehabt, aus freien Stücken über das deutsche Leben nachzudenken, er war dazu gezwungen gewesen, ihn hatte der Faschismus gezwungen. Jeder, der das allgemeine papageienhafte Nachgeplapper mied, tat dies auf seine Weise. Alte Tierwärter, alte Müllkutscher, Kassierer und Buchführer stellten auf ungebildete und unwissenschaftliche Weise fest, was zu ihrer Zeit fast ebenso dilettantisch einige Privatpersonen und Bürger großer Staaten – Ägypter, Juden, Griechen und Römer – festzustellen versucht hatten.

Die Tiere, schien es Ramm, waren die am meisten unterjochten Geschöpfe in der Welt. Und er war auf der Seite der Unterjochten: Er hatte ja einmal mit den Sozialdemokraten sympathisiert. Den im Zoologischen Garten Eingeschlossenen schrieb niemand, sie teilten mit niemandem ihren Kummer. Ihr persönliches Leben, ihr Glück interessierte niemanden. Und natürlich, solange der Zoo existierte, war noch keiner von ihnen in die Heimat zurückgekehrt, ihre sterblichen Überreste wurden nicht in die Wälder und Steppen geschickt. Ihre Rechtlosigkeit war unermesslich.

Des Nachts hörte Ramm in seinem einsamen Zimmer im Wirtschaftsgebäude des Zoos das Brummen der amerikanischen und englischen Flugzeuge, das Krachen der Geschütze und Bomben, und in ruhigen Nächten lauschte er auf das Brummen der Pkws.

Es war unheimlich, wenn es neben dem Wirtschaftsgebäude des Zoos plötzlich still wurde, das weiche, schnurrende

Surren eines Automotors verhallte. Eine erstaunliche Macht lag in der neuen, kein Schwanken kennenden Menschenrasse, in den allen zugänglichen Ideen des Nationalsozialismus, im von Hitler errichteten gedankenlosen Staat.

Wenn nachts vor einem beliebigen Berliner Haus ein Auto anhielt, standen alle Herzen still, nicht nur die jüdischen, wenn sie aus Versehen bis dahin noch geschlagen hatten. Möglicherweise gab es Minuten, da das nächtliche Grauen vor der allwissenden, allgegenwärtigen und allmächtigen Geheimen Staatspolizei in der Brust des Führers selbst aufkeimte.

Und so fing der alte Ramm, der zwei Söhne an der Ostfront und einen Sohn in Rommels Afrikakorps verloren, der eine Urne mit der Asche des vierten Sohnes, der im Konzentrationslager gestorben war, erhalten und der seine Frau, die vor Kummer aus dem Leben geschieden war, begraben hatte, mit seinem verkalkten Gehirn, das sich nie durch Beschlagenheit und besondere Stärke ausgezeichnet hatte, an, in einem Staat, in dem das Denken sich nicht gehörte, zu denken.

Denn Denken – das ist Freiheit! Hitlers Staat ruhte auf einem ganz anderen Fundament. Ramm verstand, dass der nationalsozialistische Staat auf einem erstaunlichen Fundament gebaut war. Alles, was die Hitlerpartei als völkisches Ideal proklamierte oder von dem sie verkündete, es im Kampf bereits erreicht zu haben, hatte sie ganz einfach der Bevölkerung genommen. Hitler erklärte, er kämpfe für die deutsche Freiheit – und die Bevölkerung geriet in Unfreiheit. Es gab einen unmittelbaren Zusammenhang zwischen der Erhabenheit des nationalsozialistischen Deutschland und der qualvollen Abhängigkeit und Rechtlosigkeit der Deutschen innerhalb des Reiches, das nun die Hoheit erlangt hatte. Als die deutsche Landwirtschaft aufblühte und reich wurde – verarmten die Bauern. Als die Industrie Zuwächse verbuchte – sanken die Löhne der Arbeiter. Es wurde für die deutsche nationale Würde gekämpft – und die Menschen, darunter auch Deutsche, wurden widerlichen Erniedrigungen ausgesetzt.

Hitler schmückte die Städte, legte Blumenbeete und Parks an – und das Leben in diesen Städten wurde immer trübseliger und finsterer. Als der totale Krieg für den Frieden verkündet wurde – bereiteten sie das Volk auf den totalen Krieg vor.

Es zeigte sich, dass der Staat, und nicht die Menschen, ein lebendiges und freies Wesen war; die Menschen sind in einem lebendigen Staat wie Steine, die man sprengen, zerkleinern, behauen, polieren kann und muss. Die unbrauchbaren Menschenrassen mussten wie unbrauchbare, taube Gesteinsarten und Bauschutt zur Müllkippe gefahren werden, um mit ihnen die Gräben und Gruben zu füllen.

Es fand eine teuflische Selektion statt: Die Furchtlosen, Freiheitsliebenden, diejenigen, die eine klare Gesinnung hatten und gutherzig waren, erwiesen sich als unbrauchbar – sie waren es, die auf die Müllkippe geschafft wurden; Granit war von Kalk- und Sandstein besiegt.

Hitlers Staat nahm leicht und fleißig zu, während die Kinder abmagerten; er tat sich gerne an Gehirn und Seele gütlich. Je weniger Seele, Freiheit, Verstand dem Menschen blieb, desto vitaler, lautstarker, fröhlicher wurde der Staat. Aber es war nicht einmal dieser dem Menschen feindlich gesinnte Staat, der Ramm besonders entsetzte. Das Schrecklichste war, dass viele der Menschen, die der Freiheit beraubt und vom Staat zu Steinen gemacht worden waren, ebendiesem Staat dienten, ihr Leben für ihn gaben, dem Genie des Führers huldigten. Und gleichzeitig wohnte in Ramms Herzen der unbewusste Glaube daran, dass ein Mensch, der zu einem Sklaven gemacht worden ist, dem Schicksal nach zu einem Sklaven wird, nicht aber in seiner Seele. Er spürte: Das Streben nach Freiheit kann man unterdrücken, aber man kann es nicht ausmerzen. In den Lagern und Gefängnissen saßen nicht wenige Menschen, die der Freiheit die Treue bewahrt hatten.

Nachts hallten aus dem Zoologischen Garten das Brüllen der Löwen, die bronchitischen Stimmen der Tiger, das Bellen der Schakale herüber. Ramm konnte an der Stimme erkennen, dass der alte Löwe Phönix wegen des Neumonds unruhig war, das Tigerweibchen Lizzie, das unlängst zwei Junge geworfen hatte, den Käfig aufzudrücken versuchte, um ihre Kinder ins Freie zu führen – sollen sie ruhig spielen bei dem zunehmenden grünen Mond. Dieses Gebrüll, diese heiseren Laute, dieses Geknurre, Gehuste, Gebell war so lieb, so harmlos im Vergleich mit jenen Lauten, die das nächtliche Berlin hervorbrachte.

Einmal kam Rudolph zu Ramm, der Sohn seines verstorbenen Freundes. Rudolph war in der Waffen-SS gewesen, aber vollständig aus dem Kriegsdienst entlassen worden: Es hatte sich herausgestellt, dass der SS-Mann eine kavernöse Tuberkulose hatte. Er saß einige Stunden bei Ramm und erzählte ihm – sei es, weil er viel getrunken hatte, sei es, weil er seinen nahen Tod spürte und der alte Mann, der neben ihm saß, in sich alles Gute vereinte, das der SS-Mann über den Vater, die Mutter, die Kindheit im Gedächtnis bewahrt hatte –, was man bei einer Beichte verschweigt. Mit heiserem Flüstern erzählte er von den Gaskammern und Kremationsöfen in Auschwitz, davon, wie sie mit Gas riesige Scharen von Kindern und Frauen töteten, wie sie ihre Körper verbrannten und mit ihrer Asche die Gemüsegärten düngten – und während er erzählte, wurde er von Husten geschüttelt, entblößte schwarze und goldene Zähne, spie in ein Fläschchen aus orangefarbenem Glas, fluchte, wischte sich den Schweiß ab, schluchzte auf.

Ramm sah den mageren Kerl in der Uniform ohne Schulterklappen an, und es war ihm, als würde dieser kranke SS-Mann, den er einst auf dem Arm gehalten und auf den Schultern umhergetragen hatte, nach Leichen und verbranntem Fleisch riechen. Und das Schlimmste: Rudolph war kein Ungeheuer, er war im Großen und Ganzen ein Mensch. Und als Kind war er ein prächtiger, guter Junge gewesen. Aber offensichtlich machte nicht nur das Leben die Menschen furchtbar, auch die Menschen machten das Leben furchtbar.

In der Nacht stand der alte Mann auf, zog sich an und ging bei heulendem Fliegeralarm zur Raubtieranlage. Dort saß er fast bis zum Morgengrauen. Er schaute in die kranken, tränenden Augen des alten Löwen Phönix; in die erweiterten Pupillen des Tigerweibchens Lizzie, die alle säugenden Mütter haben; in die rotbraunen, irrsinnig wirkenden Augen der alten Hyäne Bernard, die stark zu ergrauen begann. Er konnte nichts Schlechtes in diesen Augen finden. Fritzi schlief auf der Seite liegend, die Faust unter den Kopf gelegt, und hörte nicht, wie Ramm zu ihm kam.

Die Lippen des Gorillas waren leicht geöffnet, entblößten riesige Eckzähne, und sein Maul konnte schrecklich erscheinen.

Offensichtlich war der vertraute Geruch bei dem schlafenden Tier angekommen, und ohne dass es dabei aufwachte, stieg im Traum oder sonst wie in den Tiefen seines Unterbewusstseins das Bild des geliebten Wesens vor ihm auf. Seine Lippen fingen im Traum ganz leise an zu schmatzen, und das Gesicht nahm jenen bezaubernden Ausdruck an, den nur kleine Kinder haben, wenn sie aufwachen, aber noch nicht ganz wach sind und dennoch die Wärme spüren, den Geruch und das Lächeln der über sie gebeugten Mutter.

Wie offenherzig waren die Tiere! Wie liebten sie ihre Wärter! Die Wärter aber bestahlen sie. Phönix freute sich, wenn er das Stiefelknarren der Wärterin hörte, obwohl die Stiefel auf Phönix' Kosten gekauft worden waren. Und nicht nur die Stiefel! Hosen für die Enkelsöhne, Schürzen für die Enkeltöchter, Wollknäuel zum Stricken – alles wurde auf Kosten der unglücklichen Tiere gekauft. Die Wärter rechtfertigten sich damit, dass das Gehalt schon kaum für das Essen reiche, sich davon aber noch Kleidung zu kaufen unmöglich sei. Was tun? Auch Ramm war an den Tieren schuldig geworden. Auch er ging auf den kleinen Markt an der Nordwand des Zoos, wohin die Tierfreunde kamen und bei den Wärtern Futter für ihre Eichhörnchen, Kaninchen, Vögel, tropischen Fische kauften.

Ramm trank gerne mal einen …

Der treuherzige Fritzi wusste natürlich nichts von den Sünden des alten Mannes, freute sich, wenn der Wärter Zucker, Apfelsinen, Mohrrüben, Reissuppe, Milch, Weißbrot mit ihm teilte. Ramm spürte deswegen Gewissensbisse, und die Tiere kamen ihm besonders lieb vor. Gewiss, sie hatten keine Zeiss-Optik und auch keine Erfolge bei der Herstellung von synthetischem Benzin. Aber es waren nicht die Tiere, die den Nationalsozialismus ersonnen hatten.

In seinem Bedürfnis, das Leben allein, ohne Hilfe des Führers zu verstehen – das unwillkürliche, unbezwingbare Bedürfnis eines Menschen, der vier Söhne verloren und seine Frau begraben hat –, fing er an, sich einen unsinnigen, verdrehten Darwinismus zurechtzulegen. Unter Hitler verlief die Entwicklung, so schien es ihm, in umgekehrter Richtung: Die Lebewesen stiegen die Stufenleiter der Evolution nicht empor, sondern in die Tiefe hinab. Knechte, Schurken, Dutzendmenschen, Gewissenlose waren im Auftrieb. Die Freiheitsliebenden, Unnachgiebigen, Klugen und Gutherzigen mussten dran glauben! Die rückläufige Evolution brachte unter dem Faschismus eine neue, primitive, erbärmliche Rasse hervor.

3

Unter den Wärtern des Zoologischen Gartens gab es nicht wenige verschrobene Typen. Doch selbst unter ihnen galt Ramm als Sonderling; manche rechneten ihn gar der höchsten Stufe zu: Sie hielten ihn für verrückt.

Am Samstagmorgen schickte der stellvertretende Direktor Ramm mit dem Auftrag zum Schlachthaus, die Begleitscheine auszufüllen und zu vereinbaren, dass die städtischen Schlachthäuser nicht nur Qualitätsfleisch, sondern auch Fleischreste und Knochen für die Tiere lieferten. Der Zoo war jetzt bereit, jedwedes Fleisch anzunehmen, sogar Aas. Denn wegen der näher rückenden Front gab es Probleme bei der Fleischversorgung. Die Bevölkerung bekam kein frisches Pökelfleisch mehr, wie sollte man da an die Versorgung der Tiere denken!

Zum Glück waren die Affen und pflanzenfressenden Tiere

relativ gut versorgt: Vorräte waren im Magazin vorhanden. Fleisch aber konnte man nicht lange aufbewahren, selbst im Kühlschrank nicht.

Es war ein warmer Aprilmorgen, als Ramm sich in der Fahrerkabine eines Lastwagens auf den Weg zum Schlachthaus machte. Es war gerade morgendliches Reinemachen in der Hauptstadt. Verschiedenste Wagen besprengten, fegten, scheuerten die Straßen, und das glitzernde, fröhliche Wasser strömte wendig den Asphalt entlang; runde, harte Bürsten waren am Schrubben, ließen aus Wasserspritzern Regenbögen aufsteigen. Die riesige, von der Schwermut des Krieges gepackte halbzerstörte Stadt wirkte fröhlich und unbekümmert an diesem Frühlingsmorgen.

Ramm kam beim Schlachthausbüro vorgefahren, als das aus den Güterwaggons ausgeladene Vieh die Asphaltstreifen zu den weit geöffneten Schlachthaustoren entlanggetrieben wurde. Normalerweise geschah dies im Halbdunkel, bei Morgendämmerung. Aber in dieser Nacht, erklärte der Lastwagenfahrer Bunge Ramm, hatte sich das Ausladen des Viehs wegen der Bombardierung der westlichen Zufahrtsstraßen verzögert.

Die langsam vorankommenden Tiere versperrten dem Lastwagen den Weg, und Ramm schaute, den Kopf gegen die schmutzige, staubbedeckte Windschutzscheibe gelehnt, auf die Herde aus Hornvieh, Schafen, Schweinen, die ihren letzten Weg gingen. Da gingen Kühe und Ochsen, die auf und ab nickenden Köpfe mit der breiten Stirn gesenkt, sie leckten sich die vor Aufregung ganz trocken gewordenen Lippen, nach außen wirkten sie gleichgültig und gefügig, doch sie waren voller Unruhe. Ihre schönen, umnebelten Augen sahen das fröhlich in den Pfützen glitzernde Wasser, das ein kurzer Regenschauer dort hingegossen hatte, ihre Nüstern nahmen den Duft des blühenden Flieders wahr, die frische Morgenluft, die nach der Dunkelheit und der drückenden Hitze in den Waggons besonders bezaubernd war.

Wie fremd war alles ringsum: der Asphalt unter den Hufen und die grauen Betonzäune und die blitzenden Fenster der mehrstöckigen Fleischfabrik, wo auf dem Fließband die warmen, noch zuckenden Körper der getöteten Tiere dahinzogen! Ein kaum wahrnehmbarer Geruch von Blut hing rings um dieses gemäß den Hygienebestimmungen errichtete Gebäude in der Luft ... Sogar die leichtfertigen einjährigen Jungbullen und Kälber verspürten Unruhe.

Menschen in blauen und weißen Kitteln, die sich die eingetroffene Herde besahen, schlugen die Tiere nicht mit dem Stock, schrien nicht, traten sie nicht mit beschlagenen Stiefeln. Die Menschen in den Kitteln bestimmten die Qualität, den durchschnittlichen Mastzustand, den Fettanteil des sich bewegenden, noch lebenden Fleisches. Es bewegte sich Fleisch, das muhen, schreien, gucken, zucken, röcheln konnte, aber die Tiere, die zu den Toren des Schlachthauses hereinkamen, waren für die Menschen in den blauen und weißen Kitteln keine Lebewesen – für sie gingen dort organisches Eiweiß, Fett, Epidermis, Hörner, Knochen.

Der Treiber, der der alten Kuh, die gedankenverloren hinter der Herde zurückgeblieben war und an Kurzatmigkeit litt, auf die Augen schlug, räumte mit seiner Rohheit den Vierbeinern das Recht ein, als lebend zu gelten. Denn die Bosheit der Treiber wurde gerade dadurch hervorgerufen, dass die zum Schlachten verurteilten Tiere trotz allem bis zur letzten Stunde und Minute lebendig waren: Sie waren widerspenstig, hatten Angst vor dunklen Gegenständen, hielten an, um Harn zu lassen, oder verspürten plötzlich den Wunsch, hastig mit der trockenen Zunge über den nassen Asphalt zu fahren.

Ein Jungbulle schüttelte den Kopf, vollführte ein paar ausgelassene Sprünge, freute sich über den Morgen und hielt plötzlich, von einem Vorgefühl erfasst, inne, stand wie angewurzelt da, senkte das zerzauste Köpfchen mit der breiten Stirn und den kindlichen Hörnern, die er gegen das Schicksal richtete, das auf ihn zukam; er fing leise an zu brüllen, beklagte sich, bat um Beschwichtigung und Liebe ... Und eine alte rotbraune Kuh, die mit Mühe ein Bein vor das andere setzte, sah ihn mit tränenden Augen an, blieb neben ihm stehen, legte ihm das Maul auf den warmen, breiten Hals und leckte seinen Kinderkopf. Dieses Haltmachen der zwei Tiere verursachte ein Stocken in der Bewegung der Herde, und der Treiber schlug dem Jungbullen in kalter Wut mit dem Stock auf die samtige rosa Nase und der alten Kuh auf die Sehnen der schmutzigen Hinterbeine.

Über den angrenzenden Asphaltstreifen bewegten sich Schafe, dunkelgrau vom Straßenstaub, mit abgezehrten Mäulern. Sie trippelten hastig – wie verwirrte alte Frauen, die plötzlich aus dem Halbdunkel ihrer lieben Häuschen in das dröhnende Getümmel des Kampfs ums Dasein geraten sind. Und ihre kläglichen Anstrengungen in den letzten Minuten des Lebens bestanden darin, sich möglichst eng zusammenzudrängen. Ihre Hilflosigkeit im Augenblick des Todes erschien unermesslich: Sie konnten keinem Hasen, keiner Maus, keinem Küken etwas zuleide tun. Ihre sanften Augen voll biblischer Trauer und evangelikaler Reinheit blickten ohne Vorwurf, ja sogar ohne Angst die Menschen an; ihre lieben Hufe trappelten zum letzten Mal. Zusammengedrängt zu einem dichten lebenden Knäuel von dreckiger Wolle spürten sie, dass es keine Rettung für sie gab, keine Barmherzigkeit, dass an Hoffnung nicht zu denken war. In der bitteren Stunde fanden sie Trost darin, durch die ganz rau gewordene, staubbedeckte Wolle hindurch die lebendige Wärme eines verwandten Schafskörpers zu spüren, der allein im erhabenen und prächtigen Universum dem Schaf nicht feindlich gesinnt war; sie versenkten die Köpfe im Halbdunkel der dichten Schafwolle, und ihre Augen stellten sich für einen Moment vor, den Frühling zu erblicken, die Sonne, das Himmelsblau, und ihre Herzen verspürten in diesem Dunkel, im vertrauten Geruch und der Wärme, in der kummervollen Gemeinschaft der Verdammten für Sekunden Erleichterung.

Über den dritten Weg liefen die Schweine, die einen dreckig, die anderen rosig, sauber gewaschen. Ihre klugen Äuglein waren von Angst erfüllt. Ihre Nerven hielten die Anspannung nicht aus, und fast die ganze Zeit über lag das Quieken der Schweine in der Luft.

Und dort, wo vor kurzem die Kuh- und Ochsenherde durchs Tor des Schlachthauses gekommen war, trotteten jetzt langsam, von zwei breitschultrigen Frauen in gelben Ledermänteln angetrieben, alte, von der Arbeit ausgemergelte Pferde. Sie waren es, die für die Bewohner des Zoologischen Gartens als Futter dienten. Sie bewegten sich langsam, hinkten auf ihren verkrüppelten Beinen, und bei jedem Schritt nickten ihre Köpfe und schwangen ihre dürren alten Mähnen und Schweife hin und her. In ihren Augen lag große Trauer: Wenn man in ihre alten Arbeitsaugen schaute, schien es einem, als ob man niemals mehr Ruhe finden würde.

Bunge, der Fahrer, ein junger Kerl, der nach drei Verwundungen aus der Armee entlassen worden war, stupste Ramm mit dem Finger in die Seite und sagte:

»Na, Väterchen, wahrscheinlich läuft Ihnen das Wasser im Munde zusammen, wenn Sie sich die Schweine so ansehen? Was für leckere Würstchen, was für Rippchen in der Erbsensuppe! Hören Sie, wie sie quieken, drängeln? Sie wollen sich schneller in Schinken verwandeln. Aber der Schinken ist nicht für unseren Tisch bestimmt, also stieren Sie nicht so.«

Bunge sprach fröhlich, aufgekratzt, und es war zu spüren, dass er ein wenig Theater spielte, ihm der Anblick dieser Tiere ein klitzekleines bisschen unangenehm war.

Der Affenwärter schwieg, und Bunge sagte nachdenklich:

»Von Kindesbeinen an habe ich Hammelfleisch nicht gemocht. Gib mir ausgesuchtes junges Hammelfleisch – nicht das geringste Interesse. Ich war bei der Kaukasustruppe der Armee, und dort haben wir nur Hammelfleisch gegessen. Die Jungs haben sich über mich lustig gemacht: Ich bin abgemagert.«

Er schaute auf den schweigenden Ramm, ob der nicht eingeschlafen sei. Nein, der Affenwärter schlief nicht, er blickte vor sich hin durch die Windschutzscheibe und schwieg. Es gibt vielerlei, woran sich ein Alter erinnern kann.

4

Den Samstagabend verbrachte Ramm gewöhnlich in der Kneipe.

Für den Kneipenwirt und die Kellnerinnen verbanden sich mit jedem Stammgast zwei, drei kurze, oberflächliche Stichworte, etwa: »der, der nur Märzbier trinkt«, »der, der jeden Tag einen neuen Schlips trägt«, »der, der kein Trinkgeld gibt«, »der, der ›Das Reich‹ nicht liest«.

Die Gäste hatten Spitznamen, die nicht sehr treffend waren und für gewöhnlich das Gegenteil des eigentlich Gemeinten bezeichneten: War ein Gast dick, dann wurde er »Bohnenstange« genannt, war er sparsam und knauserig, nannten sie ihn »Zechbruder«. Ramm verpassten sie den Spitznamen »Plaudertasche«.

Aber an diesem Samstagabend wurde der Affenwärter, der mit einem Fingerzeig seine Molle bestellte und mit einem Münzklopfen seinen Wunsch zu zahlen äußerte, seinem Spitznamen gerecht.

Die aufgeweckte ältere Kellnerin, die dicke Frau Anni, die im Reich der Kneipentische über eine fast Zebaoth'sche Allwissenheit verfügte, registrierte alles. Der Affenwärter bestellte ein Bier, und Anni verstand aufgrund seiner unnatürlich schwungvollen Geste, dass er außer sich war.

Mit ihrem zusammengekniffenen, grüngelblichen Kneipenauge lugte Anni zu dem alten Mann und sah, dass er sich ungeschickt und hastig aus einer Flasche Korn ins Bier goss. Das war nicht gestattet. Aber Anni sagte natürlich nichts zu dem Alten. Später jedoch, als sie an seinem Tisch vorbeikam, seufzte sie bedeutungsvoll: Offensichtlich hatte der Affenwärter nicht nur ein halbes Glas Korn in sein Bier gegossen, wie es Usus war, und auch nicht ein Glas – sein Bier war ganz hell geworden, fast wie Wasser.

Anni hatte sich nie mit kalorimetrischen Analysen befasst, aber die praktischen Grundlagen der Kalorimetrie verstand sie sehr wohl …

Es waren schreckliche Tage. Das tägliche Leben glich der

trügerischen Stille von Wasser, das rasch auf einen Wasserfall zutreibt. Anni wunderte sich nicht, dass Altgewohntes über den Haufen geworfen wurde und der steife Gast, der immer mit seinen Schlipsen großtat, auf einmal mit aufgeknöpftem, dreckigem Kragen in die Kneipe kam und der ewige Märzbiertrinker urplötzlich eine Flasche Schnaps verlangte. Es kamen auch noch merkwürdigere Dinge vor.

Kurz, der Alte betrank sich. Er hatte bereits eine Molle mit »Dynamit« getrunken, als sich ein dahergelaufenes Subjekt im Trainingsanzug zu ihm an den Tisch setzte.

Anni drehte ihre nächste Runde, kam an dem kleinen Tisch vorbei und hörte, was das Subjekt sagte – irgendetwas über eine erfolgreiche oder wenig erfolgreiche Jagd ...

Einen Tag später traf sich Anni mit Lacht, einem Beamten der Bezirksgestapoleitung, der für die Erfassung von Spitzelinformationen aus den Kneipen, Cafés und Restaurants zuständig war. Er war ein wohlbeleibter, nicht mehr junger Mann mit krankhaft geröteten Wangen, einer hohen Denkerstirn und aufmerksamen, nachdenklichen, schönen grauen Augen. Er empfing seine Besucher in einem Amtszimmer der Bezirkspolizeidirektion, das sich in jenem Aufgang befand, in dem der Zutritt ohne Dienstausweis gestattet war.

Anni ging die ausgetretene Steintreppe hinauf. In dem halbdunklen Gang begegnete sie dem Oberkellner des Restaurants »Astoria«, der gerade aus Lachts Zimmer heraustrat. Sie zwinkerten einander zu. Ihre Bekanntschaft währte schon viele Jahre, in ihrer Jugend hatten sie beide gemeinsam in einem Café vor den Toren der Stadt angefangen. Anni, die sich im Gehen die Nase gepudert und die ohnehin schon roten Lippen angemalt hatte, trat in das Büro des Chefs und verspürte dabei eine Mischung aus Verliebtheit und leichter Unruhe. Dieses Gefühl hatte sie immer, wenn sie Lacht aufsuchte. Es verschwand, sobald das Gespräch begann; Lacht war doch ein höchst charmanter und lieber Gesprächspartner. Doch wenn Anni aus seiner Amtsstube trat, war wieder das ziehende Gefühl von Unruhe da und hielt zwei, drei Minuten an. Manchmal tauchte es auch nachts auf, wenn Anni vor lauter Müdigkeit nicht einschlafen konnte, vor Gebrumme im Kopf, das von dem Gebrumme in der Kneipe kam.

Diesmal berichtete sie bei ihrem Besuch von dem Vorfall mit dem alten Wärter aus dem Zoologischen Garten. Mit Lacht, der für ihren Bereich zuständig war, ließ es sich leicht reden. Er trank nicht. Anni regten Männer auf, die, kaum dass sie sie erblickten, sie darum baten, ihnen ein Bier zu bringen.

Anni war in Lachts Gegenwart voller Elan, als plaudere sie genüsslich mit ihrer Busenfreundin, die alles in Annis Leben haarklein kannte.

»Sie haben sich also gestritten«, sagte Lacht gedehnt mit jenem Ausdruck von gezügelter, aber brennender Neugierde, welcher in demjenigen, der erzählt, den Feuereifer anstachelt.

»Und wie, richtig heftig!«

Anni verstand es, den Vorfall in der Kneipe bis ins kleinste Mienenspiel nachzuahmen, die Stimmen zu imitieren, komische Gesten wiederzugeben. Sie streckte stolz die Hand aus, den Kopf in den Nacken gelegt, die Augen zur Decke gerichtet.

»Eine Predigt Martin Luthers?«, fragte Lacht.

Anni, die sich in ihre Rolle einfühlte, antwortete nicht, sie presste verächtlich die Lippen zusammen, ihre etwas schlaffen Wangen blähten sich auf, fingen an, sich zu bewegen.

»Wie könnt ihr es wagen, so über Raubtiere zu sprechen! Ihr seid Raubtiere, aber nicht sie!«, fing Anni plötzlich heiser an zu klagen, und Lacht schüttelte sich im Nu vor Lachen.

Das Talent dieser Frau bestand darin, dass der Zuhörer einen ihm bis dahin unbekannten Menschen klar vor Augen hatte, ihr die Echtheit jeder Geste, jedes Wortes, jeder Intonation glaubte. Es war ein Rätsel, wie diese Frau den krummen Rücken des mageren Alten, die zitternden sklerotischen Finger und das vor Aufregung hin und her rutschende Gebiss dazustellen verstand! Und jetzt sahen die Zuschauer sogar graue Stoppeln auf ihrem Gesicht. Aber nicht die Stoppeln und der Rücken waren das Wesentliche. Der Kern war, dass ein Mensch in die Seele eines anderen Menschen geblickt hatte.

»Ein satter Tiger oder Löwe, morden die etwa? Tiere müssen sich ernähren, wer würde ihnen deswegen einen Vorwurf machen? Dir aber gefällt es, sonntags auf die Jagd zu gehen. Dir sind ihre zersplitterten Knochen, ihre blutigen Pfoten, ihre Köpfe piepegal. Ein Hase weint, schreit wie ein Kind, und du stehst über ihm, rülpst vor Sattheit, und dann schlägst du ihn mit dem Kopf gegen einen Stein«, schrie sie mit zitternder Altmännerstimme.

Lacht hörte zu, die Augen halb geschlossen, und vor ihm stand ein betrunkener, jämmerlicher Alter mit zitternden Händen, einem zuckenden Gesicht und wahnsinnigen Augen. Lacht sah sogar die betrunkenen Gesichter der Zuhörer, hörte das Gelächter und böse Zischen: »Ruhe, Ruhe, lasst ihn reden!« Gar nicht ohne, das Talent dieser Kellnerin!

»Was? Jagd soll eine redliche Sache sein? Den Geruch der Liebe zu imitieren, die Stimmen der Liebe, Hungrige mit Strychnin zu vergiften – das soll redlich sein? Entschuldigen Sie bitte, ich höre schwer, können Sie das bitte noch einmal sagen ...« Dabei legte Anni die Hand ans Ohr und horchte aufmerksam, den Mund wie ein Idiot halb geöffnet. Und schon einen Augenblick später prangerte sie wieder wie ein Prophet aus alten Zeiten das Böse an: »Ach, so ist das! Ihr meint, auch die Tiere jagen zu ihrem Vergnügen? Ihr wart es, die Jagdhunde zu Verrätern, zu Mördern gemacht haben! Und all das nicht, um Leben zu retten, sondern aus Spaß, um schmackhafter zu schlemmen. Was? Und was ist mit den alten Hunden und Katzen, die getötet werden! Die Sterbenden, die euch ihre Liebe geschenkt haben, ihre Ehre, sie kommen in Forschungsinstitute und werden dort, bevor man sie tötet, gefoltert. Habt ihr die Augen dieser Sterbenden gesehen, wenn sie aus der Wohnung fortgeschafft werden und sich nach ihrem Herrchen ausstrecken: ›Rette mich, hilf mir!‹?« Zum Umfallen erschöpft sagte Anni: »Das Glück wird euch nicht hold sein!«

Sie hustete sich die Kehle frei, putzte sich die Nase, holte aus der Handtasche einen kleinen Spiegel und eine Puderdose hervor – die Vorstellung war zu Ende. Aber die Macht der Kunst war offenbar groß, und Lacht fing nicht sofort mit professioneller Stimme zu sprechen an. Er war entzückt, nickte mit dem Kopf, breitete die Arme aus und lachte nicht nur, sondern seufzte auch tief. Denn etwas Beklemmendes, Beunruhigendes lag trotz allem in der komischen betrunkenen Predigt des halbverrückten Alten.

»Eine reizende Miniatur, in sich rund und formvollendet. Sie könnten im Varieté auftreten.«

Lacht war ein gebildeter, empfindsamer Mensch. Er hatte mit Restaurants und Klubs zu tun, in denen angeheiterte Intellektuelle zusammenkamen und philosophierten. Die Kneipe, in der Anni arbeitete, beschäftigte ihn nur deshalb, weil sie im Bezirk Tiergarten lag, nicht weit von der Reichskanzlei. Er öffnete die Tischschublade und bot Anni Schokolade an. Wie alle, die keinen Alkohol trinken, liebte er Süßes.

Aber Dienst war Dienst. Wie sich herausstellte, hatte die Predigt des Verrückten Anlass für politische Anspielungen gegeben. Ein Gast, der augenscheinlich stark betrunken war, hatte geschrien:

»In so einer Zeit gilt es nicht, die Tiere zu bedauern, die in Käfige eingesperrt sind! Ich will auch Freiheit! Und nicht ich allein will sie. Vielleicht willst du sie ja auch. Aber versuch mal, das dem Führer zu sagen! Schlachthäuser versetzen jetzt keinen in Schrecken, für Menschen gibt es weitaus schlimmere Dinger!«

Wie immer in solchen Fällen, wenn ein Betrunkener plötzlich mit antistaatlichem Unflat herausplatzte, pflichtete ihm natürlich keiner bei, aber es widersprach ihm auch keiner: Auch das konnte mit Unannehmlichkeiten enden – alle taten so, als hätten sie nichts gehört, blinzelten erstaunt und kehrten mit Unschuldsmienen zu ihren Tischen zurück.

Lange versuchten sie, die Personenbeschreibung des Betrunkenen genauer zu fassen. Anni wusste nichts über ihn, die Menschen, die mit ihm an einem Tisch gesessen hatten, kannten ihn nicht.

Lacht stand auf, von einer plötzlichen Eingebung ergriffen:

»Ach, Frau Anni! Der Nationalsozialismus hat einen Hauptfeind, und der ist nicht schwächer als die Panzer und Kanonen, die aus dem Osten gen Westen rücken – das niedere, unvernünftige Freiheitsstreben der Menschen! Die Freiheit ist die erste Hure des Teufels! Was für eine herrliche Aufgabe haben wir: mit der Stärke unserer Faust und unserer Ideen den allmächtigen und klugen Menschen vom Gift der Freiheit zu befreien! In der Abkehr vom Freiheitskult liegt der Sieg des neuen Menschen über das Tier!«

Lacht setzte sich, atmete tief durch und lachte über seinen eigenen Feuereifer.

»Kurz, die Sache ist klar: Dieser Alte ist verrückt«, sagte Lacht, »aber wenn man es grundsätzlich sieht, dann ist alles, was dieser wutschnaubende Alte gesagt hat, eine schlecht getarnte Predigt von antistaatlichen Ideen. Vom langen Umgang mit den Tieren ist dieser Alte aus dem Zoo selbst zum Tier geworden. Dieser Alte ist ein Feind des deutschen Volkes, ein ausgesprochen gefährlicher, obwohl der Führer höchstpersönlich in der Reichstierschutzgesellschaft die Aufsicht führt. Anni, ich bitte Sie, kränken Sie mich nicht, essen Sie und nehmen Sie diese Schokolade für die Enkeltochter.«

Er war aufmerksam und geschäftig, als wäre nicht Krieg an der Oder, als gäbe es nicht Wichtigeres in Berlin zu tun, als sich mit der Angelegenheit des verrückten Wärters zu befassen. Die »neue Ordnung« hatte neue Menschen hervorgebracht, die höchste Rasse der Deutschen.

Wie immer nahm Anni einen Eindruck von Wärme mit, als sie ging. Sie war ja in Lacht verliebt – insgeheim, natürlich. Und wie immer ergriff sie auf der Straße für Minuten ein quälendes Gefühl: Wird dieser Verrückte aus dem Zoologischen Garten auch nicht verschwinden, wie schon einige Menschen aus dem Leben verschwunden sind, von denen sie ihrem lieben und klugen Gesprächspartner erzählt hat? Aber zu diesem unbestimmten quälenden Gefühl kam heute noch eine andere Unruhe hinzu, die nicht vergehen wollte: Auf allen Gesichtern lag Besorgnis, in den Augen eine düstere Anspannung. Durch die Straßen jagten Autos mit Koffern dahin, die in aller Eile festgemacht worden waren.

Wer findig war, floh aus Berlin in den Westen.

Wenn alle Notizen des guten Lacht, von denen sich in den acht Jahren ihrer Bekanntschaft so viele angesammelt hatten, in die Hände derjenigen fielen, die von Osten nach Westen vorrückten – würde das nichts Gutes bringen.

Und Anni sagte, ungeachtet des Anflugs von Beklemmung und indem sie mit mathematischer Exaktheit die Geste, das Lächeln, die Intonation des Chefs parodierte und sich über sich selbst lustig machte:

»Ja, verehrte Anni, das sind reizende Miniaturen, dafür steht Ihnen etwas zu. Das Restgeld können Sie behalten!«

5

Fritzi schmollte in den letzten Tagen mit dem alten Wärter. Richtig böse konnte Fritzi Ramm aber nicht sein: Zu groß war seine Liebe zu dem Alten. Er war eifersüchtig. Ramm hatte einen neuen Freund. Es war nicht die kinderreiche, von nichtigen Sorgen geplagte Meerkatze Lärchen, nicht der hinterlistige, berechnende Kapuzineraffe, der sich bei dem alten Mann einschmeichelte, nicht der fidele, gesellige, aber der ganzen Welt gegenüber gleichgültige, selbstverliebte, kraushaarige, rundköpfige junge Schimpanse Odysseus. Ramms neuer Freund war ein Mensch.

Vom Äußeren her glich er Ramm. Von weitem konnte man sie miteinander verwechseln. Aus der Nähe betrachtet verschwand die Ähnlichkeit. Es war ein schlechtgekleideter Mann mit eingefallenen, bleichen Wangen, flehenden, traurigen Augen, einer leisen, ein wenig stotternden Stimme, geschmeidigen, schüchternen Bewegungen.

Morgens kamen sie zusammen ins Affenhaus, und dieser Mensch schaute zu, wie Ramm, nachdem er Fritzis Käfig betreten hatte, das Frühstück bereitete, hellblaue Tassen und rosa Teller an verschiedenen Stellen verteilte.

Ramm schenkte Fritzi nicht weniger Aufmerksamkeit als zuvor. Der Eichelkaffee mit Milch, der Salat aus Kohl und Steckrüben, das Kompott aus getrockneten bulgarischen Äpfeln mit entferntem Gehäuse und das traditionelle Glas trockenen Moselweins zum Dessert – alles servierte er mit der gleichen Sorgfalt wie immer. Mit der gewohnten Aufmerksamkeitsbezeigung stand Ramm neben Fritzi, und der Gorilla blickte zu dem Alten hoch, als er sich den Mund mit einer Papierserviette abwischte und die braunen Finger nach einem neuen Teller ausstreckte, um zu sehen, ob Ramm denn auch seine Wohlerzogenheit würdigte: Er langte nicht nach dem Dessert, sondern aß gewissenhaft erst die gekochten Kartoffeln mit Butter auf. Normalerweise trafen sich ihre Blicke in einem solchen Augenblick, und Fritzi hatte bis zum Mittagessen gute Laune, dachte an den liebevollen, stolzen Blick seines Freunds. Aber jetzt trafen sich ihre Blicke nicht: Ramms Begleiter, der beim Käfig stand, hatte den alten Mann gerufen.

Fritzi half Ramm, die schmutzigen Teller aufeinanderzustapeln, stellte sie selbst aufs Tablett und begleitete den Wärter zur Tür. Dort küsste er wie immer den Alten auf die Schulter und die Wange. Ramms Begleiter fing zu lachen an, und dieses gutmütige, freundliche Lachen schmerzte Fritzi.

Nach dem Frühstück ging der Gorilla aus dem Gebäudeinneren nach draußen ins Freigehege.

Mittags war es ungewöhnlich heiß für die Jahreszeit; nach dem ausgiebigen nächtlichen Regen war die Luft sehr schwül. Der Zoo wirkte an diesem Morgen besonders leer. Fritzi warf einen Holzball in die Höhe, rollte ihn mit Karacho in die Ecke, ging dann zum Gitter, hielt sich mit einer Hand daran fest und schaute sich zerstreut um.

Wie ehedem, wie immer, lief der hagere, gebückte Wolf voll wahnsinniger Schwermut in seinem am angrenzenden Weg gelegenen Käfig umher. Er lief von einer Käfigecke zur anderen, stellte sich auf die Hinterläufe, warf den Kopf in den Nacken, rührte mit den Vorderpfoten in der Luft, machte eine Kehrtwendung und lief wieder am Gitter entlang, angetrieben von einem unstillbaren Freiheitsdrang. Der Wolf erblickte Fritzi, schüttelte den Kopf und setzte seinen Lauf fort. Er durfte nicht anhalten. Denn das Gitter musste doch einmal ein Ende haben, dieser elende Raum der Gefangenschaft, und dann würde er über den freien, glücklichen, weichen, frischen Waldboden laufen!

Und genauso, wie immer, waren die beiden Kragenbären mit fanatischem Starrsinn damit beschäftigt, den Käfig zu zerstören. Der eine drückte sich mit dem ganzen Gewicht seiner weißen Brust gegen das Gitter, rüttelte an den dicken Stäben, steckte zwischen ihnen seine lange schwarze Nase hindurch; der andere leckte mit seiner schmalen Zunge das Gitter ab. Es hatte den Anschein, als würde der Stab von der Spucke brüchig und gäbe nach, lasse sich biegen, und dann nähme die sagenhafte Welt der Bergwälder ihren Anfang, und klare, rauschende Flüsse würden den elenden rechteckigen Raum des Käfigs verschlucken.

Der Leopard lag auf der Seite und versuchte, mit seiner weichen Pfote den Zwischenraum zwischen dem verzinkten Fußboden und dem eisernen Käfigrand zu vergrößern. Einmal hatte ein alter Mann, ein Kumpel aus dem Ruhrgebiet, der ihm dabei zusah, zu seiner neben ihm stehenden Frau gesagt:

»Ich weiß noch, wie ich im Kronprinzenschacht verschüttet war. Ich lag auch so da wie dieses arme Geschöpf und löste mit den Fingern Gesteinsbrocken. Wir wollen ja auch frei atmen.«

»Schweig besser«, sagte die Alte.

Aber Fritzi konnte natürlich nichts von dem, was der alte Bergmann gesagt, noch von dem, was seine Frau ihm geantwortet hatte, wissen.

Das Tigerweibchen Lizzie, sonst mit ihren Jungen beschäftigt, war an diesem Morgen von Schwermut befallen. Stumpfsinnig, aber lautlos und geschmeidig lief sie im Käfig umher, lungerte herum, gähnte, fuhr mit dem Schwanz hin und her, unter ihrem gestreiften Fell traten bald die Muskeln hervor und spannten sich an, bald entspannten sie sich und waren nicht zu sehen … Sie regte sich über ihre maunzenden Kinder auf, die die Mutter mit der Bitte bestürmten, sich hinzulegen und sie zu säugen. Offenbar waren ihr in diesem Augenblick die in Unfreiheit geborenen Jungen zuwider.

Bernard, die Hyäne, lag matt da: Der beiseitegeschobene Schwanz, die rötlichen, tränenumflorten, halbgeschlossenen Augen Bernards drückten Müdigkeit und Apathie aus.

Die Kondore und Adler wirkten von weitem wie kalte Granitblöcke: So starr waren sie! Ihre ganze Geisteskraft, ausgebildet in jener kalten Höhe, wo die dünne Luft bereits zum Himmelsraum zählt, war in ihren Augen konzentriert. In der reglosen, hellen Schärfe dieser Augen kam eine gewaltige Kraft zum Ausdruck, und es schien, als könnten diese Augen wie ein Diamant jede Steinschicht durchbohren, Glas schneiden … Schon zweiundfünfzig Jahre sitzt der breitschultrige, gebückte Adler im Käfig, seit zweiundfünfzig Jahren verfolgen seine reglosen, astronomisch scharfen Augen den Wolkenzug und in letzter Zeit die Bewegungen der Jagdflugzeuge bei ihren Sperrflügen am Himmel. Glühende Leidenschaft, die größer ist als Schwermut und Qual, drücken die Augen des ewigen Gefangenen aus. In der Freiheit liegt der Reichtum des Lebens, sie unterscheidet sich vom Elend der Sklavenexistenz, so wie der Himmelsraum sich vom Gitterkubus des verzinkten Käfigs unterscheidet.

Der altersschwache Löwe liegt da, den schweren, gelockten Kopf auf die sklerotischen Pfoten gelegt; seine große Nase, die einem alten Porokreppabsatz gleicht, ist ganz ausgetrocknet und nimmt wie ein ausgeschaltetes Radiogerät nicht die widerlichen Benzingerüche wahr, die qualmigen Abgase, den Gestank aus den Kellern der Lebensmittel- und Weingeschäfte, den Geruch des nicht vollständig verbrannten Gases aus den zahllosen Badezimmern und Küchen, den trostlosen Schwefelgeruch aus den Weddinger Fabrikschornsteinen, den ranzigen, fettigen Geruch der Motorboote auf den Flüssen, den Tagesgeruch von Schweiß und den herben

Alkoholgeruch des Abends, den die Menschen verströmen, die in den steinernen Straßenschluchten leben ...

Aber nun fährt sich der Löwe mit der Zunge über die trockene Nase, befeuchtet sie und setzt den ausgesprochen feinen, hochkomplizierten Apparat in Gang. Der Löwe liegt reglos da, wirkt wie ein Stück gelbgrauer Sandstein, aber seine benetzte Nase arbeitet, sie registriert, filtriert und trennt eine Unmenge nutzloser schlechter Gerüche voneinander, nach denen die Hauptstadt des Dritten Reichs riecht.

Der Steinkörper des Löwen fängt kaum wahrnehmbar an, sich zu bewegen, es regt sich die Schwanzspitze, und ein Zittern läuft über das sandfarbene Fell ... Plötzlich heben sich still und leicht die großen Lider, und zwei große klare, strenge Augen schauen unverwandt auf den mächtigen Käfig mit den geraden Stäben, und dann senken sich die Lider wieder wie ein vollkommener und gut geölter Mechanismus, und die Augen verschwinden dahinter. Der Löwe versteinert erneut, von neuem trocknet die Porokreppnase aus, schaltet sich aus und hört auf, die Gerüche der Stadt zu registrieren und zu filtrieren.

So wiederholt es sich viele Male im Verlauf eines Tages, diese kaum wahrnehmbaren Bewegungen drücken Kummer und Hoffnung aus, die so lange existieren werden, wie der Löwe atmet, schaut. Denn jedes Mal nimmt der alte Löwe inmitten der elenden Gerüche der Unfreiheit einen hauchfeinen bitteren Geruch von Steppe wahr – gerade wird Heu in den Kavalleriekasernen ausgeladen –, den Geruch von Flusswasser und wildwachsenden Bäumen. Freiheit! Sie liegt in der unermesslichen Weite der mondbeschienenen afrikanischen Steppe, in der heißen, feurigen Wüstenluft ... Der Löwe hebt hoffnungsvoll die Augen: Vielleicht ist auf einmal der Käfig verschwunden, und ein Leben in Freiheit blickt ihn an?

Die Klarheit des heißen, schwülen Morgens wurde unerwartet von einem Platzregen abgelöst. Gelbe und schwarze Wolken ballten sich bedrohlich über Berlin zusammen. Ein heftiger Wind fegte über die Straßen, weißer, cremefarbener und roter, ziegelfarbener Staub stieg von Hunderten und

Tausenden durch die Bombardements zerstörter Gebäude auf, Sand, zerknülltes gelbes Papier, schmutzige Watte, ausgetretene Zigarrenstummel und Kippen mit rotem Lippenstiftrand wirbelten auf, ein gewaltiger, heißer, gelber Regen prasselte von oben nieder, und alles vermischte sich in wässrigem Nebel, dunkelbraune, breiige, flache Flüsse brausten über die Asphaltstreifen.

Fritzi saß in einem Sessel; das Prasseln des Regens auf das verzinkte Blech und das Blattwerk, die feuchte Schwüle, der Nebel und die gelben, aufgelockerten Wolken – all das vermischte sich im schlummernden Bewusstsein des Gorillas und beschwor einen Traum herauf, der lichter war als die heutige Realität ...

Er war in den Wäldern des tropischen Afrika, wo tagsüber unter den mächtigen, dichten Bergen von Holz, Lianen, Blattwerk Dunkelheit herrschte, wo die Schwüle so schrecklich und die Luft so stehend war, dass es schien, als wären die hier schlafenden Gasmoleküle, aus denen sich die Luft zusammensetzt, nicht den Gesetzen von Avogadro[16] und Gerhardt[17] unterworfen. In diesen Wäldern trommelten fast das ganze Jahr über heiße Regengüsse mit fürchterlicher, sintflutartiger Wucht auf die schwarze, morastige Erde. Die Bäume, irr vor Feuchte, Hitze, fettem, nährstoffreichem Humus, büßten hier ihre Individualität ein, verflochten ihre Zweige ineinander, drängten sich mit ihren saftigen Stämmen aneinander, wurden von Hunderttausenden von Lianen, von Därmchen, Därmen, Muskeln und Arterien, umschlungen und miteinander verbunden, und mit der bleischweren, heißen Pelzmütze aus dickhäutigem Blattwerk bildeten sie einen Wald, der einem einzigen kolossalen Körper glich. Das

---

16 Amedeo Avogadro (1776–1856), italienischer Physiker und Urheber des »Avogadro'schen Gesetzes«, das besagt, dass gleiche Volumina idealer Gase bei gleicher Temperatur und gleichem Druck die gleiche Anzahl von Teilchen enthalten

17 Charles Frédéric Gerhardt (1816–1856), französischer Chemiker, der als Begründer der Typentheorie in der Organischen Chemie gilt

lebende, atmende Gebilde aus Holz und Laub war so dicht, reglos, schwer, dass es nur mit geologischen Schichtungen vergleichbar war. Doch der Wald schien lediglich tot, in seinem Innern war fieberhafte Betriebsamkeit. Auf die heißen Regengüsse reagierte der Wald mit berstendem Leben – mit einem Fluss von in die Höhe schießenden Zellen, die sich blitzschnell und zielstrebig teilten. Die Schwere der Waldluft, die von ihrer Dichte her heißem Wasser entsprach, war für den Menschen und die Mehrzahl der Tiere unerträglich, ohne Taucheranzug konnte man hier – wie im Wasser – umkommen. In den Pausen zwischen den Regengüssen kamen unter jedem Blatt Hunderte von Insekten hervor, um sich die Beine zu vertreten und die Rüssel zu putzen, und Blätter gab es hier viele. Das Summen wurde volltönend, und es schien, nicht die Luft summte, sondern der Wald selbst erschallte tief und dumpf mit den Billionen seiner Stämme, Lianen, Zweige, Blätter. Die Moskitos und Mücken schwebten im Waldesdunkel als noch schwärzeres unbewegtes Dunkel, hinderten einander beim Fliegen, fanden nicht alle Platz im Kubus der Luft. Ihre Menge ließ sich allein durch die Zahl ausdrücken, die der Masse der Galaxis in Gramm entsprechen würde.

Ein junger Mensch, der hier einen Tag verbrachte, konnte angesichts der Qualen alt und gebrechlich werden. In diesen Wäldern lebten die Gorillas. Und der im Käfig des Berliner Zoologischen Gartens schlummernde Gorilla sah sich im Traum im heißen Waldesdunkel, sah seine Mutter, die älteren Brüder und Schwestern, wie sie mit Zweigen fächelten, um sich vor den Mücken zu schützen, und Tränen des Glücks traten ihm unter den braunen Lidern in die schlafenden Augen.

6

Solange es regnete, stellten sich Ramm und sein Begleiter Krause im Pavillon unter, in dem im Sommer Eis verkauft wurde. Der Pavillon war noch nicht geöffnet, aber die Korbsessel und Tische waren schon aus dem Lager gebracht worden.

Der alte Wärter und Krause saßen in den Sesseln, rauchten, unterhielten sich und warteten darauf, dass der Regen aufhörte.

Krause war Buchbindermeister von Beruf, ihm war bei einem Straßenbahnunfall ein Arm verstümmelt und die Brust verletzt worden, und nun war er Rentner. Es schien, als habe sie ein reiner Zufall vor ein paar Tagen zusammengeführt, als Ramm seinen abendlichen Kontrollgang machte. Ramm hatte ein gutmütiges und reines Herz, aber sein kümmerlicher Verstand begriff nichts von den Strudeln des Lebens. Und sein Hass auf die schrecklichen Herrscher über Deutschland, die die Herrenrasse ersonnen hatten, hatte aus seinem Mitgefühl mit den Menschen und seiner Liebe zu ihnen Verachtung werden lassen.

Ausgerechnet jetzt, in diesen Minuten des Regens, äußerte er seinen Hauptgedanken, über den er noch nie zuvor mit jemandem gesprochen hatte:

»Unsere Herrenrasse lebt so, als ob die Welt im Vergleich mit ihr nichts wert sei. Herzensgute, ehrliche, prächtige, stumme Wesen sind unglücklich geworden, während die Herrenrasse das Beste an sich gerissen hat, was es im Leben gibt. Wenn irgendwelche Tiere die Herrschenden stören oder aber sie sie brauchen, dann töten sie sie völkerweise. Sie sind für sie wie Sand, wie Ziegel. Wenn sie einmal um eines Nutzens oder einer Kurzweil willen beschlossen haben, eine Tierrasse auszurotten, dann schlagen sie auch Greise und Schwangere und Neugeborene, räuchern sie in ihren Höhlen aus, lassen sie verhungern, ersticken sie mit Rauch.

Früher überlebten die, die ein gutes Fell hatten, eine Fettschicht, es gediehen die Schönen, die, die eine prachtvolle Färbung hatten, das reichere Federkleid. Aber heute gilt ein neues, besonders verheerendes Gesetz der Auslese, das härter ist als Frost, härter als quälender Hunger und der Kampf um Liebe; jetzt überleben die Nackten, Knochigen, Grauen, die weder Fell noch Pelz haben, sondern stinkendes Fleisch, keine Farben ... Was für eine Auslese ist das! Sie zielt auf den Tod alles Lebendigen ab. Die Iltisse gehören in die Gemeinschaft der Heiligen eingereiht.

Warum gilt das Töten von Tieren nicht als Verbrechen? Warum, warum? Das höhere Wesen muss mit dem niederen sorgsam, liebevoll, mitleidig umgehen, wie ein Erwachsener mit einem Kind.

Und was schließe ich daraus?«, fragte er nachdenklich, als würde er seine Gedanken abwägen. »Wenn du der König des Universums sein willst, musst du lernen, selbst diesen kleinen Regenwurm zu achten.«

Er zeigte auf den blassrosa Wurm, der aus der aufgeweichten Erde hervorgekrochen war. Krause lief in den Regen hinaus, ohne auf sein ärmliches, altes Jackett zu achten, und trug den Wurm zu einem höheren Teil des Blumenbeets, unter die breiten Blätter der Canna, wo ihm kein strömendes Wasser drohte.

Zurück im Pavillon, strich Krause sich das Wasser von den eingefallenen, bleichen Wangen, stampfte ein paarmal mit den Schuhen auf, damit die festgeklebte Erde sich von den Sohlen löste, und sagte:

»Sie haben recht. Wir müssen lernen, das Leben zu achten und zu schätzen.«

Bis zur Begegnung mit Krause hatte Ramm den Eindruck gehabt, dass jeder Mensch, der seine Ansichten erfuhr, ihn für einen Verrückten hielt. Aber jetzt stellte sich heraus, dass dem gar nicht so war!

Krause zündete sich eine Zigarette an, wies auf die Käfige im vom Regen aufsteigenden Nebel und sagte:

»Aber hier gibt es keine Hoffnung, hier ist der einzige Ausgang die Müllkippe.«

»Das stimmt nicht ganz«, sagte Ramm. »Tiere werden seit Jahrhunderten in Schlachthäusern getötet. Allein schon an diese Verdammnis zu denken ist schrecklich, so sehr haben wir uns daran gewöhnt. Dabei hoffen sie die ganze Zeit! Selbst die, die auf die Seite der Gefängniswärter übergewechselt sind.«

Krause beugte sich plötzlich zu dem alten Mann hinunter und sagte, mit seinem linken, leeren Ärmel schwenkend:

»Der Krieg zieht bei uns in Berlin ein. Hitler hat uns betrogen. Die Leute wollen, dass sich etwas ändert. Was soll man da noch sagen! Obwohl viele in den letzten Jahren schlimmer als die Tiere waren.«

Er atmete tief durch: Das, was er gerade gesagt hatte, war in Kriegszeiten ausreichend, um in Moabit mit dem Beil hingerichtet zu werden. Nun lag sein Schicksal in der Hand des unrasierten, verschrobenen alten Affenwärters.

Ramm schüttelte den Kopf.

»Selbst die Würmer brauchen Freiheit! Ich horche immer auf alles in den Nächten. Und dann gehe ich in der Dunkelheit von einem Käfig zum anderen und sage ihnen: ›Geduld, Geduld …‹ Denn nur mit ihnen kann ich sprechen.«

Er blickte auf die Bäche, die zwischen den Käfigen rannen, und sagte:

»Eine richtige Sintflut, aber vielleicht werden die Gerechten gerettet. Die Menschen sind ja hier sehr unglücklich, und wenn sie selbst ins Schlachthaus getrieben werden, dann scheint mir – so will ich zumindest glauben –, dass sie ein besseres Los verdient haben.«

Abends, nachdem er das Jackett gewechselt hatte, ging Krause in die Kneipe.

Die Kellnerin brachte ihm erst nach einiger Zeit sein Glas. Er blies den Schaum vom Bier und sagte:

»Heute musste ich aber lange warten, dabei habe ich, so merkwürdig das auch klingt, noch etwas Dienstliches – es geht um einen Gerechten.«

Die Kellnerin sah Krause mit verweinten und zugleich spöttischen Augen an, beugte sich zu seinem Ohr hinab und sagte:

»Deinen Gerechten braucht keiner mehr: Der Chef hat sich erschossen. Das Spiel ist aus.«

7

In der warmen, dunklen Frühlingsnacht entbrannte eine Schlacht im Zentrum Berlins.

Mächtige Kräfte, die aus dem Osten vorrückten, schlossen den Ring um das böse Herz von Hitlers Hauptstadt.

Die beweglichen Truppenteile, die Panzer und die vollmotorisierte Artillerie, brachen bis in den Bezirk Tiergarten durch.

Schüsse flammten im Dunkel auf, Leuchtspursalven sausten vorbei, die Luft füllte sich mit Schlachtgerüchen, nicht nur mit jenen, die der Geruchssinn des Menschen auseinanderhalten kann – Stickoxide, brennendes Holz, Rauch und Brandgeruch –, sondern auch mit jenen kaum wahrnehmbaren, die nur Tiere wittern können. Und diese Gerüche mitten in der Nacht versetzten die Tiere weit mehr in Aufregung als die Schüsse oder die Flammen der Brände.

Feuchte Meeresluft, die Hitze der Sandwüste, die Kühle der duftenden Weideplätze an den Ausläufern des Himalaja, der drückende Atem des Waldes, der Geruch des Frühlings – alles vermischte sich, verschmolz zu einer Wolke, zirkulierte von Käfig zu Käfig.

Die Bären stellten sich auf die Hinterbeine, rüttelten an den Eisenstäben, schauten in die dunkle, tiefrote Finsternis.

Der Wolf schmiegte sich bald mit dem Bauch an den verzinkten Käfigboden, bald sprang er auf die Pfoten. Jeden Augenblick würden die biegsamen, zarten Zweige des Haselbuschs über seinen gekrümmten Rücken streifen, würde das Klackern seiner Krallen vom weichen, zarten Moos geschluckt werden, Waldeskühle seine erschöpften Augen umwehen. An den Seiten war sein Fell vom jahrelangen Entlanglaufen am rauen Gitter abgerieben, und das kalte, nächtliche Eisen streifte die Haut; die Berührung des Eisens kündete vom Sklavendasein, und da vergaß der Wolf, gepackt von der Furcht, die Freiheit könne vorbeikommen und ihn nicht bemerken, seine Vorsicht, hob den Kopf, heulte und rief sie zu sich.

Der Feuerschein des Brandes von Berlin spiegelte sich im Metallboden des Käfigs, der von Phönix' Krallen blankpoliert war ... Es schien, als gehe der verrauchte Mond inmitten von dunklen Steinen auf, über einer gewaltigen Wüste, die noch nach der Hitze des Tages roch.

Fritzi war wie immer für die Nacht ins Innengehege des Affenhauses gegangen und sah nicht die Feuer der Schlacht. In dieser Nacht fand er sich ganz allein in der Dunkelheit wieder, von der Welt durch dicke Mauern getrennt.

In der Mitte der Nacht war das Gebiet um den Zoologischen Garten von den deutschen Truppen und den SS-Abteilungen geräumt. Für eine Weile verstummte das Donnern der Schlacht.

Die sowjetischen Panzer und die Infanterie fingen an, sich an den Mauern des Zoologischen Gartens für einen vielleicht letzten Vorstoß zu konzentrieren. Die Deutschen zogen eilig die Artillerie heran, um die Panzer daran zu hindern, sich zusammenzuballen.

Fritzi stand da, vom Schlachtgedonner aufgeweckt, hielt sich mit weit ausgebreiteten Armen am Gitter fest, die wie riesige schwarze Flügel von drei Metern Spannweite wirkten. Seine Augen blinzelten häufig, er brummte Unverständliches, hörte aufmerksam auf die verhallenden Schlachtgeräusche, sog kurz und geräuschvoll Luft durch die Nüstern ein. Die Dunkelheit in den Betonwänden schien sich ausgedehnt zu haben und in weiches, ruhiges Waldesdunkel übergegangen zu sein.

Abends, als Fritzi von der Außenanlage in seine Schlafstatt gegangen war, hatte ihm Ramm eine Decke über die Schultern gelegt und sich neben ihn auf einen kleinen Stuhl gesetzt. Fritzi konnte nicht einschlafen, wenn er allein war. Wie immer hatte Ramm Fritzi über den Kopf gestrichen, bis er eingeschlafen war. Aber an diesem Abend hatte in Ramms Blick nicht die übliche Traurigkeit gelegen. Fritzi verstand die Sprache der Menschen nicht, aber ihn hatte der Klang der hastigen, halblauten Worte beunruhigt, die der Alte gesprochen hatte, als er ihn ins Bett brachte.

Er konnte nicht anders, als dem alten Mann glauben, und nun stand er in der Dunkelheit da und fragte sich besorgt, warum sein alter Freund in dieser Nacht nicht bei ihm war.

Auf einmal dröhnten schwere Feuerstöße, von denen die Erde bebte und die Luft tönte. Es begann das Artillerietrommelfeuer auf die sowjetischen Panzer, die sich in der Gegend des Tiergartens zusammenzogen.

Die Türen des Affenkäfigs rissen weit auf, aufgesprengt von der Explosion einer Granate; gleißendes Licht blendete Fritzi.

Es schien ihm, gleich, wenn er die Augen öffnete, wären da schon nicht mehr die öden Betonwände, nicht die Gitter, das geliebte Spielzeug, das Bett mit der gestreiften Matratze, die Decke, die Tasse Milch, die Ramm ihm vor dem Schlafengehen auf das kleine Tischchen neben dem Bett gestellt hatte. Die Zeit war gekommen, in die heimatlichen Wälder beim Kiwusee zurückzukehren.

Am Morgen schritt ein Vertreter der Kommandantur, ein Offizier im Dienste der Intendantur und Brillenträger mit krummem Rücken, die Wege des Zoologischen Gartens mit sorgenvollem Gesicht ab.

Bei den Käfigen, in denen sich, vom nächtlichen Gefecht ganz betäubt, die Tiere aneinanderdrängten, standen Rotarmisten, riefen sie herbei, steckten Brot, Zucker, Kekse, Wurst durch das Gitter.

Als er zum Affenhaus kam, sah der Kommandanturvertreter einen alten Wärter in Dienstuniform, der neben der Leiche eines riesigen schwarzen Affen saß, dessen Brust von Granatsplittern aufgerissen war.

Der Kommandanturvertreter sagte in gebrochenem Deutsch, dass der Alte – der Einzige, der seinen Posten nicht verlassen hatte – interimistisch zum Direktor des Zoologischen Gartens ernannt sei und er die fleischfressenden Tiere vorerst mit Pferdefleisch füttern solle: Ringsum lägen viele tote Pferde – und in ein paar Tagen würden die städtischen Schlachthäuser ihre Arbeit wiederaufnehmen.

Der alte Mann verstand, dankte und fing plötzlich an zu weinen, zeigte auf die Leiche des Affen.

Der Kommandanturvertreter breitete teilnahmsvoll die Arme aus, klopfte dem Alten auf die Schulter, trat aus dem Affenhaus, ging den Seitenweg entlang.

Auf einer Bank unter einer Linde, die gerade zu grünen begann, saßen zwei Deutsche – ein Verwundeter im Krankenhausschlafanzug mit orangefarbenen Aufschlägen und ein Mädchen mit weißer Haube und einem roten Kreuz darauf. Auf der Erde und am Himmel war es still. Der Kopf des Verwundeten war mit schmutzigen Verbänden umwickelt, der Arm lag in einer Gipsschale. Der Soldat und das Mädchen sahen einander schweigend, wie verzaubert an, und der Kommandanturvertreter zwinkerte der Streife an seiner Seite zu, als er ihre Gesichter sah.

1953–1955

DIE SIXTINISCHE MADONNA

Die siegreichen Truppen der sowjetischen Armee, die die Armee des faschistischen Deutschland zerschlagen und vernichtet hatte, brachten Bilder aus der Dresdener Gemäldegalerie nach Moskau mit. In Moskau wurden die Bilder ungefähr zehn Jahre unter Verschluss gehalten.

Im Frühjahr 1955 beschloss die sowjetische Regierung, Dresden die Bilder zurückzugeben. Bevor sie nach Deutschland geschickt wurden, so hatte man entschieden, sollten sie neunzig Tage gezeigt werden.

Und so ging ich am kühlen Morgen des 30. Mai 1955 die Wolchonka-Straße entlang, an den Absperrungen der Moskauer Miliz vorbei, die die Bewegung der riesigen Menschenmassen lenkte, die die Bilder der großen Künstler sehen wollten, ins Puschkin-Museum, lief hoch in den ersten Stock und begab mich zur Sixtinischen Madonna.

Beim ersten Blick auf das Gemälde wird vor allem sofort eins offensichtlich – sie ist unsterblich.

Ich verstand, dass ich bis zu dem Moment, da ich die Sixtinische Madonna sah, das in seiner Stärke ungeheuerliche Wort »Unsterblichkeit« leichtfertig verwendet, das mächtige Leben einiger besonders großer menschlicher Werke mit Unsterblichkeit verwechselt hatte. Und voller Hochachtung für Rembrandt, Beethoven, Tolstoi verstand ich, dass von allem, was mit dem Pinsel, dem Meißel, der Feder geschaffen worden war und mein Herz, meinen Verstand erschüttert hatte – allein dieses Gemälde von Raffael nicht sterben würde, so lange die Menschen leben. Aber es kann auch sein, dass, wenn die Menschen einmal aussterben, dann andere Lebewesen, die an ihrer statt auf Erden bleiben – Wölfe, Ratten und Bären, Schwalben –, angelaufen und angeflogen kommen und sich die Madonna ansehen werden ...

Dieses Gemälde haben zwölf Generationen von Menschen gesehen – ein Fünftel des Menschengeschlechts, das von Anbeginn der Zeitrechnung bis in unsere Tage auf Erden gelebt hat.

Das Bild haben sich arme alte Weiblein angesehen, die Kaiser Europas und Studenten, transatlantische Milliardäre, Päpste und russische Fürsten, keusche Jungfrauen und Prostituierte haben es sich angesehen, Oberste des Generalstabs, Diebe, Genies, Weber, Bomberpiloten, Schullehrer, böse und gute Menschen haben es sich angesehen.

Seit es das Bild gibt, sind die europäischen Imperien und Kolonialreiche entstanden und zerstört worden, ist das amerikanische Volk entstanden, die Werke von Pittsburgh und Detroit, haben Revolutionen stattgefunden, hat sich die Gesellschaftsordnung der Welt verändert ... Seitdem hat die Menschheit den Aberglauben der Alchemisten überwunden, hat Handspinnräder, Segelschiffe und Postkutschen, Musketen und Hellebarden hinter sich gelassen und ist in das Zeitalter der Atomreaktoren und der thermonuklearen Reaktionen eingetreten. Seitdem hat Galilei seinen »Dialog«[18] geschrieben, Newton die »Principia«[19], Einstein »Zur Elektrodynamik bewegter Körper«, und sie haben damit unser Wissen vom Weltall geprägt. Seitdem haben Rembrandt, Goethe, Beethoven, Dostojewski und Tolstoi der Seele mehr Tiefe verliehen und das Leben verschönert.

Ich sah eine junge Mutter, die ein Kind auf dem Arm hält.

Wie lässt sich der Zauber eines zarten, schmächtigen Ap-

---

18 Dialog über die beiden hauptsächlichen Weltsysteme, das ptolemäische und das kopernikanische (1632)

19 »Philosophiae Naturalis Principia Mathematica« (1686)

felbaums beschreiben, der den ersten schweren, weißhäutigen Apfel hervorgebracht hat; des jungen Vogels, der die ersten Nestlinge ausgebrütet hat; der jungen Rehmutter …; die Mutterschaft und die Schutzlosigkeit eines Mädchens, das fast noch ein Kind ist?

Nach der Sixtinischen Madonna kann dieser Zauber nicht mehr als ein nicht darstellbares Geheimnis bezeichnet werden.

Raffael hat mit seiner Madonna das Geheimnis der mütterlichen Schönheit zum Ausdruck gebracht. Aber nicht das macht das unversiegbare Leben von Raffaels Gemälde aus. Sondern dass der Körper und das Gesicht der jungen Frau ihre Seele sind – deshalb ist die Madonna so wunderschön. In dieser visuellen Darstellung der mütterlichen Seele liegt etwas, was dem Bewusstsein des Menschen nicht zugänglich ist.

Wir wissen von thermonuklearen Reaktionen, bei denen Materie in eine gewaltige Energiemenge umgewandelt wird, aber den anderen, den umgekehrten Prozess können wir uns bis heute nicht vorstellen – die Materialisierung von Energie; und hier haben wir eine Geisteskraft, die Mutterschaft, die in der sanftmütigen Madonna Gestalt annimmt.

Die Schönheit der Madonna ist eng mit dem irdischen Leben verknüpft. Sie ist demokratisch, menschlich; sie ist einer Vielzahl von Menschen eigen – Gelbhäutigen, Schlitzäugigen, Buckligen mit langen, bleichen Nasen, Dunkelhäutigen mit krausen Haaren und dicken Lippen, sie ist allgemeinmenschlich. Sie ist die Seele und der menschliche Spiegel, und jeder, der die Madonna betrachtet, sieht in ihr das Menschliche – sie ist ein Bild der mütterlichen Seele, und darum ist ihre Schönheit auf ewig mit jener Schönheit verknüpft und verschmolzen, die sich unzerstörbar und in tiefster Tiefe überall dort verbirgt, wo Leben geboren wird und existiert – in Kellern, auf Dachböden, in Palästen, in Gruben.

Mir scheint, dass diese Madonna der atheistischste Ausdruck des Lebens ist, des Menschlichen, ohne dass ein Gott daran Anteil hätte.

Bisweilen scheint mir, dass die Madonna nicht nur das Menschliche zum Ausdruck bringt, sondern etwas, was in allen Bereichen des irdischen Lebens existiert, in der Welt der Tiere, überall, wo man in den braunen Augen einer säugenden Stute, einer Kuh, einer Hündin das göttliche Abbild der Madonna erahnen und erblicken kann.

Noch irdischer erscheint mir das Kind auf ihrem Arm. Sein Gesicht wirkt erwachsener als das der Mutter. Jemand, der einen solch traurigen und ernsthaften Blick hat, der gleichzeitig nach vorn und nach innen gerichtet ist, kann das Schicksal erkennen, es sehen.

Ihre Gesichter sind sanft und traurig. Vielleicht sehen sie den Berg Golgatha und den staubigen, steinigen Weg dorthin und das entsetzliche, kurze, schwere, grobe Kreuz, das auf dieser kleinen Schulter liegt, die jetzt die Wärme der mütterlichen Brust spürt …

Das Herz aber krampft sich nicht vor Unruhe oder Schmerz zusammen. Es ist ein neues, noch nie verspürtes Gefühl – es ist menschlich und es ist neu, als sei es aus der salzigen und bitteren Meerestiefe emporgespült, es ist da, und das Herz hat ob seiner Ungewohntheit und Neuheit zu pochen begonnen.

Und darin liegt noch eine Besonderheit des Gemäldes.

Es erschafft Neues, fügt den sieben Spektralfarben gleichsam eine dem Auge unbekannte achte Farbe hinzu.

Warum gibt es keine Angst im Gesicht der Mutter, warum hat sie den Körper des Sohnes nicht mit solcher Kraft mit den Händen umschlossen, dass der Tod ihre Finger nicht öffnen kann, warum will sie den Sohn nicht dem Schicksal entreißen?

Sie streckt das Kind dem Schicksal entgegen, versteckt es nicht. Und der Sohn verbirgt sein Gesicht nicht am Busen der Mutter. Gleich befreit er sich aus ihren Armen und tritt mit seinen bloßen Füßen dem Schicksal entgegen.

Wie soll man das erklären, wie verstehen?

Sie sind eins, und sie sind jeder für sich allein. Sie sehen, fühlen und denken gemeinsam, sie sind vereint, aber alles zeugt davon, dass sie sich voneinander trennen werden – es geht nicht anders, als dass sie sich voneinander trennen, denn das Wesen ihrer Gemeinsamkeit, ihrer Verschmelzung besteht in ihrer Trennung.

Es gibt bittere und schwere Minuten, in denen es gerade die Kinder sind, die die Erwachsenen mit ihrer Vernunft, Ruhe, Versöhnlichkeit erstaunen. Eine solche Haltung legten sowohl Bauernkinder an den Tag, die in einem Jahr des Hungers und der Missernte starben, als auch jüdische Krämer- und Handwerkerkinder zu Zeiten des Pogroms von Kischinjow oder Kinder von Bergleuten, wenn das Geheule der Grubensirene eine unterirdische Explosion anzeigte und die Siedlung dabei war, den Verstand zu verlieren.

Das Menschliche am Menschen tritt seinem Schicksal entgegen, und in jeder Epoche ist dieses Schicksal anders, unterscheidet sich von dem der vorangegangenen. Immer jedoch handelt es sich um ein schweres Schicksal ...

Aber das Menschliche hörte nicht zu existieren auf, wenn ein Mensch gekreuzigt oder in Gefängnissen gefoltert wurde.

Das Menschliche am Menschen ließ sich in Steinbrüchen finden, bei der Holzgewinnung in der Taiga bei minus fünfzig Grad, in den wasserüberschwemmten Schützengräben bei Przemyśl und Verdun. Es fand sich im monotonen Angestelltendasein, im elenden Wäscherinnen- und Putzfrauenleben, in ihrem aufreibenden und vergeblichen Kampf gegen die Armut, in der freudlosen Tätigkeit der Fabrikarbeiterinnen.

Die Madonna mit dem Kind auf dem Arm steht für das Menschliche am Menschen, darin liegt ihre Unsterblichkeit.

Wenn unsere Epoche sich die Sixtinische Madonna ansieht, erkennt sie darin ihr Schicksal. Jede Epoche betrachtet diese Frau mit dem Kind auf dem Arm aufmerksam, und es entsteht eine zärtliche, bewegende und kummervolle Gemeinschaft zwischen Menschen verschiedener Generationen, Völker, Rassen, Jahrhunderte. Der Mensch erkennt sich selbst, sein Kreuz, und begreift plötzlich den erstaunlichen

Lauf der Zeit, die Verbindung, die zwischen ihm und den heute Lebenden besteht, zwischen ihm und allem, was war und überholt ist, und dem, was sein wird.

2

Später, als ich die Straße entlangging, erschüttert und bestürzt von der Stärke des unerwarteten Eindrucks, versuchte ich nicht, mir über das Durcheinander meiner Gefühle und Gedanken klarzuwerden.

Ich verglich dieses Wirrsal der Gefühle weder mit jenen Tagen voller Tränen und Glück, die ich als fünfzehnjähriger Junge durchlebte, als ich »Krieg und Frieden« las, noch mit dem, was ich empfand, als ich an den besonders düsteren, schweren Tagen meines Lebens die Musik von Beethoven hörte.

Und ich verstand, dass der Anblick der jungen Mutter mit dem Kind auf dem Arm sich für mich nicht mit einem Buch und nicht mit Musik verband, sondern mit ... Treblinka.

»Auf diese Kiefern hier, auf diesen Sand, auf diesen alten Baumstumpf blickten Millionen von Menschenaugen aus den langsam sich dem Bahnsteig nähernden Waggons ... Wir betreten das Lager, gehen über die Erde von Treblinka. Lupinenschoten platzen von der leichtesten Berührung auf, platzen auf mit einem leisen Geräusch ... Der Klang der fallenden Samen, das Geräusch der sich öffnenden Schoten verschmilzt zu einer unausgesetzten traurigen und leisen Melodie. Es ist, als erschalle aus dem Innersten der Erde, kaum zu hören, das kummervolle, getragene Totengeläut von kleinen Glöckchen ... Hier sind sie, die halbvermoderten Hemden der Ermordeten, die Schuhe, Armbanduhrrädchen, kleinen Taschenmesser, Kerzenhalter, Kinderschühchen mit roten Bommeln daran, die spitzenbesetzte Wäsche, die Handtücher mit ukrainischen Stickereien, Töpfchen, Blechkannen, Kindertässchen aus Plastik, mit Bleistift geschriebenen Briefe von Kindern, Gedichtbände ...

Wir gehen weiter über die bodenlose, schwankende Erde von Treblinka und bleiben plötzlich stehen. Strohblondes, glänzend kupferfarbenes, gewelltes, dichtes Haar, das feine, leichte, prächtige Haar eines Mädchens, das in den Boden getrampelt ist, und daneben genau solche hellblonden Locken, und dann schwarze, schwere Zöpfe im hellen Sand, und dann noch mehr und noch mehr ...

Und die Lupinenschoten tönen und tönen, und ihre Samen fallen mit einem Pochen. Als erschalle tatsächlich aus dem Erdinnern das Totengeläut zahlloser kleiner Glöckchen.

Es ist, als bleibe einem gleich das Herz stehen, von einer solchen Trauer, einem solchen Kummer zusammengekrampft, dass ein Mensch es nicht zu ertragen vermag ...«[20]

Die Erinnerung an Treblinka stieg in meinem Herzen auf, und ich hatte es nicht gleich begriffen ...

Sie war es, die mit ihren leichten, nackten Füßen von der Entladungsrampe des Transportzugs bis zur Gaskammer über die schwankende Erde von Treblinka lief. Ich erkannte sie an ihrem Gesichtsausdruck und an ihrem Blick. Ich sah ihren Sohn und erkannte ihn an seinem wunderschönen, erwachsenen Gesicht. So waren die Mütter und Kinder, wenn sie vor dem dunklen Grün der Kiefern die weißen Mauern der Gaskammern von Treblinka erblickten, so waren ihre Seelen.

Wie oft schaute ich aufmerksam durch dichten Nebel auf die aus dem Transportzug Steigenden, aber immer waren sie schlecht zu erkennen – entweder schienen die Gesichter von dem unermesslichen Schrecken verzerrt, und alles verhallte in einem entsetzlichen Schrei, oder die physische und seelische Erschöpfung, die Verzweiflung umflorten die Gesichter mit stumpfer, halsstarriger Indifferenz, oder das unbekümmerte Lächeln des Wahnsinns verhüllte die Gesichter der Menschen, die aus dem Transportzug stiegen und zur Gaskammer gingen.

Und nun sah ich die Wahrheit dieser Gesichter, Raffael

---

20 Aus Wassili Grossman, »Die Hölle von Treblinka«, Moskau 1946

hat sie vor vierhundert Jahren gemalt – so tritt der Mensch seinem Schicksal entgegen.

Die Sixtinische Kapelle ... Die Gaskammer von Treblinka ...

Eine junge Mutter hat in unserer Zeit ihr Kind geboren. Schrecklich, unter dem Herzen einen Sohn zu tragen und das Gebrüll des Volkes beim Hitlergruß zu hören. Aufmerksam betrachtet die Mutter das Gesicht des Neugeborenen und hört das Klirren und Knirschen der zerbrochenen Fensterscheiben, das Geheul der Autohupen, ein Chor von Wölfen stimmt auf Berlins Straßen das Horst-Wessel-Lied an. Und da ist das dumpfe Hacken des Beils von Moabit zu hören.

Die Mutter gibt dem Kind die Brust, und Tausende und Abertausende errichten Mauern, ziehen Stacheldraht, bauen Baracken ... Und in friedlichen Amtsstuben werden Gaskammern entworfen, Vergasungswagen, Kremationsöfen ...

Es ist eine wölfische Zeit gekommen, die Zeit des Faschismus. In dieser Zeit leben die Menschen ein wölfisches Leben, Wölfe führen das Leben von Menschen.

In dieser Zeit hat eine junge Mutter ihr Kind geboren und aufgezogen. Und der Maler Adolf Hitler stand vor ihr im Gebäude der Dresdener Gemäldegalerie – er entschied ihr Schicksal. Aber der Herr über Europa konnte ihr nicht in die Augen schauen, er konnte nicht dem Blick ihres Sohnes begegnen – denn sie waren Menschen.

Ihre menschliche Kraft trug den Sieg über seine Gewalt davon – die Madonna lief mit ihren leichten, nackten Füßen zur Gaskammer, trug den Sohn über die schwankende Erde von Treblinka.

Der deutsche Faschismus wurde niedergeschlagen – der Krieg brachte Dutzende Millionen von Menschen ins Grab, riesige Städte wurden in Schutt und Asche gelegt.

Im Frühjahr 1945 sah die Madonna den nördlichen Himmel. Sie kam nicht als Gast, nicht als reisende Ausländerin zu uns, sondern zusammen mit den Soldaten und Fahrern auf den ausgefahrenen Wegen des Krieges, sie ist ein Teil unseres Lebens, unsere Zeitgenossin.

Alles ist ihr vertraut: unser Schnee, der kalte Herbstschlamm, das abgestoßene Kochgeschirr der Soldaten mit der trüben Suppe darin, das welke Zwiebelchen und die Schwarzbrotrinde.

Sie ging mit uns zusammen, fuhr eineinhalb Monate im knarrenden Militärzug, las Läuse aus dem weichen, ungewaschenen Haar ihres Sohnes.

Sie ist eine Zeitgenossin aus den Jahren der allgemeinen Kollektivierung.

Da geht sie mit ihrem kleinen Sohn, barfuß, um in den Transportzug zu steigen. Welch langer Weg liegt vor ihr, aus Obojan, aus der Gegend von Kursk, aus dem Woronescher Schwarzerdegebiet bis in die Taiga, die hinter dem Ural gelegenen sumpfigen Wälder, den Sand Kasachstans.

Und wo ist dein Vater – in welchem Bombentrichter, bei welchem Holzschlageinsatz in der Taiga, in welcher Ruhr-Baracke ist er gestorben?

Wanetschka, Wanja, warum hast du so ein trauriges Gesicht? Das Schicksal hat die Fenster eures Holzhauses hinter dir und deiner Mutter vernagelt. Welch langer Weg liegt vor euch? Werdet ihr ankommen? Oder werdet ihr entkräftet irgendwo unterwegs sterben, am Bahnhof einer Schmalspurbahn, im Wald, am sumpfigen Ufer eines Flüssleins hinter dem Ural?

Ja, es ist tatsächlich sie. Ich sah sie im Jahre 1930 am Bahnhof von Konotop, das Gesicht ganz dunkel vor Qualen, sie trat an den Waggon des Schnellzuges heran, hob ihre wunderschönen Augen, sagte stimmlos, nur mit den Lippen: »Brot …«

Ich sah ihren Sohn – als Dreißigjährigen in abgetragenen Soldatenstiefeln, solchen, wie man sie Toten wegen völliger Unbrauchbarkeit nicht von den Füßen zieht, und einer Wattejacke, die an der milchig weißen Schulter zerrissen war, er ging einen Pfad entlang durch den Sumpf, eine Wolke von Insekten hing über ihm, aber er konnte den über ihm flimmernden lebendigen Heiligenschein aus Milliarden von Schnaken nicht vertreiben, weil seine Hände einen schweren, nassen Holzstamm auf der Schulter festhielten. Da hob er den gesenkten Kopf, und ich sah sein Gesicht, den gekräuselten blonden Bart, der ebenmäßig von Ohr zu Ohr reichte, die halbgeöffneten Lippen, sah seine Augen und erkannte sie sofort – es sind seine Augen, die einen von Raffaels Gemälde anschauen.

Wir begegneten ihr im Jahr 1937, als sie in ihrem Zimmer stand, zum letzten Mal den Sohn auf dem Arm hielt, sich verabschiedete, eingehend sein Gesicht betrachtete und dann die leeren Treppen des stummen mehrstöckigen Hauses hinabstieg ... Ihre Zimmertür wird versiegelt, unten wartet ein staatlicher Wagen auf sie ... Was für eine sonderbare, beunruhigende Stille in dieser aschgrauen Stunde der Morgendämmerung, wie stumm sind die hohen Häuser!

Und aus dem Halbdunkel der Dämmerung schält sich ihr neues Dasein heraus – der Transportzug, die Etappen, Wachleute auf den hölzernen Lagertürmen, Stacheldraht, Nachtarbeit in den Werkstätten, heißes Wasser, Pritschen, Pritschen, Pritschen ...

Stalin trat langsamen, leichten Schritts in Chevreaustiefeletten mit flachem Absatz an das Bild heran, betrachtete lange eingehend das Gesicht der Mutter und des Sohnes, strich sich über seinen grauen Schnurrbart.

Erkannte er sie? Er war ihr in den Jahren seiner Verbannung in Ostsibirien begegnet, in Nowoudinsk, Turuchansk und Kurejsk, er war ihr in den Etappen begegnet und während des Transports ... Dachte er an sie in den Zeiten seiner Größe?

Aber wir, die Menschen, wir erkannten sie, erkannten ihren Sohn, denn sie – das sind wir; ihr Schicksal – sind wir; sie beide – sind das Menschliche am Menschen. Und wenn es in Zukunft die Madonna nach China oder in den Sudan verschlägt, werden die Menschen sie überall genauso erkennen, wie heute wir sie erkannt haben.

Die herrliche, ruhige Kraft dieses Gemäldes besteht darin, dass es von der Freude erzählt, ein lebendes Geschöpf auf Erden zu sein.

Die ganze Welt – das ganze gewaltige Universum – besteht aus der unterwürfigen Knechtschaft der unbelebten Materie, und nur das Leben ist das Wunder der Freiheit.

Und dieses Bild erzählt, wie wertvoll, wie wunderschön das Leben sein sollte und dass es keine Macht in der Welt gibt, die das Leben dazu zwingen könnte, Formen anzunehmen, die äußerlich Ähnlichkeit mit dem Leben haben, aber bereits nicht mehr das Leben sind.

Die Macht des Lebens, die Macht des Menschlichen am Menschen ist sehr groß, und sogar die stärkste, die vollkommenste Gewalt kann diese Macht nicht unterjochen, sie kann sie nur töten. Das ist der Grund, weshalb die Gesichter von Mutter und Sohn so ruhig sind – sie sind unbesiegbar. In einer eisernen Epoche ist der Tod des Lebens nicht seine Niederlage.

Wir stehen vor ihr, Menschen, die in Russland leben, junge und grauhaarige. Wir stehen vor ihr in einer beunruhigenden Zeit. Die Wunden sind noch nicht verheilt, die Brandstätten heben sich noch schwarz ab, die Hügel über den Massengräbern von Millionen Soldaten, unseren Söhnen und Brüdern, haben sich noch nicht gesetzt. Es stehen noch die versengten toten Pappeln und Süßkirschbäume über den bei lebendigem Leibe verbrannten Dörfern, schwermütig wächst Unkraut über den in den Partisanensiedlungen verbrannten Körpern der alten Männer, Mütter, Jungen und Mädchen. Über den Gruben, in denen die Leiber der ermordeten jüdischen Kinder und ihrer Mütter liegen, sackt die Erde noch, bewegt sich noch. Das nächtliche Weinen der Witwen in den unzähligen russischen Bauernhäusern, den weißrussischen und ukrainischen Holzhäusern ist noch nicht verklungen. Alles hat die Madonna zusammen mit uns durchgemacht, denn sie – das sind wir; denn ihr Sohn – das sind wir.

Es war schrecklich, schmählich, schmerzhaft – warum war das Leben so furchtbar, waren du und ich womöglich schuld daran? Warum sind wir am Leben? Eine furchtbare, schwere Frage, die den Lebenden nur die Toten stellen können. Aber die Toten schweigen, stellen keine Fragen.

Die Nachkriegsstille aber wird von Zeit zu Zeit durch das Donnern von Explosionen durchbrochen, und radioaktiver Nebel breitet sich am Himmel aus.

Die Erde, auf der wir leben, hat gebebt – die thermonukleare Waffe tritt an die Stelle der Atomwaffe.

Bald verabschieden wir die Sixtinische Madonna.

Sie hat mit uns zusammen unser Leben gelebt. Richtet uns – alle Menschen einschließlich der Madonna und ihres Sohns. Wir scheiden bald aus dem Leben, unsere Häupter sind schon weiß. Sie aber, die junge Mutter, die ihren Sohn auf dem Arm trägt, tritt ihrem Schicksal entgegen und sieht mit einer neuen Generation von Menschen ein gleißendes, blendendes Licht am Himmel – die erste Explosion der überaus gewaltigen Wasserstoffbombe, die vom Beginn eines neuen, weltumspannenden Krieges kündet.

Was können wir, die Menschen aus der Epoche des Faschismus, vor dem Gericht der Vergangenheit und der Zukunft sagen? Es gibt für uns keine Rechtfertigung.

Wir sagen, dass keine Zeit schwerer als die unsere gewesen ist, aber wir haben das Menschliche im Menschen nicht sterben lassen.

Wir sehen der Sixtinischen Madonna hinterher und bewahren den Glauben, dass Leben und Freiheit eins sind, dass es nichts Größeres gibt als das Menschliche im Menschen.

Möge es ewig leben, siegen.

1955

IN EWIGER RUHE

1

Neben dem Wagankowskoje-Friedhof[21] befinden sich die Gleise der weißrussischen Eisenbahnlinie, man kann vom Friedhof aus hinter den Stämmen der Ahornbäume die Züge gen Warschau und Berlin vorbeisausen sehen, die blinkenden Scheiben der Speisewagen erkennen, die dahineilenden Schnellzüge der Linie Moskau–Minsk, die regelmäßig vorbeisurrenden Regionalbahnen; von den schweren Güterzügen bebt die Erde.

Neben dem Friedhof liegt die Swenigorodskoje-Chaussee – Pkws und Gütertaxis rasen mit allerlei Dingen für die Datschas vorüber. Neben dem Friedhof ist der Wagankowskoje-Markt. Hubschrauber knattern am Himmel, in der Friedhofsluft erklingt die klare Stimme des Fahrdienstleiters, der die Zusammenstellung der Züge anordnet.

Auf dem Friedhof aber ist ewige Ruhe, ewiger Frieden.

An Frühlingssonntagen ist es schwer, einen Platz in den Autobussen zu ergattern, die zum Wagankowskoje-Friedhof fahren; Scharen von Fußgängern sind vom Presnenskoje-Stadttor aus die Straße des Jahres 1905 entlang unterwegs, vorbei an den Neubauten und windschiefen Holzhäusern, vorbei an der Fachschule für Fernmeldewesen und den Verkaufsständen des Wagankowski-Markts. Sie laufen mit Spaten, Gießkannen, Sägen, mit Farbeimern, Malerpinseln, Einkaufsnetzen voller Essen – die Zeit der Frühjahrsreparaturen

---

21 Einer der berühmtesten Friedhöfe Moskaus

hat begonnen, die Umzäunungen werden gestrichen, Blumen auf die Gräber gepflanzt.

An den Toren mischen sich die Menschenströme; das pulsierende Babylon behindert die neuen Siedler dabei, in den Leichenwagen auf den Friedhof zu fahren. Wie viel Frühlingssonne, frisches Grün, wie viele muntere Gesichter, Alltagsgespräche und wie wenig Trauer sind hier zu finden. So scheint es zumindest.

Es riecht nach Farbe, die Hämmer klopfen, die Schub- und Handkarren, die Sand, Rasen, Zement transportieren, knarzen – der Friedhof arbeitet.

Menschen in Überziehärmeln aus Satin arbeiten eifrig und selbstvergessen – manche singen leise vor sich hin, manche rufen den Nachbarn etwas zu.

Die Mama streicht Papas Umzäunung, und die kleine Tochter hüpft auf einem Bein, versucht, einmal um das Grab herumzukommen, ohne mit dem anderen Bein die Erde zu berühren.

»Was ist das nur für ein Mädchen, der ganze Ärmel voller Farbe!«

Und dort wird schon Feierabend gemacht: Die Umzäunung und das Grabmal sind in schrecklichem Gold gestrichen, auf dem Bänkchen ist eine kleine Tischdecke ausgebreitet, die Menschen essen einen Happen, und augenscheinlich essen sie nicht nur: Ihre Stimmen sind bereits sehr lebhaft, ihre einfachen Gesichter sind bereits gerötet, auf einmal ertönt ein einhelliges Lachen. Haben sie sich wenigstens zum Grab umgesehen und sich besonnen? Nein, das haben sie nicht. Der Verstorbene wird nicht beleidigt sein: Er ist zufrieden mit der Malerarbeit.

Es ist angenehm, an der frischen Luft zu arbeiten, Blumen zu pflanzen, Unkrauttriebe, die sich durch die Graberde gebohrt haben, herauszurupfen.

Wohin am Sonntag gehen? In den Zoologischen Garten, nach Sokolniki[22]? Auf dem Friedhof ist es angenehmer – da

---

22 Moskauer Stadtteil

kannst du in aller Ruhe arbeiten und bist an der frischen Luft.

Das Leben ist eine gewaltige Kraft, es ist in die Friedhofseinfriedung hereingebrochen, und der Friedhof hat sich gefügt, ist Teil des Lebens geworden.

Es gibt hier nicht weniger an üblichen Aufregungen und Begierden als im Dienst, in der Kommunalkawohnung oder auf dem nebenan gelegenen Markt.

Natürlich ist unser Wagankowskoje-Friedhof nicht der Neujungfrauen-Friedhof, aber die, die hier liegen, sind auch nicht ohne: der Maler Surikow, der Wörterbuch-Verfasser Dal, Professor Timirjasew[23], der Dichter Jessenin ... Auch Generäle und alte Bolschewiken liegen hier, Bauman[24] ist bei uns begraben, ja, wirklich!, und nach ihm ist ein ganzer Bezirk der Hauptstadt benannt ... Und der Held des Bürgerkriegs, der legendäre Divisionskommandeur Kikwidse[25], liegt auch bei uns. Und in der Zarenzeit wurden hier nicht nur Kaufleute begraben, sondern bisweilen auch Erzpriester.

Auf dem Wagankowskoje eine Grabstelle zu erhalten ist schwierig, nicht leichter, als sich als Neuankömmling aus der Provinz behördlich in Moskau anzumelden und eine Zuzugsgenehmigung zu erhalten.

Und die Argumente, die die Verwandten der Verstorbenen gegenüber dem Mann mit dem tiefroten Gesicht, flacher Pelzmütze, Schaftstiefeln und Lederjacke vorbringen, sind die gleichen wie jene, die sich die Mitarbeiter in der Meldestelle der Moskauer Miliz tagtäglich anhören.

»Genosse Verwalter, seine alte Mutter und sein älterer Bruder sind hier begraben, wie soll er denn da auf den Wostrjakowskoje-Friedhof[26]?«

---

23 Kliment Arkadjewitsch Timirjasew (1843–1920), russischer Naturwissenschaftler und Pflanzenphysiologe

24 Nikolai Ernestowitsch Bauman (1873–1905), Revolutionär der ersten Stunde, war zusammen mit Lenin in Zürich im Exil.

25 Wassili Issidorowitsch Kikwidse (1895–1919), berühmter roter Kommandeur im russischen Bürgerkrieg

26 Im Südwesten Moskaus gelegener Friedhof

Und der Verwalter antwortet genauso, wie in der hauptstädtischen Meldestelle geantwortet wird:

»Ich kann das nicht genehmigen. Ich habe strikte Anweisungen vom Moskauer Stadtsowjet, das Limit ist ausgeschöpft, es können nicht alle auf den Wagankowskoje-Friedhof, irgendwer muss ja auch auf den Wostrjakowskoje.«

Besonders streng ging es auf dem Wagankowskoje-Friedhof vor den Weltfestspielen der Jugend 1957 zu. Das Gerücht ging um, dass die Gläubigen unter den Teilnehmern den Wagankowskoje aufsuchen würden – die Friedhofsarbeiter liefen sich die Füße wund, brachten alles in Ordnung, bereiteten sich auf die Weltfestspiele vor.

Besonders schlecht erging es an diesen Tagen den Habenichtsen – den trinkenden, gebeugten, krächzenden, schlotternden Invaliden des Großen Vaterländischen Krieges, den Blinden, den Verwirrten ... Direkt vom Wagankowskoje-Friedhof schaffte die Miliz sie in Wagen fort. Es gab eine Sonderanweisung.

In der Friedhofsverwaltung wurde den Besuchern an jenen Tagen gesagt:

»Kommen Sie wieder, wenn die Festspiele vorbei sind.«

Aber die Festspiele verstrichen, und das Leben ging auf dem herausgeputzten Friedhof wieder seinen üblichen Gang. Wieder wurden der Verwalter und seine engsten Mitarbeiter gebeten:

»Ein kleines Plätzchen nur ...«

Aber was sollten sie tun, auf dem Wagankowskoje-Friedhof gibt es wenig Platz, die Verstorbenen aber »treffen hintereinanderweg ein«. Und keiner will auf den Wagankowskoje.

Die Menschen laufen davon, sie drohen, weinen.

Die einen kommen mit Bescheinigungen, mit Schreiben von Behörden oder gesellschaftlichen Organisationen – der Verstorbene sei ein unersetzlicher Spezialist, ein vortrefflicher ehrenamtlicher Funktionär, eine bedeutende Persönlichkeit der Republik, Parteimitglied noch aus Vorrevolutionszeiten, habe sich im Krieg Verdienste erworben und erhalte eine personengebundene Rente.

Andere versuchen, ihre Beziehungen spielen zu lassen oder zu mogeln, und die Verwaltung überführt sie:

»Sie haben angegeben, dass Sie sie neben ihrem Mann beerdigen möchten, nun aber stellt sich heraus, dass es sich um ihren ersten Mann handelt und sie noch zweimal danach verheiratet war. Haben Sie denn gar kein Gewissen?«

Die Dritten schauen, wen sie mit einem Bestechungsgeld gütig stimmen könnten, oder mit einem fürstlichen Trinkgeld. Die einen wollen der Friedhofsverwaltung etwas zustecken, die anderen probieren, die einfachen Mitarbeiter mit den Spaten zu schmieren.

Die Vierten haben es darauf abgesehen, einen Menschen auf die dreiste Tour zu begraben. Sie kommen ohne Bestattungsgenehmigung in das Zimmer hereingeplatzt, und dann trotzen sie sich lange und auf lästige Weise einen Zahlschein ab.

Es gibt die Anweisung, dass verwahrloste Gräber einzuebnen und an ihrer statt neue Begräbnisstätten einzurichten sind. Ein solcher Fall ist natürlich mit vielen Gefühlsaufwallungen verbunden, nicht weniger als bei einem Wohnraum, in dem das einsame Leben eines alten Weibleins einfach nicht erlöschen will.

Aber endlich ist die Genehmigung für das verwahrloste Grab da – und dann kann es passieren, dass unter dem Sarg noch ein Sarg steht, und unter dem zweiten kommt noch ein dritter zum Vorschein. Und so liegen sie da: ein Kaufmann ohne Namen, ein gegenüber der Bourgeoisie unerbittlicher Romantiker und Kommunarde mit halbvermoderter roter Schleife, der gleichfalls von allen vergessen ist, und ein weiblicher Kader, Leiterin der Geheimabteilung. Taucht noch jemand Viertes auf?

Aus welchem Grund gehen viele Menschen gerne auf den Friedhof?

Natürlich nicht nur deshalb, weil der Friedhof eine grüne Oase ist und es Freude bereitet, Blumen zu pflanzen, zu hobeln und zu malern.

Dies sind vorgeschobene Gründe, die an der Oberfläche

liegen, der eigentliche Grund aber findet sich wie fast immer in der Tiefe versteckt.

... Aufgerieben vom Kummer, von schlaflosen Nächten, häufig auch von unerträglichen Gewissensbissen, kommen die Leute zum Friedhof, und es beginnt die Plackerei mit der Grabstelle.

Diese Plackereien sind anstrengend, demütigend. Für Minuten keimt ein ungutes Gefühl für den Verstorbenen auf – ihm ist es ja egal, aber ich, wir haben so gelitten, haben nicht geschlafen, als er starb. Wie oft sind wir nachts zur Apotheke gelaufen, um Sauerstoffkissen zu besorgen, haben wir den Notarzt gerufen, Medikamente gekauft, Obst. Und kein Ende ist in Sicht, der Mensch ist tot, und die Plackereien hören nicht auf.

Und dann erzählen einem kluge Leute auf dem Friedhof:

»Verlieren Sie nicht die Nerven, alles findet sich, ganz gleich, was für Bürokraten das sind, beerdigt wird er sowieso, das hat es noch nie gegeben, dass jemand nicht beerdigt worden ist.«

Und wirklich, sie haben ihn beerdigt.

Und in den wunden, traurigen Herzen zieht, zusammen mit dem pochenden Aufschlagen der Erde auf dem Sargdeckel, mit einem leichten, hellen Strahl ein Gefühl von Ruhe und Erleichterung ein. Wir haben ihn beerdigt ...

Dieser Anflug von Erleichterung ist ebenjener Keim, aus dem heraus die neuen Beziehungen entstehen – die Beziehungen zwischen den Lebenden und den Toten. Diesem feinen Strahl entwachsen die munteren Scharen, die die Friedhofstore passieren, die Arbeit zur Verschönerung und Begrünung der Gräber, die freudig in Angriff genommen wird.

Wie entwickelt sich dieser Keim?

Um seine Entwicklung zu verfolgen, um zu verstehen, wie aus der herzzerreißenden, ewigen Trennung von einem nahen Menschen die lieben Friedhofsfreuden werden, braucht es einen Umweg vom Friedhof in die Stadt.

Die Beziehungen zwischen nahen Menschen sind selten transparent, klar, gleichmäßig, geradlinig.

Es ist ein Gebäude mit dicken Wänden, mit tiefen Kellern, mit dunklen, heißen Schlafzimmern, mit Auf- und Anbauten.

Was geschieht nicht alles in diesen Zimmern, Kellern, Korridoren, Dachböden. Was haben die körperlosen Wände, die im Innersten der Gebäude verborgen sind, nicht alles gesehen und gehört: Licht, bittere Vorwürfe, ständige Gier, schrecklichen Überdruss, die Wahrheit, den rasenden Wunsch, den anderen loszuwerden, langjähriges, kleinliches Herumtrödeln, Pfennigfuchserei, schrecklichen heimlichen Hass, Schlägereien, Blut, Sanftmut.

Manchmal erschaudern plötzlich alle, wenn sie von dem Sohn und der Schwiegertochter hören, die die Mutter umgebracht haben, um den eigenen Wohnraum zu vergrößern. Zwei Töchter haben die Mutter auf die Couch geworfen und ihr siedend heißes Wasser in den Mund gegossen, um sie auszurauben. Ein Arbeiter hat auf seinen Anleiheschein fünfundzwanzigtausend Rubel gewonnen, ist schnell losgelaufen, um der Frau die freudige Nachricht zu überbringen, und als sie beide nach Hause kommen, sehen sie – ihre dreijährige Tochter hat den Schein verbrannt, er ist zu Asche zerfallen; der Vater, der vor rasender Verzweiflung nicht ganz bei Verstand war, hat sich ein Beil gegriffen und dem Kind die Hand abgehackt. Das sind schlimme und nicht oft vorkommende Abnormitäten, aber auch die Abnormitäten hat das Leben hervorgebracht.

Doch manchmal scheint es, dass die stillen Wasser des Lebens weitaus schlimmer sind.

Jahrzehntelang leben Mann und Frau in einem Zimmer, und jahrzehntelang geht er bald tagsüber, bald abends, bald am Wochenende, bald für die Nacht aus dem Haus – er hat eine zweite Familie. Die Frau schweigt, und auch der Mann schweigt, aber wie bedrückend ist ihr vorwurfsvolles Schweigen, ihr klägliches Lächeln, ihre Versuche, den Kindern und Bekannten etwas vorzumachen, ihre ergebene Fürsorge für ihn. Manchmal packt ihn das Entsetzen, aber was kann er gegen sein Herz machen, und dort, wo seine Liebe hinfiel, findet sich gleichfalls dieses klägliche, schuldbewusste und hilflose Lächeln, finden sich Vorwürfe und Erbsenzählerei.

Zwischen der Schwiegermutter und der Schwiegertochter herrscht ein gutes, ruhiges, harmonisches Verhältnis. Die Harmonie basiert darauf, dass die alte Frau dem jungen Ehepaar ihr Zimmer abgetreten hat und in das Durchgangszimmer umgezogen ist, anschließend hat sie ihnen das Bett abgetreten und schläft nun auf einem Klappbett, sie hat ihre Sachen aus dem Schrank geholt, sie in eine Furnierholzkiste im Korridor gelegt und den Schrank der Schwiegertochter überlassen; die Schwiegertochter mag keine Blumen, die Luft wird davon stickig, und die alte Frau hat sich von ihren Agaven und Gummibäumen getrennt, die sie über viele Jahre hatte; der Schwiegertochter wurde gesagt, dass Swetotschka von der Katze Würmer bekommen könnte, und so musste die alte Frau sich von der Katze trennen, die so alt war, dass Swetotschkas Papa selbst noch der kleine Andrjuscha gewesen war, als die Katze in die Wohnung kam. Die alte Frau wickelte sie in ein sauberes Kopftuch und brachte sie zum Tierarzt. Am meisten quälte sie, dass die Katze, voller Vertrauen zu ihr, auf ihrem letzten Weg ganz ruhig bei ihr auf dem Arm schlief. Die alte Frau schweigt, und der Sohn schweigt. Sie sieht, dass er Furcht davor hat, mit ihr allein zu bleiben, er sieht ihre Hilflosigkeit, sie begreift die jämmerliche Ohnmacht ihres Sohnes, und wenn sie bisweilen sein an die Frau gerichtetes hastiges, ergebenes »Milotschka, Milotschka, Milotschka ...« hört, dann nickt sie versöhnlich mit ihrem zitterigen weißen Haupt.

Oder der alte Mann, der sein Leben lang die Familie versorgt hat, der Überstunden gemacht hat, sich den Urlaub in Geld hat ausbezahlen lassen, der an Feiertagen und an den Wochenenden Dienst getan hat für doppelten Lohn, selbst an Silvester, der mit den Kameraden nicht ausgehen, ein Bier trinken wollte. »Du brauchst offenbar mehr als alle andern«, sagten die Kameraden zu ihm. »Die Familie«, antwortete er schuldbewusst. Und tatsächlich war die Familie groß, aber alle waren satt, hatten Schuhe an den Füßen, machten eine

Hochschulausbildung, erreichten eine gute Lebensstellung. Nun ist der alte Mann gelähmt. An wen die Söhne und Töchter sich auch schriftlich wenden, nichts hilft, der gelähmte chronisch Kranke wird nicht ins Krankenhaus aufgenommen. Die Kinder füttern ihn mit dem Löffel, machen das Bett, tragen die Bettpfanne hinaus. Er kann sich nicht bewegen, nicht sprechen, aber er hört und sieht alles, er sieht die Gesichter und hört die Gespräche seiner Kinder. Der Enkel fragt seinen Vater, den Sohn des alten Mannes: »Warum hat Großvater immer Tränen in den Augen?« – »Weil er kranke Augen hat.« Der alte Mann fleht lautlos um den Tod, aber der Tod will nicht kommen.

In der Familie eines Arbeiters ist der einzige Sohn geistig behindert. Er ist sechzehn Jahre alt, aber er kann sich nicht allein anziehen, mit Mühe spricht er undeutlich die einfachsten Worte und hat den ganzen Tag ein sanftes, stilles Lächeln aufgesetzt. Wie wird den Eltern manchmal angst und bange, was, wenn ihr geistig behindertes Kind sie einmal überlebt? Wo soll er denn dann hin, ihr Saschenka, den keiner braucht? Doch sogleich entsetzt sie der Gedanke, dass dieses arme, schwache Geschöpf, das sie mit einer besonderen, bitteren und zärtlichen Liebe lieben, auf immer von ihnen gehen könnte. Einerseits wünschen sie seinen Tod – sie haben Angst, ihn allein auf dieser Welt zurückzulassen. Und andererseits verspüren sie Entsetzen angesichts dieses Wunsches.

Und in einer anderen Familie haben die Ärzte gesagt: Magenkrebs, Metastasen. O Gott, wie qualvoll ist sie gestorben, Tag und Nacht hat sie geheult, sich hin und her gewälzt, ihre ältere Schwester verwünscht, die nicht von ihrem Bett gewichen ist.

Das alles ist der Schmerz des Lebens, der Schrecken. Aber das Leben besteht ja nicht nur aus Schrecken.

Manchmal aber scheint es, dass die gewöhnlichen Alltagsscherereien auf der Arbeit, in der Liebe und in der Freundschaft nicht weniger belastend sind als die Schrecken des Lebens.

Eine Familie lebt ruhig und zufrieden, aber wie viele ausweglose, schwierige, verwickelte Situationen gibt es im Leben. Den Vater kränkt der praktische Verstand der Kinder – die selbstgefälligen Erfolge des Sohnes, seine Beziehungen zu und Bekanntschaften mit wichtigen und namhaften Personen, sein Desinteresse an Büchern, der Natur, sein Gerede über die Vor- und Nachteile des Lebens; wie viel Entwürdigendes liegt in der vernunftgeleiteten, berechnenden Hochzeit seiner Tochter, in der wohlanständigen Welt der sowjetischen Aristokratie, in die sie eingeheiratet hat; wie tierhaft einfach, wie banal wirkt die Tochter in ihrer neuen Familie mit ihren Interessen, die sich um die Wohnung, die Datscha und das Auto drehen; und er hatte sie als Kind Aljonuschka genannt, hatte gemeint, in ihr das ungestüme Wesen Sofja Perowskajas[27] ausgemacht zu haben. Und die Frau ist ganz entzückt über die Erfolge des Sohnes und der Tochter. »Das Leben hast du mir vergällt mit deinem Quatsch, und jetzt sehe ich – unsere Kinder leben wie alle normalen und richtigen Leute.« Und er sieht alles, versteht alles, und sein Leben ist in eine Sackgasse geraten, und er mag nicht mehr leben.

Was für ein prächtiges Paar, beide sind sie Wissenschaftler, fahren Auto, sind Bergsteiger, führen ein harmonisches, interessantes Leben. Sie ist habilitierte Doktorin, er Doktor, in den Einladungen für den Empfang im Kreml steht »samt Ehegatten« geschrieben. Sie lachen darüber, und die Freunde auch. Der Akademiepräsident schickt ihr ein Glückwunschtelegramm zum Geburtstag, überall, wo sie zusammen auftauchen, bekunden die Menschen Interesse an ihr, und an ihm wegen ihr. Schließlich fängt ihr Selbstbewusstsein ihn zu ärgern an, offenbar ist sie überzeugt davon, dass das Leben mit ihr ihn glücklich mache. Er ist gekränkt, aber es ist natürlich nicht deswegen, dass er ein Verhältnis mit einem lieben Mädchen, einer Doktorandin, anfängt. Er ist

27 Sofja Lwowna Perowskaja (1853–1881), Tochter einer hochgestellten Petersburger Familie, war an dem Attentat auf Zar Alexander II. im Jahr 1881 beteiligt und die erste Frau in Russland, die für ein politisches Vergehen verurteilt und hingerichtet wurde.

wirklich verliebt. Die Frau merkt nichts, ist von seiner Treue überzeugt. Aber mein Gott, was geht in ihr vor, als sie einen Zettel liest, den er liegengelassen hatte. Wie weint sie, sie will sich mit Luminal vergiften. Er weint auch, bittet um Verzeihung, und sie fängt sogleich zu reden an: »Ich habe es verstanden, ich bin eine Idiotin, ich bin deinen kleinen Finger nicht wert, du bedeutest mir mehr als alles auf der Welt.« Aber sie denkt natürlich auch jetzt noch, dass er sich nicht in eine andere hatte verlieben können, sondern sich an ihr für seine Herabsetzung rächte. Offenbar quält sie am meisten der Gedanke, wie er, der in keiner Hinsicht Bemerkenswerte, eine Frau wie sie, die ihn so sehr liebt, betrügen konnte! Zuerst ist er verwirrt, empfindet Reue, doch dann tritt für ihn in ihrem Leiden etwas Hässliches, Verletzendes zutage. Von da an zeichnet sich nichts Gutes mehr am Horizont ab, sondern die immer gleiche hoffnungslose, verfahrene Situation.

Sie ist zum zweiten Mal verheiratet, ihr erster Mann, von dem sie eine Tochter hat, ist im Krieg gefallen. Der Stiefvater ist dem Mädchen nicht freundlich gesinnt. Vor ihr schweigt er. Die Jahre vergehen, die Tochter ist eine erwachsene Frau geworden, hat geheiratet, hat ein Kind. Der Stiefvater verbietet seiner Frau, die Tochter, den Enkel zu sehen, er argwöhnt, dass der Enkelsohn deshalb so geliebt wird, weil er dem gefallenen Großvater ähnlich sieht; wenn er wegfährt, sagt er nicht, wann er wiederkommt, um seine Frau auf frischer Tat zu ertappen – vielleicht hat sie ja Tochter und Enkelsohn eingeladen, bei ihnen zu übernachten. Er ist eifersüchtig, quält sich, quält andere. Und die Kräfte schwinden, die Häupter sind grau, und alles ist so ausweglos, so schwer.

Doch auch hier kann man wieder sagen: Nicht immer sind die Beziehungen zwischen den Menschen schwierig und voller Widersprüche. Sie sind es auch, gewiss. Aber mein Gott, welche erbarmungslose Langeweile kann einem mitunter in einer ganz ruhigen und klaren familiären Situation am Herzen nagen!

Da ist ein Familienoberhaupt, Ehemann, Vater. Er kommt zum Haus, da ist die ausgetretene Treppe, da die angeschlagene Stufe, das Halbdunkel des Korridors, der staubige Geruch von altem Plunder und der Geruch von in Sonnenblumenöl gebratenem Dorsch, der kleine Seifenrest auf der Ablage des Waschbeckens, das nasse Handtuch am Nagel, das es noch nicht geschafft hat zu trocknen. Sie essen zu Mittag, der Speiseplan ist stets der gleiche, ja alles ist stets das gleiche, das Wachstuch auf dem Tisch, der Teller mit dem ausgeblichenen hellblauen Rand, die Gabel mit den verbogenen Zinken. Er und seine Frau streiten sich nie, lügen einander nicht an, haben beide dieselben Ansichten über das Leben. Aber mein Gott, wie plagt sie die Langeweile. Stundenlang schweigen sie, haben keine Lust zu sprechen, ja und worüber sollten sie auch sprechen? Wenn sie voneinander getrennt sind, dann langweilt es sie, aneinander zu denken, und wenn sie rausgehen, einen Spaziergang machen, dann sind die Blumen auf dem Boulevard und die Wolken beim Sonnenuntergang allein schon deswegen langweilig, weil sie nebeneinander gehen. Und nachts ist es langweilig, wenn man aufwacht und neben sich das schläfrige Gemurmel und Geschnaufe hört.

»Was hast du denn vor dem Zubettgehen gegessen, du hast in der Nacht ganz schön die Luft verpestet.«

»Ich habe nichts Besonderes gegessen.«

»Ich habe ja auch nicht gefragt, ob du etwas Besonderes gegessen hast.«

Vielleicht ist es immer noch leichter zu ertragen, wenn der ewige Tod hereinbricht, als diese ständige Langeweile.

Da ist ein Grabbeet, eine Frau pflanzt Vergissmeinnichtstauden auf dem Grab ihres Mannes. Nun geht er nicht mehr fort zu der, die Zwietracht gesät hat. Alles ist so ruhig. Sie beschäftigt der Gedanke, ob sie nicht besser Stiefmütterchen setzen soll? Sie hat vergeben, und diese Vergebung lässt sie gehobener Stimmung sein.

Nebenan streicht ein junges Ehepaar liebevoll die Grabumzäunung. Sie unterhalten sich mit der Witwe, die bereits weiß, dass die verstorbene alte Dame Katzen und Gummibäume gemocht und alles für ihren Sohn und seine liebe Frau hingegeben hat. Ruhe, Einfachheit, blauer Himmel, über dem Grab tschilpt mit klarem Stimmchen ein junger Spatz, der noch keine eisige Januarluft in der Kehle verspürt hat. Es gibt sie nicht mehr, die wirren, kummervollen Augen der alten Dame.

Auch nicht die tränenden Augen des in der Lähmung erstarrten alten Mannes.

Und so ruhig ist das Grabbeet über dem verstorbenen geistesgestörten Jungen, die quälende Verwirrung seiner Eltern, ihre Angst hat ein Ende. Stiefmütterchen, Kamille, Vergissmeinnicht.

»Wie hat sie sich gequält, die Arme«, sagt eine betagte Frau über ihre Schwester.

Sie betrachtet das Grab, die Sonne scheint durch das junge Blattwerk der Bäume hindurch, fällt hell auf die Erde. So still, so leicht und ruhig sind die Beziehungen zu den Toten.

»Und etwas später, da setze ich Kapuzinerkresse, sie geht gut an.«

Und nun steht keine Wand mehr zwischen den liebenden Ehegatten, keine Eifersucht, Angst, Ungunst gegenüber dem Kind des ersten Mannes, dem Enkel, den die Großmutter so sehr ins Herz geschlossen hat, ist ihrer Liebe im Wege. »Ruhe sanft, du unvergessener Freund.«

Schön ist es auf dem Friedhof. Alles, was verwickelt und bedrückend war, ist leicht geworden.

Die Lieben haben hier ein besonderes, schönes, freundliches Leben, und die Beziehungen zu ihnen sind kostbar geworden.

Der Ehemann, der voller Langeweile, Qualen leidend, von der Arbeit heimgekehrt war, findet nun Gefallen an der Gesellschaft seiner Frau, es bereitet ihm Freude, an freien Tagen auf den Friedhof zu gehen. Wie schön ist es in der Natur, wie viele liebgewonnene Aufgaben, die nicht schwerfallen, wie viele nette Leute, die ständigen Besucher der Nachbargräber. Er erzählt von der Frau, er denkt an sie. Sich an sie zu erinnern, an sie zu denken, ist nicht langweilig. Ihre Beziehung hat frischen Wind bekommen.

Wer hat gesagt, dass es nichts Schöneres gibt als das Leben, wer hat den Menschen weisgemacht, dass der Tod etwas Schreckliches ist?

Und so gehen sie, Scharen von Menschen mit Spaten, Sägen, Hämmern, Malerpinseln, die ein besseres, neues Leben aufbauen. Ihr Blick ist nach vorn gerichtet. Wie beschwerlich, wie anstrengend ist die Stadt, wie licht der Friedhof.

Gab es denn einen Ausweg, eine Möglichkeit, die Mauer einzureißen, die zwischen dem Vater und seinen jämmerlichen Karrieristenkindern bestand? Und nun existiert diese Mauer bereits nicht mehr. »Ruhe sanft, unser lieber Vater, Lehrer, Freund …«

Die Kinder pflegen das Grab, sprechen über das, was sie beschäftigt, ihre Reisen, Bekannten. Er, der Vater, ist da, und es ist so schön, so angenehm mit ihm, und er schaut nun nicht mehr wehmütig, vorwurfsvoll, peinlich berührt drein, wie er es immer getan hatte.

Die munteren Scharen strömen durch das Friedhofstor, die Stadt gibt ihnen einen Schubs in den Rücken. Und wenn die Menschen, die erschöpft und voller Verzweiflung sind, das ruhige Grün der Gräber sehen, in denen ihre Männer, Mütter, Väter, Frauen, Kinder schlafen, füllen sich die Herzen mit Hoffnung. Die Menschen bauen neue, bessere Beziehungen zu ihren nahen Angehörigen auf, sie bauen ein neues, besseres Leben auf als das, das ihre Seelen peinigte.

2

Auf vielen Grabsteinen finden sich Informationen über den Verstorbenen, über seinen wissenschaftlichen Grad oder seinen Dienstgrad beim Militär, seine berufliche Stellung und die Dauer seiner Parteimitgliedschaft.

Bis zum Jahre 1917 wurde geschrieben, dass der Entschlafene Kaufmann der ersten oder zweiten Gilde beziehungsweise Wirklicher Staatsrat war.

Es gibt auch eine andere Art von Inschriften, die von den Gefühlen zeugen, die die nahen Angehörigen für den Entschlafenen empfinden. Diese Inschriften sind manchmal sehr lang – gereimt und in Prosa. Sie sind manchmal unglaublich komisch, dumm, abgeschmackt und voller Fehler, aber das hat mit dem Kern der Sache nichts zu tun.

Der Kern ist, dass die Inschriften, die die berufliche Stellung und den gesellschaftlichen Rang des Verstorbenen ins Zentrum rücken, und jene, die von der Liebe der nächsten Angehörigen zu ihm sprechen, allein dem Ziel dienen, Außenstehende zu informieren. Sie haben nichts mit dem zu tun, was in der Tiefe der Herzen wohnt.

Diese Inschriften – sind stereotype Erklärungen, solche, wie sie bei der Vereidigung der Rekruten, beim Freien, bei der Verleihung einer Auszeichnung abgegeben werden. In diesen Inschriften ist nie von einfachen Berufen die Rede: »Hier ruht der Friseur, Zimmermann, Polierer, Schaffner …« Wird die Tätigkeit des Verstorbenen angegeben, dann handelt es sich für gewöhnlich um einen Professor, Schauspieler, Schriftsteller, einen Jagdflieger, Doktor der Medizin, Künstler. Ist von einem Dienstgrad die Rede, dann wird normalerweise ein hoher erwähnt – Oberst, Admiral, Justizrat ersten Ranges. Medizinisch-technische Assistenten und Leutnants werden auf den Grabsteinen für gewöhnlich nicht angeführt.

Das Staatliche und Gesellschaftliche folgt dem Menschen auf den Friedhof nach. Das Menschliche ist auch hier scheu. Die Inschriften über die Liebe, die ewige Trauer, die bitteren Tränen, sie dienen dem gleichen nichtigen äußeren Zweck, wollen prahlerisch informieren, ganz gleich, ob sie ergreifend oder abgeschmackt, in schönen oder fehlerhaften und komischen Versen abgefasst sind.

In Wirklichkeit richtet sich die Inschrift nicht an den Toten, denn es ist klar, dass er sie nicht lesen kann. In Wirklichkeit macht auch keiner solche Inschriften für sich selbst, ein Mensch weiß auch ohne Inschrift, was in seinem Herzen vor sich geht. Eine Inschrift wird angebracht – damit sie gelesen wird. Die Informationen richten sich an diejenigen, die daran vorbeigehen.

Über den Friedhof schallt ein Wehklagen, ein Weinen – eine Frau weint um ihren Mann. Warum schreit sie so laut? Der Verstorbene hört es ja doch nicht. Schmerzen der Seele brauchen es nicht, dass man sie mit der Kraft eines Opernsängers auf der Bühne herausschmettert. Die Witwe weiß, warum sie schreit – die Vorübergehenden sollen sie hören, sie verkündet und informiert.

Die, die regelmäßig auf den Friedhof gehen, legen Trauerkleidung an und sitzen mit heuchlerischen Gesichtern auf den Bänkchen bei den Gräbern – auch sie verkünden und informieren.

Sie gleichen nicht jenen, die auf den Friedhof kommen, um ein neues Leben aufzubauen, ihre Beziehungen in glücklichere und vernünftige Bahnen zu lenken.

Diejenigen, die verkünden, halten es für das Wichtigste im Leben, ihre Überlegenheit, die Überlegenheit ihrer Gefühle, ihrer Herzenstiefe zu beweisen.

Ja, aus verschiedenen Gründen gehen die Menschen auf den Friedhof.

Der NKWD[28]-Funktionär, der im schrecklichen Jahr 1937 verrückt geworden ist, geht zwischen den Gräbern einher, raucht, droht mit der Faust, die Gräber schweigen, und das treibt den wahnsinnigen Untersuchungsführer zur Verzweiflung – es gibt kein Mittel, die Verstorbenen zum Reden zu zwingen, dabei sind die Verfahren noch nicht abgeschlossen.

Aus verschiedenen Gründen gehen die Menschen auf den Friedhof.

Auf dem Friedhof verabreden sich Verliebte zum Rendezvous. Auf dem Friedhof gehen Leute spazieren, suchen ein kühles Plätzchen.

28 NKWD lautete der Name des sowjetischen Geheimdienstes in der Phase der »großen Säuberungen«, der Stalin'schen Terrorwelle.

3

Der Friedhof hat ein reges Eigenleben voller Begehrlichkeiten.

Steinmetze, Maler, Schlosser, Totengräber, Grabeinfassungsmonteure, Lastkraftwagenfahrer, die Komposterde und Sand liefern, Lagerarbeiter, die für den Verleih von Spaten und Gießkannen zuständig sind, Blumen- und Setzpflanzenverkäufer – das sind diejenigen, die das wirtschaftliche Leben des Friedhofs prägen.

Fast jeder dieser Berufe hat seine Entsprechung in der Welt der privaten Schattenwirtschaft. Dies ist wie das Dasein in zwei Räumen der modernen Physik.

Die Schattenwirtschaft hat ihre eigenen ungeschriebenen Preislisten, ihr eigenes Reglement; der Privatunternehmer nimmt mehr als der Staat, aber bei ihm sind die Baustoffe von höherer Qualität, und das Sortiment ist größer.

Der Friedhof ist ein Teil des Staates, und er wird auf gleiche Weise wie der Staat verwaltet.

Die Friedhofsverwaltung ist zentralisiert, die Macht konzentriert sich in den Händen des Direktors, und das System der Zentralisierung übt, wie das nun einmal so ist, auf die Friedhofsleitung Druck aus – sie erarbeitet keine Weisungen, sondern sie führt sie aus.

Die Kirche ist vom Staat getrennt.

Die Kirche hat ihre eigenen Kader – die hohen und die niederen, den Chor, den Kerzen- und Hostienverkauf. An Gott wendet man sich nicht nur bei der Bestattung alter Menschen; es kommt vor, dass auch Parteimitglieder mit einem Priester auf den Friedhof übersiedeln. Ein junger Mensch mit einem hochmodernen Beruf – entweder war er Kernforscher oder Angehöriger der Raketentruppen oder arbeitete in einem Fernsehstudio – ist gestorben, und es kommt vor, dass die Kirche an seiner Beerdigung mitwirkt.

Unter den Priestern besteht auch eine Zweiteilung – parallel zur offiziellen Priesterschaft des Patriarchats gibt es Dutzende von privaten Priestern, die unabhängig von Kirche und Staat operieren. Sie sind in Zivil gekleidet, aber an den langen Haaren, den gutmütigen faltigen Gesichtern und den berühmten roten Nasen zu erkennen.

Die offizielle Kirche mag sie überhaupt nicht, sie sind auf frevelhafte Weise nachlässig im Ritus, und außerdem nehmen sie jedwede Bezahlung an, die fast immer genau oder annähernd dem Preis von hundert Millilitern Wodka entspricht.

Einmal hat die Miliz zur großen Freude des Erzpriesters vom Wagankowskoje-Friedhof eine Razzia bei den privaten Priestern durchgeführt. Von weitem wirkte es sehr komisch, wie die Langhaarigen unter den Pfiffen der Miliz zwischen den Gräbern davonrannten, auf allen vieren krochen, über die Einfriedung sprangen.

Aber von nahem waren diese alten Leute, ihre tränenden Augen, ihr schweres, mühsames Atmen, der Ausdruck von Angst und Scham in ihren Gesichtern nicht komisch.

4

Das Leben des Friedhofs verläuft im Gleichtakt mit dem des Landes, des Volkes, des Staates.

Im Sommer 1941 waren die Zufahrtsgleise der weißrussischen Eisenbahnlinie besonders heftigen deutschen Bombardements ausgesetzt. Schwere Bomben fielen in unmittelbarer Gleisnähe auf die Erde des Wagankowskoje. Die Bomben schlugen in Bäume ein, schleuderten Erdklumpen, zerschmetterten Granit, gespaltene Kreuze in alle Richtungen. Manchmal flogen Särge und Körper Verstorbener in die Luft, durch die Kraft der Detonation emporgefeuert.

In den Hungerjahren des Bürgerkriegs pflückten die Menschen Sauerampfer und Lindenblätter auf dem Friedhof. Hier brachen sie Reisig, um die Ziegen zu füttern. Und die Verbrechen, die auf dem Friedhof begangen wurden, sind eng mit der Zeit, den Lebensumständen des Volkes verbunden.

In der ersten Zeit nach der Revolution erzählte man sich von einem Friedhofswärter, der mit Schweinefleisch handelte – er fütterte die Schweine mit Menschenfleisch, indem er nachts die Gräber öffnete. Die Fahnder waren über das Aussehen dieser Schweine erschüttert – sie waren riesig, wild, böse.

Man erzählte sich von der Genossenschaft, die in Zeiten der NEP[29] Privatläden mit scharfer hausgemachter Knoblauchwurst versorgte, und dann stellte sich heraus, dass diese Wurst aus dem Fleisch von Leichen hergestellt worden war.

In den Jahren, als das Leben leichter und lustiger wurde, fingen die Grabräuber an, sich für Wertgegenstände zu interessieren, für Goldzähne und Anzüge der Verstorbenen.

Nach dem Zweiten Weltkrieg kamen viele Sachen aus der Fremde ins Land geflossen, und die Grabräuber machten Jagd auf ausländische Anzüge, Schuhe.

Ein Oberst, der bei den Besatzungstruppen in Deutschland gedient hatte, hatte seiner kleinen Tochter eine sprechende Puppe mitgebracht. Die Tochter des Obersts starb bald, und weil sie die Puppe in ihr Herz geschlossen hatte, legten die Eltern diese Puppe in den Sarg des Kindes. Einige Zeit später erblickte die Mutter eine Frau, die diese Puppe verkaufte. Die Mutter fiel in Ohnmacht.

Aber dies sind ungewöhnliche Ausnahmen.

Heute ist die Zahl der Friedhofsverbrechen gesunken, und in der Hauptsache handelt es sich bei ihnen um Plünderungen von Grabbeeten, die Entwendung von Rahmen für die Porträts der Verstorbenen, von Vasen, Metallumzäunungen.

5

Clausewitz paraphrasierend lässt sich sagen, dass der Friedhof die Fortsetzung des Lebens ist. Die Gräber bringen den Charakter der Menschen und der Zeit zum Ausdruck.

---

29 Abkürzung für »Neue Ökonomische Politik« – so hieß die ab 1921 von Lenin in Abkehr vom »Kriegskommunismus« eingeleitete Phase einer neuen liberalen Wirtschaftspolitik.

Natürlich gibt es nicht wenige gesichtslose Gräber. Aber es gibt auch nicht wenige fade, gesichtslose Menschen.

Es besteht eine Kluft zwischen den vorrevolutionären Grabmalen der geheimen Staatsräte und den heutigen Gräbern.

Aber nicht nur diese Kluft ist lehrreich. Verblüffend ist, wie sich die Gräber des einfachen Volkes aus vergangenen Zeiten und die des einfachen Volkes aus dem Jahrhundert der Raketen und Atomreaktoren gleichen.

Was für eine Beständigkeit! Ein hölzernes Kreuz, ein kleiner Hügel Erde, ein Kranz aus Papier ... Und wenn man sich die unzähligen Gräber auf dem Dorf ansieht, dann ist dies dort noch klarer, noch objektiver sichtbar.

»Alles bewegt sich fort und nichts bleibt«, hatte einst ein Grieche[30] gesagt.

An dem kleinen Hügel mit dem grauen Kreuz darauf ist dies nicht zu erkennen. Und falls doch, dann geschieht es ganz unmerklich.

Und weiter folgt daraus – es handelt sich nicht nur um die Beständigkeit der Bestattungstradition, sondern auch darum, dass der Geist des Lebens, sein Kern beständig und unveränderlich ist.

Welches Beharrungsvermögen! Alles hat sich märchenhaft verändert, und es ist schon banal, all die zahllosen Veränderungen aufzuzählen, die von der neuen Ordnung, von der elektrischen, chemischen, atomaren Energie hervorgebracht worden sind.

Und dieses graue Kreuz, das so sehr dem grauen Kreuz gleicht, das vor einhundertfünfzig Jahren aufgestellt worden ist, hat sich als Symbol für die Vergeblichkeit der großen Revolutionen, der wissenschaftlich-technischen Umwälzungen erwiesen, die das Leben in seinem tiefsten Kern nicht zu verändern vermögen. Doch je unveränderlicher der tiefste Kern des Lebens, desto heftiger die Veränderungen an der Meeresoberfläche.

---

30 Platon, in Bezugnahme auf den Heraklit zuerkannten Ausspruch »Alles fließt«

Und es zeigt sich: Die Stürme kommen und gehen, die Tiefsee aber bleibt.

Da sind die Spuren des Revolutionssturms – merkwürdige, ungewöhnliche Grabmale inmitten des hohen Friedhofsgrases. Ein schwarzer Findling mit einem Amboss darauf. Ein gusseiserner Mast, von Hammer und Sichel gekrönt. Ein schwerer, grober Metallblock. Eine Erdkugel aus unbehauenem, rohem Granit unter einem fünfzackigen Stern, wobei der Stern auf den Ozeanen und Kontinenten liegt. Das ist mal etwas Neues!

Die halbverwitterten Inschriften aus der Zeit der Revolution sind schwieriger zu lesen als jene, die auf den polierten Graniten der Kaufleute, Fürsten, Fabrikanten angebracht worden waren.

Aber welch glühendes Pathos weht einem von jedem halbverwitterten Wort entgegen, das die Revolution geschrieben hat. Welch Glaube, welche Inbrunst, welch feurige Kraft!

Und wie gering ist die Zahl der Grabmale jener, die an die Weltkommune geglaubt haben. Nach ihnen muss man inmitten des gewaltigen Kreuz- und Granitwaldes, inmitten der gusseisernen Umzäunungen und der Marmorplatten, des Unkrauts und des Grases lange suchen.

Ihr Opfer unbesonnener Entwürfe
Vielleicht war's so: Ihr haftet wohl,
Daß ihr mit einem dürftigen Blute
Zerschmelzen könnt den ewigen Pol!
Kaum aber, dass auf seines Eises Massen
Das Blut auflohte, das ihr dort gelassen
Der Winter eisern drüber fuhr,
Und übrig blieb nicht eine Spur.[31]

31 Aus dem Gedicht »14. Dezember 1825« von Fjodor Iwanowitsch Tjutschew, dt. von Siegfried von Nostitz, in: Fjodor Iwanowitsch Tjutschew, »Ach, wie so tödlich wir doch lieben«, München und Moskau 1992

Irgendwann einmal hat Stalin über die sowjetische Kultur gesagt: sozialistisch im Inhalt, national in der Form. Das Gegenteil ist heute der Fall.

Das deutsche, das armenische Wagankowo spiegelte zwar den tiefsten Kern des Lebens wider, seine Oberfläche aber, das sowjetische Leben zwischen der Oktoberrevolution und dem Jahr 1934, in dem Kirow ermordet wurde, nur schlecht. Zu diesem Zeitpunkt war das Nationale noch nicht gänzlich aus der Form des sowjetischen Lebens in seinen Inhalt übergegangen und hatte sich das Sozialistische noch nicht endgültig in die Form verabschiedet. Das war eine Phase, als in der Partei noch die revolutionäre Intelligenz vorherrschte – in Gestalt von Arbeitern, die im Untergrund tätig gewesen waren.

Diese Phase ist auf dem Friedhof beim Moskauer Krematorium widergespiegelt. Wie viele gemischte Ehen! Welch wunderbare Gleichbehandlung der Nationen! Welch Vielzahl von deutschen, italienischen, französischen, englischen Namen! Auf manchen Gräbern finden sich fremdsprachige Inschriften. Und wie viele Letten, Juden, Armenier, was für Kampfparolen auf den Grabmalen!

Es scheint, dass hier, auf diesem Friedhof, umgeben von einer roten Mauer, die Flamme des jungen, noch nicht verstaatlichten Bolschewismus brennt, der noch das junge Pathos, den Geist der Internationale, das süße Fieber der Kommune, den Rausch der Revolutionslieder in sich trägt.

Das Schönste, das es auf Erden gibt, ist das lebendige menschliche Herz. Seine Fähigkeit, zu lieben, zu glauben, zu verzeihen, alles um der Liebe willen hinzugeben, ist wunderschön. Aber die lebendigen Herzen schlafen den letzten Schlaf in der Friedhofserde.

Die Seele eines verstorbenen Menschen, seine Liebe und seinen Kummer kann man nicht erblicken, man kann nicht heimlich in die Grabmale, durch die Inschriften, die Blumen auf dem Grabbeet hindurch, hineinspähen. Der Grabstein, die Trauermusik, die lauten Wehklagen, das Gebet können nicht ihr Geheimnis entschlüsseln.

Angesichts der Erhabenheit dieses schweigenden Geheimnisses sind alle Pauken und Trompeten des Staates, die Weisheit der Geschichte, jeder Stein eines Denkmals, die wehklagenden Worte und Totengebete erbärmlich. Hier ist er, der Tod.

1957–1960

PHOSPHOR

1

Vor dreißig Jahren, als ich mit dem Studium fertig war, fuhr ich zum Arbeiten in den Donbass.

Ich wurde als Chemiker im Gasanalyselabor der tiefsten und heißesten Grube des Donbass eingesetzt – in Smoljanka-11.

Der Förderschacht von Smoljanka war 832 Meter tief, und die Strecken im östlichen Schacht lagen in einer Tiefe von mehr als einem Kilometer. Smoljanka hatte einen schlechten Ruf – es kamen immer wieder plötzliche Freisetzungen von Grubengas und Staub vor, was so etwas wie ein unterirdischer Tsunami ist. Wenn das geschah, dann schütteten Hunderte Tonnen von Grus und Kohlenstaub die Grubenbaue zu.

Mich packte die Romantik – die tiefste, gefährlichste, gasreichste Grube der UdSSR. Die Poesie des Donbass eroberte mich – die Lampenketten, die als punktierte Linie die nächtlichen Steppenpfade durchwoben, das langgezogene Heulen der Sirenen im Nebel, die schwarzen Halden, der düstere Feuerschein über dem Hüttenwerk.

Aber die beiden mächtigen Kräfte – der Romantik und der Poesie – vermochten es nicht, meine Dumme-Jungen-Sehnsucht nach Moskau, nach den Moskauer Freunden, die ich sehr mochte, zu mildern.

Mir wurde eine Zweizimmerwohnung in der Bergarbeitersiedlung zugewiesen, in der Ingenieurssiedlung waren keine Einfamilienhäuser mehr frei.

Die Wohnung war schön – geräumige Zimmer, eine große

Küche, ein Kohleschuppen, zwei Kammern mit Dielenfußböden. In einer solchen Wohnung lässt es sich gut mit einer Familie leben, einen Hausstand gründen. Ich aber brachte in die Wohnung eine Federkernmatratze, einen Teekessel, ein Glas, einen Löffel, ein Messer mit. Die Matratze ohne Bettgestell legte ich in die Mitte des Zimmers, unter die Lampe. Wenn ich auf der Matratze saß und Tee trank, diente der hochkant gestellte Koffer als Tisch. Ich aß damals wenig, rauchte mehr. Ich hatte in jener Zeit Zahnschmerzen, und manchmal ging ich bis zum Morgen im Zimmer auf und ab und rauchte. Und wenn der Schmerz etwas nachgelassen hatte, legte ich mich auf die Matratze, las und rauchte. Am Morgen war das Zimmer voller Rauch, und in die Konservenbüchse, die als Aschenbecher diente, passte kein Zigarettenstummel mehr hinein.

Abends war ich immer sehr bedrückt. Viele Monate lang kam mich keiner besuchen. Ich war schüchtern, und es gelang mir nicht, mit den Arbeitskollegen Bekanntschaften zu knüpfen. Ich war in der Grube von den Kohle- und Vortriebshauern begeistert, sie aber lachten über Tage über mich, und die Frauen der Kohlehauer und Sprengmeister, die meine Nachbarn waren, schauten durch die Fenster in meine leere Wohnung und hielten mich für nicht ganz normal. Es belustigte sie, dass es in den Zimmern keine Möbel gab und in der Küche kein Geschirr. Ich frühstückte morgens nicht, nach den Dutzenden nächtlicher Papirossy hatte ich keinen Appetit. Das Essen in der Kantine war schlecht – es war das harte Jahr 1930, das Jahr der durchgängigen Kollektivierung, der Beginn des ersten Fünfjahresplans.

Es geschahen großartige Dinge, die Menschen um mich herum aber, die Streckenleiter, die Steiger, der Grubenverwalter selbst, frappierten mich mit ihrer kleinbürgerlichen Borniertheit. Die Gespräche darüber, wo man was beschaffen könne, was die Ehefrau aus Rostow mitgebracht habe und die Schwiegermutter aus Mariupol, der viele sinnlose Wodka, die groben, zotigen und erstaunlich dummen Witze, das böswillige Geschwätz über die Vorgesetzten, die Gespräche darüber, wer gegen wen intrigiert hat, und auf der anderen Seite, unbegreiflich, wie das zusammengeht, die schwere, gefährliche Arbeit in der tiefsten Grube der UdSSR – der düsteren Smoljanka-11, die voll von Poesie und Romantik war.

Tagsüber arbeitete ich, und abends saß ich allein in der leeren Familienbude – so werden im Donbass die Wohnungen genannt. Ich war allein, und die Zahnschmerzen hörten nicht auf. Stundenlang tigerte ich durch die Zimmer, hielt mir die Hand an die Wange und rauchte wie ein Schlot. Manchmal gab ich langgezogene, unartikulierte Laute von mir …

Dann legte ich mich auf die Matratze, schluckte nacheinander ein paar Aspirin, der Schmerz ließ nach, und ich nickte für zwei, drei Stunden ein, solange die Tabletten wirkten.

Ich blies Trübsal und war eifersüchtig auf meine Frau, die mir selten schrieb – sie war gerade dabei, ihr Studium abzuschließen, und sehr beschäftigt.

Ich hatte Sehnsucht nach Moskau – nach den asphaltierten Gehsteigen, den abendlichen Moskauer Straßen, ich dachte an den Strastnoj-Boulevard, das Kino »Ars«, wo die Filme »Dr. Mabuse, der Spieler«, »Die Nibelungen«, »Das indische Grabmal«[32] liefen. Ich dachte an die freundliche grüngelbe Atmosphäre der Bierstube in der Bronnaja-Straße, in der die Zigeunerin Morosowa sang. Aber am meisten hatte ich Sehnsucht nach meinen Freunden. Ich hatte wunderbare Freunde – kluge, fröhliche Feuerköpfe, die sich für alles interessierten, was es in der Welt gibt: für Politik, Einstein, Lyrik, Malerei, die Lieder von Busch und Dolivo[33] sowie für symphonische Musik. Wir diskutierten hitzig, lasen viel, tranken Bier und Wodka, schlenderten nachts über die Boulevards, schwammen bei den Sperlingsbergen in der Moskwa. Manchmal sangen wir im Chor, alberten herum, einmal zettelten wir bei

32 »Dr. Mabuse, der Spieler« und »Die Nibelungen« sind Stummfilme von Fritz Lang; »Das indische Grabmal« wurde dreimal gedreht, 1921 als Stummfilm von Joe May, 1938 von Richard Eichberg sowie 1959 von Fritz Lang.

33 Anatoli Leonidowitsch Dolivo (1893–1965), russisch-sowjetischer Sänger und Professor am Moskauer Konservatorium

den Patriarchenteichen eine Schlägerei mit einer Horde von angetrunkenen Typen an. Bei diesem Kampf war ich nicht auf der Höhe – ich brach das Prügeln ab, gesellte mich unter die Zuschauer; meine Freunde machten mir deswegen lange Zeit Vorwürfe.

Wir trafen uns samstags entweder beim Mathematiker Schenka Dumarski oder beim Chemiker Krugljak. Dumarski lebte bei seiner Familie, aber unser lärmender plebejischer Freundeskreis fühlte sich frei und wohl bei ihm zu Hause. Die Eltern vergötterten ihren mit vielen Talenten gesegneten Sohn, und der häusliche Kult um Schenkas Person wurde auch auf seine Freunde übertragen.

Manchmal blieb der ganze Zirkel bei ihm über Nacht, dann wurden Decken für uns auf dem Boden ausgebreitet, und Kissen wurden von den Betten und Sofas herbeigeschafft.

Die Dumarskis hatten einen Flügel. Schenja liebte Musik. Häufig lud er zu den Samstagstreffen den jungen Pianisten Tedik ein. Dumarski galt als hervorragender Student, er wurde ein bekannter Professor, Verfasser vieler mathematischer Studien. Aber er war keiner, der sich nur für sein spezielles Fachgebiet interessierte. Er begeisterte sich für politische Ökonomie und die marxistische Philosophie. Um die Philosophie des Proletariats besser zu verstehen, arbeitete Schenka in einer Fabrik. Er war körperlich gut in Form, trieb viel Sport. Neben seinem Studium und der Fabrikarbeit schaffte er es noch, Konzerte zu besuchen, mit den Mädchen komplizierte und einfache Beziehungen zu führen und die Grundfeste unserer Samstage zu sein. Bei der Schlägerei an den Patriarchenteichen war es die Faust von Schenja Dumarski, die in vielerlei Hinsicht den Ausgang des Kampfes bestimmte.

Wenn unsere Samstage in Krugljaks Junggesellenzimmer stattfanden, führten wir uns sehr laut auf – wir sangen mit donnernder Stimme, stritten, und wenn wir auch über intelligente Dinge stritten: die spezielle und die allgemeine Relativität, Lyrik, nicht älter als Blok, Industrialisierung und Überindustrialisierung, so belegten wir einander doch mit den schlimmsten Schimpfworten, die die russische Sprache kennt.

Unser Freundeskreis war bunt zusammengewürfelt: der Mathematiker Dumarski, Wanka Medorow, Student der Höheren Technischen Lehranstalt, Tedik, der Musiker, Mischka Semjonow, der Ross und Damhirsch in sich vereinte – die Geologie und die Malerei. Ich war Chemiker, aber die Chemie lag mir nicht wirklich am Herzen. Zu unserem Freundeskreis gehörte auch der blasse, breitgesichtige Abrascha-Abrameo mit seinem struppig abstehenden Haar, der eine unglaubliche Biographie hatte – mit fünfzehneinhalb Jahren hatte er ein Regiment kommandiert, mit siebzehn war er vorsitzender Untersuchungsführer bei der Gouvernements-Tscheka[34] gewesen, dann Sekretär im Gouvernementskomitee des Komsomol. In jener Zeit lief er immer barfuß in Sandalen, winters wie sommers ohne Mütze und trug einen gekräuselten Bart, der ihm bis zu den Augen reichte. In der Partei hatte er den Spitznamen Christus. Wir nannten ihn Abram-Utan. Als Student an der Moskauer Staatlichen Universität erwies er sich als fröhlicher, völlig infantiler Mensch, dem jeder Fanatismus fremd war, der Kreuzworträtsel und Preisausschreiben liebte und leidenschaftlich gerne Schiffeversenken sowie Drei gewinnt spielte.

Unsere beiden Frauenhelden – Abrameo und Dumarski – machten sich nichts aus Wodka, unsere größten Trinker waren Wanja Medorow und Mischka Semjonow.

Medorow, der später zum Mentor des heimischen Maschinenbaus werden sollte, hatte eine Bassstimme, war ehrenamtlicher Funktionär beim Institut, trug immer eine Lederjacke, es schien, als würde er sie auch nachts anbehalten, er hatte ein mürrisches Gesicht, eine hohe Stirn und las viel Jessenin. Bei den Mädchen hatte er keinen Erfolg, obwohl er breitschultrig und gut gebaut war. Er hatte einen langen und trübseligen Spitznamen: »Der sechzehn Jahre mit keiner Frau geschlafen hat«.

---

34 Von 1917 bis 1922 Name der sowjetischen Geheimpolizei

Mischka Semjonow war zügellos, wenn er betrunken war, er besaß große physische Kraft, um einer Zecherei oder eines offenherzigen Gesprächs willen konnte er jede beliebige Angelegenheit vernachlässigen, bei uns im Freundeskreis war er immer der Vorsänger.

Alle waren sie verschieden – vom Charakter her, dem Beruf, dem Schicksal, den Hoffnungen. Aber es gab etwas, was ihnen allen gemein war – Phosphor, Salz!

Und wirklich, alle diese Heißsporne, lustigen Studenten, Streithähne, leidenschaftlichen Flucher, Schluckspechte wurden später berühmte Leute: Unser Schenka Dumarski hielt eine Ehrenvorlesungsreihe an der Sorbonne, und seine Abhandlungen wurden an den amerikanischen Instituten für Mathematik studiert; wenn unser Pianist Konzerte gab, fragten die Leute ein Vierteljahr im Voraus beim Konservatorium an: »Gibt es noch Karten?«, und als Tedka, aus dem der fünfundvierzigjährige Teodor geworden war, zum ersten Mal in New York auftrat, begrüßte der Saal der Carnegie Hall ihn mit stehenden Ovationen. Iwan, »der sechzehn Jahre mit keiner Frau geschlafen hat«, wurde Chefkonstrukteur in einem riesigen Werkzeugmaschinen-Komplex. Hunderte von jungen Ingenieuren arbeiteten seine Ideen aus. Er wurde mit vielen Orden ausgezeichnet, wurde mehrfacher Stalin- und später auch Leninpreisträger, zwei-, dreimal pro Jahr flog er mit Sondermaschinen zu europäischen und transatlantischen Kongressen und Konferenzen. Ich bin sicher, dass auch Abrameo ein bedeutender Mensch und eine berühmte Persönlichkeit geworden wäre, aber sein Leben wurde jäh unterbrochen, er starb im Jahre 1937. Und Mischa Semjonow, unser Vorsänger, der ohrenbetäubend laut »Ach, warum hast du mich geküsst, eine Heidenglut in der Brust verbergend …« schmetterte – war jetzt schon Akademiemitglied, das Haus der Wissenschaftler richtete unlängst eine Ausstellung seiner Bilder aus, und die professionellen Künstler lobten Mischas Steppenlandschaften sehr.

Und auch ich wurde schlussendlich berühmt, wenn auch leider nicht als Chemiker.

Der einzige Mensch in unserem Freundeskreis, der weder Phosphor noch Salz hatte, der nicht in den Hörsälen der Universität glänzte, war David Abramowitsch Krugljak.

Wir studierten beide Chemie, führten gemeinsam die quantitative und die qualitative Analyse durch, gingen gemeinsam in die Mensa. Krugljak hatte ein Zimmer in der Sadowaja-Samotjotschnaja-Straße. Ganz am Anfang unserer Bekanntschaft ging ich einmal wegen eines Buchs zu ihm – das Zimmer war sauber, gemütlich, mit einem Bettvorleger, einem Bücherregal. Mir gefiel es schrecklich gut bei Krugljak. Wie es schien, freute er sich darüber, dass ich zu ihm gekommen war. Ich saß auf dem Liegesofa, und Krugljak schob den Kartentisch zu mir herüber, bewirtete mich mit Tee, fragte, ob es vom Fenster her auch nicht ziehe, erbot sich, ein weiches Ei zu kochen.

Ich fing an, häufiger zu ihm zu gehen, gemeinsam bereiteten wir uns auf die Prüfungen vor. Manchmal übernachtete ich bei ihm, und morgens, wenn ich mich in der eiskalten Küche wusch, hatte Krugljak es bereits geschafft, den Boden zu fegen, das Zimmer durchzulüften und es von Tabak- und sonstigem Geruch zu befreien, im Geschäft frisches Fladenbrot zu holen und Tee zu kochen.

Einmal erzählte ich meinen Freunden von Krugljak und schlug ihnen vor, das nächste Samstagstreffen bei ihm abzuhalten, und meine spottlustigen, klugen und wählerischen Freunde waren nett zu ihm. Sie mochten ihn. Die vielen vorhergehenden Versuche, neue Leute in unseren Zirkel einzuführen, waren in der Regel misslungen – wir hatten uns über die neuen Kandidaten lustig gemacht und sie einhellig für untauglich erklärt. Aber wir verstanden natürlich, dass Krugljak ein Mensch ohne göttlichen Funken war. Bei Rabindranath Tagore finden sich die folgenden Zeilen: »O weite Ferne, o durchdringender Ruf deiner Flöte.« Uns war klar, dass keine Flöte Krugljak in die weite Ferne rief.

Die Integrale fielen ihm schwer. Die Ableitungen der Gesetze der Thermodynamik lernte er mechanisch auswendig, und wenn er die gründlich durchgearbeiteten Seiten mit eigenen Worten wiedergab, sagte er gewöhnlich: »Bring mich nicht mit Fragen aus dem Konzept.«

Aber er mochte uns durchaus nicht deswegen, weil wir weiße Raben waren. Und er war auch nicht deswegen gastfreundlich zu uns, weil wir die Aristokraten unter den Studenten waren und ihm das imponierte. Er war nicht so dumm zu trinken. Es waren viele Mädchen unter seinen Bekannten, aber das waren keine Studentinnen.

Er sagte gerne Wörter wie »wunderbar«, das »Wunderbare«. Über die Mitglieder unseres Samstagszirkels sagte er: »Was für wunderbare Leute.« Und über die Wurst beim Schnellbüfett der Universität sagte er mit glänzend braunen Augen: »Wunderbar.«

Er kam aus einer sehr armen jüdischen Familie, sein Vater war Forstwart im Polessje, sein Bruder Bäcker, seine Schwestern Schneiderinnen. Sie alle sprachen schlecht Russisch, sprachen das R schnarrend aus und sangen gerne, und mir gefiel die ruhige Würde, die Krugljak an den Tag legte, wenn er seine Familie mit Moskauern und Leningradern bekannt machte. Es kam ihm nicht in den Sinn, sich für ihre hinterwäldlerische Einfachheit zu schämen.

Obwohl ich ihn nur von den gemeinsamen Vorlesungen an der Universität her kannte und obwohl er, wie es schien, aus wenig bekannten, jedenfalls nicht aus meinen Kreisen kam, wendete ich mich, wenn ich in finanziellen Schwierigkeiten war, ohne zu zögern vor allem an ihn. Und als ich einmal die letzte Bahn verpasst hatte (ich lebte zu der Zeit vor den Toren der Stadt – in Weschnjaki) und plötzlich am Manegeplatz ohne Schlafstätte dastand, da beschloss ich, zu ihm zu gehen, um dort zu übernachten; und dachte gar nicht lange darüber nach, sondern machte mich einfach zu Krugljak auf den Weg.

Einmal, es war ein Sonntag, dachten Abrameo und ich uns einen unglaublich dummen, groben Schabernack aus. Abrameo rief alle unsere Bekannten an und teilte ihnen mit, dass Banditen mich überfallen hätten, mich ausgezogen und geschlagen hätten, und dass ich zu ihm in die Arbeit gekommen sei, in die Zeitungsredaktion, in Unterwäsche, mit bloßen Füßen und blutigem Kopf. Abrameo bekleidete in der Redaktion nicht den Posten eines Redakteurs, sondern er war Nachtwächter, und ich befand mich natürlich in einer misslichen Lage – Abrameo durfte seinen Posten nicht für eine Minute verlassen, in wenigen Stunden aber würden bereits die Ersten in die Redaktion zur Arbeit kommen. »Jungs, ihr müsst uns aus der Patsche helfen«, sagte Abrameo und legte den Hörer auf.

Alle kamen; als Erstes kam Krugljak, der ein großes Bündel dabeihatte.

Bei seiner Ankunft lag ich auf dem Sofa, Abrameo hatte mich mit Zeitungen zugedeckt, und als Verband hatten wir auf meiner Stirn einen weißen Papierstreifen angebracht, der malerisch mit roten Tintenklecksen bespritzt war. Darauf stand etwas höchst Unanständiges, Verletzendes geschrieben. Als Krugljak mich sah, warf er das Bündel auf den Boden, stürzte zum Sofa, beugte sich über mich. Natürlich las er, was da geschrieben stand, es bezog sich auf ihn.

Abrameo und ich wälzten uns vor Lachen am Boden. Dann fingen wir an, den von Krugljak mitgebrachten Plunder unter die Lupe zu nehmen. Und wieder kugelten wir uns vor Lachen am Boden – der zerschlissene Wintermantel von Krugljaks Papa, ein Paar besohlte schwarze Filzstiefel, eine abgeschabte Pelzmütze, ein neuer Anzug von Krugljak; es war ein guter Anzug, aber ein Sommeranzug. Wir fanden das alles unendlich komisch. Jedem frisch Eingetroffenen zeigten wir den Plunder, den Krugljak mitgebracht hatte, und wieder fingen alle zu lachen an.

Aber ich hatte natürlich bemerkt, dass Krugljak als Erster gekommen war und außer ihm auch keiner Kleidung für das arme Opfer mitgebracht hatte.

»Warum kommt ihr so spät?«, nörgelte ich unruhig.

Es gab viele Erklärungen: Mischka Semjonow hatte an dem Tag seine Bilder dem Maler Falke gezeigt, und natürlich war er danach vor lauter Aufregung in eine Kneipe gerannt und hatte Bier getrunken. Tedka speiste sonntags immer bei seinem Großvater – einem berühmten Arzt – zu Mittag, und mit dieser Tradition durfte nicht gebrochen werden. Mein Freund Schenka Dumarski hatte in der Leninbibliothek den Stoff für das bevorstehende Referat im Mathematikzirkel zusammengetragen. Als Allerletztes kam Iwan, »der seit sechzehn Jahren mit keiner Frau geschlafen hat« – Wanja hatte zusammen mit einem Werkmeister, der ihn zu sich nach Hause eingeladen hatte, getrunken, und er konnte den schlichten Menschen nicht beleidigen – wenn er schon einen halben Liter getrunken hatte, musste er sich natürlich auch noch unterhalten.

Klar, dass auch keiner Sachen für das arme Opfer mitgebracht hatte – aus der Leninbibliothek kann man ja bekanntlich schlecht Filzstiefel mitnehmen.

Kurz und gut, wir machten uns nach Strich und Faden über Krugljak lustig. Lustig war auch das Ende dieser Geschichte – alle gingen in die Bierstube, um die Morosowa zu hören, nur der gefoppte Krugljak trottete mit seinem Bündel nach Hause.

Er belegte uns mit Flüchen, doch es war zu spüren, dass er nicht ernstlich böse war.

»Eins bedauere ich wirklich«, sagte er, »bei Esfira gab es so eine wunderbare Brühe, und ich habe sie nicht gegessen.«

Doch dann war die Studienzeit vorbei, und die Universitätslabore, die nächtlichen Spaziergänge, die hitzigen Debatten, die fröhlichen und gescheiten Samstage, die Lichter des abendlichen Moskau und die trunkene, helle Leichtigkeit, die einen urplötzlich, völlig unerwartet mal an einem dunklen Herbstmorgen, mal in einer kalten Januarnacht von Kopf bis Fuß mit einem Gefühl unendlichen, unsinnigen, grundlosen Glücks erfüllte, waren nun Teil der Vergangenheit.

Meine Freunde blieben in Moskau, und ich lebte in der Bergmannssiedlung, watete durch klebrigen Dreck, schritt über die unfruchtbare Erde, an schwarzen Lehmbergen vorbei; und der Herbsthimmel war so schwer und kalt, dass ich mich, wenn ich im Förderkorb nach langen in der Grube verbrachten Stunden nach oben kam, nicht über die frische Luft über Tage freute.

Ich hatte riesige Sehnsucht. Ich hatte nicht nur Zahnschmerzen, und mich quälte nicht nur die Einsamkeit. In meinem Herzen herrschte Verwirrung. Als Jugendlicher hatte ich beschlossen, die in den Atomen vorhandene Energie freizusetzen, und noch früher, als Junge, hatte ich in der Retorte lebendiges Eiweiß herstellen wollen. Aber daraus wurde nichts.

Nachts, wenn ich nicht schlafen konnte, mich vor Zahnschmerzen wand, dachte ich an Moskau. Hatte es das alles gegeben? Hatte es Dumarskis Reden über die Entropie und ihre heftigen Ausschläge gegeben, die er aufzeichnen wollte, Kiplings Vers »... Staub, Staub, Staub, Stiefel schreiten einher ...«[35], Wanka, der mit brummigem Bass »Mann in Schwarz ... Mann in Schwarz ...«[36] rezitiert hatte, die Finger des jungen Pianisten, die über die Tasten geglitten waren, und die Tränen, die alle angesichts der herrlichen Musik in den Augen gehabt hatten, Mischa Semjonow, der mit Donnerstimme »Ach, warum hast du mich geküsst« gesungen hatte, und seine Taten, die waghalsig waren wie die von Dmitri Karamasow – einmal hatte er sich einen Revolver an die Schläfe gesetzt: »In einem Universum, das zum Wärmetod verdammt ist, will ich nicht leben.« Dumarski hatte seiner Hand in dem Moment einen Stoß versetzt, als er den Hahn abdrückte, und die Kugel war in der Decke gelandet, wobei sie Mischas ungestümen Kopf mit Blut besudelte.

Und die hellen Maiennächte, Botinnen der Petersburger Weißen Nächte!

Das alles hatte es gegeben, natürlich. Und das Moskauer

---

35 Aus »Boots (Infantry Colums)«, Gedicht von Rudyard Kipling, der zitierte Vers lautet im Original: »Boots – boots – boots – movin' up and down again«

36 Aus »Tschornyj Tschelowek«, Gedicht von Sergej Jessenin, auf Deutsch: »Der Mann in Schwarz«, nachgedichtet von Rainer Kirsch, in: Sergej Jessenin, »Gesammelte Werke«, Berlin 1995

Leben gab es auch weiterhin. Aber ich war nicht mehr Teil davon.

Offenbar war ich erkrankt. Nachts, wenn ich einschlief, weil die Zahnschmerzen mich für eine Weile verschonten, wurde mein Kopf schweißnass, die Haare klebten zusammen, und mir rannen Schweißtropfen über die Stirn; ich wachte nicht von den Zahnschmerzen auf, sondern davon, dass kalte Rinnsale mich im Gesicht, am Hals, an der Brust kitzelten. Ich wurde gelb, grün, bekam Fieber, fing an zu husten. Morgens fühlte ich mich müde, schlaff. Im Grubenkrankenhaus nahmen sie mich zum Röntgen mit und versetzten mir mit der Diagnose einen Schlag: »Beide Lungen sind komplett mit frischen Tuberkeln überzogen.«

Tuberkulose, Schwindsucht, Lungentuberkulose …

Ich saß nachts auf meiner Matratze, rauchte, krümmte mich vor Zahnschmerzen und las wieder und wieder die Diagnose, die der Arzt hingekritzelt hatte. Und meine Frau kam immer noch nicht und reagierte bereits die dritte Woche nicht auf mein Telegramm.

In diesen Tagen war mir so unendlich schwer ums Herz, dass ich beschloss, Dumarski zu schreiben – immerhin waren wir seit der Vorschule in einer Klasse gewesen. Ich schrieb lange an dem Brief, einige Abende lang, und ich schrieb über alles – über meine Sehnsucht und über die Krankheit. Der Brief war so traurig, dass ich darüber zu weinen anfing, aber mir wurde leichter davon. Es war so schön, den Briefumschlag mit der Adresse »Moskau, Petrowkastraße Nr. 10« darauf anzuschauen.

Natürlich war es richtig gewesen, Dumarski zu schreiben, ich hätte es nicht gewagt, meiner Mutter von meiner Verzweiflung zu berichten, sie wäre vor Kummer krank geworden, wenn sie den Brief gelesen hätte. Ich musste einem Freund schreiben, einem Mann, einem Gefährten aus Kindertagen. Und das tat ich dann auch.

Ich fing an, auf Antwort zu warten, zählte die Tage, gab fünf Tage als Puffer hinzu, dann noch einmal fünf, aufgrund des Briefwechsels mit meiner Frau hatte ich in diesen Dingen Erfahrung, aber es kam keine Antwort. Ich war betrübt, fühlte mich gekränkt, dann beschloss ich, dass mein Brief verlorengegangen war, dann, dass Dumarskis Antwortschreiben verlorengegangen war, und am Ende beruhigte ich mich und vergaß die ganze Angelegenheit.

Einmal, es war am Ende des Sommers, saß ich nach der Arbeit auf der Vortreppe, rauchte, betrachtete den Sonnenuntergang. In der rauchigen Luft des Donbass gibt es außerordentlich schöne Sonnenuntergänge, die Zähne taten mir bereits nicht mehr weh, und ich konnte mich an dem friedlichen Abend, dem Feuerschein am Himmel, der sich über der leergefegten Straße der Bergarbeitersiedlung erhoben hatte, ergötzen.

Auf einmal sah ich eine Gestalt, die für unsere Siedlung völlig untypisch war – einen Menschen im Pepitamantel und mit einem gelben Koffer in der Hand, der vor dem Hintergrund unserer Zäune und Plumpsklos mit den in den Himmel ragenden Holzrohren einherschritt, hoch oben darüber Wolken voll flammend roten Lichts. Der Mensch besah sich die Hausnummern. Es war Krugljak.

Mein Gott, wie freute ich mich über ihn.

Es ist merkwürdig, aber gerade an ihn hatte ich während meiner schlaflosen Nächte so gut wie gar nicht gedacht.

2

Dreißig Jahre sind seitdem vergangen. Ich lebe schon lange in Moskau, bin nicht mit Chemie befasst, und die in den Atomen befindliche Energie hat man sich auch ohne meine Beteiligung zum Kummer und Wohle der Menschheit dienstbar zu machen gewusst.

Der junge Phosphor enttäuschte nicht, die Freunde aus meiner Jugendzeit erreichten viel in diesen dreißig Jahren. Natürlich trafen wir uns nicht so oft wie früher – die Arbeit, die Familie, die Kinder, ja nicht nur die Kinder – die Enkelkinder!

Und dennoch sahen wir uns nicht nur an den Feiertagen, nicht nur an den Geburtstagen. Manchmal rief Dumarski plötzlich an, wie in jungen Jahren: »Hör zu, ich habe zwei Karten für das Konzert der Bostoner Philharmoniker, kommst du mit?« Und nach dem Konzert wechselten wir wie früher einen Blick: »Noch ins Restaurant?« Und danach spazierten wir über den nächtlichen Twerskoi-Boulevard und unterhielten uns. Wir sprachen über Familienangelegenheiten, über die Politik, oft sprachen wir über unsere Freunde.

Einmal, noch vor dem Krieg, fiel mir der Brief wieder ein, den ich Dumarski aus dem Donbass geschrieben hatte.

»Hast du ihn erhalten?«

Er nickte. »Ja.«

»Und warum hast du dann nicht geantwortet?«

»Irgendwie hatte ich dafür keine rechte Puste, verzeih mir.«

Ich verzieh. Natürlich kam es vor, dass ich mich an diesen Vorfall erinnerte, aber ich verzieh.

Nur aus Krugljaks Leben ist nichts geworden, er wurde weder ein bekannter Konstrukteur noch ein weltberühmter Pianist, noch ein Akademiemitglied, noch baute er Eisbrecher.

Er wurde Chemiker in einem Werk, doch selbst mit der Arbeit als Werkchemiker ging es bei ihm nicht glatt vonstatten. Wir alle hatten den Eindruck, dass er ein umgänglicher, nachgiebiger Mensch war, er aber wurde permanent gefeuert, vertrug sich nicht mit den Vorgesetzten.

Kurz vor dem Krieg wurde er wieder aus einem Werk entlassen, lange Zeit gelang es ihm nicht, wieder Arbeit zu finden, aber schlussendlich bekam er eine Stelle, die ziemlich mies war.

Wenn er gefragt wurde: »Wo arbeitest du denn?«, dann antwortete Krugljak spöttisch lächelnd: »Ach, in der Abteilung ›für die Katz‹«, und winkte ab.

Der Krieg begann, und wir nahmen alle daran teil. Dumarski war am Institut für Mechanik in leitender Funktion mit der Bearbeitung von komplizierten mathematischen Fragen, die bei der Berechnung der Belastbarkeit von Schnellflugzeugen eine wichtige Rolle spielten, befasst. Iwan, »der sechzehn Jahre mit keiner Frau geschlafen hat«, führte im Rang eines Obersts Sonderaufgaben des Verteidigungskomitees aus, die mit dem Bau von Panzern zu tun hatten; zu Kriegsbeginn war er ungeachtet seines Spitznamens Vater von vier Kindern; ich wurde Stabsmitarbeiter, trug die Schulterklappen eines Oberstleutnants; selbst unser Teodor gab in Majorsuniform Konzerte in den Armeelazaretten. Der Einzige von uns, der als einfacher Soldat in der Bedienungsmannschaft einer Flakartillerie kämpfte, war Krugljak – erst ganz am Ende des Kriegs bekam er die Rangabzeichen eines Sergeanten und wurde nach einer Verwundung aus der Armee entlassen. Er beendete den Dienst ohne großen Ruhm – er bekam noch nicht einmal die Medaille »Für Verdienste im Kampf«.

Uns brachte das zum Lachen, im tiefsten Innern aber waren wir verlegen, vor allem, wenn er von dem schrecklich anstrengenden Soldatenleben erzählte. Wir alle, die wir bei weitem nichts Vergleichbares erlebt hatten, hatten nicht wenige Kriegsorden erhalten.

Aber eine Sache, die im Grunde genommen eine Kleinigkeit war, rührte mich besonders. Unsere Familien wurden 1941 evakuiert. Die alte Kinderfrau Jenny Genrichowna, eine Estin von der Insel Saaremaa, war in meiner leeren Wohnung zurückgeblieben. Sie war ein gutherziges, zu nichts zu gebrauchendes Wesen in einem langen schwarzen Kleid mit weißem Kragen und mit leicht geröteten kleinen Altfrauenwangen.

Im zweiten Kriegsjahr fing Jenny Genrichowna an, vor Hunger anzuschwellen und aufgedunsen zu werden, ihre Ehrlichkeit verbot es ihr, die alten Sachen der Herrschaft zu verkaufen. Sie versuchte, sich an meine Freunde mit der Bitte um Hilfe zu wenden – der eine oder andere von ihnen war in Moskau, sie versprachen ihr dieses und jenes, aber in der Eile und dem Fieber des Krieges vergaßen sie es offenbar, und Jenny Genrichowna konnte sich aus Schüchternheit nicht dazu entschließen, sie noch einmal auf sich aufmerksam zu machen. Zu dieser Zeit bewachte die Flakbatterie, in der Krugljak diente, irgendein militärisches Objekt in der Nähe von Moskau. Einmal kam er zu unserer Wohnung, um sich zu erkundigen, ob es Neuigkeiten von mir gäbe. Die alte Frau erwähnte ihre Notlage mit keinem Wort, ihr erschien es unmöglich, sich an einen einfachen Soldaten in Segeltuchstiefeln mit der Bitte um Hilfe zu wenden.

Aber eine Woche später tauchte Krugljak plötzlich bei ihr auf – brachte ihr ein paar Kartoffeln, Hirse, ein Stückchen Butter. Dann kam er noch ein- oder zweimal, um ihr seine Gaben zu bringen.

Im Geiste schwebt mir die Gestalt eines Soldaten vor, bei dem alles riesig ist – der Mantel, die Fausthandschuhe, die Stiefel, die Kappe, der Soldat selbst ist klein, und in der Hand des kleinen Soldaten befindet sich ein kleines Einkaufsnetz, darin liegen einige Kartoffeln und eine Tüte Grütze. Der kleine Soldat schreitet durch das große Moskau, vorbei an Tausenden von Menschen, die vor Kriegssorgen ganz niedergedrückt sind, beim Kommandeur der Batterie, die Teil der großen sowjetischen Artillerie war, hat er um die Erlaubnis gebeten, sich entfernen zu dürfen, er hat etwas Wichtiges zu erledigen, er bringt einer zu nichts zu gebrauchenden alten Frau ebendieses Einkaufsnetz mit Kartoffeln.

Nach dem Krieg gab es in der Welt eine ganze Reihe von verschiedenen Ereignissen. Mao Tse-tung trat an die Spitze des neuen China. Indien wurde unabhängig. Es entstanden die Vereinten Nationen. In der Sowjetunion wurde ein gewaltiges Programm zum Wiederaufbau der Städte, Fabriken, der Landwirtschaft in Gang gesetzt. Auf beiden Seiten des Ozeans wurde die Wasserstoffbombe entwickelt.

Das Leben meiner Freunde verlief nach dem Krieg auf unterschiedliche Weise – für die einen war es mit Unannehmlichkeiten und Schwierigkeiten verbunden, für die anderen, wie bei Tedik und Medorow, mit einem kometenhaften Aufstieg – mit Treffen mit den Regierungschefs, Flügen nach New York und Washington, Porträts in den Zeitungen.

Aber auch bei denen, deren Stern nicht so kometenhaft aufstieg, ging das Leben seinen Gang – Dumarski veröffentlichte einige neue mathematische Abhandlungen, und es wurde diskutiert, ob er unter die Akademiemitglieder berufen werden sollte; bei Semjonow begannen das ungestüme Leben und der Wodka offenbar Folgen zu zeitigen – er hatte Angina Pectoris, hielt sich aber nicht für krank; er leitete eine umfangreiche Expedition in die Region des Dauerfrostbodens, und die Entdeckungen, die die Paläontologen unter Mischas Leitung machten, versetzten viele Menschen bei uns wie auch im Ausland in Erstaunen. Dabei soff er immer noch wie ein Pferd und rauchte eine Zigarette nach der anderen.

Bei Krugljak aber gestaltete sich das Leben nach dem Krieg überhaupt nicht gut. Auch sein Gesundheitszustand verschlechterte sich, Schmerzen im Magen traten auf, die Ärzte diagnostizierten bei ihm ein Geschwür. Weil er ledig war, hielt er die Diäten nicht ein, er lebte weiterhin in dem kleinen Zimmer, in dem wir einst unsere ohrenbetäubend lauten Samstagszusammenkünfte gehabt hatten. Er arbeitete in irgendeinem Industriekombinat, in dem Anilinfarben für Kinder hergestellt wurden, und zwar nicht nur als Chemiker, sondern auch als Geschäftsführer, er beschaffte defizitäre Rohstoffe, die für die Herstellung der Chemikalien benötigt wurden.

Einmal kam vor Neujahr unerwartet Krugljaks älterer Bruder zu mir – ein siebzigjähriger weißrussischer Charlie Chaplin mit großen Augen und schwarzem Haar. Er erzählte mir, dass die AKUS – die Abteilung für den Kampf gegen Unterschlagung und Spekulation – im Zusammenhang mit irgendwelchen Verstößen und widerrechtlichen Handlungen einige Menschen, die an der Spitze von Industriekombinaten standen, verhaftet hätte, darunter auch Krugljak.

Die Nachricht war in jeder Hinsicht unangenehm, Krugljak tat mir leid, und zugleich packte mich die Wut auf ihn, es war unschön, dass es um eine so nichtige Handelssache ging.

Wie konnte man ihm helfen? Ich sagte dem Bruder, ich würde darüber nachdenken, vielleicht gelänge es ja, etwas für David zu tun – und der alte Mann ging, war voller Dankbarkeit, entschuldigte sich dafür, dass er mir meine kostbare Zeit geraubt hätte, baute auf die gesellschaftliche Stellung und die Allmacht der Freunde seines Bruders.

Aus der Erzählung des alten Mannes ließ sich nicht ersehen, worin die Schuld unseres Freundes bestand und in welchem Ausmaß er schuldig war – hatte er wirklich etwas Ungesetzliches getan, oder hatte er irgendwelche Machenschaften nicht bemerkt und dann, als er sie bemerkte, nicht die Kraft und den Mut in sich gefunden, sie aufzudecken?

Ich erzählte den Jungs von Krugljak – alle waren betrübt, alle gaben der Hoffnung Ausdruck, dass die Sache gut ausgehen werde, alle waren der Meinung, dass man ihm helfen müsse, aber allen, auch mir, war es unangenehm, sich in eine Sache einzumischen, die mit einem Vorfall in einer Gewerbegenossenschaft zu tun hatte.

Aber die Sache ging nicht gut aus. Krugljak wurde zu zehn Jahren Haft verurteilt.

Wir kamen wieder zusammen, und diesmal zeigten zwei aus unserem Samstagszirkel kein Mitgefühl für Krugljak. Iwan Medorow sagte, er habe schon immer Versorgungsbetrügereien, Vetternwirtschaft und Gaunereien nicht ausstehen können, und mit einem Menschen, der an einer solchen Sache beteiligt sei, könne er kein Mitgefühl empfinden, ganz gleich, ob es sich dabei um seinen Vater, seinen Bruder oder einen Freund aus Kindertagen handele. Teodor sagte, das ethische Empfinden sei bei ihm das am stärksten ausgeprägte Gefühl, und selbst wenn er verstehe, wie unschön das sei, gelinge es ihm nicht, die Abneigung zu bezwingen, die in ihm gegen Krugljak aufgekeimt sei.

Wir diskutierten lauthals, doch die Angelegenheit änderte sich dadurch nicht, und auch der Streit war im Grunde genommen nur graue Theorie – sich in den Kampf zu stürzen, Briefe zu schreiben, Bittgesuche für Krugljak einzureichen, hatte, um die Wahrheit zu sagen, keiner von uns Lust, ich auch nicht. Mein Gewissen beruhigte ich damit, dass ich zu Krugljaks Bruder sehr herzlich war, wenn er mich zwei-, dreimal pro Jahr aufsuchte. Ich bot ihm einen Sessel an, bewirtete ihn mit Tee, erkundigte mit nach Davids Gesundheit, bot ihm finanzielle Unterstützung an. Ich atmete tief durch, sagte:

»Ach, wie gerne würde ich ihm helfen, wir alle nehmen uns seine missliche Lage sehr zu Herzen und leiden mit Ihnen.«

Ich sagte dem alten Mann, dass ich David schreiben würde, aber er winkte ab:

»Wo denken Sie hin, beim Abschied hat David darum gebeten, dass Sie ihm nicht schreiben, weil Ihnen das schaden könnte.«

Ich war bewegt und sagte:

»Übermitteln Sie ihm auf jeden Fall in jedem Brief meine herzlichsten Grüße.«

Aber ich bemerkte, dass die Bitte, Krugljak nicht zu schreiben, mich nicht nur bewegte, sondern auch freute.

Wenn wir uns im Freundeskreis trafen, uns an die Studienzeit erinnerten, sagte einer von uns gewöhnlich:

»Los, Jungs, lasst uns auf Krugljak trinken.«

Der Trinkspruch auf ihn wurde in der Regel einmütig akzeptiert, und nur einmal sagte Medorow ärgerlich:

»Irgendwie will ich heute nicht auf Krugljak trinken.«

Ich wurde wütend, aber Iwans Miene verfinsterte sich auch, und er fing an zu schreien:

»Wenn der Teufel ihn einmal in Versuchung geführt hat, wie du selbst sagst, dann heißt das noch lange nicht, dass ich dazu verpflichtet bin, auch noch mein Glas auf ihn zu erheben. Soll doch der Teufel auf ihn trinken.«

Krugljak erging es im Lager verhältnismäßig gut. Natürlich ist ein Lager in erster Linie ein Lager, aber dennoch konnte er in seinem Beruf arbeiten – er hielt Vorträge in technischen Lehrgängen, lebte nicht mit allen zusammen in der Baracke, sondern in einem kleinen Zimmer beim Labor, und die Lagerleitung hatte ihm erlaubt, einen Gemüsegarten anzulegen und Kaninchen zu züchten.

Bei einem seiner Besuche erzählte mir der Bruder einmal, Krugljak bitte darum, dass ihm einige Technikbücher und irgendwelche Tabellen, offenbar normale Unionsnorm, geschickt würden.

Ich machte mich daran, das alles aufzutreiben, rief Dumarski an, der einen größeren Bezug zur Technik hatte als ich. Dumarski versprach, die Bücher und Unterrichtsmittel aufzutreiben.

Zweimal erinnerte ich ihn daran, er fasste sich an den Kopf – »Wie konnte ich das nur vergessen« –, aber am Ende vergaß auch ich die Sache.

Einmal traf ich Krugljaks Bruder auf der Straße und fing, weil mir plötzlich mein nichteingelöstes Versprechen wieder einfiel, an, mich bei ihm zu entschuldigen, aber er beruhigte mich – sowohl die Bücher als auch die Tabellen hatte er schon längst dem Bruder geschickt.

Die Zeit verging, und wir gewöhnten uns daran, dass Krugljak im Lager war. Manchmal, wenn wir an ihn dachten, sagten wir: »Eigentlich müssten wir mal zu Davids Bruder fahren, wie unbequem, wenn ein Mensch kein Telefon hat.« Krugljaks Bruder lebte weit entfernt; um zu ihm zu gelangen, musste man erst mit der U-Bahn fahren, dann mit der Straßenbahn. So konnte ich mich am Ende nie aufraffen. Wenn ich an Krugljak dachte, war mir unwohl zumute: Die Zeit vergeht, aus Monaten werden Jahre, und ich schaffe es immer noch nicht, zu seinem Bruder zu fahren.

Das Leben ging seinen Gang – Arbeit, berufliche Treffen und solche im Freundeskreis, Reisen, familiäre Sorgen, Urlaub im Sanatorium, der Bau von Datschas. Ja, es war viel los.

Einmal trafen wir uns an einem Feiertag bei Dumarski in der Wohnung. Weder die Frauen noch die Kinder saßen diesmal mit am Tisch, und mit einer ungewöhnlichen Klarheit sahen wir uns so, wie wir einmal gewesen waren, und zugleich so, wie wir jetzt geworden waren.

Am Tisch saßen grauhaarige Männer. Uns war traurig und gleichzeitig auch froh zumute. Unser Leben war nicht umsonst gewesen – wir waren Sieger.

Wie viel schwere Arbeit lag hinter uns, wie viel hatten

wir geschafft! Hier sind sie, an diesem Tisch versammelt, die Tausende durchwanderter Taiga- und Tundrakilometer, welche reiche Ausbeute an Erzen wurde abgesetzt, hier sind sie, hier, die Flugzeuge und Eisbrecher, in denen die Ideen meiner Freunde stecken, erstaunliche Maschinen, Fertigungsstraßen, unumstößliche Gleichungen, deren Logik die Haltbarkeit von Propellern und Turbojets ermittelte, hier sind sie, die Hände unseres lieben Pianisten, wie viel Freude bereitete seine Musik den Menschen in den Konzertsälen von Moskau und Leningrad, Berlin und New York. Wie viel Arbeit, wie viele Bücher, wie viele Ideen.

Merkwürdig, an diesem Abend fühlten wir das Gleiche, dachten wir das Gleiche, freuten wir uns und waren auf die gleiche Weise betrübt, und gleichzeitig sprachen wir nicht über das, was uns freute und traurig machte.

Ja, unsere Häupter waren grau, aber wir waren Sieger, und trotz allem war es traurig, so war es, das Alter.

An diesem Abend dachten wir nicht an Krugljak, vielleicht musste es so sein, denn an diesem Abend saßen Menschen um den Tisch versammelt, deren Leben nicht umsonst gewesen war, Sieger.

Krugljak war kein Sieger, und selbst wenn das Unglück, das ihm widerfahren ist, nicht passiert wäre, hätte er trotzdem nicht zu den Siegern gezählt.

»Jungs, lasst uns ein Lied anstimmen«, schlug Dumarski vor. Und wir hoben alle auf einen Schlag zu singen an: »Ach, warum hast du mich geküsst, eine Heidenglut in der Brust verbergend …«

Wir sangen ohrenbetäubend laut, so laut hatten wir gesungen, als wir zwanzig Jahre alt gewesen waren. Die Scheiben dröhnten von unserem Gesang. Mich hatte es immer beschäftigt, dass es unserem Pianisten so gefiel, mit uns im Chor zu singen, er schrie sich geradezu die Kehle heiser. Wir sangen ja ohne Gehör, ohne ausgebildete Stimme, und Teodor, der immer schrecklich unter der kleinsten Dissonanz litt, hatte an diesem Chor sein großes Vergnügen. Offenbar lag die Kraft dieses Gesangs nicht in der musikalischen Harmonie, nicht in der Melodie. Es sangen grauhaarige Leute, deren Leben nicht umsonst gewesen war, Sieger.

3

Anfang der fünfziger Jahre brach eine schwere Zeit in meinem Leben an. Ich möchte nicht erzählen, wie und warum es passierte. Aber es passierte nun einmal.

Hatte ich mir, als ich im Donbass lebte, in einer leeren Familienbude bei der Grube Smoljanka-11, je vorstellen können, dass eine Sehnsucht und Einsamkeit, noch stärker als zu Zeiten meines Lebens dort, mich hier in Moskau, im Kreise meiner Familie, umgeben von Freunden, inmitten der geliebten Bücher und mit meiner Arbeit beschäftigt, ergreifen könnte?

Ich war einsam, niedergedrückt. Ich dachte oft daran zurück, wie ich in meinen jungen Jahren, bei der Smoljanka-Grube, bis zum Morgen im leeren Zimmer auf und ab gegangen war, geplagt von Zahnschmerzen, und eine Papirossa nach der anderen geraucht hatte. Damals, in der Jugend, hatte ich Sehnsucht nach Moskau gehabt, nach meinen Freunden, nach meiner Frau, sie hatte weit weg von mir gelebt und keine Eile gehabt, zu mir zu kommen, weil sie mich nicht geliebt hatte.

Hier jedoch war meine Frau bei mir, ich lebte in Moskau, ich hätte nur den Telefonhörer abzunehmen brauchen und die Stimme meiner Freunde gehört. Und ausgerechnet jetzt war ich einsam und unglücklich wie nie zuvor. Obendrein war mein Haar vollends ergraut – vieles war geschehen, und das Leben war für mich sehr schwer geworden.

Das Telefon stand auf meinem Tisch und läutete nicht. In dieser Zeit wurde schlecht über mich in den Zeitungen geschrieben, und ich wurde vieler Vergehen bezichtigt.

Ich war der Ansicht, dass ich zu Unrecht beschuldigt wurde, natürlich denken alle Beschuldigten so. Aber es ist ja möglich, dass Beschuldigte und Angeklagte nicht immer an allem schuld sind.

Das Telefon auf meinem Tisch jedoch läutete nicht.

Dumarski rief mich nicht an … Ich dachte daran zurück, dass er einst auf meinen Brief aus dem Donbass nicht geantwortet hatte. Diesmal brauchte ich ihm nicht von meinem Unglück zu schreiben – er wusste davon aus den Zeitungen. Aber die Zeit verging, und Dumarski schwieg. Meine Freunde schwiegen. Keiner kam mich besuchen, weder Medorow noch Mischka Semjonow, noch Tedik.

Am meisten aber quälte mich Dumarskis Schweigen. Er und ich waren schließlich Freunde seit Kindertagen. Wir hatten in der Vorschule beide in der vorletzten Schulbank gesessen – ich in der seitlichen Reihe, er in der mittleren.

Ich hatte weder genügend innere Größe noch innere Leere, um ihm das Schweigen zu verzeihen.

Einmal kam in dieser unfrohen Zeit Krugljaks Bruder zu mir. Es war sehr alt geworden, aber sein Haupt war noch immer schwarz. Wie sich herausstellte, hatte er gerade vor ein paar Tagen Krugljak gesehen, war zu einem Besuch bei ihm im Lager gewesen. Die Nachrichten aus dem Lager waren wie immer positiv, ich hatte schon längst bemerkt, dass sie dies ständig waren, es gab niemals schlechte. Krugljak war gesund, sein Geschwür bereitete keine Sorgen, die Lagerverwaltung behandelte ihn gut, ein Hafttag zählte bei ihm als drei – er arbeitete gewissenhaft und hoffte, bald freigelassen zu werden. Bei dem Treffen hatte er seinem Bruder einen Brief für mich übergeben. Es gab im Lager Zeitungen, und Krugljak wusste über meine Angelegenheiten Bescheid.

Er schrieb in seinem Brief einige tröstende Worte, bedauerte, dass er abends nicht bei mir sitzen, mit mir über dies und jenes sprechen könne.

Alles geht vorüber. Die schwierige Zeit ging vorbei, und die nächste für mich schwierige Zeit war noch nicht gekommen. Das Telefon auf dem Tisch fing wieder zu läuten an.

Und wieder dachte ich nicht mehr so oft an den kleinen

Menschen, den erfolglosen Grubenchemiker, bei dem sich in jungen Jahren meine brillanten, begabten Freunde versammelt hatten.

1958–1962

MAMA

1

Vom frühen Morgen an herrschte im Kinderheim Aufregung. Der Leiter stritt sich mit dem Arzt, schrie den Verwalter an; es erging die Anordnung, die Fußböden zu bohnern, umgehend neue Laken und Windeln für die Säuglingsabteilung auszugeben. Die Betreuerinnen wurden in gestärkte Arztkittel gesteckt. Der Leiter bestellte den Arzt und die Oberkrankenschwester zu sich ins Büro. Anschließend gingen sie zu dritt in die Säuglingsabteilung und warfen einen Blick auf die Kinder.

Kurz nachdem mittags die Säuglinge gefüttert worden waren, fuhr, in Begleitung von zwei jungen Geheimdienstlern, ein fülliger älterer Herr in Uniform beim Kinderheim vor. Er überflog zerstreut die ihn empfangende Kinderheimführung und ging ins Büro des Leiters, setzte sich, verschnaufte sich und fragte die Ärztin, ob er rauchen könne. Sie nickte und stürzte los, um einen Aschenbecher zu suchen.

Er rauchte, streifte die Asche in das Schälchen ab und hörte sich an, was ihm über das Leben der Kleinkinder erzählt wurde, deren Eltern sich als Volksfeinde erwiesen hatten und Repressionen unterlagen. Es ging um Krätze, Schreihälse und Schlafmützen, um Kleinkinder, die Vielfraße waren, und solche, die sich für das Milchfläschchen nicht interessierten, um die Vorzüge der Jungs und der Mädchen. Die jungen Geheimdienstler aber zogen Arztkittel über und schritten die Korridore des Kinderheims entlang, schauten in die Dienstzimmer, die Lager, und unter den kurzen Kitteln waren ihre blauen Breeches zu sehen. Den Betreuerinnen stockten die Herzen angesichts der Blicke und bohrenden Fragen dieser Männer: »Wohin führt diese Tür?« »Wo ist der Schlüssel vom Dachboden?«

Die jungen Männer legten die Kittel ab, traten ins Büro des Leiters, und einer von ihnen sagte:

»Genosse Kommissar zweiten Ranges der Staatssicherheit, gestatten Sie, dass wir berichten?«

Der Vorgesetzte nickte.

Dann warf er einen Kittel über und ging in Begleitung des Leiters in die Säuglingsabteilung.

»Die hier«, sagte der Leiter und zeigte auf ein Bett, das an der Wand zwischen den Fenstern stand.

So geschwind, wie sie den Aschenbecher angeboten hatte, fing die Ärztin zu sprechen an.

»Ja, ja, ich bin von diesem Mädchen überzeugt, ein ganz normales Kind, das sich richtig entwickelt. Ganz wie es sein muss, in jeder Hinsicht ganz wie es sein muss.«

Dann sahen die Krankenschwestern und Betreuerinnen, die Nasen gegen die Fenster gedrückt, wie der füllige Kommissar der Staatssicherheit fortfuhr. Die jungen Geheimdienstler blieben im Kinderheim und studierten die Zeitungen.

In der Samoskworetsche[37]-Gasse aber, in der sich das Kinderheim befand, sagten junge Kerle in Wintermützen und Gamaschen in bestimmtem Ton zu den Passanten: »Wechseln Sie auf den Fahrdamm, bitte.« Die Passanten traten eilig vom Bürgersteig, der ans Kinderheim angrenzte.

Um sechs Uhr abends, als die Novemberdämmerung anbrach, hielt ein Wagen vor dem Kinderheim. Ein kleiner Mann im Herbstmantel und eine Frau schritten zum Aufgang. Der Leiter höchstselbst öffnete ihnen die Tür.

Der kleine Mann atmete säuerlichen Milchgeruch ein, hustete einige Male, sagte zu der Frau:

---

37 Name eines Stadtteils von Moskau, der wörtlich so viel wie »hinter der Moskwa« bedeutet und auf der gegenüberliegenden Seite des Kreml gelegen ist.

»Bitte sei so gut, hier nicht zu rauchen«, und rieb die frostigen Handflächen aneinander.

Die Frau lächelte schuldbewusst, verbarg die Papirossy in der Tasche. Sie hatte ein ansprechendes Gesicht mit einer etwas großen Nase, das abgespannt und ein wenig blass war.

Der Leiter führte die Besucher zu dem Bett, das an der Wand zwischen den Fenstern stand, und trat zur Seite. Es war still, die Säuglinge schliefen nach der abendlichen Fütterung. Mit einer Geste hieß der Leiter die Betreuerin das Zimmer verlassen.

Der kleine Mann in dem Sakko Moskauer Fabrikats und die Frau betrachteten eingehend das Gesicht des schlafenden Mädchens. Wahrscheinlich spürte das Mädchen ihre Blicke, es lächelte, ohne die Augen zu öffnen, dann verfinsterte sich seine Stirn, als erinnere es sich an etwas Trauriges.

Ihr fünf Monate altes Gedächtnis hatte an seiner Oberfläche nicht bewahren können, wie im Nebel die Automobile hupten, auf dem Perron des Londoner Bahnhofs die Mama sie auf dem Arm gehalten und eine Frau im Hut traurig gesagt hatte: »Wer wird nun bei den Botschaftsabenden in kleinem Kreise für uns singen?« Aber ohne dass es ihr selbst bewusst war, hatten sich in ihrem Köpflein sowohl dieser Bahnhof und der Londoner Nebel als auch das Klatschen der Wellen auf dem Ärmelkanal, das Geschrei der Möwen, die Gesichter des Vaters und der Mutter, die sich im Abteil des gepolsterten Waggons über sie beugten, als der Schnellzug sich dem Bahnhof Negoreloje näherte, verborgen ... Und später einmal, als grauhaarige Alte, würden, unverständlich, warum, vor ihrem geistigen Auge herbstliche rote Espen, die Wärme mütterlicher Hände, zarte Finger, rosige, nicht lackierte Fingernägel und zwei graue Augen auftauchen, die weit über die heimatlichen Felder schweiften.

Das Mädchen öffnete die Augen, schmatzte mit der Zunge und schlief augenblicklich wieder ein.

Der kleine schüchtern wirkende Mann sah sich nach der

Frau um. Sie trocknete mit dem Taschentuch eine Träne, sagte:

»Ich habe mich entschieden ... Es ist merkwürdig, weißt du, ganz erstaunlich, sie hat deine Augen.«

Bald darauf traten sie aus der Tür des Kinderheims. Die Betreuerin trug das Kind in einer Babydecke hinter ihnen her. Der kleine Mann nahm neben dem Chauffeur Platz und sagte mit gedämpfter Stimme:

»Nach Hause.«

Die Frau nahm ungeübt das Kind auf den Arm und sagte zur Betreuerin:

»Danke, Genossin«, und beklagte sich: »Ich habe nicht nur Angst, sie zu halten, sondern auch sie anzusehen, alles scheint falsch zu sein.«

Eine Minute später fuhr das große schwarze Automobil davon, die Geheimdienstler, die innen an den Türen Zeitung gelesen hatten, verschwanden irgendwohin, die Kerle in den Wintermützen und -stiefeln, die auf der Straße Wache gehalten hatten, verdrückten sich, lösten sich in Luft auf.

Am Tor des Spasski-Turms fingen die Klingeln zu surren an, leuchteten die Signallampen auf, und der riesige schwarze Wagen des Generalkommissars der Staatssicherheit, des treuen Kampfgefährten des großen Stalin, Nikolai Iwanowitsch Jeschow[38], fuhr blitzschnell, ohne die Geschwindigkeit zu drosseln, an der Wache vorbei und in den Kreml hinein.

Auf den Gässchen von Samoskworetsche aber verbreitete

---

38 Nikolai Iwanowitsch Jeschow (1895–1940), treuer Gefolgsmann Stalins, in den Jahren 1936 bis 1938 Leiter des sowjetischen Geheimdienstes NKWD, mitverantwortlich für die drastische Verschärfung des Staatsterrors und der sogenannten Säuberungen. Unter seiner Ägide fand die »Große Säuberung« – die Schauprozesse gegen die »Alte Garde« der Partei, Hinrichtungen von Generälen und Offizieren der Roten Armee sowie die Verhaftung und Liquidierung von zahllosen Parteimitgliedern und Sowjetbürgern – statt. Er wurde im Dezember 1938 seines Postens enthoben und 1940 hingerichtet.

sich das Gerücht, dass das geschlossene Kinderheim unter Quarantäne gestellt worden war – es einen Ausbruch von Pest oder Milzbrand gegeben hatte.

2

Sie lebte in einem großen, hellen Zimmer. Wenn sie eine Magenverstimmung oder Halsschmerzen hatte, kam eine Krankenschwester aus dem Kreml, um sie zu versorgen und das Kindermädchen Marfa Dementjewna zu unterstützen, und der Arzt schaute zweimal am Tag vorbei.

Und wenn sie erkältet war, horchten ein Väterchen mit warmen, guten, zittrigen Händen und zwei Ärztinnen sie ab.

Die Mama sah sie jeden Tag, aber die Mama blieb nicht lange bei ihr. Wenn Nadja[39] ihre morgendliche Grütze bekam, sagte die Mama:

»Iss nur, Kindchen, iss, ich fahre in die Redaktion.«

Abends kamen Freundinnen zu Mama. Manchmal waren Papas Gäste da. Dann setzte das Kindermädchen ein gestärktes Kopftuch auf, aus dem Esszimmer waren Stimmen zu hören, das Pochen der Gabeln, Papas langsame Stimme: »Was ist, darauf müssen wir anstoßen!«

Es kam vor, dass einer der Gäste kam, um einen Blick auf sie zu werfen. Manchmal stellte sie sich, wie sie so im Bett lag, schlafend, aber die Mama wusste, dass Nadjuscha nicht schlief, und sagte mit lachender Stimme: »Leiser.« Papas Gast betrachtete Nadjuscha, und sie nahm Weingeruch wahr. Die Mama sagte: »Schlaf, Töchterlein, schlaf«, küsste sie auf die Stirn, und das Mädchen spürte wieder einen Hauch von Wein.

Marfa Dementjewna war größer als alle Gäste Papas. Neben ihr wirkte Papa ganz klein. Alle hatten Angst vor ihr, sowohl die Gäste als auch Papa als auch Mama, aber vor

39 Nadja und Nadjuscha sind Kurzformen des Namens Nadeschda, der »Hoffnung« bedeutet.

allem Papa, weswegen er möglichst wenig zu Hause zu sein versuchte.

Nadja hatte keine Angst vor dem Kindermädchen. Manchmal nahm Marfa Dementjewna Nadja bei der Hand, sagte langgezogen:

»Du mein armes Mädchen, was bist du nur für ein Pechvogel.«

Auch wenn Nadja die Bedeutung dieser Worte gekannt hätte, so hätte sie trotzdem nicht verstanden, warum das Kindermädchen sie für einen armen Pechvogel hielt – sie hatte viele Spielsachen, sie lebte in einem sonnendurchfluteten Zimmer, die Mama fuhr sie spazieren, Menschen in schönen rotblauen Schirmmützen sprangen aus Häuschen heraus, öffneten vor ihrem Automobil die Datschatore.

Aber von der leisen, zärtlichen Stimme des Kindermädchens wurde Nadjuscha schwer ums Herz, sie wollte heiße Tränen vergießen und sich wie ein Mäuschen in den großen Armen von Marfa Dementjewna verstecken.

Sie kannte die wichtigsten Freundinnen der Mama und die wichtigsten Gäste von Papa; sie wusste, dass Mamas Freundinnen nie da waren, wenn Papas Gäste kamen.

Es gab eine Rothaarige, die »Freundin aus Kindertagen« genannt wurde, mit ihr saß Mama an Nadjas Bett und sagte: »Ein Wahnsinn, was für ein Wahnsinn.« Es gab einen Glatzköpfigen mit Brille und einem Lächeln, von dem Nadja ebenfalls immer lächeln musste, und Nadja wusste nicht, wer er war – eine Freundin oder ein Gast. Er sah wie ein Gast aus, aber er kam zu Mama und ihren Freundinnen zu Besuch. Wenn er hereinkam, erwiderte Mama sein Lächeln, sagte: »Babel ist zu uns gekommen.«

Einmal berührte Nadja mit dem Handteller seinen kahlen Schädel mit der breiten Stirn. Er war warm, angenehm, wie die Wange ihres Kindermädchens oder die von Mama.

Es gab Papas Gäste – einen, der verschmitzt lächelte, mit einer schniefenden Nase und einer kehligen Stimme, es gab einen, der nach Wein roch, mit breiten Schultern und einer lauten Stimme, einen, der mager war, schwarze Augen hatte, in der Regel mit einer Aktentasche vor dem Abendessen kam und auch vor dem Abendessen wieder fuhr, es gab einen Schwarzhaarigen mit einem Bäuchlein und schönen feuchten Lippen, der Nadja einmal auf den Arm nahm und ihr ein kleines Liedlein sang.

Einmal sah sie einen rotwangigen Gast mit graumeliertem Haar, der eine Militäruniform trug. Er trank Wein und sang. Einmal sah sie einen Gast, vor dem die Mama Furcht hatte, mit kleinen Brillengläsern vor den Augen, einer breiten Stirn und einer Stotterstimme. Er trug weder einen Uniformmantel noch einen Waffenrock, noch eine Feldbluse, sondern ein Sakko und eine Krawatte. Er sagte freundlich zu Nadja, dass auch er eine kleine Tochter habe.

Marfa Dementjewna brachte durcheinander, wer Betal Kalmykow[40], wer Berija[41], wer der magere Malenkow[42] war, der kam, um Meldung zu machen ... Kaganowitsch[43], Molotow[44], Woroschilow[45] kannte sie von Bildern her.

Nadja kannte keinen der Gäste dem Namen nach. Doch sie kannte die Wörter »Mama«, »Kindermädchen«, »Papa«.

---

40 Betal Edykowitsch Kalmykow (1893–1940), Erster Sekretär des Gebietskomitees der Partei in Kabardino-Balkarien im Nordkaukasus, im November 1939 vom NKWD verhaftet und 1940 zum Tode verurteilt

41 Lawrenti Pawlowitsch Berija (1899–1953) löste – nach einem Machtkampf mit seinem Vorgänger – 1938 Jeschow als NKWD-Chef ab. Zwar beendete sein Machtantritt die von Jeschow durchgeführte »Große Säuberung«, doch der staatliche Terror ging unter ihm weiter.

42 Georgi Maximilianowitsch Malenkow (1902–1988), enger Freund zunächst Jeschows, dann Berijas, der großen Anteil an den Stalin'schen Säuberungen hatte, 1953 bis 1955 Vorsitzender des Ministerrats der UdSSR

43 Lasar Moissejewitsch Kaganowitsch (1893–1991), bis zum Tode Stalins einer der mächtigsten Parteiführer, mitverantwortlich für die Stalin'schen Säuberungen

44 Wjatscheslaw Michailowitsch Molotow (1890–1986), Außenminister unter Stalin

45 Kliment Jefremowitsch Woroschilow (1881–1969), hoher Partei- und Staatsfunktionär, ab 1935 Marschall der Sowjetunion

Aber dann kam einmal ein neuer Gast. Nadja erkannte ihn nicht deswegen, weil alle vor seiner Ankunft unruhig waren, und auch nicht deswegen, weil das Kindermädchen sich bekreuzigte, als der Papa höchstselbst ihm die Tür öffnen ging, und nicht deswegen, weil der Gast so lautlos ging, wie keiner der Menschen es vermochte, nur die grünäugige schwarze Katze auf der Datscha, und nicht deswegen, weil er ein pockennarbiges, kluges Gesicht hatte, einen dunklen, graumelierten Schnurrbart und weiche, fließende Bewegungen ...

Die Menschen, die Nadja kannte, hatten alle einen ähnlichen Gesichtsausdruck. Er fand sich sowohl in Mamas braunen Augen als auch in Papas graugrünen Augen, den gelben Augen der Köchin, den Augen von Papas sämtlichen Gästen, den Augen von denen, die das Datschator öffneten, und in den Augen des alten Arztes.

Die neuen Augen aber, die Nadja einige Sekunden langsam und ohne Neugier betrachteten, waren völlig ruhig, in ihnen lag kein Wahnsinn, keine Sorge, keine Anspannung, in ihnen lag nichts als langsame Ruhe.

Im Hause Jeschow hatte allein Marfa Dementjewna ruhige Augen.

Vieles hatte sie gesehen und vieles wahrgenommen.

Nun lärmt der breitschultrige, fröhliche Betal Kalmykow schon nicht mehr im Haus von Nikolai Iwanowitsch. Die Hausherrin tigert nächtelang durch die Zimmer, steht über die schlafende Nadja gebeugt da, flüstert etwas, klirrt im Dunkeln mit Arzneifläschchen, macht alle Kristallleuchter an, geht wieder zu Nadja, flüstert, flüstert. Als würde sie beten oder Gedichte aufsagen. Am Morgen kommt Nikolai Iwanowitsch grau und hohlwangig nach Hause. Kaum hat er den Mantel abgelegt, zündet er sich im Flur eine Zigarette an, sagt gereizt: »Ich werde nicht frühstücken, und Tee möchte ich auch nicht.« Die Hausherrin erkundigt sich bei Nikolai Iwanowitsch nach irgendetwas und schreit plötzlich erschrocken auf – und nun kommt die rothaarige Freundin aus Kindertagen schon nicht mehr, und nun ruft die Hausherrin sie schon nicht mehr an.

Einmal trat Nikolai Iwanowitsch zu Nadja und lächelte, sie aber sah ihm in die Augen und fing zu schreien an.

»Ist sie krank?«, fragte er.

»Sie hat sich erschreckt«, sagte Marfa Dementjewna.

»Warum denn das?«

»Wer weiß das schon, sie ist doch ein Kind.«

Als das Kindermädchen und Nadja vom Spaziergang zurückkehrten, fixierte der Wärter Nadjas Gesicht, und Marfa Dementjewna setzte alles daran, dass das Mädchen diesen Blick nicht sah, scharf wie die blutverschmierte, dreckige Kralle eines Geiers.

Es ist gut möglich, dass sie allein auf der ganzen Welt Mitleid mit Nikolai Iwanowitsch hatte, sogar seine Frau fürchtete ihn jetzt. Marfa Dementjewna hatte ihre Angst bemerkt, wenn das Geräusch des Wagens ertönte und Nikolai Iwanowitsch, graugesichtig und bleich, in Begleitung von zwei, drei graugesichtigen und bleichen Menschen geradewegs in sein Arbeitszimmer ging.

Marfa Dementjewna aber dachte an den obersten Gebieter, an den ruhigen, pockennarbigen Genossen Stalin, und hatte Mitleid mit Nikolai Iwanowitsch, seine Augen erschienen ihr jammervoll, verwirrt.

Als wisse sie nicht, dass Jeschows Blick das ganze große Russland vor Schreck erstarren machte.

Tag und Nacht fanden im »Inneren Gefängnis«[46], im Lefortowo- und im Butyrka-Gefängnis Vernehmungen statt, Tag und Nacht waren Transportzüge nach Komi, Kolyma, Norilsk, Magadan und zur Nagajew-Bucht[47] unterwegs. Bei Morgengrauen brachten geschlossene Lkws die Körper der in den Gefängniskellern Erschossenen fort.

Ahnte Marfa Dementjewna, dass das schreckliche Schicksal des jungen Referenten aus der Londoner Botschaft wie auch seiner anmutigen Frau, die ihre kleine Tochter noch

46 In der Lubjanka gelegenes Gefängnis des sowjetischen Geheimdienstes NKWD

47 Zentrale Orte des Gulag, des sowjetischen Straflagersystems

stillte und die Gesangsklasse am Konservatorium noch nicht abgeschlossen hatte, durch die Unterschrift besiegelt worden war, die ihr Chef, der Petersburger Arbeiter Nikolai Iwanowitsch, unter eine lange Namenliste gesetzt hatte? Und noch immer unterschrieb er dutzendweise diese langen Listen mit den Namen von Volksfeinden und quoll schwarzer Rauch aus den Schornsteinen des Moskauer Krematoriums.

3

Einmal hörte Marfa Dementjewna, wie die Köchin, eine Papirossa rauchend, der Hausherrin leise hinterherzischte:

»Nun hast auch du zu Ende geherrscht.«

Offenbar wusste die Köchin bereits, was die Kinderfrau nicht wusste.

Von diesen letzten Tagen prägte sich Marfa Dementjewna die ins Haus eingekehrte Stille ins Gedächtnis ein. Das Telefon läutete nicht. Es kamen keine Gäste. Morgens bestellte der Hausherr nicht mehr seine Stellvertreter, Sekretäre, Assistenten, Adjutanten, Adlaten ein. Die Hausherrin fuhr nicht zur Arbeit, lag im Morgenmantel auf dem Sofa, las gähnend ein Buch, war in Gedanken versunken, lächelte spöttisch, ging lautlos in Pantoffeln durch die Zimmer.

Nur Nadjuscha war im Haus zu hören: Sie weinte, lachte, lärmte mit ihrem Spielzeug.

Einmal traf morgens für die Hausherrin Besuch ein – eine alte Frau. Im Zimmer war es still, als säßen die Hausherrin und ihr Besuch schweigend da.

Die Köchin trat an die Tür heran und lauschte.

Hernach gingen die Hausherrin und die alte Frau zu Nadja. Die Alte war voller Flicken und so überaus ängstlich, dass sie, wie es schien, nicht nur zu sprechen, sondern auch zu schauen fürchtete.

»Marfa Dementjewna, darf ich Ihnen meine Mama vorstellen«, sagte die Hausherrin.

Und drei Tage später sagte die Hausherrin zu Marfa Dementjewna, dass sie ins Kremlkrankenhaus gehen würde, um sich operieren zu lassen. Sie sprach schnell, laut, mit einer hölzernen Stimme. Als sie Abschied nahm, sah sie Nadjuscha zerstreut an und küsste sie flüchtig. In der Tür schaute sie in Richtung Küche, umarmte Marfa Dementjewna und flüsterte ihr ins Ohr:

»Marfa Dementjewna, denken Sie daran, wenn mir etwas zustößt, sind Sie die Einzige, die sie noch hat, sie hat niemanden sonst auf der Welt.«

Das Mädchen, das genau verstand, dass von ihm die Rede war, saß still auf dem Stühlchen und schaute mit grauen Augen.

Der Ehemann brachte seine Frau nicht ins Krankenhaus, sondern es holten sie der Adlatus, ein fülliger General mit einem Strauß roter Rosen, und Nikolai Iwanowitschs Leibwächter ab.

Nikolai Iwanowitsch aber kehrte erst am Morgen von der Arbeit heim, er ging nicht zu Nadja, sondern schrieb, rauchte im Arbeitszimmer, ließ einen Wagen kommen und fuhr wieder davon.

Von diesem Tag an gab es immer mehr Ereignisse, die das Leben des Hauses erst erschütterten und dann zerstörten, und in der Erinnerung von Marfa Dementjewna gerieten sie durcheinander.

Nadjuschas Mama, die Frau von Nikolai Iwanowitsch Jeschow, verstarb urplötzlich im Krankenhaus. Sie war keine schlechte Frau gewesen, nicht böse, und das Mädchen hatte ihr leidgetan, und doch war sie sonderbar gewesen.

Nikolai Iwanowitsch kam an diesem Abend sehr früh nach Hause.

Er bat Marfa Dementjewna, Nadja zu ihm ins Arbeitszimmer zu bringen. Der Vater und die Tochter gaben dem Plastikschweinchen Tee zu trinken, brachten die Puppe und den Teddybären ins Bett. Dann lief Jeschow bis zum Morgen im Arbeitszimmer auf und ab.

Bald darauf kehrte der kleine Mensch mit den graugrünen

Augen, Nikolai Iwanowitsch Jeschow, nicht mehr nach Hause zurück.

Die Köchin saß auf dem Bett der verstorbenen Hausherrin, führte anschließend vom Arbeitszimmer des Hausherrn aus ein langes Telefonat, rauchte seine Papirossy.

Es kamen Leute in Zivil und in Uniform, schritten in Überzieher und Militärmantel durch die Zimmer, liefen mit dreckigen Stiefeln und Galoschen über die Teppiche, über den hellen Pfad, der zu Nadjuschas Waisenkindzimmer führte.

Des Nachts saß Marfa Dementjewna neben dem schlafenden Mädchen, schaute es unverwandt an. Sie hatte beschlossen, Nadja aufs Land zu bringen, und stellte sich die ganze Zeit vor, wie sie von Jelez aus auf einem Fuhrwerk mitfahren und so bis nach Hause kommen würden, wie der Bruder sie begrüßen und Nadja aufjauchzen, sich freuen würde, wenn sie die Gänse, das Kälbchen, den Hahn sähe.

»Ich bringe sie durch, das lerne ich«, dachte Marfa Dementjewna, und ein mütterliches Gefühl erfüllte ihre jungfräuliche Seele mit einem Leuchten.

Die ganze Nacht hindurch lärmten die Geheimdienstler, holten Bücher aus den Schränken, Wäsche, Geschirr – eine Haussuchung fand statt.

Auch sie hatten angestrengte, wahnsinnige Augen, Marfa Dementjewna hatte sich in letzter Zeit schon daran gewöhnt.

Nur Nadjuscha, die aufgewacht war und ihr kleines Geschäft gemacht hatte, gähnte friedlich, und Stalin schaute ohne jede Neugier, ruhig die Augen zusammenkneifend, vom Porträtbild herab auf das, was geschehen sollte und auch geschah.

Am frühen Morgen dann kam ein Rotgesichtiger, dick wie ein Kreisel, den die Köchin »Major« nannte. Er ging geradewegs ins Kinderzimmer, wo Nadja in einer gestärkten Schürze mit aufgesticktem rotem Hahn seelenruhig und gewichtig Haferbrei aß, und befahl:

»Ziehen Sie das Mädchen warm an und packen Sie ihre Sachen zusammen.«

Marfa Dementjewna fragte langsam, ihre Aufregung bezwingend:

»Wohin denn und weshalb?«

»Das Kind kommt ins Kinderheim. Und Sie machen sich bereit, erhalten das Gehalt, das Ihnen zusteht, und fahren zu sich nach Hause, aufs Land.«

»Und wo ist meine Mama?«, fragte Nadja plötzlich und hörte zu essen auf, schob das Tellerchen mit dem blauen Rand von sich.

Aber ihr antwortete keiner, weder Marfa Dementjewna noch der Major.

4

Im Arbeiterinnenwohnheim des staatlichen Radiowerks, in den Zimmern und an den Orten, die von allen benutzt wurden, herrschte peinlichste Sauberkeit, die Betten der Mädchen waren mit gestärkten Decken bezogen, auf den Kopfkissen lagen Zierdeckchen, und vor den Fenstern hingen Spitzengardinen, die sie auf gemeinsame Kosten gekauft hatten.

Bei vielen Betten standen Vasen mit schönen künstlichen Blumen auf den Nachtschränken – Rosen, Tulpen und Mohn.

Abends lasen die Arbeiterinnen Zeitschriften und Bücher in der Roten Ecke[48], nahmen an Tanzzirkeln teil, sangen im Chor, sahen sich Filme und Laienaufführungen im Kulturpalast an. Einige der Mädchen besuchten abendliche Schneider- oder Vorbereitungskurse für die Hochschule, andere machten an der Fachschule für Elektromechanik ein Abendstudium.

Ihren regulären Urlaub verbrachten die Arbeiterinnen selten in der Stadt – denjenigen, die sich bei der Arbeit aus-

---

48 Als »Rote Ecke« wurden in der Sowjetunion Räume in Schulen, Werken oder Wohnheimen bezeichnet, die für politisch-ideologische, kulturelle oder fachliche Veranstaltungen gedacht waren.

gezeichnet hatten, stellte die Betriebsgewerkschaftsleitung kostenlose Ferienplätze in ihren Erholungsheimen zur Verfügung, und viele fuhren für die Zeit des Urlaubs zu ihren Verwandten aufs Land.

Es hieß, dass manche Mädchen sich in den Erholungsheimen zu viel herausnähmen, die Nächte durchfeierten, ihr Ansehen verlören, und in den Männerzimmern die Leute tränken, nicht die Mittagsruhe einhielten, mit Inbrunst Karten spielten.

Man erzählte sich, dass sich die Jungs aus dem Maschinenwerk nachts bei den Verkaufsbuden getroffen und einen Kasten Bier gestohlen hätten, sechs halbe Liter, die sie im Musikzimmer geleert hätten, und dass sie den Chefarzt, der auf den Lärm hin herbeigeeilt sei, mit saftigen Ausdrücken bedacht hätten. Sie alle hätten vorzeitig aus dem Erholungsheim abreisen müssen, und das Werksparteikomitee sei darüber in Kenntnis gesetzt worden. Über die drei Urlaubsgäste aber, die zum Budenraub angestiftet hätten, hätte die Miliz eine Akte angelegt, und danach hätten sie bei sich im Werk zwei Monate gemeinnützige Arbeit leisten müssen.

Im Wohnheim des Radiowerks kam niemals auch nur irgendetwas Vergleichbares vor.

Die Wohnheimverwalterin, Uljana Petrowna, zeichnete sich durch Strenge aus. Einmal hatte ein Mädchen einen Bekannten mit aufs Zimmer gebracht und ihn mit dem Einverständnis der anderen Bewohnerinnen über Nacht bleiben lassen.

Uljana Petrowna beschimpfte dieses Mädchen, quartierte sie um Mitternacht aus dem Wohnheim aus.

Aber Uljana Petrowna war nicht nur streng, sie konnte auch Wärme an den Tag legen. Man konnte sich mit ihr wie mit einer engen Vertrauten beratschlagen – sie war ein gesellschaftlich aktiver, verlässlicher Mensch, und sie war nicht nur einmal zur Bezirkssowjetdeputierten gewählt worden. Unter ihr gab es im Wohnheim weder Trunksucht noch Unzucht, noch nächtliches Ziehharmonikaspiel.

Der Montagearbeiterin Nadja Jeschowa gefiel das mustergültige Wohnheim nach den rauen, harten Sitten des Kinderheims sehr.

Die Jahre, die sie in Heimen verbracht hatte, waren die schwersten ihres Lebens gewesen. Besonders schlecht war es ihr während des Kriegs im Kinderheim von Pensa ergangen: Selbst die nun wirklich nicht verhätschelten Heimkinder hatten die Suppe aus verfaultem Maismehl, die zum Mittag- und Abendessen ausgegeben wurde, ungern gegessen. Die Bett- und Leibwäsche war selten gewechselt worden – es war nicht genug vorhanden gewesen, und häufigeres Wäschewaschen war nicht möglich gewesen, weil es nicht genügend Brennholz und Seife gegeben hatte. Auf Beschluss des Stadtsowjets hätten sich die Heimkinder zweimal monatlich in der Sauna waschen dürfen, aber gegen diesen Beschluss war verstoßen worden, weil sich in den beiden städtischen Saunen immer die Soldaten der Reservetruppen gewaschen hatten, und vor der hinter dem Bahnhof gelegenen alten Sauna hatten vom Morgengrauen an grimmige, schweigende Menschenschlangen gestanden. Ja, und dieses Waschen hatte kaum Freude gemacht – in der Sauna hatte es einen kalten Windhauch gegeben, das feuchte Brennholz hatte mehr Rauch als Wärme erzeugt, und das Wasser war nur lauwarm gewesen.

Nadja war in Pensa die ganze Zeit kalt gewesen – sowohl nachts im Schlafzimmer als auch im Klassenraum, wo sie Hemden für die Front genäht und der Schulunterricht stattgefunden hatte, und sogar in der Küche, wo sie manchmal der Köchin geholfen hatte, Würmer aus dem Maismehl herauszulesen. Und ebenso schwer wie Kälte und Hunger waren die Grobheit der Erzieher, die Bosheit der Kinder, die Stehlerei, die in den Schlafzimmern herrschte, zu ertragen gewesen. Man hatte nur einen Moment in Gedanken versunken gewesen zu sein brauchen – und schon waren Brotrationen, Bleistifte, Unterhosen, Kopftücher verschwunden gewesen. Ein Mädchen hatte ein Päckchen bekommen, es im Nachtschränkchen eingeschlossen und war zum Unterricht gegangen, und als sie zurückgekommen war, hatte das Schloss wie unberührt dagehangen, aber das Päckchen war aus dem Nachttisch verschwunden gewesen.

Einige Jungen hatten Taschendiebstähle in Lebensmittelgeschäften und an Bushaltestellen begangen, und einer von ihnen, Schenja Pankratow, war sogar an einem bewaffneten Überfall auf einen Einkassierer beteiligt gewesen.

Natürlich war das Leben im Kinderheim nach dem Krieg leichter geworden, aber als Nadja die siebte Schulklasse abgeschlossen und die Kommission sie ins Werk geschickt hatte, da war es ihr erschienen, als wäre sie im Paradies gelandet.

Nadja staunte jetzt selbst darüber, wie sie damals, anstatt sich zu freuen, die ganze Nacht hatte weinen können, als sie erfuhr, dass die Kommission sie ins Werk schickte. Sie war wegen der Gesangslehrerin aufgelöst gewesen. »Mit deiner Stimme nehmen sie dich sowohl beim Konservatorium als auch beim Theater«, hatte ihr die Lehrerin gesagt. Die Lenkungskommission hatte Nadja zunächst tatsächlich auf die Musikfachschule schicken wollen, aber dann war plötzlich irgendein Hinweis von oben gekommen, und Nadja hatte eine Zuweisung fürs Werk erhalten.

Als Nadja in ihrer letzten Kinderheimnacht geweint hatte, da hatte sie sich für die Allerunglücklichste unter all den Mädchen und Erzieherinnen gehalten. Kein einziges Mal war sie in einem Moskauer oder Leningrader Kinderheim gewesen – immer hatte die Aufnahmestelle sie an die entlegensten Orte geschickt. Viele Mädchen hatten Päckchen bekommen, Briefe von Verwandten. Nadja aber hatte in ihrem ganzen Leben keinen einzigen Brief bekommen, kein einziges Mal hatte ihr jemand Äpfel oder Kekse geschickt.

Wahrscheinlich war sie deswegen missmutig geworden und wurde von den Heimkindern »die Stumme« genannt.

Als sie in dem mustergültigen Wohnheim lebte, da fing sie zu begreifen an, dass sie gar nicht so viel Pech hatte.

Sie hatte eine gute Arbeit, die sauber und relativ leicht war, und sie wurde nach einem hohen Lohnsatz bezahlt; das Komsomolkomitee versprach, sie zu Meisterlehrgängen zu schicken. Sie hatte einen guten Wintermantel, einige schöne Kleider, und ein Kleid aus Crêpe Satin hatte sie sich im Modesalon schneidern lassen, den Bewilligungsschein dafür hatte ihr Uljana Petrowna gegeben. Von den Mädchen in der Werkabteilung und im Wohnheim wurde sie geachtet, sie galt als selbständig. Zusammen mit den Mädchen aus dem Wohnheim ging sie ins Kino und zum Tanzen in den Klub. Ein Bursche gefiel ihr – Mischa –, sie tanzte gern mit ihm. Er war genauso schweigsam wie sie, und wenn er sie nach dem Tanzen nach Hause begleitete, gingen sie für gewöhnlich schweigend bis zum Wohnheim. Er wohnte weit hinter dem Güterbahnhof, arbeitete als Waggonbauer im Depot.

An das aber, was einmal gewesen war, erinnerte sie sich kaum noch, und ihr schien, dass das funkelnde schwarze Automobil, die prächtigen Blumenbeete auf der Datscha, die Spaziergänge am Kremlhügel mit dem Kindermädchen, das zärtliche und zerstreute Gesicht der Mama, das Lachen und die Stimmen von Papas Gästen nicht von allein in ihrem Gedächtnis existierten, sondern Erinnerungen an eine noch weiter zurückliegende Erinnerung waren, wie ein mehrfaches Echo, das im Nebel verhallte.

Das derzeitige Jahr erschien Nadja Jeschowa besonders gut.

Sie war Abendstudentin an der Fachschule für Elektromechanik, und für die Übererfüllung des Plans wurde sie mit einem eineinhalbfachen Monatsgehalt als Prämie ausgezeichnet. Der Leiter des Waggondiensts versprach Mischa, ihm Wohnraum im Haus des Ministeriums für Verkehrswege, das gerade gebaut wurde, zuzuteilen, und sie beschlossen zu heiraten. Nadja wollte sehr gern ein Kind haben, und sie freute sich, dass sie Mutter werden würde.

Einmal hatte sie einige Tage vor dem Urlaub und der Fahrt ins Ferienheim einen Traum – eine Frau, die nicht ihre Mama war, sondern eine ganz andere, hält ein Kind auf dem Arm, unklar, ob Nadja oder nicht, versucht es gegen den Wind abzuschirmen, und ringsum ist ein Brausen, ein Klatschen, die Sonne glitzert auf den Wellen und verschwindet alsbald hinter den schnellen, niedrigen Wolken, kreuz und quer jagen weiße Vögel umher, schreien mit durchdringenden, katzenartigen Stimmen.

Den ganzen Tag über – sowohl in der Werkhalle als auch in der Werkküche als auch als sie bei der Betriebsgewerkschaftsleitung den Zuweisungsschein fürs Erholungsheim ausfüllte – musste Nadja an das liebe und bedauernswerte Gesicht der Frau denken, die das Kind an die Brust drückte, und plötzlich verstand sie, warum sie einen solchen Traum gehabt hatte.

Einmal, im Kinderheim von Pensa, hatte die Leiterin die Kinder in einen Film geführt, in dem eine Seereise einer jungen Mutter zu sehen war, und dieses von Nadja fast vergessene Bild stieg urplötzlich in ihr auf und träumte ihr just in dem Moment, da sie an die ihr bevorstehende Mutterschaft dachte.

1960

DIE MIETERIN

Die alte Anna Borissowna, die vom Dserschinsker Stadtbezirkssowjet Wohnraum zugewiesen bekommen hatte, erheiterte ihre Mitbewohner, da sie beim Einzug weder Möbel noch Kochgeschirr, noch Kleidung, noch gar Bettwäsche besaß. In ihrem Zimmer lebte sie nicht lange. Acht Tage nachdem sie die Zuweisung erhalten hatte, ging sie durch den Flur, schrie plötzlich auf und stürzte.

Die Nachbarin rief den Notarzt. Die Ärztin gab der alten Frau eine Spritze, sagte, alles würde wieder gut werden, und fuhr von dannen. Aber Anna Borissowna ging es bei Einbruch der Nacht immer schlechter, und die Nachbarn riefen, nachdem sie sich beratschlagt hatten, den Rettungswagen. Der Wagen aus dem Sklifossowski-Institut kam schnell, sechs Minuten nach dem Anruf, aber als er eintraf, war die alte Frau schon gestorben. Der Arzt warf einen Blick auf die Pupillen der Frischverstorbenen, seufzte anstandshalber und fuhr davon.

In den wenigen Tagen, die Anna Borissowna Lomowa im Moskauer Südwesten in ihrem Zimmer gelebt hatte, hatten die Mitbewohner so manches über sie erfahren. Als junge Frau hatte sie offenbar am Bürgerkrieg teilgenommen, war wohl Kommissarin eines Panzerzuges gewesen, dann hatte sie in Persien gelebt, in Teheran, anschließend hatte sie in Moskau einen gehobenen Posten bekleidet, gewissermaßen fast schon im Kreml; in einem Gespräch mit der Schülerin Swetlana Kolotyrkina über den Unterricht im Fach Sowjetrussische Literatur hatte sie gesagt: »Ich war mit Furmanow[49] und Majakowski befreundet.« Und Swetlanas Mutter, die in einem Kleinwagenwerk als Prüferin in der technischen Kontrollabteilung arbeitete, hatte sie erzählt, dass sie 1936 verhaftet worden war und danach neunzehn Jahre in Gefängnissen und Lagern zugebracht hatte. Erst vor kurzem hatte der Oberste Gerichtshof sie rehabilitiert und ihre völlige Unschuld festgestellt. Sie hatte eine amtliche Meldebescheinigung für Moskau erhalten, und man hatte ihr Wohnraum zugewiesen.

Wie es schien, hatte sie in den Jahren, als sie von einem Lager ins nächste kam, Verwandte und Freunde verloren, und in Moskau hatte die Zeit nicht ausgereicht, nähere Bekanntschaft mit irgendeinem Kollektiv zu schließen – keiner kam zum Krematorium, als ihr Körper verbrannt wurde. Unmittelbar nach ihrem Tod zog der Obusfahrer Schukow, der ein sehr nervöser Mensch war, mit Frau und Kind in das Zimmer ein.

Alle Bewohner vergaßen erstaunlich schnell, dass bei ihnen in der Wohnung einige Tage die rehabilitierte alte Frau gelebt hatte.

Eines Sonntagmorgens, als die Bewohner in der Küche beim Frühstück saßen, Tee tranken und zusammen Schafkopf spielten, brachte die Briefträgerin die Post: die Zeitungen »Moskowskaja Prawda«, »Sowetskaja Rossija« und »Leninski put«[50], die Zeitschriften »Sowetskaja Schenschtschina« und »Sdorowje«[51], das Radio- und Fernsehprogramm sowie einen Brief, der an die Bürgerin Anna Borissowna Lomowa adressiert war.

»So eine gibt's hier nicht«, riefen die Bewohnerinnen und Bewohner vielstimmig.

---

49 Dmitri Andrejewitsch Furmanow (1891–1926), russischer Schriftsteller, kämpfte im Bürgerkrieg auf Seiten der Roten und schrieb den Roman »Tschapajew«.

50 Die Zeitungsnamen lauten übersetzt »Moskauer Wahrheit«, »Sowjetrussland« und »Der Lenin'sche Weg«.

51 Die Zeitschriftennamen lauten übersetzt »Die Sowjetfrau« und »Gesundheit«.

Und der Fahrer Schukow, der die Briefträgerin zur Tür schob, setzte hinzu:

»Und so eine hat's hier auch nicht gegeben.«

Da sagte Swetlana Kolotyrkina unversehens zu ihm:

»Wie das, nicht gegeben, wo Sie doch in ihrem Zimmer leben.«

Und plötzlich erinnerten sich alle an Anna Borissowna Lomowa und wunderten sich, wie sie sie einfach hatten vergessen können.

Die Bewohner berieten sich, öffneten den Briefumschlag und lasen laut vor, was auf dem maschinengeschriebenen Blatt Papier stand:

»Im Zusammenhang mit den unlängst zutage getretenen Umständen wird Ihr Ehemann Terenti Georgijewitsch Ardaschelija, verstorben in Haft am 06.07.1938, durch Beschluss des Militärkollegiums des Obersten Gerichtshofs der UdSSR vom 08.05.1960 posthum rehabilitiert, das vom Militärkollegium des Obersten Gerichtshofs der UdSSR am 03.09.1937 gefällte Urteil wird aufgehoben und das Verfahren in Ermangelung des Tatbestands eines Verbrechens eingestellt.«

»Was sollen wir nun mit dem Schriftstück anfangen?«

»Gar nichts, zurückschicken.«

»Ich denke, wir sind dazu verpflichtet, es der Hausverwaltung zu übergeben, weil die Frau hier ihren ständigen Wohnsitz hatte.«

»Das ist richtig. Aber heute ist das Büro der Hausverwaltung nicht geöffnet.«

»Das hat doch keine Eile.«

»Geben Sie es mir. Ich muss ohnehin wegen der defekten Wasserhähne dort vorbeigehen, und bei der Gelegenheit gebe ich es ab.«

Dann schwiegen alle eine Zeitlang, bis sich eine Männerstimme vernehmen ließ:

»Was sitzen wir hier so rum. Wer gibt?«

»Wer verloren hat, der gibt.«

1960

DIE HÜNDIN

I

In ihrer Kindheit gab es Hunger und kein Zuhause, doch die Kindheit ist die glücklichste Zeit des Lebens.

Besonders schön war der erste Frühling, der Mai vor den Toren der Stadt. Der Geruch der Erde und des jungen Grases erfüllten das Herz mit Glück. Das Gefühl der Freude ging unter die Haut, war geradezu unerträglich, manchmal wollte sie gar vor Glück nichts essen. Den ganzen Tag hatte sie einen grünen, warmen Dunst im Kopf und vor den Augen. Sie legte sich vor einer Butterblume auf die Vorderpfoten und bellte mit aufgebrachter und glücklicher Welpenstimme abrupt drauflos, forderte die Blume auf, mit ihr herumzutollen, war über die Unbeweglichkeit ihres grünen, dicken Beins verärgert, belustigt und erstaunt.

Dann fing sie auf einmal wie verrückt an, eine Kuhle zu scharren, Erdklumpen flogen unter ihrem Bäuchlein hervor, ihre schwarz-rosa gescheckten Pfötchen, die kleinen Zehen wurden von der steinigen Erde glühend heiß. Ihr Schnäuzlein hatte dabei einen bekümmerten Ausdruck, als scharre sie einen Schlupfwinkel, um ihr Leben zu retten, und als wäre das kein Spiel.

Sie war rundlich, mit einem rosigen Bauch und knubbeligen Pfoten, obwohl sie in dieser guten Zeit wenig aß. Man könnte meinen, dass sie vor lauter Glück zunahm, vor Freude darüber, am Leben zu sein.

Dann aber war es aus mit den leichten Kindertagen. Der Oktober und der November zogen mit Feindschaft und

Gleichgültigkeit in die Welt ein, mit eiskaltem Schneeregen, Dreck, glitschigen, widerlichen Speiseresten, vor denen es selbst einen hungrigen Hund ekelte.

Aber in ihrem Streunerleben ereignete sich auch Gutes – der mitfühlende Blick eines Menschen, ein Nachtlager neben einem heißen Rohr, ein Suppenknochen. Es gab in ihrem Hundeleben auch Leidenschaft und Hundeliebe und die Welt der Mutterschaft.

Sie war eine kleine krummbeinige Promenadenmischung. Aber weil sie das Leben liebte und sehr klug war, bezwang sie jede feindliche Kraft erfolgreich. Die Promenadenmischung mit der breiten Stirn wusste, woher sich das Unglück heranschleicht, wusste, dass der Tod auf leisen Sohlen kommt, er nicht zum Schlag ausholt, nicht mit einem Stein schleudert, nicht laut mit den Stiefeln trampelt, sondern dass er ein Stück Brot hinhält und mit einschmeichelndem Lächeln näher kommt, ein sackleinenes Fangnetz hinter dem Rücken versteckt.

Sie kannte die tödliche Stärke der Last- und Personenkraftwagen, sie wusste ihre Geschwindigkeiten genau zu unterscheiden, sie konnte den Verkehr geduldig vorbeiziehen lassen und geschwind an den von der Ampel angehaltenen Autos vorbeilaufen. Sie kannte die alles zermalmende, geradlinige Kraft der elektrischen Eisenbahnen und ihre kindliche Hilflosigkeit, ihr Unvermögen, eine Maus, die sich einen halben Meter vom Schienenweg entfernt befand, zu töten. Sie konnte das Geheule, Gepfeife und Getöse von Propeller- und Düsenflugzeugen, das Lärmen von Hubschraubern unterscheiden. Sie kannte den Geruch der Gasrohre, wusste die Wärme aufzuspüren, die von den unter der Erde versteckten Rohren der Fernheizwerke ausging. Sie wusste, wann die Wagen kamen, die die Müllschächte leerten, sie wusste, wie man in die Müllcontainer und -kübel hineinkam, konnte im Nu die Frischhaltefolie von abgepacktem Fleisch ausmachen, das Wachspapier von Dorsch, Sahneeis, Rotbarsch.

Ein schwarzes Stromkabel, das aus der Erde herauskam,

flößte ihr mehr Furcht ein als ein niederträchtiger Mensch – einmal war sie mit der feuchten Pfote an ein Kabel mit kaputter Isolierschicht gekommen.

Wahrscheinlich hatte diese Hündin mehr Erfahrung im Umgang mit Technik als welterfahrene, kluge Menschen, die zwei, drei Jahrhunderte vor ihr gelebt hatten.

Sie war gescheit, und außerdem war sie auch gebildet. Hätte sie nicht eine Erfahrung gehabt, die dem Stand der Technik Mitte des zwanzigsten Jahrhunderts entsprach, wäre sie umgekommen. Denn Dorfhunde, die sich zufällig in die Stadt verlaufen hatten, verbrachten nur wenige Stunden auf den dortigen Straßen und kamen sofort um.

Aber für ihren Kampf reichten technische Erfahrung und Wissen allein nicht aus, wichtig war auch, dass sie etwas von den Mechanismen des Daseins verstand. Sie musste lebensklug sein.

Die Promenadenmischung mit der breiten Stirn, die keinen Namen hatte, wusste, dass der ständige Wechsel, das Umhervagabundieren die Grundlage ihrer Existenz war.

Manchmal zeigte ein barmherziger Mensch Mitleid mit der vierbeinigen Streunerin, fütterte sie, ließ sie über Nacht ins dunkle Treppenhaus. Mit dem Streunen aufzuhören verhieß den Tod. Wenn ein streunender Hund sesshaft wurde, dann ließ er sich mit einem guten menschlichen Herz ein und mit hundert bösen. Und wenig später erschien schon der Tod mit einschmeichelnden Bewegungen, in der einen Hand hielt er ein Stück Brot, in der anderen ein sackleinenes Fangnetz. Hundert böse Herzen sind stärker als ein gutes.

Die Menschen dachten, dass ein streunender Hund zu Anhänglichkeit nicht fähig ist, dass das Herumstromern ihn verdorben hat.

Die Menschen irrten sich. Das schwere Leben hatte die streunende Hündin nicht hartherzig gemacht, aber das Gute, das in ihr war, brauchte keiner.

2

Sie fingen sie nachts, als sie schlief. Sie töteten sie nicht, sondern brachten sie ins Institut. Sie wurde in einer warmen, stinkenden Lösung gebadet, und die Flöhe hörten auf, sie zu piesacken. Einige Tage lebte sie im Keller, in einem Käfig. Sie wurde gut gefüttert, aber wollte nichts fressen. Unablässig quälte sie die Vorahnung des Todes, sie litt unter dem Freiheitsentzug. Erst hier, in dem Käfig mit der weichen Unterlage und dem leckeren Essen im sauberen Napf, lernte sie das Glück eines Lebens in Freiheit zu schätzen.

Das dumme Gebell der Nachbarn ging ihr auf die Nerven. Menschen in weißen Kitteln untersuchten sie lange, einer von ihnen, einer Hagerer mit hellen Augen, gab ihr einen Nasenstüber und tätschelte ihr den Kopf; bald darauf wurde sie in einen ruhigen Raum gebracht.

Ihr stand die Bekanntschaft mit dem Spitzengebiet der Technik des zwanzigsten Jahrhunderts bevor, sie fingen an, sie für ein großes Unterfangen heranzubilden.

Sie bekam den Namen Buntchen.

Wahrscheinlich wurden selbst bei einem kranken Kaiser oder Premierminister nicht so viele Analysen gemacht. Der helläugige, magere Alexej Georgijewitsch erfuhr alles, was man über Buntchens Herz, die Lungen, die Leber, den Gasaustausch, die Blutzusammensetzung, ihre Nervenreaktionen und ihren Magensaft wissen konnte.

Sie begriff, dass weder die Putzfrauen noch die Laboranten, noch die ordengeschmückten Generäle die Herren über ihr Leben, ihre Freiheit, ihre letzten Qualen waren.

Sie begriff dies, und ihr Herz schenkte Alexej Georgijewitsch all die nichtverströmte Liebe, und der ganze Schrecken ihrer Vergangenheit und Gegenwart vermochte es nicht, sie gegen ihn aufzubringen.

Sie begriff, dass die Spritzen, Punktionen, die schwindelerregenden und Übelkeit verursachenden Reisen in den Zentrifugen und Vibrationskammern, das quälende Gefühl der Schwerelosigkeit, das auf einmal ins Bewusstsein, in die Vorderpfoten, den Schwanz, die Brust, die Hinterpfoten schoss –, allesamt von Alexej Georgijewitsch kamen, dem Gebieter.

Aber ihr praktischer Verstand erwies sich als machtlos. Sie erwartete ihn, den Herrn, den sie gefunden hatte, sehnte sich nach ihm, wenn er nicht da war, freute sich, wenn sie seine Schritte hörte, und wenn er abends nach Hause ging, schien es, als würden ihre braunen Augen tränenfeucht.

Für gewöhnlich kam Alexej Georgijewitsch nach dem Morgentraining, das besonders anstrengend war, ins Vivarium – Buntchen atmete schwer mit heraushängender Zunge, den breitstirnigen Kopf auf die Pfoten gelegt, und sah ihn mit sanftem Blick an.

Auf eine merkwürdige, unerklärliche Weise war dieser Mensch, der zum Herrn über ihr Leben und Schicksal geworden war, für sie mit der Empfindung des grünen Frühlingsdunstes, dem Gefühl von Freiheit verbunden.

Sie sah den Menschen an, der sie zu dem Käfig und den Qualen verdammt hatte, und in ihrem Herzen keimte Hoffnung auf.

Alexej Georgijewitsch bemerkte nicht sofort, dass Buntchen in ihm ein mitleidiges, barmherziges Gefühl hervorrief und nicht nur das übliche breitgefächerte fachliche Interesse.

Irgendwie dachte er, als er den Versuchshund ansah, dass die alltägliche Anhänglichkeit der vielen Tausend Vogelzüchter, Schweinewärter gegenüber den Tieren, die sie für die Todesstrafe heranbildeten, absurd und unsinnig war. Und genauso unsinnig und absurd waren diese gutherzigen Hundeaugen, diese feuchte Nase, die vertrauensselig die Hand des Mörders anstupste.

Die Tage verstrichen, und es rückte die Durchführung des Unterfangens heran, für das sie Buntchen heranbildeten. Sie durchlief Versuche in einer geräumigen Kabine – der Raumkapsel; die extrem weite Reise des Vierbeiners ging dem langen und weiten Flug des Menschen voraus.

Seine Mitarbeiter hegten gegen Alexej Georgijewitsch eine einmütige Abneigung. Einige der wissenschaftlichen Mitarbeiter fürchteten ihn sehr – er war jähzornig, und es kam vor, dass er strenge Disziplinarmaßnahmen gegenüber den Laboranten anordnete. Seine Vorgesetzten mochten ihn nicht wegen seiner Neigung zu prozessieren und wegen seines nachtragenden Wesens.

Zu Hause war er gleichfalls kein umgänglicher Mensch – er hatte häufig Kopfschmerzen, und dann störte ihn das kleinste Geräusch. Wegen Säuremangels litt er an Sodbrennen, und ihm schien, dass nicht das für ihn gekocht wurde, was richtig wäre, dass seine Frau ihm gegenüber unachtsam war, heimlich seinen vielen Verwandten half und das vor ihm verbarg.

Die Beziehungen zwischen ihm und seinen Freunden waren auch nicht einfach – er brauste schnell auf, verdächtigte die Freunde der Gleichgültigkeit, des Neids. Wenn er sich mit einem Freund gestritten hatte, dann litt er, wollte sich aussöhnen, die verwickelten Beziehungen ins Reine bringen, und quälte sich dabei.

Aber auch Alexej Georgijewitschs Verhältnis zu sich selbst war ohne überschwängliche Zuneigung und Begeisterung. Manchmal murmelte er verdrießlich: »Ach, alle haben die Nase voll von mir, und ich von mir selbst am meisten.«

Die krummbeinige Promenadenmischung war an den dienstlichen Intrigen nicht beteiligt, vernachlässigte nicht seine Gesundheit, legte keinen Neid an den Tag.

Wie Christus vergalt sie ihm Böses mit Gutem und das Leid, welches er ihr zufügte, mit Liebe.

Er ging die Elektrokardiogramme durch, die Blutdruck- und Reflexwerte, und die braunen Hundeaugen sahen ihn ergeben an. Einmal begann er ihr laut zu erklären, dass auch Menschen ein solches Training durchliefen und es für sie gleichfalls nicht einfach wäre; die Gefahr, die ihr bevorstand, war natürlich größer als diejenige, der sich der Mensch gegenübersah, und doch war ihre Lage ja nicht mit der von Laika zu vergleichen, dem Hund, über dessen Tod schon im Voraus entschieden worden war.

Und einmal erzählte er Buntchen, dass sie seit Anbeginn der Erde die Allererste überhaupt sein würde, die die wahre

Tiefe des Kosmos erblicke. Ein wunderbares Schicksal werde ihr zuteil! In den Weltraum vorzudringen, zum ersten Abgesandten des freien Verstandes im All zu werden.

Ihm schien, dass der Hund ihn verstand.

Sie war ungewöhnlich klug, auf die ihr eigene Hundeweise natürlich. Die Laboranten und einfachen Chargen scherzten: »Unser Buntchen hat die technische Elementarausbildung bestanden.« Es fiel ihr leicht, zwischen all den technischen Geräten zu leben, es schien, als verstünde sie die Funktionsprinzipien der Apparaturen und fände sich deshalb so behände in der Welt der Klemmen, Klammern, Bildschirme, elektrischen Lampen, automatischen Futternäpfe zurecht.

Alexej Georgijewitsch konnte sich wie niemand sonst ein Gesamtbild von den Lebensfunktionen eines Organismus, der Tausende Kilometer von den Laboratorien auf der Erde entfernt durch den leeren Raum flog, machen und Erkenntnisse daraus gewinnen.

Er war einer der Begründer einer neuen Wissenschaft – der kosmischen Biologie. Aber diesmal stimmte ihn die Schwierigkeit der Aufgabe nicht euphorisch. Mit dem krummbeinigen Buntchen war alles anders als sonst.

Er schaute in die Augen der Hündin. Diese gutmütigen Hundeaugen, und nicht die Augen von Niels Bohr, würden als Erste den Weltraum sehen, der nicht vom Erdhorizont begrenzt ist. Einen Raum, in dem es keinen Wind gibt, nur die Schwerkraft, einen Raum, in dem es keine Wolken, keine Schwalben, keinen Regen gibt, einen Raum der Photonen und elektromagnetischen Wellen.

Und Alexej Georgijewitsch meinte, dass Buntchens Augen ihm dann erzählen würden, was sie gesehen hatten. Er würde es von ihren Augen ablesen, und dann würde er das geheimnisvollste aller Kardiogramme verstehen, das verborgene Kardiogramm des Weltalls.

Es schien, als ob die Hündin instinktiv begriffen hätte, dass der Mensch sie am Grandiosesten teilnehmen ließ, was es je auf Erden gegeben hatte, und ihr einen großen Vorrang einräumte.

Die Vorgesetzten von Alexej Georgijewitsch und die ihm unterstellten Mitarbeiter, seine Familienmitglieder und Freunde nahmen merkwürdige Veränderungen an ihm wahr – noch nie war er so nachgiebig, sanft, traurig gewesen.

Der neue Versuch würde ein besonderer sein. Er unterschied sich von den vorhergehenden nicht nur dadurch, dass die kosmische Rakete die Umlaufbahn verlassen, in den Raum vordringen und sich Hunderttausende von Kilometern von der Erde entfernen würde. Das Wichtigste an dem neuen Versuch würde sein, dass ein Tier mit seiner Psyche in den Kosmos vordringt. Nein! Andersherum! Dass der Kosmos in die Psyche eines Lebewesens vordringt. Hier geht es schon nicht mehr um Überbelastung, Vibrationen oder das Gefühl von Schwerelosigkeit.

Vor diesen Augen hier würde die gerade Linie der Erde sich zu krümmen beginnen, die Augen des Tieres würden Kopernikus' Erkenntnis bestätigen. Eine Kugel! Ein Geoid! Und immer weiter und weiter … Vor den Augen der krummbeinigen Hündin erhebt sich die Sonne im schwarzen Raum, als sei sie um zwei Milliarden Jahre verjüngt. In dem orangenen, fliederfarbenen, violetten Feuer entfernt sich der Erdhorizont. Die prächtige Kugel mit ihrem Schnee und dem heißen Sand, voll von herrlichem, quirligem Leben, verschwindet nicht nur unter den Füßen, sie entgleitet auch der Wahrnehmung des Tieres. Und dann gewinnen die Sterne an Plastizität, umgeben sich mit thermonuklearem Plasma, einer brennenden und strahlenden Substanz.

In die Psyche des Lebewesens dringt ein Reich ein, das nicht von der Erdwärme, von weichen Kumuluswolken, von der feuchten Kraft des Phlogistons bedeckt ist. Zum ersten Mal würden lebendige Augen die unermessliche luftleere Tiefe erblicken, den Raum Kants, den Raum Einsteins, den Raum der Philosophen, Astronomen und Mathematiker, und zwar nicht vermittels eines hypothetischen Gedankengangs, vermittels einer Formel, sondern so, wie er war, ohne Berge und Bäume, Hochhäuser und dörfliche Bauernkaten.

Die Menschen aus Alexej Georgijewitschs näherem Umfeld verstanden nicht, was mit ihm los war.

Ihm schien, er würde zu einer neuen Erkenntnis kommen, die die mit Differentialgleichungen und Messergebnissen gewonnenen Einsichten noch übersteigen würde. Die neue Erkenntnis würde von Herz zu Herz, von lebenden Augen zu lebenden Augen übermittelt werden. Und alles, was ihn in Aufregung versetzt hatte, ihn erzürnt hatte, seinen Argwohn und seine Erbitterung hervorgerufen hatte, war auf einmal ohne Bedeutung.

Ihm schien: Eine neue Qualität war dabei, in das Leben der Erdbewohner einzutreten, es zu bereichern und auf eine höhere Stufe zu stellen, und in diesem Neuen lag die Vergebung und Rechtfertigung für Alexej Georgijewitsch.

3

Und dann fand der Flug statt.

Das Tier verschwand im Eisloch des Raums. Die Luken und Bildschirme waren so angebracht, dass das Tier, egal wohin es seinen Kopf wendete, nichts als den Raum sah, die Empfindung verlor für alles, was den irdischen Gewohnheiten entsprach. Das Weltall drang in das Gehirn der Hündin ein.

Alexej Georgijewitsch war überzeugt, dass seine Verbindung mit Buntchen nicht abreißen würde, er spürte sie auch, als das Raumschiff hunderttausend Kilometer von der Erde entfernt war. Und das bezog sich nicht auf die Telemetrie und die Radioautomatik, die Buntchens rasend beschleunigten Puls, die Sprünge ihres Blutdrucks aufzeichneten.

Der Laborant Apresian berichtete Alexej Georgijewitsch am Morgen:

»Sie hat gejault, lange gejault«, und fügte leise hinzu: »Grausig, ein einsamer Hund, der im Universum jault.«

Die Apparate arbeiteten mit idealer, geradezu fantastischer Genauigkeit. Das in den Raum gestartete Sandkörnchen fand den Weg zurück zum Sandkörnchen Erde, das es hervorgebracht hatte. Die Bremsmechanismen funktionierten einwandfrei, die Raumkapsel landete am vorgesehenen Punkt auf der Erdoberfläche.

Der Laborant Apresian sagte lachend zu Alexej Georgijewitsch:

»Die Schläge von ein paar kosmischen Teilchen werden Buntchens Genstruktur verändert haben, und sie wird Welpen mit glänzenden Fähigkeiten auf dem Gebiet der höheren Algebra und der symphonischen Musik bekommen. Die Rüden, die Enkel unseres Buntchens, werden Sonaten komponieren, die nicht schlechter sind als die von Beethoven, und kybernetische Maschinen konstruieren – sie werden neue Fausts sein.«

Alexej Georgijewitsch sagte nichts zum Witzbold Apresian.

Alexej Georgijewitsch fuhr selbst zum Landungsort der Raumkapsel. Er musste Buntchen als Erster sehen. Seine Stellvertreter und Mitarbeiter konnten ihn dieses Mal nicht ersetzen.

Ihr Wiedersehen war so, wie Alexej Georgijewitsch es sich gewünscht hatte.

Sie stürzte auf ihn zu, wedelte zaghaft mit der herabhängenden Schwanzspitze.

Er konnte lange ihre Augen, die das Weltall in sich aufgenommen hatten, nicht sehen. Die Hündin leckte ihm die Hände zum Zeichen ihrer Ergebenheit, zum Zeichen ihres ewigen Verzichts auf ein Leben als freie Streunerin, zum Zeichen, dass sie sich mit allem, was ist und sein wird, zufriedengegeben hatte.

Dann sah er endlich ihre Augen – die milchigen, undurchlässigen Augen eines armen Geschöpfs mit getrübtem Verstand und ergeben liebendem Herzen.

1960–1961

DER ELCH

Wenn Alexandra Andrejewna zur Arbeit ging, stellte sie ein Glas Milch und einen kleinen Teller mit Zwieback, zugedeckt mit einer Papierserviette, auf den Stuhl und küsste Dmitri Petrowitsch auf die warme, eingefallene Schläfe.

Abends, wenn sie nach Hause zurückkam, stellte sie sich vor, wie der Kranke vor Einsamkeit verging. Wenn er sie sah, richtete er sich auf, sein leerer Blick belebte sich.

Einmal sagte er zu ihr:

»Wie vielen Menschen du in der U-Bahn und auf der Arbeit begegnest, und ich sehe nichts als diesen mottenzerfressenen Kopf.«

Und er wies mit dem blassen Finger auf den braunen Elchkopf, der an der Wand hing.

Die Arbeitskollegen bedauerten Alexandra Andrejewna, sie wussten, dass ihr Mann schwerkrank war und sie nächtelang an seinem Bett saß.

»Alexandra Andrejewna, Sie sind eine richtige Märtyrerin«, sagten sie zu ihr.

Sie antwortete:

»Aber nein, das ist keine große Anstrengung für mich, im Gegenteil ...«

Aber die zwanzigstündige Beanspruchung bei der Arbeit und zu Hause überstieg die Kräfte einer älteren, schwächlichen Frau, von dem ständigen Schlafmangel bekam sie Bluthochdruck, und sie hatte immer häufiger Kopfschmerzen.

Vor ihrem Mann verbarg Alexandra Andrejewna, dass es ihr gesundheitlich nicht gutging; aber manchmal, wenn sie durchs Zimmer lief, blieb sie plötzlich stehen, als versuchte sie, sich an etwas zu erinnern, und legte die Handteller auf die untere Stirnmitte und die Augen.

»Sascha[52], ruh dich aus, schone dich«, sagte Dmitri Petrowitsch.

Aber diese Bitten betrübten sie, ja verärgerten sie gar.

Wenn sie zur Arbeit in den Archivbereich der Zentralbibliothek kam, vergaß sie die anstrengende Nacht, die hinter ihr lag, und die freundliche Soja, die vor kurzem ihr Studium abgeschlossen hatte und im Archiv ein Praktikum machte, sagte:

»Setzen Sie sich, sonst bekommen Sie noch geschwollene Beine.«

»Ich beklage mich doch gar nicht«, antwortete Alexandra Andrejewna lächelnd.

Zu Hause erzählte sie ihrem Mann von den Manuskripten und Dokumenten, die sie auf der Arbeit gesichtet hatte – sie mochte die Epoche der 1870er und 1880er Jahre sehr, jedes noch so kleine Detail, das nicht nur Ossinski, Kowalski, Chalturin, Schelwakow, Scheljabow, Perowskaja oder Kibaltschitsch betraf, sondern Dutzende von vergessenen Revolutionären, die sich auf nahen oder fernen Umlaufbahnen der Tschaikowski- und Ischutin-Anhänger sowie der Gruppen »Tschornyj peredel« und »Narodnaja wolja«[53] befanden, erschien ihr wertvoll.

Dmitri Petrowitsch teilte die Schwärmerei seiner Frau nicht. Er erklärte sich ihre Begeisterung damit, dass sie aus einer Familie von Revolutionären stammte. Das Familienalbum war voll von Fotos von Mädchen mit Kurzhaarfrisur und strengen Gesichtern in Kleidern mit schmalen Taillen,

---

52 Kurzform für Alexandra

53 Verschiedene Strömungen der unter dem Begriff »Narodnitschestwo« firmierenden revolutionären Bewegung der 1870er Jahre in Russland, die mit ihren »Gängen zum Volk« versuchte, die Bauern zu einem Aufstand gegen den Zaren zu bewegen

langen Ärmeln und hohen schwarzen Kragen, von langhaarigen Studenten mit Plaids um die Schultern. Alexandra Andrejewna kannte ihre Namen, ihre traurigen, edlen, von allen vergessenen Schicksale – der eine war in der Verbannung an Tuberkulose gestorben, die andere war im Jenissej ertrunken, die Dritte war gestorben, als sie im Gouvernement Samara während einer Choleraepidemie gearbeitet hatte, die Vierte war verrückt geworden und in einem Gefängniskrankenhaus verschieden.

Dmitri Petrowitsch, der von Beruf Turbineningenieur war, erschienen all diese Dinge erhaben, aber nicht sehr notwendig. Es gelang ihm nicht, sich die Doppelnamen der Narodniki[54] zu merken – Illitsch-Switytsch, Serno-Solowjewitsch, Petraschewski-Butaschewitsch, Debagori-Mokrijewitsch … Er kam mit den vielen Namen durcheinander – es gab allein drei Michailows: Adrian, Alexander, Timofej. Er verwechselte den Tschaikowski-Anhänger Sinegub mit dem »Narodnaja wolja«-Mitglied Lisogub …

Er verstand nicht, warum seine Frau so betrübt war, als sie während ihrer sommerlichen Schiffsfahrt auf der Wolga auf der Höhe von Wassilsursk an einem Dampfer vorbeikamen, der früher »Sofja Perowskaja«[55] geheißen hatte und nach Reparaturarbeiten sowie einem Neuanstrich in »Valerija Barsowa«[56] umbenannt worden war – hatte die Barsowa doch eine wunderschöne Stimme.

Einmal, während einer Reise nach Kiew, hatte er zu Alexandra Andrejewna gesagt:

»Sieh mal, eine große Apotheke ist nach Scheljabow[57] benannt.«

Sie war böse geworden und hatte geschimpft:

---

54 Als »Narodniki« bzw. »Volkstümler« werden die verschiedenen Angehörigen der »Narodnischestwo«-Bewegung bezeichnet.

55 s. Fußnote 28 auf S. 140

56 Russische Opernsängerin

57 Andrej Scheljabow, russischer Revolutionär, Anarchist und Aktivist der terroristisch ausgerichteten »Norodnaja wolja«-Bewegung; einer der Drahtzieher des Bombenattentats auf Zar Alexander II.

»Nicht eine Apotheke, sondern der Kreschtschatik[58] muss nach Scheljabow benannt werden!«

»Schurotschka[59], jetzt übertreibst du aber«, hatte Dmitri Petrowitsch geantwortet.

Die Askese der »Narodnaja wolja«-Mitglieder, ihre fast religiöse Besessenheit war ihm fremd.

Sie waren aus dem Leben geschieden, und die nachfolgenden Generationen hatten sie vergessen.

Dmitri Petrowitsch mochte schöne Dinge, er liebte Wein, die Oper, begeisterte sich für die Jagd. Auch als älterer Herr mochte er es, einen modischen Anzug anzuziehen, eine passende Krawatte auszusuchen und sie gut zu binden.

Man könnte meinen, dass Alexandra Andrejewna, der festliche Kleider und kostbare Dinge egal waren, die Neigungen ihres Mannes unangenehm sein müssten.

Aber sie mochte alles an ihm, alle seine Schwächen und Passionen. Sie tauschte mit ihm ihre Gedanken über die Zeit, die sie begeisterte, aus, über den tragischen Kampf der »Narodnaja wolja«-Mitglieder.

Und nun, da er krank im Bett lag, erzählte sie ihm, was sie betrübte.

»Weißt du, Mitja, unsere Praktikantin Soja, die ein bezauberndes junges Wesen ist, hat mich auf der Versammlung kritisiert – ich überhäufe sie mit unnützer Arbeit, die mit den siebziger und achtziger Jahren zu tun habe ...«

Wenn er seiner Frau so zuhörte, sah, wie sie vor Aufregung ganz rote Wangen bekam, dann dachte Dmitri Petrowitsch, dass sie die Einzige war, die in Gedanken, vom Gefühl her und durch stete Fürsorge untrennbar mit ihm verbunden war; die anderen, sogar die Tochter, dachten nur hin und wieder an ihn, aber sie waren nicht mit dem Herzen bei ihm.

Ihm wurde ganz sonderbar zumute bei der Vorstellung, dass in jenen Minuten, wenn Alexandra Andrejewna ganz in ihrer Arbeit aufgegangen war und an ihn zu denken auf-

---

58 Prachtboulevard im Zentrum von Kiew

59 Weitere Kurzform für Alexandra

hörte, keiner an ihn dachte und ihn noch nicht einmal ein hauchdünnes Fädchen mit den Menschen in all den Städten und Dörfern, den Zügen verband …

Er erzählte Alexandra Andrejewna davon, und sie erwiderte ihm:

»Deine Turbinen, das Verfahren, wie du die Haltbarkeit einer Schaufel berechnet hast – all das existiert. Schenja hat dich sehr lieb, sie schreibt selten, aber das hat nichts zu bedeuten. Und als ob die Freunde dich wirklich vergessen hätten! Sie sind erschöpft vom Trubel des Lebens, aber denk doch daran zurück, wie viel Aufmerksamkeit deine Arbeitskollegen dir geschenkt haben, als du erkrankt bist …«

»Ja, ja, ja, ja, Sascha«, antwortete er und nickte matt mit dem Kopf.

Aber auch sie verstand, dass es sich hier nicht um die Wehleidigkeit eines kranken Menschen handelte.

Natürlich war es für seine Freunde, die schon betagte Leute waren, beschwerlich, in überfüllten Auto- und Obussen zur Arbeit zu fahren, sie alle hatten ihre Sorgen, die schwere Arbeit im Sommer auf der Datscha, Ärger im Dienst. Und doch schmerzte es ihn, dass seine alten Freunde sich so selten nach ihm erkundigten und sie ihn nicht aus aufrichtigem Interesse und um seinetwillen besuchten, sondern um ihrer selbst willen, damit ihr Gewissen sie nicht quälte.

In der ersten Zeit seiner Krankheit hatten die Arbeitskollegen ihm Geschenke gebracht: Blumen, Konfekt, aber bald schon hatten sie aufgehört, ihn zu besuchen … Der Fortgang seiner Krankheit interessierte sie nicht, und er verlor das Interesse am Institutsleben.

Die Tochter, die nach ihrer Heirat nach Kuibyschew gezogen war, hatte ihm früher ausführliche Briefe geschickt, und nun schrieb sie nur noch der Mutter. In ihrem letzten Brief hatte Schenja im Postskriptum geschrieben: »Wie geht es Papa, augenscheinlich wie immer?«

Die Tochter ärgerte sich über Alexandra Andrejewna, sie war böse darüber, dass die Mutter ihre ganze Zeit an die unnütze Generation der 1870er und der »Narodnaja wolja«-

Mitglieder verschwendete, und jetzt auch noch an ihn, der er auch vergessen und unnütz war.

Und wirklich, warum hing Schura so an ihm? Vielleicht war es nicht nur Liebe, sondern auch ein Gefühl von Schuld? Denn als sie im Jahre 1929 nach Semipalatinsk geschickt worden war, hatte er, der über die Maßen gerne in Moskau lebte, alles hingeworfen – die geliebte Arbeit, das angenehme Zimmer im Zentrum und die Freunde –, er war mit ihr gegangen, hatte drei Jahre in einem Holzhäuschen gelebt, in einer Ziegelbrennerei gearbeitet.

Schura sagte: »Deine Turbinen, deine Berechnungsverfahren leben«, und so weiter. Die Turbinen waren nicht seine Konstruktion, da hatte Schura übertrieben, und seiner Methode, die Haltbarkeit zu berechnen, bediente man sich schon nicht mehr, es gab bereits neue.

Man darf nicht ewig krank sein, entweder muss man genesen oder sich unter die Toten einreihen. Als sie ihm Konfekt schenkten, hatten seine Arbeitskollegen so etwas wie »Wir wollen dir helfen, die Krankheit zu besiegen!« gesagt, und als sein Freund aus Kindertagen Afanasi Michailowitsch – Afonka – von der Jagd erzählt hatte, hatte er damit eigentlich gemeint: »Mitja, du und ich, wir werden noch zusammen durch die Wälder und Sümpfe streifen …« Auch die Tochter hatte in den ersten Wochen der Krankheit geglaubt, dass der Vater wieder gesund werden würde, er im Sommer zu ihr an die Wolga kommen, auf den Enkel aufpassen, ihrem Mann als Ingenieur mit Rat zur Seite stehen wie ihm auch mit seinen Beziehungen helfen, ja, auf dutzenderlei Weise das Leben wieder anpacken würde … Aber die Zeit verging, und in Dmitri Petrowitschs Leben ereignete sich schon nicht mehr, was gesunden Menschen widerfuhr, die arbeiteten, mit netten Arbeitskolleginnen flirteten, sich bei Versammlungen stritten, Lohn, Zuspruch und Tadel bekamen, die bei Geburtstagen bei Freunden tanzten, in einen Regenschauer gerieten, nach der Arbeit noch kurz ein Bierchen trinken gingen …

Ihn beschäftigte, ob das Medikament aus der Apotheke in Kapsel- oder Pulverform gebracht würde, was das nächste

Elektrokardiogramm zeigen würde und ob die freundliche Krankenschwester mit der leichten, vorsichtigen Hand oder aber die mürrische, schludrige Krankenschwester mit der kalten, steinernen Hand und der stumpfen Nadel käme, um ihm die Spritze zu geben ... Und was Dmitri Petrowitsch bewegte, interessierte seine Freunde und Arbeitskollegen nicht.

An irgendeinem Tag hörten die Tochter, die Arbeitskollegen und die Freunde auf, an die Genesung von Dmitri Petrowitsch zu glauben, und verloren deshalb das Interesse an ihm. Wenn ein Mensch nicht gesund werden kann, dann muss er sterben. Das war grausam! Für die Umgebung wurde allein der Tod zum Sinn der Existenz eines unheilbar kranken Menschen, er bewegte die Gesunden, das Leben eines Todkranken aber beschäftigte schon keinen mehr. Die Belange eines todkranken Menschen konnten nicht mit denen der Gesunden übereinstimmen.

Sein Leben konnte keine Ereignisse, Handlungen, Taten mehr auslösen – weder im Dienst noch im Kreis der Jäger, noch unter seinen Freunden, die es gewohnt waren, mit ihm zu diskutieren und Wodka zu trinken, noch im Leben der Tochter. Sein Tod aber konnte einige Ereignisse und Veränderungen und sogar eine Kollision von Begehrlichkeiten hervorrufen. Deshalb sind Nachrichten darüber, dass ein unheilbar Kranker sich besser fühlt, immer weniger interessant als die, dass er sich schlechter fühlt.

Der bevorstehende Tod von Dmitri Petrowitsch interessierte einen breiten Kreis von Menschen – die Wohnungsnachbarn, den Hausverwalter, die Tochter, die unbewusst mit seinem Tod ihren möglichen Umzug nach Moskau verband, die Aufnahmekraft in der Bezirkspoliklinik, die Jäger, die sich ganz uneigennützig danach erkundigten, was aus seinem vortrefflichen Jagdgewehr geworden sei, die Hausbesorgerin, die alle zwei Wochen kam, um in der Wohnung die von allen Mietparteien genutzten Flächen sauberzumachen.

Seine todkranke Existenz interessierte einen einzigen Menschen – Alexandra Andrejewna. Er spürte das ganz sicher, ohne einen Hauch von Zweifel, er konnte an ihrem Gesicht einen Wechsel von Freude und Unruhe ablesen, je nachdem, ob er sagte, dass die Atembeschwerden nachgelassen hätten und er tagsüber keine Schmerzen in der Brust gehabt habe, oder aber, dass er einen Krampf gehabt und Nitroglyzerin eingenommen habe. Sie brauchte ihn auch als Todkranken, ja nicht nur das – er war für sie völlig unentbehrlich! Er fühlte, der Gedanke an seinen Tod flößte ihr Entsetzen ein, und in diesem Entsetzen lag der rettende Faden, der ihn am Leben hielt.

Es war ein ruhiger Samstagabend, die Nachbarn fuhren an diesem Abend für gewöhnlich auf die Datscha.

Dmitri Petrowitsch freute sich auf den Sonntag. An diesem Tag sah er seine Frau vom Morgen bis zum Abend, hörte ihre Stimme, das Rascheln ihrer Hausschuhe.

Er schloss die Augen und seufzte – eigentlich müsste Alexandra Andrejewna schon zu Hause sein. Aber dann erinnerte er sich daran, dass sie auf dem Weg von der Arbeit noch zur Apotheke und zum Lebensmittelgeschäft wollte.

Er versuchte einzuschlummern, während des Halbschlafs war das bedrückende Verstreichen der Zeit, ihr Fliehen nicht so fühlbar, und am Ende des Tages verspürte er mit der immer gleichen hungrigen Macht das Bedürfnis, das bekannte Geräusch des Schlüssels zu hören, dann die Stimme seiner Frau zu hören und in ihren Augen das zu erblicken, was für ihn wichtiger war als Kampfer – das brennende Interesse an seinem Leben, das keiner mehr brauchte.

»Weißt du«, hatte er vor einigen Tagen gesagt, »wenn du zu mir kommst, dann ist das ein Gefühl, als ob die Mama bei mir wäre, und ich läge als kleiner Winzling in der Wiege.«

»Ich hatte Sehnsucht nach dir«, sagte Alexandra Andrejewna.

Er schlug in der von Straßenlaternen erleuchteten nächtlichen Dunkelheit die Augen auf, im Bett vis-à-vis schlief seine Frau, und Dmitri Petrowitsch erinnerte sich wieder daran, dass Schura von der Arbeit gekommen war, ihm Tee zu trinken gegeben hatte und er eingeschlafen war.

Er lag eine Weile im Halbschlaf da, mit einer unklaren und

beunruhigenden Empfindung von Stille. Dann sortierte er seine Gedanken und verstand – die Empfindung von Stille kam vonseiten des Bettes, in dem Alexandra Andrejewna lag …

Die Angst packte ihn. Er hatte sich geirrt! Es hatte ihm nur so geschienen, als habe seine Frau, nachdem sie nach Hause gekommen war, ihm Tee zu trinken gegeben, die Tropfen Medizin in ein kleines Glas abgezählt. Das war gestern gewesen, vorgestern, immer, aber nicht heute.

Schweiß trat ihm auf Brust und Handflächen … Dmitri Petrowitsch fühlte sich vergebens als unglücklichstes Wesen auf der Welt – von der Liebe seiner Frau gewärmt zu sterben erschien ihm jetzt als das reinste Glück. Schura war nicht hier bei ihm.

Seine Finger zögerten, den Lichtschalter zu betätigen – die Dunkelheit war Hoffnung, die Dunkelheit schützte.

Aber er machte das Licht an, sah das am Morgen von Alexandra Andrejewna gemachte Bett. Sie war nicht da, sie war gestorben!

Was lag in dieser seiner letzten panischen Unruhe: Trauer um die Verstorbene – ihr Atem, ihre Gedanken, jeder Blick von ihr waren teurer als alles in der Welt … oder lag die glühende Macht seiner Verzweiflung darin, dass der einzige Mensch, der Dmitri Petrowitsch, den so Hilflosen, Einsamen, geliebt hatte, gestorben war …

Er versuchte, vom Bett herunterzukriechen, pochte mit trockenen Fäusten gegen die Wand, lag einen Moment besinnungslos da, klopfte wieder mit der Faust.

Aber die Wohnung war leer, erst Sonntagabend würden die Nachbarn von der Datscha zurückkehren … Die Krankenschwester aus dem Bezirkspoliklinikum würde Montag früh kommen. Sonntagabend … übermorgen früh … Diese Zeitspanne war unvorstellbar lang.

Wo war Schura? Ein Herzinfarkt? Überfahren von einem Auto? Es konnte aber auch sein, dass Schura gerade erst aufgehört hatte zu atmen, ihr Körper auf eine Bahre gelegt und in den Seziersaal gebracht wurde.

Dmitri Petrowitsch zweifelte schon nicht mehr an dem Tod

seiner Frau. In jenem Augenblick, da er das Licht angemacht und ihr leeres Bett erblickt hatte, war er, wie ihm schien, allen Menschen auf der Welt gleichgültig geworden, auch wenn er weiterlebte.

Schuras Verehrung für die »Narodnaja wolja«-Mitglieder ... Mit welcher Macht zog es sie hin zu diesen Jünglingen und Mädchen, ihrem kurzen Weg, der mit dem Schafott endete ... Ihn aber, ihren kranken Mann, liebte Alexandra Andrejewna nicht wegen seines mitfühlenden Herzens oder wegen seines Gewissens und seiner seelischen Reinheit, sondern einfach so ... Dieses »Einfach so« konnte er nicht begreifen.

Schura, Schura ...

Hätte er genügend Kraft, es bis zum Fenster zu schaffen, er würde sich nach unten stürzen, auf die Straße.

Aber der Tod zog ihn nicht nur an, er flößte auch Angst ein.

Alles ringsum schwieg still – das trockene Licht der Elektrizität, die Decke auf dem Tisch, Scheljabows schönes, nachdenkliches Gesicht.

Das Herz schmerzte, stach, durchbohrt von einer heißen, dicken Nadel. Dmitri Petrowitsch suchte mit zitternden Fingern den Puls an seiner Hand, hilflos angesichts der Todesangst, die er selbst heraufbeschworen hatte.

Und auf einmal begegnete Dmitri Petrowitschs Blick einem langsamen, aufmerksamen Augenpaar.

Viele Jahre hatte er diesen Kopf an der Wand gesehen und schon aufgehört, ihn wahrzunehmen.

Einst hatte er den Kopf der Elchkuh vom Präparator des Zoologischen Museums mit nach Hause gebracht, und es hatte geschienen, dass er den ganzen Raum ausfüllte.

Morgens, wenn er in Eile gewesen und schon in Mantel und Hut in der Tür gestanden war, hatte er, bevor er losging, den Kopf der Elchkuh angesehen, und in der Straßenbahn war er ihm plötzlich wieder eingefallen ...

Wenn Bekannte zu Besuch kamen, dann erzählte er, wie er das Tier getötet hatte. Alexandra Andrejewna konnte diese brutale Geschichte überhaupt nicht ertragen.

Die Jahre verstrichen, der Kopf des Tieres bedeckte sich allmählich mit Staub, und Dmitri Petrowitschs Augen schweiften immer gleichgültiger darüber hinweg. Und schließlich löste sich dieser wuchtige, lange Kopf mit dem dampfenden, langen Maul endgültig vom dunklen Herbstwald, vom Geruch nach Moder und Moos, ging in das Reich der häuslichen Gegenstände über – und Dmitri Petrowitsch, dem der Kopf nur beim Aufräumen der Wohnung wieder auffiel, sagte: »Der Elchkopf muss mit DDT bestreut werden, ich glaube, dort haben sich Wanzen eingenistet.«

Und nun begegnete sein Blick in dieser schrecklichen Stunde von neuem den Glasaugen der Elchkuh.

Er war an einem kühlen Oktobermorgen zum Waldessaum gekommen und hatte sie erblickt ... Es war ganz nah bei dem Dorf gewesen, in dem Dmitri Petrowitsch übernachtet hatte, und er war ganz perplex gewesen – so unerwartet war diese Begegnung, an einem Ort, an dem, wie man meinen mochte, kein Tier sein konnte: Denn vom Waldessaum aus waren die Rauchfahnen über den Bauernhäusern zu sehen.

Er hatte die Elchkuh ganz deutlich gesehen und ihre schwarzbraune Nase mit den geweiteten Nüstern sowie die großen, breiten Zähne unter der ein wenig hochgestülpten, langgezogenen Oberlippe betrachtet, die es gewohnt waren, Zweige abzubrechen und Borke abzureißen. Die Elchkuh hatte ihn auch gesehen: in Lederjacke, österreichischen Stiefeln und grünen Wickelgamaschen, stark, hager, mit einem Gewehr in den Händen. Sie hatte neben einem grauen Elchkalb gestanden, das inmitten von Preiselbeerbüschen gelegen hatte.

Dmitri Petrowitsch hatte mit dem Gewehr zu zielen begonnen, und es hatte eine Sekunde gegeben, da alles ringsum verschwunden war – die roten Preiselbeeren, der granitene Himmel über dem Kopf –, und nur zwei Augen waren geblieben, die auf ihn gerichtet waren. Sie hatten ihn angeschaut, denn Dmitri Petrowitsch war das einzige lebende Geschöpf gewesen, das Zeuge des Unglücks geworden war, das die Elchkuh an diesem Morgen heimgesucht hatte ...

Und mit dem Gefühl von Macht, von Glück, mit dem untrüglichen Vorgefühl eines wunderbaren Schusses hatte er langsam, fließend, um die Visierlinie, die dünn wie eine Spinnwebe war, nicht abzulenken, abgedrückt.

Dann, als er zu der getöteten Elchkuh gegangen war, hatte Dmitri Petrowisch verstanden, was Sache war; ein Vorderlauf des Elchkalbs war verkrüppelt – er hatte in einem zersplitterten Erlenstamm festgesteckt –, und das Kalb hatte offenbar große Angst gehabt, allein zurückzubleiben; selbst als die erschossene Mutter umfiel, bat das Kalb sie immer noch, es nicht zu verlassen, und sie verließ es nicht …

Nun lag Dmitri Petrowitsch, still geworden, bei der Elchkuh wie damals an dem Herbstmorgen das verkrüppelte Kalb, dem er die Kehle durchgeschnitten hatte. Sie schaute aufmerksam von oben auf den Menschen mit den unter der Bettdecke angewinkelten ausgetrockneten Beinen, dem dünnen Hals, dem breitstirnigen kahlen Kopf herab.

Die Glasaugen der Elchkuh waren mit einer bläulichen, verschwommenen Feuchte überzogen, ihm schien, dass in diese mütterlichen Augen Tränen getreten waren und in den Winkeln sich dunkle Spuren zusammengeklebten Fells abzeichneten, das einst von der Pinzette des Präparators herausgezupft worden war …

Er sah zum Bett seiner Frau, auf seine ausgetrockneten Finger, dann auf das kummervolle und unbeugsame Gesicht von Scheljabow, er fing an zu röcheln, wurde still.

Und von oben schauten fortwährend die gutherzigen und mitleidsvollen mütterlichen Augen auf ihn herab.

1960–1962

DIE STRASSE

Der Krieg tangierte alle, die auf der Apenninenhalbinsel lebten.

Das junge Maultier Giù, das im Tross des Artillerieregiments diente, nahm gleich am 22. Juni 1941 viele Veränderungen wahr, aber es wusste natürlich nicht, dass der Führer den Duce dazu bewogen hatte, in den Krieg gegen die Sowjetunion einzutreten.

Die Leute hätten gestaunt, wenn sie erfahren hätten, wie viel das Maultier an jenem Tag registrierte, als der Krieg im Osten begann: das Radio, das die ganze Zeit eingeschaltet war, die Musik, die weit aufgerissenen Stalltore, die Schar von Frauen mit ihren Kindern vor der Kaserne, die Fahnen auf der Kaserne, den Geruch nach Wein, der von jenen ausging, die vordem nicht nach Wein gerochen hatten, die zitternden Hände des Gespannführers Niccolò, als er Giù aus dem Verschlag führte und ihm das Geschirr anlegte.

Der Gespannführer konnte Giù nicht leiden und spannte ihn auf der linken Seite ein, damit es leichter war für ihn, das Maultier mit der rechten Hand anzutreiben. Und er trieb Giù mit Peitschenschlägen auf den Bauch an, nicht auf die unempfindliche Kruppe, und Niccolòs Hand war schwer, wettergegerbt, mit krummen Fingernägeln – die Hand eines Bauern.

Sein Gespannkamerad war Giù gleichgültig. Er war ein großes starkes Tier; beflissen, mürrisch; sein Fell auf der Brust und an den Flanken war von den Geschirrriemen und den Zugsträngen ganz abgeschabt, die kahlen grauen Stellen glänzten speckig wie Graphit.

Die Augen des Gespannkameraden waren mit einem bläulichen Film überzogen, das Maul mit den gelben, abgenutzten Zähnen behielt seinen teilnahmslosen, verschlafenen Ausdruck bei, sowohl wenn es über den von der Hitze ganz weich gewordenen Asphalt bergan ging als auch bei der Tagesrast im Schatten der Bäume.

Da steht er auf dem Gebirgspass in einem Hochtal, vor ihm erstrecken sich Gärten und Weinberge, durchzogen vom grauen Band des Asphalts, in der Ferne glitzert das Meer, in der Luft der Duft von Blumen, Jod, die Kühle der Berge, vermischt mit heißem, trockenem Straßenstaub ... Die Augen des Gespannkameraden sind teilnahmslos, seine Nüstern unbewegt, von der ein wenig vorgeschobenen Unterlippe hängen lange, durchsichtige Speichelfäden herab; dann und wann rührt sich ganz leicht ein Ohr des Kameraden – dann hat er die Schritte des Gespannführers Niccolò gehört. Wenn aber beim Übungsschießen die Kanonen donnern, ist es, als schlafe das alte Maultier, denn es bewegt nicht ein einziges Mal seine langen Ohren.

Einmal versuchte Giù spiellustig, den Alten anzustupsen, doch der versetzte dem jungen Maultier ruhig und ohne Gehässigkeit einen Tritt mit dem Hinterhuf und wandte sich ab; manchmal hörte Giù auf, sich ins Geschirr zu legen, schielte zum Alten hinüber, doch der bleckte nicht die Zähne und legte auch nicht die Ohren an, sondern zog aus Leibeskräften, schwitzte und bewegte fleißig den Kopf auf und ab.

Sie hörten auf, einander wahrzunehmen, obwohl sie tagaus, tagein das mit Munitionskisten beladene Fuhrwerk zogen, gemeinsam aus einem Eimer tranken und Giù des Nachts hörte, wie der Alte im Verschlag nebenan schwer atmete.

Der Gespannführer, seine Absichten, seine Macht, die Peitsche, der Stiefel und die raue Stimme riefen in Giù keine sklavische Ergebenheit hervor.

Rechts lief der Kamerad, hinter ihm ruckelte das Fuhrwerk und schrie von Zeit zu Zeit der Gespannführer, und unmittelbar vor ihm lag der Weg. Mitunter schien es, der Gespannführer sei ein Teil des Fuhrwerks, mitunter, der Gespannführer sei die Hauptlast und das Fuhrwerk nur hintenangehängt. Die Peitsche? Ach, was ist schon dabei, auch Fliegen fressen einem die Ohrzipfel blutig, und doch sind Fliegen nur Fliegen. So auch die Peitsche. So auch der Gespannführer.

Ganz am Anfang im Gespann, da war Giù insgeheim auf die Sinnlosigkeit des langen Asphaltstreifens wütend – er ließ sich weder kauen noch trinken, doch zu beiden Seiten des Asphalts wuchsen Laub und Gras, war Wasser in den Seen und Pfützen.

Der Hauptfeind schien der Asphalt zu sein, doch nachdem einige Zeit verstrichen war, empfand Giù die Last des Fuhrwerks, die Strangriemen sowie die Stimme des Gespannführers als weitaus unangenehmer.

Da fand Giù sich sogar mit der Straße ab, denn es schien, dass sie ihn von dem Fuhrwerk und dem Gespannführer befreite. Die Straße führte bergan, die Straße schlängelte sich zwischen Orangenbäumen dahin, und das Fuhrwerk ruckelte unablässig und eintönig hinter seinem Rücken, das lederne Brustblatt drückte auf die Knochen.

Die unsinnige, von außen aufgezwungene Arbeit ließ den Wunsch aufkeimen, nach hinten auszuschlagen, in Richtung Fuhrwerk, mit den Zähnen die Strangriemen zu zerreißen, und von der Straße erwartete Giù sich nun gar nichts mehr und wollte sie schon nicht mehr entlanglaufen. In seinem großen, leeren Kopf tauchten die ganze Zeit Bilder auf mit dem Geruch und dem Geschmack von Futter, verschwommene Visionen, die ihn nicht losließen: mal der Geruch von Maultierstuten, mal die saftige Süße von Blattwerk, die Wärme der Sonne nach einer kalten Nacht oder auch die Kühle, die auf die sengende sizilianische Hitze folgt …

Morgens steckte er den Kopf ins Geschirr, das ihm der Gespannführer anlegte, und seine Brust spürte wie immer die Kühle des glänzenden Leders. Er machte das nun schon wie der alte Gespannkamerad, ohne den Kopf zurückzuwerfen, ohne die Zähne zu blecken – das Geschirr, das Fuhrwerk, die Straße waren zu einem Teil seines Lebens geworden.

Alles war zur Gewohnheit geworden, das heißt, es musste so sein, fügte sich in eins, wurde zur Selbstverständlichkeit: die Arbeit, der Asphalt, die Tränke, der Geruch der Wagenschmiere, das Donnern der langrohrigen, stinkenden Kanonen, die nach Tabak und Leder riechenden Finger des Gespannführers, der abendliche kleine Eimer Maiskörner, der Armvoll piksenden Heus …

Dann wurde die Eintönigkeit durchbrochen. Er verspürte Entsetzen, als ihn, mit Stricken umgurtet, ein Kran vom Ufer auf einen Dampfer versetzte, ihm wurde übel, er verlor den hölzernen Boden unter den Hufen und wollte nichts mehr fressen. Danach kam eine Gluthitze, die die italienische noch übertraf, ihm wurde ein Strohhut auf den Kopf gesetzt, es kam die beharrliche Steilheit der rötlichen, steinigen abessinischen Straßen und Palmen, an deren Blattwerk mit den Lippen nicht heranzukommen war. Einmal erstaunte ihn zutiefst ein Affe auf einem Baum und erschreckte ihn eine große Schlange auf der Straße. Die Häuser waren essbar, manchmal futterte er die Schilfrohrwände und Grasdächer. Die Kanonen feuerten oft, und oft flammte ein Brand auf. Wenn der Wagenzug an einem dunklen Waldesrand haltmachte, hörte er nachts unheimliche Laute, hörte Geraschel, manche Laute waren furchterregend, und Giù zitterte, schnaubte.

Dann war ihm wieder übel, er hatte keinen Bretterboden mehr unter den Hufen, ringsum aber erstreckte sich eine bläuliche Ebene, und auf einmal tauchte, obwohl er sich kaum bewegte, gänzlich unerwartet und unbegreiflich ein Stall auf, wo nebenan im Verschlag nachts der Gespannkamerad schwer atmete.

Und bald schon nach dem Tag, der mit Musik und zitternden Händen des Gespannführers begangen worden war, verschwand der Stall wieder und tauchte ein Bretterboden auf, tock, tock, tock, ein Geruckel und Knarzen, und dann war da anstelle der Dunkelheit und Enge des knarrenden Verschlags die Weite der unendlichen Ebene.

Über der Ebene lag weicher, grauer, weder italienischer noch afrikanischer Staub, und die Straße entlang in Richtung Sonnenaufgang schoben sich ununterbrochen Lastwagen, Traktoren, Kanonen mit langen und kurzen Rohren, waren Kolonnen von Gespannführern zu Fuß unterwegs.

Das Leben wurde besonders schwer, bestand nur noch aus unausgesetzter Bewegung, das Fuhrwerk war immer beladen, der Gespannkamerad atmete schwer, sein Keuchen war ungeachtet des Lärms zu hören, der über der grauen, staubigen Straße lag.

Von der unermesslichen Weite des Raums besiegt, fingen die Tiere an zu sterben. Die Maultierkadaver wurden an den Rand der Straße geschafft, wo sie mit aufgeblähten Bäuchen und zerschundenen, gespreizten Beinen lagen, die Menschen verhielten sich ihnen gegenüber höchst gleichgültig, und die Maultiere, so schien es, nahmen ihre Toten gleichfalls nicht wahr, sie bewegten fleißig die Köpfe auf und ab, zogen und zogen – doch das schien nur so: Sie sahen sehr wohl ihre Toten.

Wie sich herausstellte, war die Kost in diesen flachen Gefilden ausgesprochen lecker. Giù aß zum ersten Mal so zartes, weiches Gras. Zum ersten Mal aß er so zartes, duftendes Heu. Und das Wasser in diesem flachen Land war schmackhaft und süß, und die saftigen Bündel aus jungen Zweigen waren fast gar nicht bitter.

Der warme Wind in der Ebene brannte nicht wie die afrikanischen und sizilianischen Winde, und die Sonne wärmte die Haut sanft und zart – kein Vergleich mit der erbarmungslosen Sonne Afrikas.

Und selbst der graue, feine Staub, der Tag und Nacht in der Luft hing, wirkte seidenweich im Vergleich mit dem stechenden, roten Staub der Wüste.

Aber der Raum selbst war in dieser Ebene durchweg unbarmherzig und wollte kein Ende nehmen – sosehr die Maultiere auch mit schlackernden Ohren trabten, die Ebene war doch stärker als sie. Bei Sonnenlicht und bei Mondschein liefen die Maultiere in schnellem Trab, doch die Ebene zog sich dahin. Die Maultiere spurteten, klackerten mit ihren Hufen über den Asphalt, wirbelten den Staub der Feldwege auf, doch die Ebene zog sich noch immer dahin. Kein Ende war in Sicht, weder bei Sonnenlicht noch bei Mondschein und Sternengefunkel. Keine Berge, kein Meer entwuchsen ihr.

Giù merkte nicht, wie die Zeit des Herbstregens kam, sie brach ganz allmählich an. Es begann in kalten Strömen zu regnen, und anstelle der monotonen Ermattung wurde das Leben zur Qual, zur totalen Erschöpfung.

Alles, woraus das Leben des Maultiers bestand, wurde beschwerlich: Die Erde wurde zu einem zähen Brei, gab Laute von sich, schmatzte, die Straße wurde ganz schlammig, wodurch sie sich in die Länge zog und jeder einzelne Schritt wie eine Vielzahl von Schritten erschien, das Fuhrwerk kam nicht vom Fleck, wurde sperrig – und es schien, als zögen Giù und sein Gespannkamerad nicht nur eins, sondern eine ganze Reihe von Fuhrwerken. Der Gespannführer schrie jetzt ständig, schlug oft und schmerzlich mit der Peitsche – und es schien, als säße nicht nur ein, sondern eine ganze Reihe von Gespannführern auf dem Fuhrwerk. Und auch die Peitschen hatten sich vermehrt, und alle waren sie ausgesprochen gemein, kalt und beißend zugleich, scharf und Striemen ziehend.

Ein Fuhrwerk den Asphalt entlangzuziehen war süßer als Gras und Heu, aber die Beine bekamen tagelang keinen Asphalt mehr zu spüren.

Die Maultiere lernten Kälte kennen, das Frösteln der vom herbstlichen Sprühregen durchnässten Haut.

Die Ebene verbreiterte sich – ihre gewaltigen Ausmaße waren jetzt nicht nur mit den Augen, sondern mit allen vier Hufen zu spüren ... Tiefer und tiefer versanken die Hufe im aufgeweichten Erdboden, zähe Klumpen klebten immerzu an den Beinen, und noch weiter, gewaltiger, mächtiger öffnete und verbreiterte sich die vom Regen ganz schwer gewordene Ebene. Aus den verschwommenen Bildern von Gerüchen, Formen, Farben, die in dem großen, geräumigen Gehirn des Maultiers aufschienen, kristallisierte sich ein Bild heraus, das der Gedankenwelt von Philosophen und Mathematikern entstammte: das Bild der Unendlichkeit – der diesigen russischen Ebene und des unentwegt sich über sie ergießenden kalten Herbstregens.

Doch dann tauchte anstelle des dunklen, trüben, schweren Bildes ein neues auf – eins, das weiß war, trocken, flockig, das einem auf den Nüstern brannte und in die Lippen zwackte.

Der Winter schluckte den Herbst, doch das brachte keine Befreiung von der Last mit sich. Was kam, waren äußerste Strapazen. Der unbarmherzige und gefräßige Räuber schluckte den weniger starken Räuber ...

Längs des Weges lagen tote Menschen neben den toten Maultieren – der Frost hatte sie ums Leben gebracht.

Die unausgesetzten Strapazen, die Kälte, die vom Geschirr ganz wund geriebene Haut an der Brust, die blutigen Stellen am Widerrist, der Schmerz in den Beinen, die zerschundenen, abgenutzten Hufe, die erfrorenen Ohren, die Augenschmerzen, das Bauchstechen von dem hartgefrorenen Futter und dem eiskalten Wasser zehrten nach und nach an Giùs Muskel- und Gemütskräften.

Eine gewaltige unbarmherzige Attacke kam auf ihn zu. Ein immenses Universum brach teilnahmslos über ihn herein. Selbst die Gehässigkeit des Gespannführers hörte auf – der kauerte sich zusammen, schlug nicht mehr mit der Peitsche, trat nicht mehr mit dem Stiefel gegen den empfindlichen Knöchel am Vorderbein ...

Langsam und unausweichlich rangen der Krieg und der Winter das Maultier nieder, und Giù reagierte auf die gewaltige unbarmherzige Attacke, die sich daranmachte, ihn zu vernichten, mit eigener grenzenloser Teilnahmslosigkeit.

Er wurde zum Schatten seiner selbst, und dieser lebende, aschfahle Schatten spürte bereits den eigenen Körper nicht mehr, noch freute er sich über Futter oder Ruhe. Ihm war es einerlei, ob er eine vereiste Straße entlangtrottete, mechanisch ein Bein vor das andere setzend, oder ob er mit hängendem Kopf dastand. Teilnahmslos und ohne Freude kaute er sein Heu, und genauso teilnahmslos ertrug er Hunger und

Durst wie auch den schneidenden Winterwind. Die Augäpfel schmerzten ob der Weiße des Schnees, doch Dämmerung und Dunkelheit waren ihm einerlei, weder sehnte er sie herbei, noch wartete er auf sie.

Er schritt neben dem alten Gespannkameraden einher und glich ihm jetzt schon völlig, ihre Gleichgültigkeit einander gegenüber war ebenso immens wie ihre Gleichgültigkeit sich selbst gegenüber.

Diese Teilnahmslosigkeit gegenüber sich selbst war sein letztes Aufbegehren.

Sein oder Nichtsein war Giù einerlei, als hätte das Maultier die Antwort auf Hamlets Frage gefunden.

Dadurch, dass Sein wie Nichtsein ihm völlig gleichgültig geworden waren, verlor er das Zeitgefühl – Tag und Nacht vermischten sich in seinem Bewusstsein, die frostklare Sonne und die mondlose Finsternis waren für ihn ein und dasselbe.

Als die russische Offensive begann, herrschte kein besonders strenger Frost.

Giù packte während der vernichtenden Artillerievorbereitung nicht der Wahnsinn. Weder riss er an den Strangriemen, noch scheute er, als am wolkenverhangenen Himmel der Feuerschein der Artillerie aufleuchtete, die Erde zu beben anfing und die vom Geheul und Getose des Stahls zerrissene Luft voll von Feuer, Rauch, Schneeklumpen und Lehm war.

Der Fluchtschwall riss ihn nicht mit sich, er stand da, den Kopf und Schweif gesenkt, und an ihm rannten die Menschen vorbei, fielen hin, sprangen wieder auf und rannten weiter, manche krochen an ihm vorbei, Traktoren schleppten sich vorüber, plattnasige Lastwagen sausten dahin.

Der Gespannkamerad schrie seltsam auf, mit einem Laut wie von einem Menschen, er fiel um, zuckte noch ein wenig mit den Beinen, dann war er still, und der Schnee um ihn herum färbte sich rot.

Die Peitsche lag im Schnee, und der Gespannführer Niccolò lag gleichfalls im Schnee. Giù hörte nicht mehr das Knarren seiner Stiefel, nahm keinen Geruch von Tabak, Wein, weißgegerbtem Leder mehr wahr.

Das Maultier stand völlig gleichgültig da und wartete nicht darauf, dass sein Los sich erfüllte – das neue wie das alte Los waren ihm gleichermaßen egal.

Die Dämmerung brach herein. Es wurde still. Das Maultier stand mit gesenktem Kopf und hängendem Schweif da. Es schaute sich nicht um, noch lauschte es. In dem leeren, teilnahmslosen Kopf dröhnte noch immer das schon lange verstummte Artilleriefeuer. Selten, ganz selten trat es von einem Huf auf den anderen und erstarrte dann wieder.

Ringsum lagen Körper von Menschen und Tieren, umgekippte, demolierte Lastwagen, hier und da stieg träge Rauch auf.

Und dahinter, ohne Anfang und Ende, erstreckte sich die diesige, dunkle, schneebedeckte Ebene.

Die Ebene hatte das gesamte vorige Leben geschluckt – die Gluthitze, die steilen rötlichen Straßen, den Stutengeruch, das Rauschen der Bäche. Giù war kaum mehr von der Regungslosigkeit um ihn herum zu unterscheiden, er war mit ihr verschmolzen, war eins geworden mit der diesigen Ebene.

Als Panzer dann die Stille durchbrachen, vernahm Giù sie deshalb, weil der Eisenklang, der die Luft erfüllte und bis in die Ohren der toten Menschen und Tiere drang, auch in die Ohren des lebenden Maultiers drang, das mit hängendem Kopf dastand.

Und als die Regungslosigkeit der Ebene durchbrochen war und Kettenfahrzeuge mit Kanonen darauf von Norden nach Süden in einer Linie über die Schneedecke gerattert kamen, da sah Giù sie – die Windschutzscheiben und Spiegel der zurückgelassenen Fahrzeuge reflektierten sie, die Augen des Maultiers, das bei dem umgekippten Fuhrwerk stand, reflektierten sie. Aber es scheute nicht, obwohl das Eisen der Ketten ganz nahe vorbeikam und es nach ranziger Wärme und verbranntem Öl roch.

Dann tauchten in der weißen Ebene weiße menschliche

Gestalten auf, die sich geräuschlos und schnell bewegten, nicht wie Menschen, sondern wie Raubtiere auf der Jagd, und wieder verschwanden, verschluckt von der Regungslosigkeit der Schneedecke.

Und dann kam lärmend von Norden her eine Flut von Menschen, Wagen, Geschützen heran, knarzte der Tross …

Die Flut ergoss sich über die Straße, das Maultier aber stand, ohne auch nur einmal hinüberzuschielen, und die Flut kam an ihm vorbei, doch bald schon wurde sie so mächtig, dass sie sich über die Ränder der Straße ergoss.

Und da trat ein Mann mit einer Peitsche an Giù heran. Er betrachtete Giù eingehend, und das Maultier nahm den Geruch von Tabak und weißgegerbtem Leder wahr, den der Mann verströmte.

Der Mann betastete Giùs Gebiss, seine Ganaschen, seine Flanken – genau so, wie Niccolò es gemacht hatte.

Er zog an dem Zaumzeug, sagte etwas mit heiserer Stimme, und Giù schaute unwillkürlich zu dem im Schnee liegenden Gespannführer Niccolò hinüber, doch der schwieg.

Der Mann zog wieder an dem Zaumzeug, das Maultier rührte sich nicht vom Fleck.

Der Mann fing an zu schreien, holte zum Schlag aus, und sein scharfes »Wird's wohl!« unterschied sich von den Anweisungen des Italieners nicht durch die Drohung an sich, sondern durch die Laute, die sich in der Drohung miteinander verbanden.

Und dann trat der Mann das Maultier mit dem Stiefel gegen das Knöchelchen am Vorderbein, das Bein fing an zu schmerzen, gegen dieses Knöchelchen hatte Niccolò immer mit dem Stiefel getreten, und es war besonders empfindlich.

Giù trottete hinter dem Gespannführer her. Sie kamen zu angeschirrten Fuhrwerken. Gespannführer umringten sie, johlten, gestikulierten mit den Händen, lachten, klopften Giù auf den Rücken und die Flanken. Sie gaben ihm Heu, und er fraß. Vor die Fuhrwerke waren paarweise Pferde mit kurzen Ohren und grimmigen Augen gespannt. Maultiere waren keine darunter.

Der Gespannführer brachte Giù zu einem Fuhrwerk, dem ein Pferd ohne Gespannkamerad vorgespannt war.

Das Pferd, eine Stute, war dunkel, klein, und das hochgewachsene Maultier schien größer zu sein als sie. Die Stute betrachtete ihn, legte die Ohren an, richtete sie auf, wackelte mit dem Kopf, wendete sich dann ab und hob das Hinterbein, um auszuschlagen.

Die Stute war mager, und wenn sie ausatmete, zeichneten sich wellenförmig die Rippen unter ihrem Fell ab, und auf ihrem Fell, ganz wie auf Giùs Fell, fanden sich blutige Hautabschürfungen.

Giù stand mit hängendem Kopf da, noch immer gleichgültig gegenüber der Frage nach dem Sein oder Nichtsein, teilnahmslos gegenüber der Welt, weil die ebene Welt ihn teilnahmslos zugrunde gerichtet hatte.

Gewohnheitsmäßig, genau so, wie er es schon Hunderte Male zuvor getan hatte, steckte er den Kopf in das Geschirr. Die Riemen waren nicht aus Leder, aber durchaus mit ledernen vergleichbar, sie streiften seine abgehärmte Brust, und ein sonderbarer Geruch ging von ihnen aus, ungewohnter Pferdegeruch. Doch dem Maultier war dieser Geruch einerlei.

Die Stute stand zusammen mit ihm im Gespann, und auch die Wärme, die von ihrer eingefallenen Flanke zu ihm herüberströmte, war Giù einerlei.

Die Stute legte die Ohren ganz dicht an den Kopf, und ihr Maul wurde scharf wie das eines Raubtiers – es war nicht mehr das eines Pflanzenfressers. Sie riss ein Auge auf, schob die Oberlippe hoch und bleckte die Zähne, bereit zu beißen, Giù aber hielt ihr völlig teilnahmslos die ungeschützten Ganaschen und den Hals hin. Und als die Stute rückwärts zu gehen und am Geschirr zu ziehen begann, um, die Kruppe ihm zugewendet, ihm mit dem Huf geschickt einen saftigen Tritt zu versetzen, geriet er nicht in Unruhe, sondern stand mit hängendem Kopf da, ganz wie er neben dem demolierten Fuhrwerk, dem toten Gespannkameraden, dem toten Niccolò und der im Schnee liegenden Peitsche gestanden hatte. Aber der Gespannführer hob zu schreien an und schlug die Stute mit der Peitsche, und danach zog er mit derselben Peitsche – einer Zweitausgabe jener Peitsche, die im Schnee lag – Giù eins über: Offenbar machte das Tier mit dem hängenden Kopf den Gespannführer fuchsig, und seine Hand war wie die von Niccolò – eine schwere Bauernhand.

Und auf einmal äugte Giù zu der Stute hinüber, und die Stute sah Giù an.

Kurz darauf setzte sich der Tross in Bewegung. Wieder knarzte wie gewohnt das Fuhrwerk, wieder war vorn die Straße, waren hinten die Last und der Gespannführer und die Peitsche, doch Giù wusste, dass ihm die Straße nicht half, die Last loszuwerden. Er trabte leicht dahin, und die schneebedeckte Ebene hatte nicht Anfang noch Ende.

Doch merkwürdig, er spürte bei dieser gewohnten Fortbewegung inmitten der Welt der Gleichgültigkeit, dass die Stute, die neben ihm trabte, ihm gegenüber nicht gleichgültig war.

Kurz fuhr sie mit dem Schweif zu Giù herüber, der seidenweiche, geschmeidige Schweif erinnerte in keiner Weise an eine Peitsche oder den Schweif des Gespannkameraden – freundlich fuhr er über das Fell des Maultiers.

Es verstrich einige Zeit, und wieder schwenkte die Stute ihren Schweif, obwohl es in der Ebene weder Fliegen noch Stechmücken, noch Bremsen gab.

Und Giù äugte zu der neben ihm trabenden Stute hin, und sie linste just in dem Moment zu ihm herüber. Ihr Auge war jetzt nicht mehr grimmig, sondern leicht verschmitzt.

In das Einerlei der teilnahmslosen Welt hatte sich ein kleiner Riss gefressen – ein Spalt.

Durch die Bewegung wurde der Körper warm, und Giù nahm den Geruch von Pferdeschweiß wahr, und der Atem der Stute, der nach Feuchte roch, nach dem Wohlgeschmack von Heu, berührte ihn immer mehr.

Er wusste selbst nicht, warum, doch er legte sich kräftig ins Geschirr, und die Knochen seines Brustkorbs spürten die

Last und den Druck, und die Geschirrriemen der Stute lockerten sich, und es wurde leichter für sie, das Geschirr zu ziehen.

So trabten sie lange Zeit dahin, und auf einmal fing die Stute zu wiehern an. Sie wieherte leise, ganz leise, damit weder der Gespannführer noch die ringsum sich erstreckende Ebene ihr Gewieher hörten.

Sie wieherte so leise, dass nur das neben ihr trabende Maultier sie hören konnte.

Es antwortete ihr nicht, aber daran, wie es die Nüstern aufblähte, war klar zu erkennen, dass das Wiehern der Stute bei ihm angekommen war.

So trabten sie lange, lange, bis der Tross haltmachte, nebeneinanderher, blähten die Nüstern auf, und der Geruch des Maultiers und der des Pferdes, die zusammen ein Fuhrwerk zogen, verschmolzen zu einem Geruch.

Als der Tross haltmachte und der Gespannführer sie ausschirrte und sie zusammen fraßen und gemeinsam aus einem Eimer Wasser tranken, trat die Stute zum Maultier, legte den Kopf auf seinen Widerrist, und ihre weichen, biegsamen Lippen berührten dabei seine Ohren, und er blickte zutraulich in die traurigen Augen des Kolchospferdes, und sein Atem vermischte sich mit ihrem warmen, gutherzigen Atem.

In dieser wohligen Wärme regte sich, was verschüttgegangen war, erwachte, was lange abgestorben war – die süße Muttermilch, die das kleine Maultierfohlen so gemocht hatte, die allerersten Grashalme im Leben, der harte, rötliche Stein der abessinischen Bergstraßen, die Gluthitze in den Weingärten, die Mondnächte in den Orangenhainen und die äußersten Strapazen, die, wie es schien, ihm mit ihrer teilnahmslosen Last beinahe den Todesstoß versetzt hatten; doch sie hatten ihn nicht ganz niedergerungen.

Das Leben des Maultiers Giù und das Schicksal der Stute aus Wologda teilten sie einander durch die Wärme des Atems, die Müdigkeit der Augen mit, und es lag eine wundersame Anmut in diesen nahe beieinanderstehenden zutraulichen, zärtlichen Wesen inmitten der Kriegsebene unter dem grauen Winterhimmel.

»Der Esel, dieses Maultier da, das sieht aus, als wär's ein Russe geworden«, lachte ein Gespannführer.

»Nein, schau doch, die weinen beide«, sagte ein anderer.

Und richtig, sie weinten.

1961–1962

IN KISLOWODSK

Nikolai Viktorowitsch schickte sich gerade an, nach Hause aufzubrechen, und war dabei, den Kittel abzulegen, als Anna Aristarchowna, die bekannt dafür war, dass die leckersten Erdbeeren der Stadt bei ihr im Garten wuchsen, ganz außer Atem sagte:

»Nikolai Viktorowitsch, ein Oberst ist zu uns gekommen, im Wagen.«

»Da kann man nichts machen, Oberst ist Oberst«, sagte Nikolai Viktorowitsch und fing an, sich den Kittel wieder zuzuknöpfen.

Er wusste, dass die Bewunderung im Gesicht von Anna Aristarchowna seiner unerschütterlichen Ruhe galt. Dabei war er durch die Ankunft des Obersts nicht minder erschreckt und beunruhigt als Anna Aristarchowna. Außerdem wollte er mit seiner Frau noch ins Theater, und er könnte zu spät kommen.

Aber für ihn gehörte es sich nun einmal so, dass er in Gegenwart von Frauen den Anschein zu erwecken versuchte, er sei besser, als er es in Wirklichkeit war. Sein Leben lang gefiel er den Frauen wegen seines Feingefühls, und außerdem tat es ihm leid um seinen Nimbus, und er zeigte ihnen nicht, dass viele seiner Wesenszüge nicht seinem Äußeren entsprachen.

Und tatsächlich war er, obwohl schon ergraut, gutaussehend – schlank, groß, leichtfüßig, immer geschmackvoll gekleidet, mit einem feinen, ansprechenden Gesicht, das ebenjenen Ausdruck hatte, den Porträtmaler bedeutenden Personen zu verleihen versuchen, die dazu berufen sind, die Welt zu verschönern.

Die Frauen verliebten sich in ihn, und es kam ihnen nicht in den Sinn, dass Nikolai Viktorowitsch keineswegs seinem Äußeren entsprach, er war ein ganz gewöhnlicher Mensch, gleichgültig den Problemen der Welt gegenüber, unbewandert auf dem Gebiet der Literatur und der Musik, ein Mensch, der elegante Kleidung liebte, Komfort und massive safrangelbe Fingerringe mit eingefassten großen, teuren Steinen, seinen Arztberuf hingegen mochte er nicht besonders, er schätzte es, in Restaurants gut zu Abend zu essen, im internationalen Waggon nach Moskau in den Urlaub zu fahren, mit seiner Jelena Petrowna, die genauso schön, hochgewachsen und elegant war wie er, im Parkett des Theaters zu erscheinen und die entzückten Blicke zu registrieren, die besagten: »Was für ein Paar!«

Aus Vorliebe für das gesellschaftliche Leben, aus Geckenhaftigkeit sowie aus praktischen Erwägungen heraus hatte er keine Stelle im Universitätsklinikum angenommen, sondern war Chefarzt im luxuriösen Regierungssanatorium von Kislowodsk geworden. Mit wissenschaftlicher Arbeit war er freilich nicht befasst, doch wie war es angenehm, zwischen den Marmorsäulen einherzuschreiten, das medizinische Offizierskorps im Gefolge, und mit geckenhaftem Schick bekannte Persönlichkeiten oder die Herren des Staates ehrerbietig und lässig zugleich zu grüßen.

Sein Lieblingsheld war Athos aus den »Drei Musketieren«. »Dieses Buch ist meine Bibel«, sagte er zu seinen Freunden.

In jungen Jahren war er ein ausgemachter Pokerspieler gewesen und hatte als Kenner von Rennpferden gegolten. Und wenn er in Moskau war, dann rief er manchmal seine berühmten Patienten an, deren Namen in die Parteigeschichte eingegangen und deren Porträts in der »Prawda« zu sehen waren, und es ergötzte ihn, dass sie liebenswürdig zu ihm waren.

Aus Liebe zu seinem bequemen Saffianledersessel, zu seinen prachtvollen und bequemen Möbeln und auch weil er die Unbehaustheit der heizbaren Güterwagen, der rauchenden Öfchen und der blechernen Teekessel mit dem kochenden Wasser fürchtete, ließ er sich nicht evakuieren, als die motorisierten und die Gebirgsjäger-Abteilungen der deutschen Wehrmacht auf Kislowodsk vorzurücken begannen.

Und Jelena Petrowna, die wie er den Deutschen keinerlei Sympathie entgegenbrachte, billigte seine Entscheidung. Wie er liebte sie kostbare alte Tische mit Intarsien, Mahagonisofas, Porzellan, Kristall, Teppiche.

Jelena Petrowna liebte ausländische Kleider, und besonders mochte sie solche, die den Neid ihrer Bekannten, Gattinnen hochrangiger sowjetischer Funktionäre, weckten. Sie trug die erlesensten Stoffe und setzte dabei eine bescheidene, abgespannte, der Geschäftigkeit und dem Tand gegenüber gleichgültige Miene auf ...

Als Nikolai Viktorowitsch auf den Straßen von Kislowodsk die deutsche motorisierte Aufklärung erblickte, erfassten ihn Schwermut und Bestürzung. Die Gesichter der deutschen Soldaten, ihre gegabelten Maschinenpistolen, die Helme mit dem Hakenkreuz darauf wirkten widerwärtig, unerträglich.

Wahrscheinlich zum ersten Mal im Leben verbrachte er eine schlaflose Nacht ... Sei's drum, es war zwar schade um den Pawlow'schen Sekretär und die turkmenischen Teppiche, aber er hatte offensichtlich leichtsinnig gehandelt, als er sich nicht hatte evakuieren lassen.

Die ganze Nacht dachte er an seinen Jugendfreund Wolodja Gladezki, der als Freiwilliger in den Bürgerkrieg gezogen war ...

Der hagere Gladezki mit den eingefallenen, bleichen Wangen war leicht hinkend in einem alten, mit einem Gürtel zusammengehaltenen Mantel die Straße in Richtung Bahnhof entlanggelaufen, und hinter seinem Rücken war alles zurückgeblieben, was er liebte und was ihm so teuer war: das Zuhause, die Frau, die Söhne. Viele Jahre hatten sie einander nicht gesehen, doch die Kunde von Gladezkis Schicksal war auch bis zu Nikolai Viktorowitsch gedrungen.

In dieser Nacht sah er gleichsam zwei Wege – seinen und den Gladezkis. Wie verschieden sie waren!

Gladezki war zu Zarenzeiten erst aus der letzten Klasse des Gymnasiums ausgeschlossen, dann in die Verbannung geschickt worden und hatte am Ende die Genehmigung erhalten, in die Heimat zurückzukehren. Als 1914 der Krieg begann, wurde er in die Armee eingezogen, und Ende 1915, nach seiner Verwundung, kehrte er nach Hause zurück ... Und immer war sein bolschewistisches Herz größer gewesen als seine Liebe zum Leben, und es hatte sich so gefügt, dass alles Rohe, Blutige im Leben des Landes und des Volkes zu seinem Leben und Schicksal wurde ...

Nikolai Viktorowitsch aber hatte nicht zur bolschewistischen Untergrundbewegung gehört, war keiner Verfolgung seitens der Polizei ausgesetzt gewesen, hatte kein Bataillon an der Koltschak'schen[60] Front zum Angriff geführt, war nicht im Jahre 1921, wie Gladezki, im Nahrungsmittel-Sonderkomitee des Gouvernements gewesen, hatte nicht mit blutendem Herzen und zusammengebissenen Zähnen seine Jugendfreunde, linke und rechte Oppositionelle, der Vernichtung preisgegeben, keine schlaflosen Nächte auf einer Großbaustelle im Ural verbracht, war nicht mit einem Bericht in das nächtliche, von hellem elektrischem Licht überflutete Arbeitszimmer im Kreml gestürmt ...

Nikolai Viktorowitsch hatte seine Beziehungen spielen und sich von der Mobilisierung zur Ersten Reiterarmee[61] befreien lassen, hatte an der medizinischen Fakultät studiert, war ganz verrückt gewesen nach der schönen Lena Xenofontowa, die später seine Frau werden sollte, war aufs Land

60 Alexander Wassiljewitsch Koltschak (1874–1920), russischer Admiral und Politiker, der mit Unterstützung Englands und Frankreichs von Sibirien aus mit seinen Weißgardisten gegen die Rote Armee kämpfte und mit seinen Truppen zeitweise bis Kasan und über die Wolga vordrang

61 Von Semjon Budjonny geführte Kavallerie der Roten Armee, die während des Bürgerkriegs entscheidenden Anteil am Sieg der Roten über die Weißgardisten hatte

gefahren, wo er die Pelze der Familie, einen Mantel und die Jagdstiefel seines Vaters gegen Mehl, Speck und Honig eingetauscht und auf diese Weise seine Mutter und die alte Tante unterstützt hatte ... In den romantischen Jahren des großen Aufruhrs hatte er ganz und gar nicht romantisch gelebt – allerdings hatte er manchmal vom Lande außer Speck und Honig auch Selbstgebrannten mitgebracht, und dann hatten sie im Licht von Ölfunzeln Feste mit Gesang, Tänzen, Ratespielen, Küssen in eiskalten Küchen und warmen Korridoren veranstaltet, während draußen, hinter den mit Decken verhängten Fenstern, Schüsse und schweres Stiefelgetrappel zu hören gewesen waren ...

Das Land hatte sein eigenes Leben geführt, aber das Leben von Nikolai Viktorowitsch hatte sich nicht mit dem Schrecken, der Not, der Mühe, dem Krieg gedeckt ... Und so war es gekommen, dass ihn an den Tagen des Sieges an den Fronten und Baustellen die Verzweiflung gepackt hatte, weil er von einer Frau zurückgewiesen worden war, während jenes Jahr, das für das Land schrecklich und entsetzlich gewesen, für ihn eines des Lichts und der Liebe gewesen war ...

Und so stand er nun am dunklen Fenster seines Zimmers und horchte auf das Dröhnen des Krieges – das Rattern der Panzerketten, die kehligen Kommandorufe, schaute hinaus auf die Lichter der deutschen Unteroffizierstaschenlampen.

... Ein Jahr vor Kriegsbeginn hatte Nikolai Viktorowitsch in dem grauhaarigen, abgearbeiteten Mann mit den vielen Falten und den dunklen Ringen unter den Augen, der gerade im Sanatorium eingetroffen war, seinen Freund aus Gymnasialzeiten erkannt – Wolodja Gladezki ...

Eine eigentümliche Begegnung war das gewesen – beide hatten sie sich gefreut und waren doch auf der Hut gewesen, es hatte sie zueinander hingezogen, und zugleich waren sie voneinander abgestoßen, sie hatten sich nach offenen Gesprächen gesehnt und ebendiese gefürchtet, das kindliche Vertrauen aus Schulzeiten war urplötzlich wieder in ihnen aufgekeimt, als seien sie in jene Jahre zurückversetzt worden, da sie in der Knabentoilette einander flüsternd schulische

Missetaten anvertraut hatten, und zugleich hatte sich eine tiefe Kluft zwischen Nikolai Viktorowitsch und dem kranken Parteifunktionär aufgetan.

Jede Saison ließ sich irgendeine Berühmtheit im Sanatorium behandeln, über deren Eintreffen Moskau vorab informierte, zu deren Ankunft ein prächtiges Zimmer frei gemacht wurde und nach deren Abreise die Mitarbeiter sagten: »Das war in dem Jahr, als Budjonny[62] bei uns gewesen ist.«

Im Jahr vor dem Krieg war es der alte Bolschewik Sawwa Feofilowitsch gewesen, ein berühmtes Akademiemitglied und Freund Lenins, ebenjener Sawwa Feofilowitsch, der in seinen Jugendjahren, als er im Zentralzuchthaus eingesessen hatte, das herrliche Revolutionslied verfasst hatte …

Gladezki war gekommen, um ihn zu treffen – sie waren zusammen spazieren gegangen und hatten die Abende miteinander verbracht, und manchmal, wenn der Alte sich nicht wohl gefühlt hatte, hatte man ihnen das Mittagessen aufs Zimmer von Sawwa Feofilowitsch gebracht.

Einmal waren Sawwa Feofilowitsch und Gladezki im Park spazieren gegangen und dabei Nikolai Viktorowitsch begegnet. Sie hatten sich auf eine Bank unter einem Lorbeerbusch gesetzt. Nikolai Viktorowitsch hatte das bekannte, immer ein bisschen merkwürdige, unangenehme und zugleich doch schöne Gefühl verspürt, welches die Macht des Sanatoriums-Chefarztes, der das Recht hat, unangemeldet in jedes kranke Würdenträgerherz hineinzuschauen, und das Erstaunen darüber, neben dem grauhaarigen, kahlen, stämmigen Alten mit dem großen Kopf auf einer Bank zu sitzen, dessen große weiße Hand viele Male diejenige Lenins geschüttelt hatte, in sich vereinte.

Gladezki hatte gesagt: »Nikolai Viktorowitsch und ich sind Schulfreunde, und wissen Sie was, Sawwa Feofilowitsch, einmal haben wir sogar Ihretwegen einen Konflikt gehabt.«

---

62 Semjon Michailowitsch Budjonny (1883–1973) kämpfte im Bürgerkrieg auf Seiten der Roten und war Kommandeur der legendären »Reiterarmee«.

Der alte Mann hatte sich gewundert, woraufhin Gladezki von der Begebenheit erzählte, die Nikolai Viktorowitsch bereits vergessen hatte: In den lange zurückliegenden Gymnasialzeiten hatte Gladezki Nikolai Viktorowitsch zur Versammlung eines Zirkels eingeladen, wo Revolutionslieder einstudiert werden sollten. Als Gladezki Nikolai Viktorowitsch gefragt hatte, warum er nicht gekommen sei, hatte dieser geantwortet, er sei zur Namenstagsfeier einer Gymnasiastin, mit der er bekannt war, eingeladen gewesen. Und damit hatte seine konspirative Tätigkeit auch schon ihr Ende gefunden.

Das Lied, das später berühmt werden sollte, hatte Sawwa Feofilowitsch im Gefängnis geschrieben. Der hatte gutmütig gelacht und gesagt:

»Zwei Jahre vor Kriegsbeginn war das, sagen Sie? Zu jener Zeit saß ich in der Warschauer Zitadelle[63] ein.«

Bei der nächsten ärztlichen Untersuchung hatte Nikolai Viktorowitsch zu Gladezki gesagt:

»Es ist erstaunlich, Sawwa Feofilowitschs Herz ist gesünder, vitaler als bei vielen Jungen. Der Herzschlag ist viel klarer!«

Und Gladezki hatte auf einmal ganz offenherzig gesprochen, mit der alten Vertraulichkeit aus Gymnasialzeiten:

»Er ist ja auch ein außerordentlicher Mensch mit außerordentlichen Kräften. Und glaub mir, seine Kraft liegt nicht darin, dass er das Zentralgefängnis von Orjol und die Warschauer Zitadelle und die Hungerjahre in der Illegalität und die Verbannung im kalten Jakutien und das ärmliche Leben in der Emigration ertragen hat ... Seine außerordentliche Kraft liegt in etwas anderem – sie hat es ihm möglich gemacht, im Namen der Revolution eine Rede zu halten, in der er die Todesstrafe für Bucharin[64] forderte, von dessen Unschuld

63 Festung, die Zar Nikolai I. nach den polnischen Aufständen des Jahres 1930 in Warschau bauen ließ und in der unter anderem auch Józef Piłsudski und Rosa Luxemburg einsaßen

64 Nikolai Iwanowitsch Bucharin (1888–1938), Revolutionär und Parteifunktionär der ersten Stunde, Leiter des Exekutivkomitees

er überzeugt war, sie hat es ihm möglich gemacht, begabte junge Menschen allein deshalb des Instituts zu verweisen, weil ihre Namen auf schwarzen Listen standen. Meinst du, es ist dem Freund von Lenin leichtgefallen, so etwas zu tun? Meinst du, es ist leicht, das Leben von Kindern, Frauen, Alten zu zerstören, wenn du Mitleid mit ihnen hast und es dich im Herzen schaudert, meinst du, es ist leicht, im Namen der Revolution große Grausamkeiten zu begehen? Glaub mir, ich weiß das aus eigener Erfahrung, darin erweist sich die Macht oder Ohnmacht eines Herzens.«

Es war diese Vorkriegsbegegnung, die Nikolai Viktorowitsch in der Nacht, als die Deutschen einmarschierten, in den Sinn kam, er fühlte sich erbärmlich und schwach und sagte zu seiner noch immer jungen und auffallend schönen Jelena Petrowna:

»Lena, was haben wir beide nur getan, jetzt sind wir hier hineingeraten, mit den Deutschen!«

Sie sagte ernst:

»Gut ist es nicht, das ist klar. Aber sei's drum, Kolja, ganz gleich, wer hier ist – ob Deutsche, Italiener, Rumänen, uns rettet eins –, wir wollen den Menschen nichts Böses, indem wir wir selbst bleiben. Wir werden es überleben ...«

»Ach, weißt du, irgendwie überkam mich das Grauen, die Deutschen sind hier, und wir sind im Grunde wegen altem Krempel dageblieben.«

Aber er erzählte seiner Frau nicht, wie Gladezki dem alten Freund Lenins lachend von der Namenstagsfeier der Gymnasiastin berichtet hatte, die er der Versammlung des revolutionären Zirkels vorgezogen hatte ... Die Gymnasiastin war Lena Xenofontowa gewesen.

Jelena Petrowna erwiderte gereizt:

»Warum sagst du ›alter Krempel‹? In diesem Krempel ste-

---

der Kommunistischen Internationale; er stellte sich zusammen mit Stalin gegen Trotzki und die »Linke Opposition«, wurde 1937 während der Säuberungen verhaftet und als »Führer« der »Rechten Opposition« in einem Schauprozess zum Tode verurteilt.

cken immerhin Jahre unseres Lebens! Unser Porzellan, die kristallenen Sektflöten, die rosa Meeresmuscheln und der Teppich, du hast selbst gesagt, dass er nach Frühling riecht, aus den Farben des Aprils gewebt ist. So sind wir nun eben! Und werden auch weiter so sein, wie wir bisher gelebt haben … Was bleibt uns denn noch, wie sollten wir nicht das lieben, was wir unser Lebtag schon lieben?«

Sie schlug einige Male mit ihrer schmalen, langen und sehr weißen Hand auf den Tisch und sagte starrsinnig im Takt der Schläge:

»Ja, ja, ja, ja. So sind wir nun eben, was soll man da machen – wir sind nun eben so.«

»Du bist so klug«, bemerkte er. Sie sprachen selten ernsthaft über ihr Leben, und ihre Worte trösteten ihn.

Und so lebten sie fort, und das Leben ging weiter. Nikolai Viktorowitsch wurde in die Stadtkommandantur bestellt, und ihm wurde angeboten, Arzt in dem Lazarett zu werden, in dem die verwundeten Rotarmisten lagen … Sie gaben ihm eine gute Lebensmittelkarte, Jelena Petrowna eine schlechtere – sie bekamen Brot, Zucker, Erbsen. Bei sich zu Hause hatten sie Vorräte an Kondensmilch, Butterschmalz, Honig, und wenn sie der deutschen Ration von ihren eigenen Vorräten etwas hinzufügte, dann kochte Jelena Petrowna sättigend und ziemlich wohlschmeckend. Sie tranken nach wie vor morgens Kaffee, an den sie sich im Lauf der Jahre gewöhnt hatten. Der Vorrat an Kaffee war bei ihnen besonders groß, und die Milchhändlerin brachte nach wie vor gute Milch, und die Milch kostete auch überhaupt nicht mehr als vor dem Einmarsch der Deutschen, nur das Geld war anders.

Und auf dem Markt konnte man Hühner von guter Qualität kaufen, und frische Eier, und Frühgemüse, und die Preise waren gar nicht mal so schlimm. Wenn ihnen der Sinn nach etwas Leckerem stand, dann aßen sie Butterbrote mit Presskaviar – in der Übergangsphase der Herrschaftslosigkeit hatte Nikolai Viktorowitsch zwei Büchsen Kaviar aus dem Magazin des Sanatoriums mit nach Hause gebracht.

In der Stadt öffneten die Cafés. Im Kinotheater wurden

deutsche Filme gezeigt – einige waren unerträglich langweilig –, darüber, wie die Nationalsozialistische Partei die Jugend umerzogen hatte und aus der ideenlosen, lasterhaften, nichtsnutzigen Jugend eine bewusste, willensstarke, kämpferische geworden war. Manche Filme aber waren gut – besonders gefiel Nikolai Viktorowitsch und Jelena Petrowna der Film »Rembrandt«[65]. Das Russische Theater öffnete seine Pforten – in seinem Ensemble waren hervorragende Schauspieler, außerordentlich gut war der berühmte Bljumental-Tamarin[66]. Anfangs führte das Theater nur Schillers »Kabale und Liebe« auf, aber dann fing es an, Ibsen, Hauptmann, Tschechow zu geben, kurz, man konnte auch ins Theater gehen. Und es erwies sich, dass ein Kreis von intelligenten Leuten in der Stadt geblieben war – Ärzte, Schauspieler, ein sehr netter und gebildeter Mensch aus Leningrad, ein Bühnenbildner, und das Leben ging weiter mit seinem Trubel, und bei Nikolai Petrowitsch kamen wie auch vor dem Krieg schon Gäste zusammen, die die Erlesenheit des Porzellans und des Kristalls zu würdigen wussten und die wunderschönen geschwungenen Linien der alten Möbel, Leute, die etwas von dem bezaubernden Muster des persischen Teppichs verstanden, und es erwies sich, dass diese Leute darum bemüht waren, sich von den Obersten und Generälen aus dem Stab der Heeresgruppe B, vom Stadtkommandanten und der Stadtverwaltung möglichst fernzuhalten, dass sie sich freuten und nicht betrübt waren, wenn sie nicht zu dem Empfang eingeladen wurden, den der Herr über den Kaukasus, Generaloberst List, gab. Wenn sie aber eine Einladung erhielten, dann machten sie

65 Deutscher Film von Heinz Steinhoff aus dem Jahr 1942

66 Wsewolod Alexandrowitsch Bljumental-Tamarin (1881–1945), russischer Schauspieler, der ab 1942 in den von den Deutschen besetzten Gebieten auftrat und für das deutsche »Radio Warschau« arbeitete, wo er als Stimmenimitator Stalins gefälschte Befehle des Generalissimus einsprach, die in die nichtbesetzten sowjetischen Gebiete ausgestrahlt wurden. Wurde 1942 vom Militärkollegium des Obersten Gerichtshofs der UdSSR zum Tode verurteilt und 1945 in einer Spezialoperation liquidiert.

sich selbstverständlich fein und sorgten sich, ob ihre Frauen auch nach der neuesten Mode gekleidet wären und nicht provinziell wirkten.

Das Lazarett, in dem Nikolai Viktorowitsch arbeitete, war in drei nicht sehr großen Sälen untergebracht, und er hatte zwei Krankenschwestern sowie zwei Krankenpflegerinnen, die ihm zur Hand gingen.

Die Verwundeten wurden leidlich gut verpflegt, weil es viele Lebensmittel im Magazin gab, Medikamente und Verbandmaterial waren hinreichend da, und Nikolai Viktorowitschs erste Sorge war, die deutsche Obrigkeit nicht an das Lazarett zu erinnern – er hegte die Befürchtung, die Leichtverwundeten könnten in ein Lager abtransportiert werden, weshalb er ihnen weiter Bettruhe verordnete.

Es hatte den Anschein, als wäre das kleine Häuschen, das weit hinten im Park des Sanatoriums gelegen war, von den Deutschen vollends vergessen worden. Die Leichtverwundeten spielten Schafkopf, bändelten mit den älteren Krankenschwestern an und vergötterten Nikolai Viktorowitsch – ihnen schien, dass sie ihr friedliches, paradiesisches Leben ihm zu verdanken hatten.

Wenn Nikolai Viktorowitsch aus dem Lazarett nach Hause kam, fragte ihn seine Frau:

»Na, wie geht's unseren Jungs?«

Sie hatten keine Kinder, und es stand ihnen beiden zu, die blutjungen Rotarmisten so zu nennen. Und er erzählte seiner Frau lachend davon, was alles Lustiges in dem kleinen Krankenhaus passiert war.

Aber die Deutschen hatten das Seitengebäude in der Tiefe des Parks nicht ganz vergessen. Einmal wurde Nikolai Viktorowitsch in die Sanatoriumsverwaltung bestellt, wo man ihn bat, ein Verzeichnis der sich im Lazarett befindlichen Verwundeten vorzulegen. Nikolai Viktorowitsch stellte das Verzeichnis auf, war innerlich ganz beunruhigt, doch der Beamte in der Verwaltung, der das Schriftstück entgegennahm, warf noch nicht einmal einen Blick darauf, sondern legte es achtlos zwischen zwei Aktendeckel – offensichtlich wurde das Verzeichnis für irgendeinen Bericht, für eine Formsache benötigt.

Die Deutschen siegten immer noch an den Fronten, ihre Kriegsberichte waren voll von Jubel, und Nikolai Viktorowitsch bemühte sich, sie nicht zu lesen …

Es gingen schon Gerüchte, dass binnen kurzem die Sanatorien geöffnet und sich dort nicht nur die Obersten und Generäle, sondern auch die Intellektuellen des Reiches ärztlich behandeln lassen würden.

Es stellte sich heraus, dass bei dem einen oder anderen in der Wohnung intelligente Deutsche einquartiert worden waren, die offenbar Furcht vor Hitler und Himmler hegten und die Gräuel nicht guthießen, von denen diejenigen berichteten, die unweit der Gestapo lebten. Im Großen und Ganzen aber fing das Leben immer mehr an, dem früheren zu gleichen, und Nikolai Viktorowitsch freute sich nach wie vor über die Behaglichkeit seiner Wohnung, den Liebreiz von Jelena Petrowna und glaubte, richtig gehandelt zu haben, als er der Versammlung des revolutionären Zirkels Lena Xenofontowas Namenstagsfeier vorgezogen hatte.

Und nun, da Nikolai Viktorowitsch sich anschickte, nach Hause zu gehen, um, wenn er gespeist und sich ausgeruht haben würde, mit seiner Frau ins Theater zu gehen und sich Hauptmanns »Versunkene Glocke« anzusehen, kam über den knirschenden Kies ein Wagen beim Seitengebäude vorgefahren, aus dem ein beleibter, stupsnasiger Mann mit hervorstehenden Wangenknochen, grauen Augen und hellem Haar ausstieg, der exakt wie ein sowjetischer Kreisagronom aussah, entweder wie ein Verkaufsstellenleiter oder wie ein Referent, der im Gruppenausschuss der Hausgehilfinnen Vorträge über das Thema Sozialversicherung hielt.

Die Schirmmütze, die feldgraue Uniform mit den Schulterklappen, das Koppel, die Armbinde, das Parteiabzeichen mit dem Hakenkreuz und das Eiserne Kreuz auf der Brust unterstrichen, dass es sich um ein Mitglied der Gestapo handelte, dessen Rang in den Sicherheitsbehörden dem eines Truppenobersts der Wehrmacht entsprach.

Nikolai Viktorowitsch – großgewachsen, gepflegt, mit seinem eleganten grauen Haar, dem schönen Gesicht mit der gesunden Farbe und den bis zur Abgedroschenheit großen ausdrucksvollen Augen – wirkte neben dem plebejisch kleinwüchsigen, dickwanstigen, aus dem schmutzigen, wertlosen Material des einfachen Volkes zusammengeschusterten Deutschen wie ein angesehener und fideler Gutsbesitzer, wie ein hoher russischer Herr oder ein ausländischer Herzog.

Doch das schien nur so.

»Sie sprechen Deutsch?«

»Jawohl«, antwortete Nikolai Viktorowitsch auf Deutsch, das ihm Augusta Karlowna in der frühen Kindheit beigebracht hatte.

»Ach«, urteilte er in Gedanken über sich selbst, »wie viel Grazie, Bereitwilligkeit, Gefallsucht, welch glühenden Wunsch, nett, gehorsam und gut zu sein, hast du nur in dieses dahingeflötete ›Jawohl‹ gelegt!«

Und der Deutsche begriff sofort, mit wem er es zu tun hatte, als er die Stimme des vornehmen grauhaarigen Schönlings vernahm und ihn flüchtig mit seinem fast göttlich-allwissenden Blick streifte, dem Blick eines Wesens, dessen Taten in göttlicher Höhe vollbracht werden, wo nur Tod und Leben existieren.

Riesige Menschenmengen musste der beleibte, kleinwüchsige Vertreter des »Sicherheitsdienstes«[67] vernichten.

Er zerstörte, zerschmetterte, zermalmte, zerbeulte und zerbrach Tausende Seelen – es waren Katholiken darunter, Orthodoxe, Kampfflieger, Fürsten, Monarchisten, Parteifunktionäre, von der Muse geküsste, jeglichen Kanon mit den Füßen tretende Dichter, verzückte Nonnen, die sich aus dem weltlichen Leben zurückgezogen hatten. Angesichts der Lebensgefahr stürzte alles ein und zerschellte, flog wild durcheinander, mal bockten sie, mal waren sie starrköpfig, mal lief es geradezu anekdotenhaft leicht. Aber das Ergebnis war immer das gleiche, Ausnahmen bestätigten die Regel.

67 Gemeint ist der Sicherheitsdienst des Reichsführers SS (SD).

Die Menschen drängten sich wie Kinder vor dem Tannenbaum, streckten die Hand aus nach dem einfachen, klobigen Spielzeug, das ihnen der Weihnachtsmann vom »Sicherheitsdienst« bald hinhielt, bald wegzunehmen drohte ... leben wollen alle – auch Johann Wolfgang von Goethe und Schmulik aus dem Ghetto ...

Die Sache war nicht weiter schwer, und der Beamte legte sie kurz und bündig dar, ohne jeden groben oder zynischen Ausdruck darin, und brachte sogar einige Phrasen hervor, die mit der Angelegenheit nichts weiter zu tun hatten, darüber, dass zivilisierte Leute ausgezeichnet verstünden, dass es bei weltumspannenden historischen Taten der Armeen und Staaten nur eine Moral gäbe: die der staatlichen Zweckdienlichkeit. Die deutschen Ärzte hätten das schon lange verstanden.

Nikolai Viktorowitsch hörte zu, nickte eilfertig, und in seinen schönen Augen lag die Servilität eines Schülers, der eifrig bemüht war, sich um jeden Preis so gut und gewissenhaft wie möglich alles zu merken, was der Lehrer ihm sagte. In diesem Bestreben, sich alles bestmöglich zu merken und zu eigen zu machen, äußerte sich knechtische Ergebenheit gegenüber der Stärke und nicht die Begier des Schülers, den Lehrer zu begreifen.

Und als der Gestapobeamte auf den gepflegten Herrn, den Kurarzt, schaute, dachte er gutmütig, dass es hier nichts zu lachen gebe – denn so stark sind die Versuchungen, und so geknechtet war dieser Mann von seinem langjährigen süßen Leben im herrlichen Klima des Kurorts, inmitten der Blumengärten und des rieselnden, perlenden russischen Heilwassers. Natürlich hatte er viele tadellos geschneiderte Anzüge, teure alte Möbel in seiner Wohnung, er hatte sich mit hochwertigen, kalorienreichen Lebensmitteln versorgt, wahrscheinlich aß er zu Hause russischen Kaviar, den er aus dem Magazin des Sanatoriums entwendet hatte, wahrscheinlich sammelte er Kristall oder Mundstücke aus Bernstein oder Spazierstöcke mit Knäufen aus Elfenbein. Und selbstverständlich hatte er eine schöne Frau ...

Der kleinwüchsige Mann mit dem breiten Hals, aus

schmutzigem, einfachem Material zusammengeschustert, war nicht so einfach, wie man meinen sollte, seine Arbeit berührte die geheimsten Winkel der menschlichen Seele, und was seinen Scharfsinn anbelangte, und noch etwas anderes, so konnte er es mit Gott aufnehmen.

Sie traten zusammen aus dem Lazarett, und Nikolai Viktorowitsch sah, dass an den Türen des Seitengebäudes zwei deutsche Wachposten aufgestellt waren – nun konnte keiner mehr ungehindert das Gebäude betreten oder verlassen.

Der Gestapobeamte bot Nikolai Viktorowitsch an, ihn nach Hause zu bringen, und von den harten Stabsautopolstern schauten sie schweigend auf die lieben Straßen, die anheimelnden Häuser des weltberühmten Kurstädtchens.

Bevor er sich von Nikolai Viktorowitsch verabschiedete, wiederholte er kurz das bereits Gesagte:

Am Morgen würde man den Doktor mit dem Wagen abholen kommen. Alle Lazarettmitarbeiter müssten für kurze Zeit aus dem Gebäude verschwinden, und sobald der Doktor den medizinischen Teil der Angelegenheit erledigt hätte und die überdachten Sanitärplanwagen vom Lazarett fortgefahren seien, gelte es, den Mitarbeitern zu erklären, dass alle Schwerverwundeten und Krüppel auf Anordnung des deutschen Oberkommandos in ein Sonderlazarett gebracht worden seien, welches sich vor den Toren der Stadt befände. Es verstehe sich von selbst, dass Nikolai Viktorowitsch Stillschweigen zu bewahren habe – schließlich habe er selbst das größte Interesse daran, dass die Angelegenheit nicht ruchbar würde.

Nachdem Nikolai Viktorowitsch Jelena Petrowna alles erzählt und »Verzeih mir« gesagt hatte, schwiegen beide.

Sie sagte:

»Und ich hatte schon deinen Anzug herausgelegt und mein Kleid fürs Theater gebügelt.«

Er schwieg, und sie fuhr fort:

»Anders darfst du nicht handeln, du hast ganz recht.«

»Weißt du, ich habe gerade gedacht – ich war in diesen zwanzig Jahren kein einziges Mal ohne dich im Theater.«

»Heute werde ich ebenso an deiner Seite sein, wir gehen auch in dieses Theater zusammen.«

»Bist du verrückt geworden!«, schrie er. »Weswegen du denn?«

»Dich alleinlassen, das geht nicht. Also ich auch.«

Er fing an, ihr die Hände zu küssen, sie legte die Hände um seinen Hals und küsste ihn auf die Lippen, fing an, ihn auf sein graues Haar zu küssen.

»Du mein Schöner«, sagte sie, »wie viele Waisenkinder werden wir zurücklassen.«

»Arme Jungs, aber ich kann ja nichts tun, nur das hier.«

»Ich spreche nicht von ihnen, ich spreche von unseren Waisen.«

Sie benahmen sich sehr abgeschmackt. Sie zogen ihre für das Theater bereitgelegten Kleider an, sie sprühte sich mit französischem Parfüm ein, dann aßen sie zu Abend, speisten Presskaviar, tranken Wein, und er prostete ihr zu, küsste ihre Finger, ganz wie Verliebte, die in ein Restaurant gekommen waren. Dann kurbelten sie das Koffergrammophon an und tanzten zu dem abgeschmackten Gesang von Wertinski[68] und weinten, weil sie Wertinski so gerne mochten. Dann verabschiedeten sie sich von ihren Kindern, und das war schon vollends abgeschmackt: Sie küssten ihre Porzellantässchen, ihre Bilder, streichelten die Teppiche, das Mahagoniholz ... Er öffnete den Kleiderschrank, küsste ihre Wäschestücke, die Schuhe ...

Dann sagte sie mit harter Stimme:

»Und jetzt vergifte mich wie einen tollwütigen Hund, und dich selbst auch!«

1962–1963

---

68 Alexander Nikolajewitsch Wertinski (1889–1957), russischer Schauspieler und Chansonsänger

IM GROSSEN MOSKAUER RING[69]

Zum Frühstück am Sonntag tischte Mama für jeden mit Zitronensaft beträufelten Weißkohlsalat, eine Scheibe Schinken, Tee mit Milch und zwei Bonbons auf – einen Geleebonbon und einen Lutschbonbon.

Nach dem Frühstück sagte Papa wie immer:

»Maschka, leg uns doch eine Violinsonate auf.«

»Welche, Papotschka?«

Und Papa antwortete gedehnt durch die Nase:

»So merkwürdig es auch scheinen mag, aber in diesem Fall ist mir Oistrach lieber als Kreisler und Oborin lieber als Rachmaninow.«

Und Mascha legte Beethovens achte Violinsonate auf, gespielt von Oborin und Oistrach.

Papa wie auch ihr schien es, dass Oistrach und Oborin weicher spielten, nicht so schroff wie Rachmaninow und Kreisler. Aber die neunjährige Mascha hatte nicht allein aufgrund von Mamas und Papas Erzählungen verstanden, wer Rachmaninow und Kreisler waren.

Es drehte sich der Plattenteller, und aus seiner langsamen runden Bewegung erwuchs eine Welt, in der es nichts gab, das nicht auch fließend und rund war.

Mascha lauschte der Musik, zog die Nase kraus und die hellen Augenbrauen hoch, weil Mama und Papa sie betrachteten und sie das ärgerte.

69 Gemeint ist die Fernstraße A 108, die einen Ring um Moskau bildet.

»Was für ein Ohrenschmaus«, sagte Mama über die Musik.

»Ja, ja«, erwiderte Papa, »eine wahre Freude, ein Glück.«

Papa sprach für gewöhnlich lebhaft, Mama dagegen ruhig, und sie war fast nie mit Papa einer Meinung. Wenn Mama dann aber einen Tag oder eine Woche später oberlehrerhaft Papas Gedankengang wiederholte, sagte er gedehnt mit seiner lieben, kehligen Stimme:

»Ach, Ljubotschka[70], wie wahr du gesprochen hast.«

Mama hatte früher an der Hochschule unterrichtet und verbesserte nun ständig Maschas Aussprache. Und Mascha versuchte beflissen, Mama die Worte nachzusprechen, so wie sie korrekt klingen sollten: nicht schöna, sondern schöner.

Mascha ging nach dem Umzug in das neue Haus noch nicht zur Schule, weil sie Drüsenfieber hatte und der Arzt geraten hatte, dass sie einige Zeit nicht am Unterricht teilnehmen solle. Sie war die ganze Zeit mit Erwachsenen zusammen, und Papa und Mama kamen nicht auf den Gedanken, dass die stupsnasige, weißblonde Mascha viele Feinheiten in ihrer Beziehung bemerkte, die sie aufbrachten.

Einmal hatte Papa angefangen, über das Los der russischen Musik und über Skrjabin zu sprechen, danach hatte Papa über Modigliani geredet, und Mama hatte ihm widersprochen, und tags darauf hatte Mama zu Tante Sina gesagt: »Man kann doch nicht über die Musik des zwanzigsten Jahrhunderts sprechen, ohne nicht sogleich den Namen Skrjabin zu nennen« – das waren Papas Worte gewesen, über die Mama gelacht hatte, und noch ein paar Tage später hatte sie zu Tante Sina gesagt, indem sie auf das Bild über dem Flügel wies: »Ach, Modigliani, Modigliani, er verdreht mir noch ganz den Kopf.«

Das größte und behaglichste Zimmer war Papas Arbeitszimmer, doch auch in Papas geräumigem Arbeitszimmer war es wegen der vielen Bücher und Bilder eng; ja, und auch der Flügel nahm viel Platz ein.

70 Kurzform des Namens Ljubow

Einmal hatte Mascha auf Papas Sofa ihre Stoffpuppe Motja vergessen und Papas Worte gehört:

»Ljubotschka, sei so gut und entferne dieses schreckliche Ding.«

Zum ersten Mal hatte Mascha Papa etwas übelgenommen – sonst war er nämlich sehr lieb.

Und an diesem Sonntag nun hörten sie Papas Lieblingsviolinsonate von Beethoven, und Papa sagte:

»Was für eine Freude ist das, diese Musik zu hören!«

Mascha wunderte es nicht, dass Papa sich freute, denn die Musik war wunderschön.

Dann schlug Papa Mama und Mascha vor, spazieren zu gehen.

Sie lebten in einem neungeschossigen Wohnhaus am Stadtrand von Moskau. Das Haus war gut ausgestattet, mit Fahrstühlen und Müllschluckern und einer Klimaanlage, und die Badezimmer waren wie Schwimmbäder blassblau gefliest.

In allen acht Stockwerken lebten Wissenschaftler und Künstler, die Bewohner hatten viele Autos, sie passten gar nicht alle auf den Parkplatz vor dem Haus. Und die Wagen waren so gewichtig wie die Bewohner: Wolgas über Wolgas, manche hatten sogar einen Tschaika, und ein Physiker gar einen amerikanischen Buick.

Auf der Bauzeichnung, die Papa gesehen hatte, war ihr Haus von einem neuen Wohnviertel mit großen Geschäften, Parkanlagen, Springbrunnen umgeben. Doch der Bau des neuen Viertels war für eine gewisse Zeit verschoben worden, und um ihr Haus herum standen kleine Holzhäuser mit Gärten und Gemüsebeeten, etwas weiter von der Chaussee entfernt, in einer Senke, erstreckte sich ein richtiges Dorf, wo Kühe muhten, Hähne krähten, und in einer riesigen Pfütze, die so riesig war, dass es darin richtige Wellen gab wie im Meer, schwammen Enten und segelten Jungen auf Kon-Tikis umher. Und dahinter fand sich ein Feld, und dahinter noch ein Wald.

Sie spazierten erst den Asphaltstreifen und dann einen Pfad entlang zum Wald, wo sich inmitten des dunklen Tannenmusters die bleigraue Kuppel einer alten Kirche schwarz abhob – Papa sagte, dass diese Kirche im sechzehnten Jahrhundert gebaut worden sei.

In der neuen Wohnung beschwerte sich Mama oft: »Das ist so schrecklich weit draußen.« Papa dagegen sagte, dass er die Stille angenehm fände und dass die Leute, die in den Bauernkaten lebten, einen viel ruhigeren und klareren Blick hätten, in ihm läge nicht das Fieber der Moskauer Innenstadt. Mascha bemerkte, dass Mama in dieser Angelegenheit mit Papas Ansicht ganz und gar nicht einverstanden war, und wenn Papa sagte, dass es sich hier besser arbeiten lasse als in der alten Wohnung, entgegnete sie: »Nichts als Märchen!«

Und in der Tat mochte Papa es genauso wenig wie Mama, in Richtung Dorf zu spazieren, dort begegnete man Betrunkenen, die unanständige Worte sagten und Händel suchten. Besonders schlimm war es immer sonntags.

Als sie aufs freie Feld kamen, sagte Papa:

»Die Gefahr eines Fliegerangriffs ist vorüber.«

»Was schert dich das«, sagte Mama, »dir gefällt es doch, am Rand des Großen Moskauer Rings zu leben.«

Aber noch furchtbarer war die Barackensiedlung, die zwischen ihrem Haus und Moskau stand. In dieser Siedlung schleuderten auch die Nüchternen den Bewohnern des großen Hauses unanständige Worte ins Gesicht, solche, dass Mama einmal zu einer Frau im Geschäft sagte:

»Schämen Sie sich denn nicht vor dem Kind …«

Aber diese Frau sagte etwas sehr Schlechtes über das Kind, und Mama murmelte eilig:

»Komm, Mascha, komm, wir gehen!«

Sie waren schweigend, einander an den Händen haltend, die Straße entlanggegangen, die Fenster der alten Baracken waren auf einer Höhe mit Haufen von Schlacke, Kohle, Müll, und Mascha hatte es geschienen, als schauten die Baracken mürrisch drein, wie böse alte Weiber, deren Gesichter bis unter die Augen von Kopftüchern umschlossen waren.

Schmutzige weiße Hühner, deren Flügel mit verschiedenfarbiger Tinte markiert waren, rannten frech über die Höfe, die gewaschene, flickenbesetzte bunte Wäsche knatterte fürchterlich, blähte sich an den Leinen auf wie Segel, die Strümpfe, schien es, zischten wie Schlangen, wollten auf Mascha und ihre Mama losschießen.

Als Mascha dann auf der Chaussee fragte, warum die Frau so böse gewesen war, hatte Mama geantwortet:

»Bei uns im Haus haben wir Kühlschränke, Fichtennadelbäder und Duschen mit Brauseschläuchen, und drum herum sind Bauernkaten voller Wanzen, Baracken, eiskalte Toiletten, Schwengelbrunnen, und deshalb ist sie eben böse.«

Nach dem Vorfall im Lebensmittelgeschäft, wohin Mama und Mascha gegangen waren, um Dorsche für die Nachbarskatze zu kaufen, gingen sie nicht mehr in die Barackensiedlung – ja, und was sollten sie dort auch tun? Lebensmittel und Brot brachten sie im Auto aus der Innenstadt mit.

Freilich sagte die Nachbarin Mama, dass es in der Apotheke der Siedlung ein ausgesprochen rares ungarisches Medikament zu kaufen gebe, das in ganz Moskau nicht aufzutreiben sei, nur in der Kremlapotheke, aber Mama antwortete:

»Nein, sei's drum.«

Im Dorfgeschäft gab es abgepackten Eichelkaffee und Eau de Cologne zu kaufen; dort waren immer wenig Menschen anzutreffen, manchmal aber bildeten sich davor und auch vor dem Lebensmittelgeschäft der Siedlung aufgeregte, lärmende Schlangen. Einmal verließ die Aufzugsführerin ihren Posten und rannte geschwind los, um sich in die Schlange einzureihen, und später erklärte sie Mascha, dass die Leute um Schlachtabfälle angestanden hatten – Knochen, Innereien, Sülze aus Köpfen und Hufen; die Preise dafür waren niedrig, und die Produkte waren frisch, von guter Qualität und kamen direkt aus den Schlachthäusern. In der Regel fuhren die Dorfbewohner mit dem Vorortbus oder per Anhalter nach Moskau hinein, um dort Weißbrot und Grütze zu kaufen, manche von ihnen auch Milch.

Unweit von Maschas Haus, an der Chaussee, standen morgens immer alte Weiblein in wattierten Jacken und Stiefeln und boten Bunde von Lauchzwiebeln feil. Die Alten sprachen einschmeichelnd mit den Käufern, aber wenn sie den Bewohnern des Hauses hinterherschauten, wie sie da in Hosen und Jacken ihre Hunde spazieren führten oder einen Dauerlauf machten, hatten ihre Augen einen seltsamen Ausdruck, belustigt und zugleich bedrückt. Wenn aber plötzlich mit entsetzlichem Geknatter ein Milizionär auf einem Motorrad auftauchte, dann packten die alten Weiber ihre Beutel und eilten schweigend mit schwerem Stiefelgetrappel in Richtung Dorf.

Einmal war ein junger Elch aus dem Wald zum Haus gekommen. Er hatte sich mit langsamem, gedankenvollem Blick die Autos, die blitzenden Zufahrtsstraßen und die schwarzen Öllachen besehen, die sich auf dem Asphalt gebildet hatten, er hatte die ihm zutiefst fremden Benzin- und Müllcontainergerüche wahrgenommen und war gemächlich die Chaussee entlang zum Wald zurückgeschlendert.

Der Sonntagsspaziergang war rundum schön: Der Himmel war blau und das Gras grün. Papa und Mama gingen auf dem Rasen, wollten einander jeweils den Pfad überlassen, und Mascha lief den Pfad entlang, überholte die Eltern, machte kehrt, rannte zwischen ihnen hindurch, fing einzelne Worte ihres Gesprächs auf und sauste erneut an ihnen vorüber.

Sie fühlte sich wohl. Am Himmel waren Wolken, aber der Himmel war groß, und die Wolken verhüllten nicht die Sonne – es war für Wolken und Sonne dort Platz genug. Feld und Wald schwiegen, doch Mascha spürte, dass sich ringsum das Leben der Spechte, Igel, Maulwürfe abspielte und dass dieses Leben auf und unter der Erde mit dem Leben der Wolken in Verbindung stand, die dunkel wurden, sich mit Regen füllten und dann wieder aufklarten, und auch mit dem Leben von Mascha selbst, die an Papa und Mama vorbei den Pfad entlangsauste.

Mascha liebte ihren Vater und ihre Mutter, und wahrscheinlich machte diese Liebe es möglich, den Himmel und das Feld und auch Mascha miteinander zu verknüpfen, zu einem fröhlichen, glücklichen Ganzen.

Zum Schluss aber wurde der Spaziergang verdorben: Ein Düsenflieger hinterließ am Himmel einen trostlosen Kreidestreifen, und unten auf der Erde jaulte laut eine Ziehharmonika auf, fingen gellende Frauenstimmen schief zu singen an. Und auch wenn der Himmel nach wie vor blau und das Gras grün war, und auch wenn der Kondensstreifen weißer als eine Wolke war und auf der Erde Gesang und Musik erklangen und nicht Geschrei und Gekeife, war das fröhliche, glückliche Ganze sofort in Einzelteile zerfallen und hatte sich aufgelöst.

Und auch Papa und Mama beeilten sich nun, nach Hause zu kommen.

»Es ist sonderbar«, sagte Papa, »direkt vor der Haustür haben wir ein Feld, einen Wald, aber diese Meckerfritzen und Sängerinnen stören einen bei der Begegnung mit der Natur; doch wenn hier erst einmal ein modernes Stadtviertel entsteht, dann wird es natürlich weder Wald noch Feld mehr geben ... Gestern stand ich spätnachmittags am geöffneten Fenster und hörte einen Kuckuck – das war vielleicht schön!«

»Das ist der beim General in der Wohnung gegenüber gewesen«, sagte Mascha.

»Siehst du«, sagte Mama, »heute bist du mit mir mal einer Meinung. Dieses Schätzchen hier braucht keine Kuckucke, immerzu diese Angst, ich traue mich gar nicht, Mascha allein auf die Straße runterzulassen, überall die Garstigkeit dieser Weiber und alten Schachteln, überall spazieren Trunkenbolde umher, und man weiß nie, womit man bei ihnen rechnen muss.

Sie aßen, wie immer sonntags, früh zu Mittag. Zum Mittagessen kam eine fröhliche, dicke Frau mit glänzenden Augen, die in einer Dreizimmerwohnung lebte und viermal mit einem Orden ausgezeichnet worden war, zu Besuch, Frau Professor Skobowa, und außerdem aus Moskau Papas Freund, der schweigsame, blasse Stanislaw Iwanowitsch, der unlängst aus Afrika zurückgekehrt war.

Von der mächtig dicken Skobowa sagten alle, dass sie wohl kaum heiraten werde, aber ein ganz reizender, bezaubernder

Mensch sei. Sie errötete aus irgendeinem Grunde immer ganz schnell, es bedurfte nur des geringsten Anlasses – und schon stieg ihr Himbeerröte ins rundlich-weiche, weiße Gesicht.

Als ersten Gang gab es eine pürierte Suppe, als zweiten gebratene Ente und als dritten Aprikosenschaumspeise aus dem Reformhaus. Weil die dicke Skobowa Angst hatte, noch dicker zu werden, aß sie nichts Süßes, und ihre Portion bekam Mascha.

Als Mascha die Schaumspeise aufgegessen hatte, fragte sie die Skobowa:

»Sie sind bestimmt neidisch, oder?«

Die Skobowa wurde erst ganz rot, und dann lachte sie so schallend, dass ihr Tränen in die braunen, glänzenden Augen traten. Sie hatte ein erstaunlich angenehmes Lachen.

Mascha war rundum satt, und als sie das leere Dessertschälchen von sich schob, sagte sie: »Puh«, und musste laut aufstoßen.

Keiner rügte sie deswegen oder fing ihretwegen zu lachen an, nur Papa umarmte sie und sagte:

»Du meine liebe kleine Bauersfrau.«

Nach dem Mittagessen verlor Stanislaw Iwanowitsch gegen Papa eine Partie Schach und erklärte Mascha, das sei deswegen passiert, weil er Wein getrunken habe, doch Mascha antwortete ihm:

»Aber Papa hat doch auch Wein getrunken.«

Dann kamen die Barabanows aus dem ersten Stock, und sie tranken alle zusammen Tee und unterhielten sich …

Über Barabanow wurde immer gesagt: »Er ist sehr begabt.« Er war Kybernetiker und erzählte halb im Scherz, halb im Ernst, dass seine elektronischen Maschinen bald Dichter und Schachspieler ersetzen könnten. Hinter seinem Rücken nannten sie Wolodja Barabanow »den Stolz der russischen Wissenschaft«, bei ihren Treffen aber belächelten sie ihn wegen seiner Vorliebe für modische Anzüge, und seine Frau unterbrach ihn jedes Mal im Gespräch, sagte: »Wolodja, rede doch keinen Unsinn«, und zupfte Fusseln von seinem Jackett.

Die Tischgespräche drehten sich um Konzerte in der Philharmonie, darum, wie langweilig es bei dem Botschaftsempfang gewesen sei, wie knauserig die Frau von irgendjemandem bei ihren Einkäufen in Paris und London gewesen sei, es ging um Diät, die Akademikerdatschas mit ihren vielen Zimmern und darum, wie merkwürdig sie bei der Trennung von Ehepartnern aufgeteilt würden, darum, was Pudel und Scotchterrier alles Komisches anstellen würden und wer der klügere Kopf sei – Lew Abramowitsch oder Alexander Sergejewitsch. Von den afrikanischen Löwen und Krokodilen erzählte Stanislaw Iwanowitsch nichts.

Und es war sonderbar, ganz gleich, ob der Komponist sprach oder die Frau des bekannten Onkologen oder die Frau des noch bekannteren Physikers oder der bekannte Physiker selbst – die Gesprächsthemen bei Tisch und die Worte, aus denen das Gespräch bestand, waren immer die gleichen.

Mascha bemerkte, dass die Physiker und Doktoren der Medizin mit besonderem Interesse über Musik und Malerei redeten, als könnten sie keine Stunde ohne beides leben, und die Künstler und Lyriker mit Feuereifer über Protonen und Neutronen sprachen, obwohl es Mascha manchmal so schien, als täten sie dies nur, um besonders klug zu wirken. Für gewöhnlich nannten die Gäste immer die gleichen Namen und Vatersnamen. Mascha kannte sie auswendig: Igor Wassiljewitsch, Nikolai Nikolajewitsch, Andrej Nikolajewitsch, Boris Leonidowitsch, Ilja Grigorjewitsch, Dmitri Dmitrijewitsch ... Außer diesen wenigen Namen, wollte es Mascha scheinen, gab es in Moskau niemanden, mit denen sich Papas und Mamas Bekannte trafen.

Nur Papa prahlte nicht mit diesen Namen, Papa hatte seine eigene Eigenart. Worüber Papa auch sprach – einen neuen Stern am Himmel, die Musik von Prokofjew, die Bilder in einer Ausstellung –, immer sprach er zugleich auch von sich. Mascha hatte bemerkt, dass Papa weit ausholte, um das Gespräch dann auf sich zu bringen: Der und der mag Papa, versteht ihn aber nicht, jener steht Papa nahe, da und dort schreibt man schlecht über Papa, sosehr ihn der Engländer auch lobt, Papa ärgert eins: Der Engländer hat Papas Kernpunkt überhaupt nicht begriffen.

Mascha liebte Papa, war stolz auf ihn, doch es regte sie auf, dass nicht nur fremde Leute, sondern auch Mama nicht in der Lage war zu begreifen, wie lieb er war, wie er, wenn er von sich selbst sprechen wollte, sich ungeschickt auf Kinderart einer List bediente und mit einem Gespräch über die Sterne oder die Konzerte der Bostoner Philharmoniker begann.

Heute etwa sagte Papa zur Skobowa:

»Ich bin sicher, dass Sie meinen Gedanken bestätigen können: In der Physik wie auch in der Literatur und der Malerei gibt es zum einen die Dekadenten und zum anderen die sogenannte Volkstümlichkeit ...«

Papa sprach diese Worte mit unschuldiger Stimme, keiner, selbst Mama verstand nicht, worum es ging, aber Mascha begriff es sofort. Und tatsächlich: Wenig später fing Papa von dem Stockholmer Institut zu erzählen an, das ihn für den Preis vorgeschlagen hatte.

Mascha wusste, dass es allen gefiel, wie sie aussah – sie war ein weißblondes Mädchen mit hervorstehenden Wangenknochen und Augen mit leicht tatarischem Einschlag ... Mama hatte sie auch wie ein Mädchen vom Lande angezogen: Sie trug ein Leinenkleid mit im Kreuzstich aufgestickten roten Hähnen, und das Haar hatte sie ihr auf einfache Weise geschnitten, sie trug einen Bubikopf mit Pony. Alle fingerten an ihr herum, waren entzückt von ihr, sagten: »Sie müsste Bast- und nicht Straßenschuhe tragen, der reinste Nesterow[71].«

Mascha wurde im Laufe des Tages aus irgendeinem Grunde sehr müde. Und sie hatte die ganze Zeit einen unangenehmen Geschmack im Mund, entweder weil sie mittags zu viel gegessen hatte oder aber vor lauter Müdigkeit.

Endlich gingen die Gäste, nur Stanislaw Iwanowitsch blieb.

---

71 Michail Wassiljewitsch Nesterow (1862–1942), russischer Porträt- und Landschaftsmaler, wichtiger Vertreter des religiösen Symbolismus in der russischen Malerei

Mascha mochte diese Stunden sehr. Die gleichförmigen Tischgespräche nahmen ein Ende, und wenn Papa und Stanislaw Iwanowitsch allein waren, waren sie beide auch gleich ganz anders, jünger, sie fingen an zu lachen, sich zu streiten, das Gesicht des blassen, schweigsamen Stanislaw Iwanowitsch bekam Farbe, rötete sich, er wurde erstaunlich redselig, und Papa haute einmal, als er in Fahrt war, mit der Faust auf den Tisch und nannte Stanislaw Iwanowitsch sogar einen Dummkopf.

Auch jetzt stritten sie und zankten sich um kybernetische Fragen, und Papa sagte:

»Versteh doch, alle sind nicht deswegen beunruhigt, weil eine Maschine dem Menschen ebenbürtig werden oder ihn gar übertreffen könnte. Das verletzt niemanden und versetzt auch niemanden in Schrecken. Es geht nicht um Angst vor der Gleichheit von Mensch und Maschine. Sie alle fürchten nicht die Maschinen, sie fürchten den Menschen. Der springende Punkt ist die unbewusste Furcht des Menschen vor dem Menschen, nicht die Maschine; der Mensch ist es, der den Menschen bedroht. Verstehst du? Nicht die Gleichheit mit der Maschine fürchten sie, sondern die Ungleichheit der Menschen, die aus der Gleichheit mit der Maschine heraus erwächst. Da liegt das Übel! Sie fürchten, dass die Gleichheit mit der Maschine den Menschen im Kampf um seine Freiheit in eine Position der Ohnmacht versetzt, ihn zum ewigen Sklaven nicht der Maschine, sondern der Menschen macht. Sie fürchten, dass die Gleichwertigkeit mit einer unbeseelten Konstruktion einer noch nie dagewesenen Unmenschlichkeit Tür und Tor öffnet, und schon wird eine von Barabanows Maschinen im Vergleich mit dem Menschen wie ein freier Sohn des Äthers erscheinen, den nach Sturm dürstet.«

»Ein profunder Gedanke«, sagte Stanislaw Iwanowitsch, »aber das Unglück liegt nicht darin, dass die Maschine dem Menschen überlegen sein wird, sondern darin, dass der Mensch der Maschine unterlegen sein wird.«

»So ein Quatsch! Du hast es nicht kapiert!«, sagte Papa. »Da gibt es überhaupt nichts zu lachen.«

Und dann sagte Papa:

»Um einer im tiefsten Innern gespürten Wahrheit willen lasse ich alles stehen und liegen – Familie, Haus, Bücher, ich nehme einen Sack, und weg bin ich.«

Daraufhin sagte Mama sehr böse und zugleich sanft:

»Worte, Worte, nichts als Worte ... Das Einzige, was du wirklich opfern kannst, das bin ich, aber gewiss nicht für einen Sack und fürs Wegsein, Beständigkeit zählt nicht zu deinen Eigenschaften.«

Papa hatte schon des Öfteren vom Sack und vom Wegsein gesprochen.

Aber diesmal hatte Mascha bei dem Gespräch nicht richtig zugehört und sorgte sich nicht weiter. Gegen Abend wurde ihr Körper schwer wie Blei, besonders ihr Kopf.

Sie wollte nichts zu Abend essen, allein an Essen zu denken war ihr unangenehm, und als Mama und Papa eine Platte mit einem neuen italienischen Sänger auflegten, schlummerte sie unter den Klängen von »Ave Maria« ein, und vor ihrem geistigen Auge erschien eine Katze auf einem Müllkasten, Mascha drückte die Katze an ihre Brust – von ihr ging ein durchdringender Geruch aus.

Schlaftrunken wurde sie ins Bett gebracht, und beim Einschlafen hörte sie Mamas Stimme aus dem Nachbarzimmer:

»Oh, das ist jetzt aber nicht Mario Lanza.«

Und wirklich, draußen auf der Straße sang nicht Mario Lanza, es war etwas anderes, Mascha meinte das Wort dafür zu kennen, es lautete: »Fruchen«.

Nachts wachte Mascha vor Bauchschmerzen auf und weckte die Eltern. Als Mama leicht Maschas Bauch berührte, schrie das Mädchen auf. Papa schaute auf das Fieberthermometer und sagte leise:

»O mein Gott.«

Es war schrecklich: heißes Petroleum, Glassplitter in den Därmen, Schmerz, von dem einem Schweiß aufs Gesicht trat und von dem Hände wie Fußsohlen plötzlich eiskalt wurden, und neben Mascha, dem hilflosen Mädchen, die bleichen Gesichter des Vaters und der Mutter.

In ihrem halb besinnungslosen Zustand hörte sie, wie Mama töricht alles haarklein aufzählte, was Mascha tagsüber gegessen hatte: »Pürierte Suppe ... eine Scheibe Schinken aus dem Reformhaus ... nein, das kann nicht sein.«

Mascha hörte nicht, wie die Wohnungstür zuschlug und Papa sagte: »Ich habe telefoniert und telefoniert, aber sie lehnen es kategorisch ab, aus der Stadt hierherzukommen, ich habe es geschafft, mich mit dem Kreiskrankenhaus in Verbindung zu setzen ... sie haben versprochen, die diensttuende Ärztin zu schicken.«

»O Gott, was soll das denn«, sagte Mama, »die Ärzte dort taugen doch nichts.«

Diese Hilflosigkeit der Eltern war vollkommen ungewohnt. Denn die Welt, in der Mascha lebte, war eine Welt von starken Menschen, sie flogen in Flugzeugen in der ganzen Welt umher, ihre Bilder waren in den Zeitungen zu sehen, sie erzählten von Empfängen im Kreml, von ihren Gesprächen mit den hochrangigsten Persönlichkeiten im Lande, für ihre Arbeit interessierte sich die ganze Welt ... Denn auch Papa, der Gute, Feinfühlige, gehörte zur Welt der Starken, die Mascha kannte.

An seinen verwirrten, hilflosen Augen konnte sie ablesen, wie schlecht es um sie stand.

Und auch die junge Ärztin, die in hellblauer Baskenmütze und einem Mantel, den sie sich über den weißen Kittel geworfen hatte, ans Bett trat, hatte erschrockene Augen, und Mascha verstand, dass alles aus und vorbei war, dass die Ärztin nicht wegen der riesigen Bücherschränke, des Flügels und des marmornen Dantekopfes ängstlich dreinschaute, nicht wegen Mamas Misstrauen und auch nicht deshalb, weil die Stimme von Papa, dem Großgewachsenen, Berühmten, sich überschlug ... Die Ärztin erschrak allein Maschas wegen, und Mascha, das kleine, ganz dem Leben zugewandte Wesen, das so überhaupt nicht zum Begriff und der Empfindung des Todes passte, so wie ein zartes Aprilpflänzlein nicht zu einem nächtlichen Schneesturm passt, begriff plötzlich mit Herz und Verstand, dass der Tod sie in seinen Klauen hielt, Papa, Mama, die Ärztin in Schrecken versetzte.

Und dann wickelten sie Mascha in eine Bettdecke und trugen sie die Treppe hinunter – das heiße Petroleum strömte aus ihrem Bauch ins Gehirn, und sie wimmerte leise, kläglich, wie ein Hund, der erschlagen wird.

Und sogleich, als bedecke Schnee das Land, war weder das Weinen der Mama noch Papas Angst, noch der unbewegte Bagger über der schwarzen Grube mehr da, sondern einzig und allein Stille.

Und als sie die Augen aufschlug, bereit für den unausweichlichen Schrecken, sah sie über sich eine große hell leuchtende Lampe, eine strahlend weiße Decke, ein großes Männergesicht, eine unglaublich saubere Kochmütze. In dieser allgemeinen Weiße, die einen fast blendete, lag die unbarmherzige, aber rettende Kraft der Ruhe. Und ruhiger als die schneeweiße, helle Stille war das Gesicht des älteren Mannes mit den mandelförmigen Augen und der Stupsnase, halb Russe, halb Tatar, das Gesicht eines Mannes, der sich an die Arbeit machte, die, wenn sie einmal getan war, sich weder verändern noch berichtigen ließ.

Mascha erstarrte, selbst der Schmerz in ihrem Bauch erstarrte, das Mädchen schielte auf seinen Bauch, doch der war ihrem Blick durch ein als Vorhang aufgespanntes Laken entzogen.

Und plötzlich entdeckte sie, dass das ganze Zimmer mit den beiden weißen Tischchen an den weißen Wänden, den weißen Schemeln und ihr selbst, Mascha, die auf dem Rücken auf einem schmalen weißen Tisch lag, sich im polierten Lampenschirm spiegelte.

Wie im Fernsehen sah sie im Lampenschirm drei Frauen in weißen Kitteln, sah das blaue Feuer des Spiritus, den Dampf über den weißen, flachen Töpfen, den Mull, viel Watte, und dann sah und erkannte sie ihren nackten Bauch mit Resten von Krim-Sonnenbräune und darüber Hände.

Mascha wusste, was jetzt geschehen würde, aber sie hatte keine Angst vor dem Chirurgen, und, wichtiger noch, er hatte keine Angst vor ihr, sondern nickte ihr zu und lächelte. Sie sah im Lampenschirm, wie der Doktor ihr den Bauch mit Jod bepinselte, und sagte:

»Sie malen meinen Bauch wie ein Osterei an.«

»Ostereier färbt man mit Zwiebeln und nicht mit Jod.«

So war es tatsächlich. Und Mascha fing nicht an zu streiten.

Im Lampenschirm sah sie alle Vorbereitungen für das, was sie gleich mit ihr tun würden: das Aufblitzen des Skalpells, die Tupfer, die Watte und die Nadeln – aber all das war nicht so schrecklich wie Papas und Mamas Verzweiflung und Hilflosigkeit.

Als der Doktor nach dem Skalpell griff und Mascha für einen Augenblick zu atmen aufhörte und der in jedem Menschen wohnende Angsthase in ihr erstarrte und zu zittern anfing, hörte sie eine eindringliche, aufgeregte Frauenstimme:

»Im Geschäft gibt es Damenmäntel, gerade frisch eingetroffen.«

Der Doktor fragte:

»Sind auch grüne dabei?«

Und dieses Gespräch half Mascha, auch in jenem Moment ruhig und zuversichtlich zu bleiben, als im Lampenschirm Maschas Blut austrat und zu fließen begann und das Gesicht des Doktors sich verfinsterte und er ihr schon nicht mehr zulächelte.

Das Glück der Genesung drückte anscheinend allem, was Mascha erlebte, allem Wichtigen und Unwichtigen, womit ein Tag so angefüllt war, seinen Stempel auf. Aber es konnte auch sein, dass es sich um ein ganz anderes Glück handelte.

Im Krankenzimmer lagen die dicke, herrische Weberin Petrowna und Warwara Semjonowna, eine graue alte Kolchosschachtel. Und direkt neben Mascha lag Klawa, eine Verkäuferin, die verurteilt worden und zwei Jahre in Lagerhaft gewesen war, und am Fenster lag Anastassija Iwanowna aus der Großkolchose »Morgenröte«, die, unbekannt, warum, mit Messerstichen traktiert und geschlagen worden war. Und am anderen Fenster lag die salbungsvolle Tichonowna, die einst als Hausangestellte gearbeitet hatte.

Die Suppe wurde in Blechnäpfen gereicht, die Löffel waren leicht, als wären sie aus Stroh. Die Kopfkissen waren auch ganz leicht und piksten, all das beschäftigte Mascha ... Die Betten waren aus Eisen, Mascha hatte nie zuvor Eisenbetten gesehen.

Und die Suppe war anders als die Suppe zu Hause, obwohl auch sie durch ein Sieb passiert und aus Gemüse war. Und die Laken waren anders, und die kleinen Waffelmuster-Handtücher mit den großen schwarzen Stempeln darauf glichen auch nicht jenen, die zu Hause im Badezimmer hingen.

Die Petrowna war kurzatmig und keuchte, aber sie hatte eine kräftige Generalsstimme. Sie wurde auch »die Generalin« genannt.

Als Mascha ins Krankenzimmer gebracht wurde, nach dem Quarantäneraum, sagte die Petrowna:

»Ein prächtiges Mädchen, hat eine Kartoffelnase wie ein Bauernmädel.«

Und Warwara Semjonowna sagte gedehnt:

»Mein Gott, und was für lange, dünne Storchenbeine.«

Dann, als Mascha wieder zu sich kam, befragten sie sie nach der Blinddarmentzündung und der Operation, danach, wie alles angefangen hatte, und nach allem nur Erdenklichen.

Die Tichonowna stellte unangenehme Fragen. Mascha war es peinlich, darauf zu antworten. Sie schwieg, als die Tichonowna sich erkundigte, ob das Zimmer bei ihnen zu Hause groß sei. Die Tichonowna fragte noch einmal, aber Mascha schwieg. Da erklärte Warwara Semjonowna:

»Das Mädchen ist beim Rechnen durcheinandergekommen, sie haben viele Zimmer zu Hause.«

Und als die Tichonowna nach Papa fragte, was er wohl von Beruf sei, da antwortete Mascha mürrisch:

»Meine Mama ist Lehrerin.«

Die Antwort weckte im Krankenzimmer Interesse.

Die Petrowna sagte:
»Die Mama ist Lehrerin, also ist der Papa Gelehrter.«
Und Warwara Semjonowna fügte hinzu:
»Wahrscheinlich ist er Invalide.«
Klawa meinte:
»Oder er sitzt ...« – und sie sang mit krächzender Stimme vor sich hin: »Ach, wie drehe ich hier Däumchen, alle Kumpel sind im Kittchen, ich vergehe so vor Schmachten, wann werden sie mich bloß verhaften ...«
Anastassija Iwanowna, die am ganzen Körper mit Verbänden umwickelt war, sagte:
»Bestimmt hat er sie verlassen.«
Daraufhin erwiderte Klawa:
»Na und, hat er sie eben verlassen. Das heißt, das vorige Leben ging ihm auf den Keks ...« – und träumerisch fügte sie hinzu: »Uns zum Beispiel, die wir im Handel beschäftigt sind, ist es völlig egal, ob Fordson[72] oder Curzon[73]. Wir kennen nur ein Vergnügen – die Liebe.«
Es war Morgen. Die Sonne, die sich über Nacht ausgeruht hatte, schien hell auf die Krankenhauswände, die Näpfe mit dem Grießbrei, die weißen Teebecher, die Bettpfannen, die unter den Betten hervorlugten. Der Morgen war von grundloser Leichtigkeit erfüllt, von aufgeregtem Herzklopfen, von der Erwartung eines langen Lebens, die sich Maschas bemächtigt hatte.
Danach war Visite. Der Doktor trat zu Mascha, und das Mädchen verspürte Ruhe und Glück, als seine warme, große Hand ihr über den Kopf strich. Er war grauhaarig und kahlköpfig zugleich, Russe und Tatar, brummig und gutherzig, arm, in ausgetretenen Schuhen, und wichtig, sehr, sehr wichtig.

72 Kurzform der Traktorenfirma »Henry Ford & Son«
73 Lord George Curzon (1859–1925), britischer Staatsmann und Vizekönig von Indien. Nach ihm benannt ist die »Curzon-Linie«, die nach dem Ersten Weltkrieg als Demarkationslinie zwischen Polen und der gerade erst gegründeten Sowjetunion vorgeschlagen wurde.

»Können Papa und Mama mich nicht besuchen kommen?«, bat Mascha.

Der Doktor sagte:

»Das geht nicht, wir stehen wegen der Virusgrippe unter Quarantäne.«

Als der Doktor gegangen war, seufzte Warwara Semjonowna:

»Oh, wie mir der Doktor gefällt!«

»Warum hast du's ihm nicht gesagt?«, fragte die Petrowna.

»Es sind so viele da, da habe ich mich geschämt.«

»Ach, Warwara, weshalb sich denn der Liebe schämen«, sagte die Petrowna und blies die breiten Flügel ihrer breiten Nase auf.

Es war für Mascha sehr erstaunlich, dass zwei siebzigjährige Alte über die Liebe sprachen, sei es aus Spaß, sei es im Ernst.

Dann unterhielten sich die Frauen über das Thema Arbeitslohn, und während des Gesprächs kamen die Krankenpflegerinnen herein, die den Patienten das Mittagessen brachten, und fingen an, sich mächtig zu beklagen. Und dann stellte eine der Krankenpflegerinnen, Lisa, die älteste und hässlichste von ihnen, das Tablett mit den Suppennäpfen auf dem Fensterbrett ab und führte allen vor, wie sie in ihrer Jugend getanzt hatte.

Und alle waren guter Dinge.

Als es aber zu dämmern anfing, wurde Mascha von Schwermut ergriffen. Im Krankenzimmer war es still, Babuschka Warwara schnarchte leise, Anastassija, die mit Messerstichen Traktierte, schmatzte im Traum. Offensichtlich nervte dieser sabberige Laut die Petrowna, denn sie sagte:

»He, du da, was schnalzt du mit den Lippen, isst du Blini oder was?«

Die Petrowna hatte ein strenges Gesicht mit buschigen Augenbrauen, und obwohl sie schon lange im Krankenhaus lag, sah sie sonnengebräunt aus.

Anastassija Iwanowna antwortete nicht, sie schlief weiter.

Die Tichonowna sprach einschmeichlerisch, mit gedämpfter Stimme. Augenscheinlich hatte sie ein wenig Furcht vor der Petrowna und bemühte sich, ihr zu gefallen, mit ihren Geschichten ihr Interesse zu gewinnen. Die Tichonowna sprach mit jedem auf andere Weise, das hatte Mascha gleich in den ersten Stunden bemerkt: auf die eine Art und Weise mit der Krankenpflegerin, auf eine andere mit der Petrowna, und bei der diensthabenden Krankenschwester, da flötete sie. Wenn sie Klawa oder der mit Messerstichen traktierten Anastassija aus ihrem Leben als Hausangestellte erzählte, dann schmückte sie alles aus:

»Schöne Fischlein schwimmen im Awarium, und einen Nutrapelz hat er ihr verehrt, einen echten Nutra, achttausend hat er hingeblättert. Und diese Blumen, die Blumen ...«

Wenn sie aber mit der alten Weberin sprach, dann malte sie ganz andere Bilder:

»Was haben die denn für ein Leben, er kommt nach Hause, steckt die Nase in ein Buch und würdigt sie keines einzigen Blickes ... Tag und Nacht kommt der Notarzt zu den Reichen gefahren, kein einziges Mal lehnt er es ab ... Und sie haben nur eine Krankheit: Stopfen sich voll, bis sie kaum noch atmen können. Da geht er zu seinem Wagen – und schiebt einen Bauch vor sich her wie eine gestopfte Gans. Mein letzter Herr zum Beispiel – kommt vom Dienst, frisst sich voll und greift sich ans Herz. Die Herrin stürzt zum Telefon – der Notarzt kommt natürlich sofort, aber er ist schon hinüber ... Und Kinderkrippen haben sie, und geschlossene Kindergärten, wo sie nur Kinder von Berühmtheiten aufnehmen.«

Die Petrowna dagegen sprach mit allen gleich – herablassend, ein bisschen grob, schulmeisternd, bald spöttisch, bald erzürnt –, selbst mit der diensthabenden Schwester und sogar mit dem Doktor höchstpersönlich.

Ihre kräftige, trompetende Generalsstimme war immer spöttisch-herablassend, ganz gleich, ob sie von ihren Enkelkindern sprach oder davon, wie ihr Schwiegersohn sie hatte hinauswerfen wollen, oder von dem Firmeninhaber, dem Millionär Prochorow, oder davon, wie Hitler ganz Russland hatte erobern wollen, oder davon, dass sie fünfzig Jahre am Webstuhl gearbeitet hatte.

Jetzt, in der Abenddämmerung, begann die Tichonowna ihr mit gedämpfter Stimme eine Geschichte zu erzählen, von der es Mascha bald fröstelte, und bald musste sie dermaßen an sich halten, um das Lachen zu unterdrücken, dass sie fürchtete, es könnten ihre Nähte platzen.

Die Geschichte handelte von einer Studentin, die Opfer eines Raubmords geworden war, und davon, was nach ihrer Beerdigung passiert war.

»So ein Quatsch«, sagte auf einmal Klawa. Wie sich herausstellte, schlief Klawa gar nicht. Aber die Tichonowna beteuerte, alles sei genau so passiert, wie sie es erzählt hatte.

»Das war in Malojaroslawez, und ein altes Weib hat das alles mit eigenen Augen gesehen, auf dem Sagorsker. Sie sieht, wie Jesus Christus auf dem Grabe sitzt und mit dem Finger lockt und lockt: Komm her, komm ... Und das Grab öffnet sich leise ganz von allein, und heraus kommt die ermordete Schöne, in weißem Lendenschurz.«

Keiner im Krankenzimmer schlief, alle lauschten sie Tichonownas Geschichte.

»Ach geh, das ist doch Quatsch«, sagte Klawa wieder, »und fass dich kurz, bald gibt es Abendessen.«

Die Petrowna bemerkte:

»So was kommt vor. Weihnachten habe ich mich zu Tisch gesetzt, habe mir gebratenes Ferkel auf den Teller getan, doch kaum begann ich mit dem Messer zu schneiden, da fing es an zu quieken.«

Und zum ersten Mal war ihre Stimme völlig ernst, ohne jeden Spott.

Mascha schüttelte es vor Lachen.

Babuschka Warwara aber sagte:

»Wir haben hier die ganze Zeit den Tod vor unserer Nase, ihr aber redet immerzu Blech. Wo hast du denn dieses Ferkelchen gesehen, doch wohl nur im Traum.«

Und tatsächlich, die Petrowna gab zu, dass sie noch nie Spanferkel gegessen hatte.

Und auch die wunderliche Tichonowna nahm plötzlich von ihrer Geschichte Abstand, fing gemeinsam mit allen zu lachen an, und Anastassija sagte:

»Du hast dich von Gott losgesagt und bekreuzigst dich doch die ganze Zeit, und ich habe gedacht, du bist Baptistin, wirst Gott nicht verleugnen.«

Aber die Petrowna verteidigte die Tichonowna:

»Sie ist gläubig, und sie sagt sich deshalb leicht los, weil sie das ganze Leben fremder Leute Brot gegessen hat.«

»Da hast du jetzt den Nagel auf den Kopf getroffen«, bekräftigte Klawa und fragte: »Stimmt's, Mascha?«

Mascha pflichtete bei, obwohl sie ihre Worte nicht ganz verstanden hatte. Klawa sprach meistenteils unverständlich.

Besonders unverständlich war es, wenn Klawa anfing, von der Lagerliebe zu erzählen. Die Petrowna, die vom frühen Morgen an ganz ungezwungen geflucht hatte, ließ Klawa die Geschichte nicht zu Ende erzählen und sagte:

»Ist gut, das reicht jetzt vor dem Kind.«

Warwara Semjonowna pflichtete ihr bei:

»Bei uns im Dorf wollen so was auch die Alten nicht hören.«

Aber eine von Klawas Lagergeschichten gefiel Mascha sehr.

Die Geschichte handelte davon, wie im Entbindungsheim neben Klawa die Frau eines Offiziers gelegen hatte. Diese Offiziersfrau, eine Schönheit, weigerte sich, ihr Kind zu stillen – sie hatte Angst, sich die Figur zu ruinieren, und hatte das offenbar ganz allein so entschieden. Da machte eine junge Putzfrau sich daran, das Neugeborene zu stillen – eine alleinstehende Mutter, deren Kind gleich nach der Geburt gestorben war. Diese Putzfrau war nicht schön und ausgesprochen arm. Das alles haben die Krankenpflegerinnen dem Offizier erzählt. »Ach, so ist das«, sagte der Offizier und erklärte den Krankenpflegerinnen auf der Stelle, dass er die Putzfrau ganz offiziell heiraten würde. Und da kamen die Krankenpflegerinnen und erzählten ihm, welche Schuhgröße die alleinstehende Putzfrau habe und welche Größen bei den Kleidern.

Und als sie aus dem Entbindungsheim entlassen wurde, da wartete der Offizier in der Aufnahme auf sie und den neugeborenen Sohn, und er hielt neue Schuhe, ein neues Kleid und einen Übergangsmantel in den Händen.

Das ganze Krankenzimmer schimpfte mächtig über die schöne Offiziersfrau, selbst Warwara Semjonowna, die immer sagte, dass ein altes Weib vom Lande sich nicht solche Worte erlaube wie eine Städterin, bedachte die Offiziersfrau mit einigen deutlichen Worten.

Worüber Warwara Semjonowna auch sprach, immer fing sie mit den Worten an: »Bei uns im Dorf.«

»Bei uns im Dorf hat das Mädel einen Eimer Milch pro Tag getrunken …« Und das Mädel war – ein Pferd.

Am Morgen verkündete sie: »Bei uns im Dorf sagen wir immer: ›Ein kalter Mai tötet das Ungeziefer und verspricht eine gute Ernte.‹«

Und als die Krankenpflegerin, die nach dem Mittagessen das Geschirr abräumen kam, erzählte, dass der Sohn des Doktors bereits sein Studium beendet habe, aber immer noch nicht ans Heiraten denke, sagte sie: »Bei uns im Dorf hat Mitka Owsjannikow wegen seiner Mutter nicht geheiratet.«

Vor dem Abendessen fingen sie, wie es häufig vorkommt, an, über Essen zu sprechen. Übers Essen redete vor allem Warwara Semjonowna mit besonderem Ernst, wahrscheinlich, weil sie sich von allen am bescheidensten ernährte. Sie glich ein wenig Maschas Papa – das Gespräch drehte sich anfangs um die verschiedensten Dinge, aber Warwara Semjonowna lenkte es unmerklich auf das Dorf und seine Bewohner.

Beispielsweise sagte die Petrowna:

»In der Pflotte dienen die Jungs fünf Jahre.«

Und Warwara Semjonowna ergänzte:

»Genau, die Jungs bei uns aus dem Dorf, die kommen als Soldaten nach Moskau, da werden sie ganz wohlgenährt und sauber, jeden Tag futtern sie Weißbrot.«

Und auch als Klawa erzählte, wie an einem Marktstand

die Qualität von Früchten und dementsprechend der Preis festgelegt werde, da kommentierte sie:

»Bei uns im Dorf ist die Süßkirsche süßer als die Sauerkirsche, da ist mehr Fleisch dran.«

Wenn sie über Kinder sprachen, sagte Warwara Semjonowna:

»Vor drei Jahren ist meine Tochter aus Leningrad zu mir ins Dorf zu Besuch gekommen, sie arbeitet als Putzerin auf der Baustelle. Und als sie sich fertigmacht, um ins Bett zu gehen, da sage ich zu ihr: ›Oh, Töchterlein, was hast du nur für saubere Füße, die sind weißer als das Gesicht von deiner Mutter vom Lande.‹«

Klawa erkundigte sich, warum keiner Anastassija Iwanowna am Sonntag etwas gebracht hatte, und diese antwortete ihr:

»Meine Nichte aus Podolsk bringt mir immer die Lebensmittel, aber am Mittwoch ist sie nach Ufa geflogen, auf Dienstreise.«

»Da wird sie dann Ucha[74] essen«, sagte Warwara Semjonowna schwärmerisch.

»Nicht Ucha, sondern Ufa, du Landei.«

Babuschka Warwara war unerwarteterweise über diese Worte sehr gekränkt und antwortete:

»Ist mir doch egal, ob Ucha oder Upa, und deine Nichte interessiert mich auch nicht.«

Und just in diesem Moment schaute sie zu Mascha hinüber:

»Was grinst du so, du Lehrerkind?«

Warwara Semjonowna schwieg den ganzen Abend, und Mascha quälte sich, weil sie sie gekränkt hatte, und auch deswegen, weil die Alte ein trauriges Gesicht machte und keiner zu ihr hinschaute und ihre Kränkung wahrnahm, nur Mascha sah zu ihr hinüber und bemerkte es, aber Mascha konnte sich natürlich nicht dazu entschließen, sie anzusprechen.

---

74 Russische Fischsuppe

Dann schien es ihr, dass Warwara Semjonowna sie finster ansah, ganz böse, sie überhaupt nicht leiden konnte. Und sie glaubte, dass in der Nacht, wenn alle im Krankenzimmer eingeschlafen wären und die diensthabende Krankenschwester im Flur das Licht gelöscht haben würde, die knochige, boshafte Alte mit den herunterhängenden grauen Strähnen zu ihr kommen, sich mit ihren ausdruckslosen Augen denen von Mascha nähern und fragen würde:

»Was grinst du mich so an? He?«

Ihre Angst wuchs – sie war schwach, krank, erst aufgeschnitten worden, dann wieder zugenäht und ganz allein. Papa und Mama wurden wegen der Virusgrippe nicht zu ihr gelassen.

Den ganzen Tag hatte sie mit schrecklicher Neugier die für sie ungewohnten unbekannten Menschen angeschaut und aufmerksam ihrer Sprechweise gelauscht, die für sie ganz neu war.

Und nun schien ihr, als ob jemand urplötzlich die Schallplatte vom Plattenspieler genommen habe und Stille eingetreten sei, und all das, was sie beschäftigt hatte, war verschwunden, zurückgeblieben war nur das Fremde, Feindselige, das sie, ganz hingerissen von der Schallplatte, nicht bemerkt hatte. Denn natürlich war das interessant gewesen: ein merkwürdiges Wort, das sie zum ersten Mal hörte, und plötzlich konnte sie seine Bedeutung erraten, es war wie ein freundliches Aufblitzen – wie rundes, lustiges, glänzendes Quecksilber.

Es war ein Spiel gewesen, und sie hatte fröhlich und ungeduldig auf ein überraschendes neues Wort ihrer Gesprächspartnerinnen aus dem Krankenzimmer gewartet. Es war ein Spiel gewesen, und nun war das Spiel zu Ende.

Sie lauschte schon nicht mehr auf das, was die Alten während des Abendessens sagten, und auch nicht darauf, was sie sprachen, als die Krankenpflegerinnen die Näpfe und Becher abräumten; das Licht wurde gelöscht, und es blieb nur der schwache Schein der Lampe über dem Krankenhausvorbau.

Sie hörte nicht, wie die Petrowna sagte:

»Zwei Söhne an der Front umgekommen, achtundvierzig Jahre an der Werkbank gestanden. Und die Töchter wollen nichts von mir wissen. Wenn ich nicht im Krankenhaus krepiere, dann gibt es nur einen Weg: ins Altersheim.«

Mascha hörte nicht Warwaras Worte:

»Altersheim, du machst Witze! Weißt du, es gibt dort dreimal am Tag Essen wie im Krankenhaus, zwei Kilo Zucker pro Monat, ein Bett mit Matratze, die Zudecke aus Halbwolle. Du als Held der Arbeit wirst sofort aufgenommen, sie ziehen es bei dir von der Rente ab, und dann bleibt immer noch genug für Zitronenbonbons. Aber woher soll ich's nehmen? Hab gearbeitet, und wo werde ich nun bleiben? Mein Mann ist im Jahre dreißig in Sibirien verschollen, der Sohn in Kriegsgefangenschaft vermisst, der Schwiegersohn lässt mich ins eigene Haus nicht weiter als bis zur Diele hinein. Und du, Generalin, beklagst dich, ich dagegen beklage mich nicht, warum sollte ich mich auch beklagen?«

Keiner im Krankenzimmer lauschte dem Gespräch der Alten, nicht nur Mascha nicht, und was gab es da auch schon zu hören – die Alten sangen ihr altes Lied.

Dann schliefen die Frauen, aber Mascha konnte nicht schlafen und weinte im Dunkeln, ihr kleines Herz schlug ängstlich. Denn wenn alle eingeschlafen wären, dann würde Warwara Semjonowna ihre Wut an ihr auslassen, sie schlief ganz bestimmt nicht.

Doch Warwara Semjonowna schlief auch. Kummer hindert alte Menschen nicht, etwas zu tun, zu schlafen, zu lächeln, zu lachen – so normal wird er im Laufe eines langen Lebens. Je größer er ist, desto normaler ist er, und schon hat es den Anschein, als sei ein Rücken überhaupt nur deswegen krumm, damit sich Schweres bequemer tragen lässt. Der Kummer ist auch schon keine Last mehr, er ist das Leben selbst und erscheint einer Alten ebenso natürlich wie das Atmen, wie Mai und April.

Mascha aber war nicht an Kummer gewöhnt, sie wollte sehnlichst nach Hause, es war ihr so unerträglich in dieser Nacht, ohne Papa und Mama zu sein, inmitten des Gemurmels, des Geschnarches und Gestöhnes, inmitten der unangenehmen Gerüche.

Sie spürte mit ihren Muskeln, ihren Knochen, dass der Tod von ihr fortgejagt worden war und Papa und Mama nicht mehr einen so erbärmlichen Gesichtsausdruck haben würden, der ihr eine solche Furcht eingejagt hatte.

Und kaum war ihr Wesen sich dessen sicher, wurde ihr das Krankenhauszimmer unerträglich, Papa und Mama dagegen schienen unentbehrlich, und jede Minute, die sie ohne die beiden verbrachte, war in ihrer Sinnlosigkeit niederschmetternd.

Aber dann schlief sie doch noch ein, und im Traum schrie sie kläglich, verzweifelt auf, wie ein aus dem warmen Nest auf den kalten Waldboden gefallener unverständiger Jungvogel, der noch nicht flügge war. Die an Kummer gewöhnte Warwara Semjonowna dagegen wachte mitten in der Nacht auf und fing an darüber nachzudenken, wie man sie wohl begraben werde: Wahrscheinlich werden sie sie nicht waschen, sie nicht schön zurechtmachen, ja, und wer wird ihr schon das letzte Geleit geben ... die Gewerkschaftsfürsorge gibt zweihundert Rubel für die Beerdigung. Die Petrowna, ja, die wird beerdigt werden, ist ja auch richtig, die Petrowna hat ihr ganzes Leben in der Fabrik gearbeitet; sie hingegen wird keine richtige Beerdigung bekommen, sondern einfach nur auf den Friedhof gefahren ... Sei's drum, immerhin wird sie gefahren, nicht gekarrt, und dieser dann doch tröstliche Gedanke war ihr angenehm, so wie die Menschen den April, den Mai angenehm finden, so wie für sie die Hoffnung auf ein baldiges Wiedersehen im Himmel mit ihrem in Sibirien verschollenen Mann tröstlich war, der in diesem Jahr vierundsiebzig geworden wäre ...

Mascha schrie kläglich auf, und Warwara Semjonowna wurde unruhig – das Mädchen schläft nicht, quält sich.

»Weine nicht«, sagte die Alte, »ich werde dir das Märchen von der guten Nudelfee erzählen.«

Mascha antwortete nicht, und Warwara Semjonowna war froh – das hieß, das Mädchen quälte sich nicht, sondern schlief, und außerdem kannte die Alte auch überhaupt gar kein Märchen, in dem eine Fee vorkam – anscheinend hatte sie damit einfach die gute Frau in dem Märchen gemeint, die allen, die darum bitten, umsonst weiße Nudeln hinstreut.

Und dann war Mascha wieder zu Hause. Ein wenig unsicher auf den Beinen, blass, ernst, war sie aus dem Krankenzimmer in den halbdunklen Krankenhausflur gekommen, Papa und Mama entgegen, und vor Glück hatte sie angefangen zu weinen.

Sie hatten sie in dem geräumigen Wagen von Stanislaw Iwanowitsch nach Hause gebracht, und sie hatte, ohne die Beine anzuwinkeln, auf dem Rücksitz gelegen. Sie hatte dagelegen, mit ihrer Lieblingsdecke zugedeckt, die ins Krankenhaus mitgekommen war, um ihr von den vielen wohlvertrauten, schönen Sachen, Sächelchen, Dingen, die sich auf ihre Heimkehr freuten und auf sie warteten, einen Gruß zu überbringen. Sie roch nach dem lieben Geruch von zu Hause, den Mascha immer sogleich wahrnahm, wenn sie von der Straße in die Wohnung kam.

Zu Hause zogen sie Mascha aus und steckten sie ins Bett.

Sie hatte gemeint, dass sie auf der Stelle das Krankenzimmer vergessen würde, die piksenden Kopfkissen, die Blechnäpfe. Doch es zeigte sich, dass dem nicht so war. Sie erzählte die ganze Zeit nur vom Krankenzimmer. Die wohlvertrauten Löffelchen, Tässchen, Bilder, Bücher schwiegen betreten, und Mascha erzählte.

Sie gab höchst anschaulich die Geschichte von der ermordeten Studentin zum Besten, führte vor, wie die Petrowna von dem Ferkel berichtet hatte, das wieder lebendig geworden war.

»Was für Worte, herrlich, welche Ausdruckskraft, was für eine erstaunliche Treffsicherheit!«, sagte Papa. »Ich notiere mir das alles, wirklich!«

Und seine vorstehenden Augen glänzten freudig erregt, so wie sie glänzten, wenn er Musik hörte.

Dann kamen Wladimir Iwanowitsch Barabanow und seine Frau Mascha besuchen, und Papa bat sie, noch einmal Klawas Lied zu singen, von der mürrischen Warwara zu erzählen, die Mascha mit ihrem »Was grinst du so?« angefahren hatte.

Mascha erzählte, bald sprach sie im Basston, bald mit zuckersüßer Stimme wie die Tichonowna, und alle lachten und waren entzückt: »Was für eine Ausdruckskraft, was für eine reiche Sprache, welch Schlagfertigkeit, ganz wie sprudelndes Wasser, Ihre elektronische Maschine, Wolodja, wird niemals solche Worte ersinnen.«

Mascha gefiel, dass alle von ihren Krankenzimmergeschichten entzückt waren ... Nur der Beifall eines Menschen bereitete ihr keine Freude – der von Papa. Sie hätte gewollt, dass es gerade Papa unangenehm, ja, peinlich wäre, wie sie die Patientinnen aus dem Krankenzimmer nachäffte, er aber war entzückt und lachte über ihre Geschichten und bat sie ständig darum, sie noch einmal zu erzählen.

Dann tranken alle Tee an ihrem Bett und unterhielten sich: Endlich war der Bau des neuen Wohngebiets genehmigt, und anstelle der Felder, Gemüsegärten und Dörfer würden schöne mehrgeschossige Gebäude entstehen.

Und wieder schaute Mascha zu Papa.

Als die Gäste gegangen waren, legte Papa eine Schallplatte auf, Beethovens achte Violinsonate, und sagte:

»Für dich, meine Liebe, diesmal nur für dich und nicht für mich. Um deine Rückkehr in dein altes Leben zu feiern.«

Und aus dem ruhigen, gewichtigen und gleichmäßigen Kreisen der Schallplatte erhob sich das hundertmal Gehörte und zugleich etwas anderes, etwas Unerwartetes, durch Mark und Bein gehendes Neues – Schmerz, Kummer, Trennung, schutzlose graue Häupter, Verwirrung, Einsamkeit ...

Die Musik spielte, und Mascha fing auf einmal laut zu weinen an.

»Was ist denn los mit dir«, sagte Papa, »das ist doch die reinste Vollkommenheit, ein Hochgenuss, was ist denn ...?«

Aber was konnte man da schon tun ... wie etwas verbessern ...

In den Tagen von Maschas Abwesenheit war alles zu Hause nicht schlechter geworden, sondern sogar besser – lieber, schöner, geliebter, und doch war alles anders geworden: die bekannten Gesichter, und die Löffelchen, und die Bilder, und die Bücher, und die Musik, und Papa, und Mama.

1963

WENN ALLES EINSTÜRZT

Die Operation und die Bestrahlung mit der Radiumkanone hatten Xenia Alexandrowna nicht geholfen. Es hatten sich Metastasen in der Leber und im Magen gebildet, und die alte Frau lag im Sterben und litt Qualen. Erst in den letzten Stunden ihres Lebens verlor sie das Bewusstsein. Als aber eine der Nichten mit gedämpfter Stimme fragte, ob sie der Sterbenden eine Wärmflasche an die Füße legen solle, sagte Xenia Alexandrowna:

»Nicht nötig.«

Diejenigen, die sich um das Bett herum befanden, sahen einander an: Es hatte also nur so geschienen, als wäre die Sterbende nicht mehr bei Bewusstsein.

Die Verwandten sahen einander auch deswegen an, weil sie sich ihre Gespräche im Zimmer der Sterbenden vergegenwärtigten.

Es hatte den Anschein gehabt, als höre die schwer atmende Xenia Alexandrowna, deren Augäpfel unter den Oberlidern nach hinten gerollt waren und deren bleiche Nase markant hervorgetreten war, schon nichts mehr, als befände sie sich bereits in jenem Stadium der Umnachtung, in dem keine Wege, keine Pfade zu anderen Menschen mehr führten und nichts als milchige Ewigkeit existierte …

Ira, die Studentin, hatte gesagt:

»Tante Xenia hat einen erstaunlichen Charakter: Sie ist geizig und gutherzig zugleich.«

Dann hatten sie über Alltägliches geredet: Xenia Alexandrowna hatte ein langes, fast siebzigjähriges Leben gehabt, sie hatte drei Ehemänner sterben sehen, sparsam gelebt, jedes Stück Stoff aufgehoben, alte Anzüge, Schuhe …

Die älteste Nichte, Lenotschka, eine Ingenieurin, die im Werk arbeitete und zwei Kinder hatte, hatte bemerkt:

»In den Kommissionsgeschäften nehmen sie keine getragenen Kleider. Auf dem Preobraschenski-Markt soll es einen Stand geben, wo man alten Plunder nimmt.«

Xenia Alexandrownas Schwester, Warwara Alexandrowna, Iras Mutter, hatte angesichts von Lenotschkas taktlosen Worten geseufzt und gesagt:

»Xenia hat mir immer vorgeworfen, unpraktisch und verschwenderisch zu sein«, und nachdenklich hatte sie hinzugefügt: »Es ist merkwürdig, vor zehn Tagen hat sie auf einmal eine billige Perlenkette aus der Kommode hervorgekramt und sie angelegt, ich habe zu ihr gesagt: ›Leg sie wieder ab, sie stört dich.‹ ›Nein‹, hat sie gesagt: ›ich möchte sie umhaben.‹ Ich habe die Kette nie zuvor an ihr gesehen und kann mich überhaupt nicht an sie erinnern … Wer sie ihr wohl geschenkt haben mag?«

Ira hatte zu der Sterbenden geschaut und gesagt:

»Der Tante kullern Tränen über die Wangen, als würde sie es eingestehen …«

»Was soll sie schon eingestehen«, hatte Lena bemerkt, »das geschieht, ohne dass sie es merkt, wie hat sie sich nur all die Tage gequält, die Arme. Wenn sie doch nur schon tot wäre, das ist so eine Qual, und mein Wanja ist mit den Kindern allein.«

Xenia Alexandrowna verschwand in der Vergangenheit, sie sagten über sie: »Sie war«, während sie schwer und geräuschvoll atmete und zu spüren war, dass das Atmen für sie eine Arbeit war, die ihre Kräfte überstieg.

Ihr Gesicht war in den Tagen der Krankheit schmaler geworden und hatte sich verjüngt, es erinnerte Warwara Alexandrowna an das Mädchen mit den großen Augen, das als das schönste in der Familie, im Gymnasium, in ganz Samara galt.

Warwara Alexandrowna hatte mit verweinten Augen auf die Schränke, die Bilder, den Geschirrschrank geschaut und gedacht, dass Xenia wahrscheinlich in keiner ihrer drei Ehen glücklich gewesen war.

Irgendwie sah Warwara Alexandrowna das Zimmer der Schwester jetzt mit anderen Augen – mit jeder Stunde löste sich mehr und mehr das Band zwischen Xenia und ihren Sachen, schmolz ihre uneingeschränkte Macht über sie dahin. Und während sie um die Schwester weinte, konnte sich Warwara Alexandrowna nicht von ihren rastlosen Gedanken frei machen. Das Testament, das die Schwester aufgesetzt hatte, räumte Warwara Alexandrowna das Recht ein, die Hinterlassenschaft nach ihrem Gutdünken unter den Verwandten aufzuteilen. Und obwohl Warwara Alexandrowna stolz darauf war, dass sie die Hinterlassenschaft ohne Habsucht und sich selbst zum Schaden aufteilen würde, schämte sie sich dafür, dass die Gedanken über ebendiese gerechte Aufteilung sie nicht losließen, und so hatte sie sich über die Sterbende geneigt.

Ihr waren Lenas Worte über die alten, getragenen Sachen unangenehm aufgestoßen.

Augenscheinlich war Lena mit irgendetwas nicht zufrieden.

Lena war in der Familie für ihren praktischen Verstand bekannt, und in ihrem Urteil zeichnete sie sich durch Direktheit und einen gewissen Zynismus aus.

Was ihr nicht weiter verübelt wurde – ihr Leben war alles andere als einfach: Immer hatte sie Geldsorgen, von acht Uhr morgens an arbeitete sie im Werk, und zu Hause, auf engem Raum von neun Quadratmetern, war sie bis in die Nacht mit der Zubereitung des Essens, dem Wäschewaschen sowie mit Näharbeiten beschäftigt. Ihr Mann Wanja dagegen verdiente wenig und hatte einen Hang zu Bier und Portwein.

Aber diesmal hatte sie ihre gereizten Gedanken nicht laut geäußert.

Und nun hatte die Sterbende auf Iras Worte bezüglich der Wärmflasche mit einem »Nicht nötig« geantwortet …

Sie konnte andere schon nicht mehr an ihren Gedanken oder Gefühlen teilhaben lassen, in ihrem Innersten jedoch und in ihrem Gehirn waren weiterhin der Schmerz, die Angst, die Erinnerungen da … Genauso kratzt ein durch einen Einsturz verschütteter Bergmann mit seinen Fingernägeln an einem Stein, ruft. Doch niemand auf der ganzen Welt hört ihn. Hatte sie wirklich gehört, wie der junge Arzt mit dem breiten, fleischigen Gesicht leise und gereizt gesagt hatte: »Es ist eine Frage von Stunden, rufen Sie nicht mehr den Notarzt, das bringt nichts.«

Das ganze Leben, von der Schulzeit an, hatte Xenia Alexandrowna sich über die Sorglosigkeit ihrer jüngeren Schwester gewundert; sie war über die Unbesonnenheit ihrer Leidenschaften erstaunt – als fast vierzigjährige Frau hatte Warwara Alexandrowna ihren Mann, einen bekannten Gelehrten, um eines unglücklich verheirateten Taugenichtses willen verlassen, der sich in sie verliebt hatte, hatte Irotschka gepackt, die noch ein kleines Kind gewesen war, und war in ein zellengroßes Zimmer in einem Holzhaus vor den Toren Moskaus gezogen …

Xenia hatte der Schwester wegen dieses gedankenlosen Schritts nie Vorwürfe gemacht, doch Warwara Alexandrowna hatte ihren Fehler eingesehen – ganz zermürbt war sie nach Hause zurückgekehrt, und ihr Mann, Irinas Vater, der selbst ganz zermürbt gewesen und vor Kummer fast vergangen war, hatte ihr verziehen und kein einziges Mal einen Vorwurf gemacht.

Xenia Alexandrowna dagegen hatte es verstanden, ihre Herzensregungen zu zügeln, vernünftig und wohlüberlegt, aber zugleich auch rechtschaffen und selbstlos zu handeln. Ihr erster Mann, ein berühmter Moskauer Jurist, war vier Monate nach ihrer Hochzeit verhaftet worden. Zwölf Jahre hatte sie auf ihn gewartet, ihn im Lager besucht und erst nach seinem Tod zum zweiten Mal geheiratet. Dabei hatte sie ihn nicht geliebt, und er war siebzehn Jahre älter als sie gewesen.

Tränen kullerten ihr über die Wangen, die Brust atmete

schwer, auf ihrem Gesicht lag der entsetzliche Ausdruck von Leben und Tod, und Warwara Alexandrowna wiederholte mit zusammengepressten Fingern wie von Sinnen:

»Xenjuschka, Xenia, warum weinst du denn nur, so sag es mir doch ...«

Aber die Sterbende sprach kein Wort mehr und röchelte nur.

»Xenjuschka, Xenia, warum weinst du denn nur ...«

Xenia hatte einen merkwürdigen Charakter – sie war überaus gesprächig und galt als geschwätzig, in der Kindheit hatte der Papa sie Schnatterente genannt, zugleich aber war sie schrecklich verschlossen, nicht einmal im Leben hatte sie mit einem ihrer nahen Verwandten darüber gesprochen, was sie im Herzen bewegte. Alle drei Ehen waren Vernunftehen gewesen, sie hatte Männer geheiratet, die älter waren als sie, bemittelt, sehr gebildet, Männer von Rang. Aber war sie glücklich mit ihren Männern gewesen? Sie waren ganz unterschiedlich, aber alle hatten sie nicht getrunken, nicht geraucht, keine Besuche abgestattet und waren auch nicht ins Theater gegangen, sie waren sparsam gewesen, und alle hatten sie, genau wie Xenia Alexandrowna, schöne, erlesene Dinge geliebt. Vielleicht hatten sie sich auch deshalb in Xenia Alexandrowna verliebt, denn sie war sehr schön, und selbst als sie rundlich geworden war und ergraut, hatte sie sich ihre Anmut bewahrt. Ihr feiner grauer Kopf harmonierte so gut mit den schönen Gegenständen, die sie umgaben ...

»Xenjuschka, Xenia, warum weinst du denn nur ...«

Es war so merkwürdig, inmitten des Porzellans und Kristalls die Apothekenfläschchen zu sehen, die aufgebrochenen Pantoponampullen, den zerrissenen Verbandmull, die Wattebäusche und diese elende billige Kette auf Xenia Alexandrownas Brust.

Selbst im Sterben noch blieb Xenia Alexandrowna verschlossen – die Schwester wusste nicht, warum ihr Tränen über die Wangen kullerten, warum sie vor ihrem Tod diese elende Glasperlenkette angelegt hatte ... Weinte sie in der Stunde ihres Todes, weil sie ein glückloses Leben verbracht hatte? Oder weinte sie vor Schmerz, wie ein Baum, der gefällt wird, der ächzt und knarrt, Saft und Harz und Tränen vergießt?

Das erfuhr keiner.

Um sechzehn Uhr zehn hörte sie auf zu atmen. Zaghaft und fast unmerklich trat aus der unermesslichen Tiefe des Leids ein Lächeln auf ihr gequältes Gesicht. Erstmals seit vielen Wochen lag ein Ausdruck von Ruhe auf dem Antlitz der Gepeinigten. Der Tod hatte ihre Tränen getrocknet. In ihrer Seele waren kein Bedauern und keine Leiden mehr. Ihre Seele war nicht mehr. Ihr Verstand war nicht mehr. Ihre Erinnerung an Vergangenes war nicht mehr. Die Angst vor der Zukunft war nicht mehr und auch nicht die Hoffnung auf eine Zukunft. Es trat Stille ein, Wärme und Kälte blieben aus …

Es ist so eigenartig, so erstaunlich – denn noch das kleinste, winzigste Ereignis ist ja mit einer Bewegung verknüpft. Ein Marienkäfer krabbelt einen Grashalm hinauf, der Grashalm fängt an zu schaukeln, zu wippen. Ein kleines Blatt fängt an, sich zu regen, ein Windhauch weht, ein Steinchen fällt zu Boden, und ein Mensch blickt sich um und denkt bei sich: »Oh, ein Steinchen ist zu Boden gefallen.« In der Stille aber vollzieht sich das gewaltige Ereignis des Todes – ein unermessliches Universum fällt in sich zusammen, das Firmament stürzt ein, die Berge brechen auseinander, die Erde löst sich auf, und kein Windhauch, kein Geräusch. So eigenartig: Hunderte großer Segel waren bei schönster Windstille prall gefüllt, und ein Leben schied dahin, ging auf in der Weite des Ozeans, und keine Spur davon auf dem salzigen Wasser, und kein Windhauch weht, und zur selben Zeit schreien die Vögel, schauen die Kinder, schwingt das Uhrpendel, eilt der Sekundenzeiger, die Fliegen summen an der Fensterscheibe, und jetzt zittert die Fensterscheibe, vibrieren die Wände: Unter der Erde saust schwer ein U-Bahn-Zug dahin …

Und alles, alles ist wie zuvor – der Smaragdring neben der goldenen Uhr genauso wie die elende Kette auf der Brust der toten Alten.

Warwara Alexandrowna fing nicht an zu weinen, ihr Blick ruhte auf dem angehaltenen Atem der Schwester. Die Tochter und die Nichte sahen Warwara Alexandrowna schweigend an ... Woran dachte sie, was fühlte sie, wie sie da auf die grauhaarige Alte schaute, die zu atmen aufgehört hatte und die sie noch so genau als junges Mädchen vor Augen hatte, als wäre es gestern? Der Tod ist gewaltig, wie das Leben.

Vielen erscheint der Tod schrecklich, und schrecklich ist er dadurch, dass er ein klares Licht auf das Leben in seiner Gänze wirft, welches sonst immer nebulös und verworren erscheint – vom klaren Quell der Kindheit bis zur trüben, bitteren, salzigen Mündung. Erschöpft von der Einsicht, die ihren Verstand erhellte und ihre Kräfte überstieg, sagte Warwara Alexandrowna laut:

»Nun quält sie sich nicht mehr.«

Das Leben befürchtete, dass der Tod sein erlösendes nebulöses Durcheinander aufdecken könnte, und so lenkte es das Herz und die Gedanken gleich mit Dutzenden von eiligen Angelegenheiten und Sorgen ab.

Der Arzt musste gerufen werden, der die Todesurkunde ausstellte, ebenso ein Fachmann, der sich um die Kühlung der Leiche kümmerte, es galt, zum Standesamt zu fahren, um den Tod zu melden, den Sarg zu besorgen sowie einen Kranz und Blumen, es musste eine Grabstätte gefunden werden, und es waren die Verwandten anzurufen.

Und sie alle, die sie mit Papier, Holz, Erde befasst waren, mit dem letzten Geleit, das einem Toten von seinem Haus bis zum Friedhof gegeben wird, sie versuchten einander mit jeder Tätigkeit, mit jedem Blick zu erklären, dass der Tod eine einfache, fade Angelegenheit sei, nicht anders als das Leben. Das beruhigte, lenkte ab, und ein jeder wünschte sich mehr Geschäftigkeit, Gespräche, Telefonate.

Am Abend kam der Bruder der Verstorbenen, der Vater von Lena, Sergej Alexandrowitsch, mit seinem jüngsten Sohn Kostja.

Sergej Alexandrowitsch blickte auf den erkalteten Körper, der mit einem Stück Tüll bedeckt war, schluchzte auf, murmelte etwas vor sich hin, blieb mit einem Bein am Stuhl hängen, trat dann zu Warwara Alexandrowna, umarmte sie, und sie fingen beide an zu weinen. Kostja verzog das Gesicht und schniefte. Lena, die sich nicht davor scheute, Lebenden jegliche Grobheit ins Gesicht zu sagen, aber Angst vor Toten hatte, schaute in das dunkle Nachtfenster, und Ira, die Studentin, blickte unverwandt auf das Gesicht der Verstorbenen, die blassen Lippen halb geöffnet. Nun wurde schon sichtbar, dass der Tod und nicht das Leben Herr über dieses Gesicht war …

Es schien, just in diesen Minuten würde sich das Leben Xenia Alexandrownas klar erschließen, doch da läutete es, und ins Zimmer trat eine Frau mit angemalten Lippen, die mit ihren flinken braunen Augen einen Blick auf die Verstorbene und die Anwesenden warf, die Gegenstände überflog und sagte:

»Folgendes: Als technische Hausmeisterin bin ich verpflichtet, das Zimmer zu versiegeln. Sehen Sie zu, dass Sie die Angelegenheit mit der Beerdigung und der Hinterlassenschaft bis dahin geregelt haben. Hier ist alles so vollgestopft mit Sachen, dass Sie Tag und Nacht zu schuften haben werden.«

Die Barschheit der technischen Hausmeisterin empörte sie alle, doch insgeheim waren sie ihr auch dankbar – ihre Barschheit lenkte sie ab und bewahrte sie davor, durch den Tod Einsichten über das Leben zu gewinnen.

Die Verstorbene hatte viele Sachen, und es blieb ihnen wenig Zeit. Alle waren sie an ihre Arbeit gebunden, Ira an die Hochschule, weshalb sie beschlossen, nicht die Beerdigung abzuwarten, sondern gleich damit zu beginnen, die Sachen durchzusehen, und außerdem musste noch der Transport der Möbel auf die Datscha von Bekannten organisiert werden; Lenotschka hatte versichert, dass es in den Möbelkommissionsgeschäften Mahagoniholz en masse gäbe und keine alten Möbel in Kommission genommen würden.

Doch sie saßen noch lange Zeit um das Bett der Verstorbenen herum, ohne sich an die Arbeit zu machen, schluchzten auf, schwiegen, schluchzten wieder, sprachen ein, zwei Worte mit gedämpfter Stimme und schwiegen erneut.

»Na ja, da kann man nichts machen«, sagte Warwara Alexandrowna schließlich.

»Ja, ja«, sprach Lenotschka. »Wenn man alles einfach so wegwirft, ist das Tante Xenia gegenüber respektlos, denn sie hat all diese Sachen geliebt und pfleglich behandelt.«

Und so fingen sie an ...

Xenia Alexandrowna lag starr auf dem Bett, und um sie herum waren Lärm und Geschäftigkeit, fragmentarische Gespräche.

Lenotschka holte eine große Pappschachtel vom Schrank herunter, sagte halblaut etwas zu Kostja, und der fing zu lachen an.

Warwara Alexandrowna sagte erschrocken:

»Kostja, Kostja, wie kannst du nur.«

Kostja wurde ganz verlegen und schaute zur Verstorbenen.

Lena schwenkte einen großen Damenhut mit einer riesigen Straußenfeder in der Luft, sagte:

»Was gab es bloß für Moden, wozu hat die Tante nur dieses alte Zeugs aufgehoben.«

Warwara Alexandrowna betrachtete von ihrer eigenen Warte aus die vorrevolutionären Uniformmützen mit den glänzenden Schirmen, die aussahen, als seien sie erst gestern gekauft worden, das Porzellan, die verstaubten Einmachgläser mit der alten, ganz hart gewordenen Marmelade, die Brillantringe, die goldenen Uhren.

All das waren für sie höchst lebendige Zeugen des Lebens ihrer Schwester ... Dieser Hut mit der Feder etwa hatte der verstorbenen Mama gehört – wie viele Jahrzehnte hatte Warwara Alexandrowna ihn nicht gesehen und auf der Stelle wiedererkannt ...

»O mein Gott, wozu hat Xenia nur all diesen alten Kram gesammelt und aufbewahrt?« – bis unter die Decke stapelten sich die mit Teppichen und Vorhangstoffen bedeckten Koffer, es gab Berge von Sachen in den Schränken, unter dem

Schreibtisch. Die sparsame, umsichtige Xenia hatte diese Dinge über Jahrzehnte voller Zärtlichkeit aufbewahrt, war beunruhigt gewesen, wenn sie auf die Datscha fuhr, hatte gefürchtet, Diebe könnten sie entwenden. Lena holte Stapel teurer Wäsche, Tischdecken, Handtücher aus dem Schrank und legte sie auf den Fußboden. Xenia war das Leinen zu schade gewesen, sie hatte billige Handtücher und Tischdecken aus Baumwolle gekauft …

Und wie viel war dahin: neue, noch nie getragene Fracks mit Schößen, von Motten zerfressen, Sakkos aus englischem Tuch mit gähnenden Löchern im Rücken.

Die jungen Leute trugen nun schon zum vierten Mal große Ballen von Kleidern zum Müllkasten, die weder ein Ankäufer noch die ärmsten alten Mütterchen nehmen würden.

Und direkt neben den alten, mottenzerfressenen Klamotten lagen Ringe mit herrlichen Brillanten, waren Perlen, Kristall, Porzellan …

Xenia hatte diese Juwelen fast nie angelegt – sie hatte gefürchtet, die Nachbarn könnten neidisch werden, ihr böse Blicke zuwerfen, Diebe könnten sie bestehlen.

Auch wenn Warwara Alexandrowna wusste, dass es nicht schön war, sagte sie:

»Schaut nur, was für ein bezaubernder Ring.«

Zum Bruder sprach sie:

»Serjoscha, so guck doch wenigstens einmal, du bist ja ganz ins Buch vertieft …«

Sergej Alexandrowitsch, dessen unpraktische Ader und Weltfremdheit in der Familie Gegenstand gutmütiger Spöttereien war, hatten sie gebeten, die Bücher durchzusehen und zu entscheiden, welche sie für sich behielten, welche ins Antiquariat kämen und welche auf den Müll wandern würden. Aber er kam nicht voran mit seiner Arbeit, er nahm ein Buch in die Hand, wischte sich die Tränen aus den Augen, schaute hinein, fing an zu lesen und las sich fest …

Der Staub, der von den alten Sachen aufstieg, die hinter dem Schrank lagen, der Arzneimittelgeruch, das Gesicht der Verstorbenen – all das war so furchtbar, so eigentümlich, so wenig in Verbindung zu bringen mit dem, was die Studentin Ira bis dahin gekannt hatte.

Alles, was Xenia Alexandrownas ganzer Lebensinhalt gewesen war, ging von ihr fort, trennte sich von ihr, wanderte für immer in Kommissionsgeschäfte, in fremde Schränke, in die Schubkästen unbekannter Tische, in Müllcontainer und in Altstoffsammlungen, alles, was jahrzehntelang völlig sinnlos unbenutzt in diesem Zimmer gelegen hatte, würden in ein, zwei Tagen unbekannte Menschen an sich nehmen. Alles, was Xenia Alexandrownas Lebensinhalt gewesen war, wendete sich gleichgültig von ihr ab, verriet sie, als hätte es sie nie auf Erden gegeben ... Keine einzige Spur ihres Lebens, ihres innersten Wesens war auf diesen Vasen, Ringen, Weingläsern geblieben ... Sie werden mit einem feuchten Lappen abgewischt, und das war's. Und keiner wird sich um Xenia Alexandrowna scheren, ihr Leben, ihren Tod.

Bloß die Glasperlenkette blieb bei Xenia Alexandrowna, verriet sie nicht, ging nicht von ihr fort, schickte sich an, ihr ins Krematoriumsfeuer das Geleit zu geben und in die Stille des Grabes ... Sie ging mit ihr – diese traurige Erinnerung daran, dass sie sich einmal um der Vernunft und der Ruhe willen vom Glück abgewendet hatte ...

Wie viel Hochmut lag in Lenotschkas Abscheu, mit dem sie den wertlosen Plunder auf den Müll trug, dem die Tante ihr Leben geweiht hatte, und noch darüber spottete. Was für ein Ausbund an Weisheit im Vergleich mit der verstorbenen Alten war der junge Ingenieur und Bergsteiger Kostja, der, als er Haufen von Stoff zum Müllkasten schleppte, grob sagte:

»Was hat Tante Xenia nur für Trödel gesammelt.«

Was für ein unausgesprochener Vorwurf lag in den Augen von Irinas Mama – Xenia war so sparsam, haushälterisch, dabei hätte sie so einfach und leicht der Schwester, dem Bruder, den Nichten und Neffen in schweren Zeiten unter die Arme greifen können, warum waren ihr all diese Sachen zu schade gewesen, warum hatte sie sie nicht mit der Familie geteilt, hatte sie sie vor ihnen versteckt?

Und Onkel Serjoscha, Werkökonom, ein schüchterner, scheuer Bücherwurm, stand unverkennbar ins Gesicht geschrieben, dass ihm jene Welt gleichgültig war, der Tante Xenias ganzes Leben gegolten hatte.

Anhand der Sachen in Xenia Alexandrownas Zimmer, die von ihren drei Ehemännern stammten, ließen sich deren Charakter und Neigungen ablesen. Und wie Paläontologen die Bilder des Lebens vergangener Epochen rekonstruieren, so rekonstruierten die Verwandten ein Leben, das im Begriff war, in ebendiese vergangenen Zeiten zu entschwinden, während sie die Sachen durchsahen und dabei auf ältere Gesteinsschichten stießen.

Xenia Alexandrownas dritter Mann, der vor acht Jahren an einem Herzschlag gestorben war, war Professor für Kunstgeschichte gewesen – von ihm stammten die Bücher, Bildbände, zwei Gemälde: ein Landschaftsbild von Wassiljew[75] und ein prächtiges Frauenporträt, gemalt von einem in Russland unbekannten italienischen Meister. Xenia Alexandrownas zweiter Mann, Chefingenieur im Konstruktionsbüro eines Geheimwerks, der bei einem Autounfall ums Leben gekommen war, war Jäger und Amateurfotograf gewesen – in den Tischkästen und den unteren Schubfächern der Kommoden lagen Fotoapparate, Jagdtaschenmesser, hinter der Portiere hing in einem Lederfutteral ein Purdey-Gewehr.

Und ihr erster Mann, der im Lager gestorben war, hatte Porzellan gesammelt, Geschirr, goldene Chronometer, rare Münzen.

Ira sah, dass die gedrückte Stimmung nicht nur von der völligen Unbrauchbarkeit des alten Plunders herrührte, den sie gemeinsam mit Lena und Kostja zum Müllkasten hinaustrug.

Sie spürte Lenotschkas Gereiztheit, kaum dass Kostja sagte:

»Die Leica möchte ich gerne haben.«

---

75 Fjodor Alexandrowitsch Wassiljew (1850–1873), bekannter russischer Landschaftsmaler

Lenotschka erwiderte:

»Kostenka, warum denn gerade du, du weißt doch genau, dass Wanja schon lange von solch einer Kamera träumt.«

Kostja lächelte spöttisch, sagte zuvorkommend:

»Bitte, bitte …«, und fing nicht weiter an, mit Lena zu streiten.

Doch auch wenn Kostja mit Lena nicht zu streiten anfing – Ira konnte deutlich die gereizte Stimmung spüren, die zwischen den Familienmitgliedern aufgekommen war.

Und in der Tat wäre es besser gewesen, sie hätten sich alle laut gezankt, als falsche Zuvorkommenheit einander gegenüber an den Tag zu legen.

Mama sprach nichts als bewegende Worte, Mama verzichtete auf alles, überließ edelmütig alles Onkel Serjoscha, Lena, ihrem Mann Wanja, Kostja, dem Bergsteiger, doch noch nie hatte so viel Unwahrheit in Mamas Blick gelegen und eine solche Unaufrichtigkeit in ihrer Stimme. Und selbst als Mama vom Tisch wegtrat und bei Tante Xenia stand, sie schweigend betrachtete, schien es Ira, dass Mama theatralisch eine besonders schöne traurige Pose eingenommen hatte, und als Mama weinte, begann Ira sich zu schämen, denn sie glaubte ihr nicht.

Als Mama damals Papa verlassen hatte, da hatte sich die kleine Ira keineswegs geschämt, als die Nachbarn die Köpfe zusammensteckten, lachten, schrecklich viel tratschten.

Gleichzeitig regte sich Ira über ihre Mutter auf, weil sie auf die kleinen Kostbarkeiten verzichtete, die im Schein des elektrischen Lichts funkelten und schimmerten: Denn es war offensichtlich, dass sie Warwara Alexandrowna gefielen. Und Ira gefielen sie ja auch. Sie wollte sogar vor Verdruss weinen. Warum wurde mit Selbstverständlichkeit davon ausgegangen, dass sie in Skihosen rumzulaufen, Sport zu treiben und einen Ring für drei Rubel aus dem Kaufhaus zu tragen hatte?

Onkel Serjoscha sagte zu Mama:

»Weißt du, Warjuscha, du hast offenbar schon vergessen, dass ich mein Lebtag in ärmlichen Verhältnissen gelebt habe, ich habe nicht nur an mein eigenes Glück gedacht, so wie du.«

Mama erwiderte perplex:

»Serjoscha, wie kannst du nur …«

Onkel Serjoscha sagte:

»Nicht doch, nicht doch, verzeih mir, das sind die Nerven, die Nerven.«

Mama sprach:

»Nein, nein, nein, wir machen es genau so, wie du es möchtest.«

Kurz darauf aber, als Ira und Mama in die Küche gingen, sagte Mama:

»Muss ich mir wirklich an diesem schrecklichen Tag so einen heftigen Vorwurf von Serjoscha anhören?«

Doch auch jetzt war Mama nicht die, für die Ira bereit gewesen wäre, ihr Leben hinzugeben, mit der sonntags zu Hause zu sitzen angenehmer und lustiger war, als Ausflüge ins Grüne zu unternehmen.

Ira dachte: »Im Grunde hat der Onkel recht, Mama denkt an sich, sagt aber, sie denke an alle, nur nicht an sich selbst.«

Und ein Gefühl der Kränkung erfasste die junge Studentin: Warum dachte Warwara Alexandrowna nicht daran, dass Ira vielleicht gerne einen Ring mit einem echten Stein darin hätte und nicht mit einem aus Strass?

Das große, helle, schmucke Zimmer, wohin Ira als Kind immer gekommen war, war jetzt so düster, unordentlich und unschön, es war voll Staub, voll Naphthalingeruch … die Tische mit den herausgezogenen Kästen … die aufgerissenen Schranktüren … die Wäschestücke, Kleider, Pelze, die über den Stühlen hingen und auf dem Fußboden lagen … und auch die Gedanken waren ungut, ungewohnt, beschämend, unglaublich.

Was für eine lange Nacht war das.

Ein neuer, kaum wahrnehmbarer Geruch ging von der toten Xenia Alexandrowna aus. Sie lag inmitten des umgekrempelten Zimmers, bereits ganz vom Tod in Besitz genommen, und die Glasperlen umschlossen ihren alten, toten Hals; bei ihr blieb nur, was nicht ihr Leben gewesen war, das aber, was ihr ganzer Lebensinhalt gewesen war, wanderte aus den Schubladen, Kommoden, Schränken und fort von ihr in die Müllkästen, in fremde Tischkästen und Schränke ... Und selbst ihr Gesicht war bereits nicht mehr ihr Gesicht.

Und das, was von ihrem Leben geblieben war und zu ihren Angehörigen wanderte, vereinte diese nicht in einem Kreis der Liebe und Nähe. Es schien, nicht nur das Gesicht der Verstorbenen war ein anderes geworden, auch die Gesichter der Lebenden waren in dieser Nacht andere geworden.

Woran Ira auch dachte, alles rief in ihr ein Gefühl der Scham hervor – das Leben in der Ehe genauso wie das Vaterhaus, wie die Kinder, denen man seine ganze Zeit widmen musste und die dann zu jämmerlichen, kleinlichen Erwachsenen heranwuchsen, wie die plötzlichen schlechten, verdorbenen Gedanken an die wunderschönen Dinge.

Es schien, diese Nacht fände nie ein Ende, als würde alles ringsum nun für immer dunkel und grau sein.

Früh am Morgen machte sich Ira auf den Weg zur Hochschule.

Die Herbstsonne schien am kühlen, klaren Himmel, die eisüberzogenen Pfützen und raureifbedeckten Bäume wirkten hell und licht.

Zu dieser frühen Stunde waren nur wenige Menschen und Autos unterwegs. Auf der gegenüberliegenden Straßenseite eilte ein junger Mann im Regenmantel dahin, ohne Mütze, und pfiff das Torerolied aus »Carmen«.

Der Mann mit Wollschal und Pelzmütze, der neben Ira lief, hatte offenbar das Pfeifen gehört und stimmte etwas ungeübt ein, antwortete dem jungen Mann ohne Mütze auf seine Weise.

Ira sah, wie zwei Menschen, die auf gegenüberliegenden Bürgersteigen einherschritten, im selben Moment einander ansahen, weil sie das Band spürten, das zwischen ihnen geknüpft worden war.

Ira dachte: »Da schau an, wie leicht das Erbe von Bizet sich aufteilen lässt.«

1963

VOM SCHICKSAL DES MENSCHEN IN UNMENSCHLICHEN ZEITEN

Ein Nachwort von Franziska Thun-Hohenstein

»Wir sagen, dass keine Zeit schwerer als die unsere gewesen ist, aber wir haben das Menschliche im Menschen nicht sterben lassen«, sagt der Ich-Erzähler am Schluss von Wassili Grossmans essayistischer Erzählung »Die Sixtinische Madonna« (1955). Und er führt seinen Gedanken weiter: Wir »bewahren den Glauben, dass Leben und Freiheit eins sind, dass es nichts Größeres gibt als das Menschliche im Menschen. Möge es ewig leben, unbesiegbar sein«. Große Worte. Sie waren Wassili Grossmans Credo. Bei ihm klingen sie ohne jegliches falsche Pathos. So wie ein Jahrzehnt nach Ende des Zweiten Weltkriegs gehen diese Worte auch heute noch, mehr als ein halbes Jahrhundert später, den Menschen nicht so leicht von den Lippen. Grossman lässt den Worten ihre Wucht, verleiht ihnen aber zugleich eine menschliche Dimension, indem er sie in Alltagsgeschichten übersetzt.

Der russische Schriftsteller und Publizist Wassili Grossman (1905–1964) war alles andere als ein Romantiker. Er war ein genauer Beobachter und scharfer Analytiker seiner Zeit. Das Leben, hatte er einmal formuliert, sei ein Gleichnis. Und die Literatur vermöge auf spezifische Weise über das »Drama des Lebens« zu sprechen. Für Grossman hatte das »Drama des Lebens« in erster Linie einen historisch konkreten Inhalt: Er gehörte zu den wenigen seiner Generation, die die russische Revolution, zwei Weltkriege, die Vernichtung der europäischen Juden, die Terror- und Gewaltexzesse unter Stalin überlebt hatten.

»Meine Liebe«, schrieb Grossman seiner Frau 1944 aus der befreiten Ukraine, »hier habe ich verstanden, wie viel die Menschen einander wert sein müssen, das kleine Häuflein derer, die am Leben geblieben sind …« Und, heißt es weiter, er wolle in seine Heimatstadt Berditschew fahren, um nach seiner Mutter zu suchen. Obgleich er keine Hoffnung habe, sie noch am Leben zu finden, wolle er zumindest wissen, was mit ihr geschehen ist. Seine Vorahnung sollte sich bewahrheiten. In Berditschew erfuhr er vom Tod der Mutter. Zusammen mit Tausenden anderer Juden der Stadt war sie den Massenerschießungen zum Opfer gefallen. Der Tod der Mutter, die Auslöschung unschuldiger Menschen kam für Grossman einem Angriff auf das Leben schlechthin gleich.

Grossman sollte noch anderes Grauen sehen. Der Anblick der Hölle von Treblinka steigerte die Dimension des Erschreckens ins kaum Ertragbare. Beide Erlebnisse wurden zu einer entscheidenden Zäsur in seinem Leben. Von dieser Zäsur aus dachte er fortan über Leben und Tod nach. Sie wurde zum Fluchtpunkt seiner literarischen Weltsicht, zu dem Punkt, von dem aus sich sein literarisches und publizistisches Werk seit den Kriegsjahren erschließt.

Der Preis des Sieges, insbesondere das Entsetzen über die skrupulös geplante und industriell durchorganisierte Vernichtung des jüdischen Volkes sowie über Terror und Gewalt in der stalinschen Sowjetunion ließ Grossman die Frage nach dem Wert des einzelnen menschlichen Lebens schärfer stellen, als er das in seinen Romanen und Erzählungen der dreißiger Jahre getan hatte. Er verglich seine Aufgabe mit der eines Zeugen, dem die Verantwortung oblag, unbeschönigt von allem zu berichten, was er gesehen und erlebt hatte. Das gilt für sein großes Hauptwerk, den zweiteiligen epischen Roman über Stalingrad (»Für die gerechte Sache«, 1948; »Leben und Schicksal«, 1954–1959), und die Erzählungen der späten Jahre ebenso wie für die Zeitungsberichte von den Kriegsschauplätzen und die Beiträge für das »Schwarzbuch« über die Vernichtung der Juden durch die Nationalsozialisten. Wassili Grossman sah den Sinn seines Schreibens darin, das

Recht jedes Menschen auf Leben, auf Freiheit und unabhängiges Denken zu bekräftigen. Diese In-die-Pflicht-Nahme des eigenen literarischen Wortes verlangte dem Autor einiges ab. Er wird sich dessen bewusst gewesen sein, dass eine derartige Haltung in der Sowjetunion unter Stalin kein einfaches Leben nach sich ziehen würde. Erinnerungen zeichnen das Bild eines geradlinigen, nicht immer einfachen Menschen, der mehrfach im Leben seine innere Unabhängigkeit und moralische Integrität bewiesen hatte. Allerdings teilte Grossman die Visionen vieler Vertreter seiner Generation von einer »lichten Zukunft des Kommunismus«. Nicht zufällig stellte der Verfasser der ersten russischen Monographie über den Schriftsteller Grossman die Worte des Drehbuchautors und Theaterkritikers Alexander Borschagowski über die Generation derer voran, die an die Verwirklichung des Ideals einer neuen kommunistischen Gesellschaft in der Sowjetunion glaubten: »Unsere schuldige, gehorsame Generation von Enthusiasten, unverbesserlichen Optimisten ging blind ins Jahr 1937 und verließ es ohne heiligen Zorn, in der unentschlossenen Hoffnung, dass der Tag der Gerechtigkeit bald anbrechen und die Unschuldigen zurückkehren würden.« Das Illusorische dieser Hoffnung sollte auch Grossman erst später klar werden. Die Zeit der Einsichten war noch nicht gekommen.

Wassili Grossman wurde 1905 als Jossif Grossman in der ukrainischen Stadt Berditschew (heute: Berdytschiw) in eine Familie assimilierter Juden hineingeboren. Berditschew war zu Beginn des Jahrhunderts eines der Zentren jüdischer Kultur. Hier mischten sich seit Jahrhunderten polnische, jüdische, ukrainische und russische Einflüsse. In seinem Bericht über die Vernichtung der Juden in Berditschew für das »Schwarzbuch« zählt Grossman die verschiedensten Berufe – vom Schuhmacher bis zum Mediziner – auf, in denen Juden zum Wohle der Menschen in der Stadt gewirkt haben. Hinter jeder Berufsbezeichnung stehen für ihn Menschen mit ihren Gefühlen und Gedanken, ihren Schicksalen und ihren Familien. Sie waren es, die einst die Lebendigkeit der Stadt ausmachten. Durch ihre Vernichtung sollte die

Stadt ihr unverwechselbares kulturelles Gesicht für immer verlieren.

In Grossmans eigener Familie spielte weder das Jiddische noch das Hebräische eine Rolle. Bereits als Kind wurde sein Spitzname Jossja zu Wassja, der russischen Kurzform von Wassili, abgewandelt. Später wählte er diesen Namen zu seinem literarischen Pseudonym. Grossmans Mutter war Französischlehrerin, sein Vater Chemieingenieur. Die Eltern trennten sich und er wuchs bei der Mutter auf, zu der er ein sehr inniges Verhältnis hatte. Der künftige Schriftsteller wählte zunächst den Beruf des Vaters. Nach Abschluss der Schule ging er 1921 zum Studium nach Kiew, wechselte aber 1923 nach Moskau, um an der Universität Chemie zu studieren. Aus dieser Zeit datieren auch die ersten literarischen und essayistischen Schreibversuche. Er heiratete, wurde Vater einer Tochter. Die Ehe hielt jedoch nicht lange. Als Grossman nach Abschluss des Studiums 1929 in einem der wichtigsten Kohlebecken der Sowjetunion, dem ukrainischen Donezk-Becken, zu arbeiten begann, kam es zur Trennung. Dann erkrankte Grossman, man vermutete Tuberkulose, daher zog er 1933 auf Anraten der Ärzte nach Moskau um. Auch hier war er zunächst als Chemiker tätig, widmete sich aber zunehmend der literarischen Tätigkeit. Er knüpfte Kontakte zu literarischen Kreisen, hatte erste Erfolge. In der führenden »Literaturnaja gaseta« (Literaturzeitung) erschien 1934 die Erzählung »In der Stadt Berditschew«, die aufhorchen ließ. Sie handelt von einer russische Kommissarin, die im Bürgerkrieg ihr neugeborenes Kind bei einer jüdischen Familie zurücklässt, um selbst wieder in den bewaffneten Kampf ziehen zu können. Maxim Gorki, Isaak Babel, Michail Bulgakow und andere Schriftsteller zollten dem jungen Autor Anerkennung. Gorki, der sich selbst gerne in der Rolle eines Förderers und Mentors junger Autoren sah, riet Grossman, sich ganz der Literatur zu widmen. Es hätte dieser Aufforderung wohl nicht mehr bedurft, denn das literarische Schreiben hatte ihn längst in seinen Bann gezogen.

Hatte Grossman bei seinen ersten Schreibversuchen Ende

der zwanziger Jahre noch mit verschiedenen Stoffen und Genres experimentiert – von philosophischen Miniaturen, kleinen Szenen aus dem Alltagsleben, Tiergeschichten bis zur Phantastik und historischen Erzählungen (z.B. über Spartacus) –, so schrieb er in den dreißiger Jahren vorwiegend realistische Erzählprosa. Zwei Themenfelder rückten in den Mittelpunkt, die für die russische Literatur jener Zeit charakteristisch waren: das Pathos des sozialistischen Aufbaus und die dramatischen Ereignisse während der Revolutions- und Bürgerkriegsjahre. In der Erzählung »Glückauf!« (1934) über die Arbeit in den Kohlegruben des Donezk-Beckens verarbeitete er eigene Erlebnisse. Nacheinander erschienen mehrere Erzählbände: »Glück« (1935), »Vier Tage« (1936), »Erzählungen« (1937). Grossmans Weg als Autor des Sozialistischen Realismus schien vorgeprägt zu sein. Im Jahr des Großen Terrors 1937, da die Verhaftungs- und Erschießungswellen Angst und Schrecken verbreiteten, wurde er als Mitglied in den Schriftstellerverband aufgenommen. Die Mitgliedschaft im Verband bedeutete die Anerkennung seines Status als professioneller Schriftsteller und war mit bestimmten sozialen Privilegien verbunden.

In dasselbe Jahr 1937 fällt aber auch ein biographisches Ereignis, das den Menschen Wassili Grossman von einer anderen Seite zeigt. Grossmans zweite Frau, Olga Guber, hatte seinetwegen ihren ersten Mann, den Schriftsteller Boris Guber (1903–1938), und die beiden Söhne verlassen. Guber gehörte zu den führenden Mitgliedern der Schriftstellervereinigung »Perewal« (Der Gebirgspass), die sich im Unterschied zur propagierten Dominanz einer neuen proletarischen Literatur die Tradition der klassischen russischen Literatur des 19. Jahrhunderts zum Vorbild nahm. Im Jahr des großen Terrrors wurde Boris Guber zusammen mit führenden Vertretern des »Perewal« unter dem Vorwurf des Trotzkismus verhaftet und 1938 erschossen. Auch Olga Guber wurde als »Mitglied der Familie eines Volksfeindes« verhaftet. Grossman holte ihre beiden Söhne zu sich und adoptierte sie. Monatelang versuchte er, seiner Frau zu helfen. Er scheute nicht davor zurück, Nikolai Jeschow, dem Chef des Geheimdienstes NKWD, unter dessen Leitung der Terror bis dahin nie gekannte Ausmaße angenommen hatte, zu schreiben. In seinem Brief argumentierte Grossman, Olga sei nicht mehr die Frau von Guber und dürfe daher auch nicht als »Familienangehörige« verhaftet werden. Es geschah ein Wunder – Olga wurde freigelassen. Zweifellos war Grossmans Handeln kein Einzelfall, dennoch war die offene Parteinahme für einen zum »Volksfeind« abgestempelten Menschen in einer Zeit, da niemand seines Lebens sicher sein konnte, nicht selbstverständlich. Für Grossman war es das.

Grossmans Vertrauen in die Überlegenheit der neuen sozialistischen Gesellschaft wurde durch die eigene Konfrontation mit Stalins Gewaltmaschinerie gegen Unschuldige jedoch zunächst nicht erschüttert. Die Arbeit an dem mehrteiligen Romanprojekt »Stepan Koltschugin« über den Weg eines jungen russischen Arbeiters zu einem aktiven Kämpfer für die Ideale der Oktoberrevolution wurde durch den Krieg unterbrochen.

Nach dem Überfall Deutschlands auf die Sowjetunion meldete sich Wassili Grossman an die Front. Als Frontberichterstatter der Armeezeitung »Krassnaja Swesda« (Roter Stern) erwarb er sich den Ruf eines detailgetreuen und unbestechlichen Beobachters, der seinen Lesern weder die Missstände in den eigenen Reihen noch die Niederlagen oder den Preis des Sieges ersparte. Ohne zu beschönigen sprach er über die Verbrechen der eigenen Kämpfer gegen die deutsche Zivilbevölkerung, über die Plünderungen und die Vergewaltigungen deutscher Frauen. Er war einer der wenigen Schriftsteller, die das Kriegsgeschehen in den vordersten Linien miterlebten – vom chaotischen Rückzug der Roten Armee zu Beginn des Krieges über die Entscheidungsschlacht um Stalingrad, die Befreiung der Ukraine bis zum Sturm auf Berlin. Die Aufzeichnungen in den Notizheften belegen, dass ihn das tagtägliche »Handwerk des Krieges«, die Gedanken und Gefühle der Soldaten und Offiziere der kämpfenden Truppen interessierten. Sein schriftstellerischer Blick hat

Details eingefangen, in denen wie in einem Brennspiegel die Grausamkeit des Krieges und zugleich die Achtung vor jeder Regung von Leben aufleuchten. Der Historiker Karl Schlögel vermerkt, dass Grossmans Gespür für Details nicht allein auf die Professionalität eines Berichterstatters zurückzuführen ist. Es gründet vielmehr in der geschärften Wahrnehmung eines Kämpfers an vorderster Front, der gelernt hatte, dass ein Mangel an Aufmerksamkeit den Tod bedeuten konnte.

Der Krieg hat Grossmans Sicht auf das Leben verändert. Die literarische Verarbeitung des Erlebten hatte bereits im Krieg eingesetzt. 1942 erschien der Roman »Das Volk ist unsterblich« als Vorabdruck in der »Krassnaja Swesda«. Im Jahr darauf begann er mit der Arbeit an einem zweiteiligen Roman über den Wendepunkt des Krieges, die Schlacht um Stalingrad, dessen erster Teil »Für die gerechte Sache« 1952 zwar erscheinen konnte, aber sofort ins Kreuzfeuer der Kritik geriet. Unbeirrt von den Attacken gegen ihn arbeitete Grossman in den folgenden Jahren am zweiten Teil, dem er den Titel »Leben und Schicksal« gab und den er 1960 abschloss. Der Bezug zu Lew Tolstois Romanepos »Krieg und Frieden« war offenkundig und vom Autor gewollt. Der Roman, in dem Grossman dem gerechten und entbehrungsreichen Kampf des sowjetischen Volkes für die Freiheit gegen Nazideutschland ein literarisches Denkmal setzen wollte, weitete sich zu einer geschichtsphilosophischen Auseinandersetzung mit jeglicher totalitären Herrschaftsform. Stalingrad wurde zum »Ort der Erkenntnis« (Karl Schlögel), von dem aus nicht allein die deutschen Konzentrations- und Vernichtungslager ins Blickfeld gerieten, sondern auch Stalins Feldzug gegen das eigene Volk: die Hungerkatastrophe in der Ukraine (der Holodomor), die Erschießungen, die Deportationen, der GULAG. Von Stalingrad ging für Grossman die Hoffnung aus, der Sieg über Nazideutschland werde das Volk auch zu einem Sieg über das Terrorregime im eigenen Land führen. Diese Hoffnung sollte sich nicht erfüllen. So endet der Roman mit einem nachdenklichen Ton.

Das tausend Seiten umfassende Werk, das als eigenständiger Roman gelesen werden kann, sollte seinen Autor posthum weltberühmt machen. In der Sowjetunion aber geriet er ins Visier des KGB, nachdem er von einem Redakteur der Zeitschrift »Znamja« (Das Banner), dem er den Roman übergeben hatte, denunziert worden war. Das Manuskript einschließlich aller Kopien und Blaupausen, derer die Häscher habhaft werden konnten, wurde beschlagnahmt, »verhaftet«, wie es hieß. In seinen letzten Lebensjahren wurde Grossman de facto mundtot gemacht, der Kontakt zum Leser unterbunden, sein Name nahezu totgeschwiegen.

Obgleich 1962 noch ein Erzählband erscheinen konnte, blieben viele der späten Erzählungen zu seinen Lebzeiten unveröffentlicht. Das betraf beispielsweise auch die poetischen Reiseskizzen über Armenien unter dem Titel »Alles Gute!« (1962–1963). Grossman gab den Text in die Redaktion der von Alexander Twardowski geleiteten Zeitschrift »Nowyj Mir« (Neue Welt), in der im Herbst 1963 Alexander Solschenizyns Erzählung »Ein Tag des Iwan Denissowitsch« über den GULAG erschien. Die Zensur bestand auf der Streichung eines einzigen Absatzes in Grossmans Text. Der Ich-Erzähler spricht in den beanstandeten Sätzen von armenischen Bauern, denen er bei einer ländlichen Hochzeit begegnet war und von deren »menschlichen, gütigen Reden« er zutiefst beeindruckt gewesen sei. In diesen Reden habe er Worte voller Anteilnahme und Entsetzen über die Ausrottung des jüdischen Volkes gehört. Er verneige sich tief vor den armenischen Bauern, heißt es weiter, sowohl vor jenen, die während des Festes vor allen Leuten offen über das Leid der Juden und über die Vernichtungslager gesprochen, wie vor jenen, die voller Ehrfurcht und Trauer schweigend zuhört hatten. Grossman lehnte die Streichung dieses für ihn so wichtigen Absatzes rigoros ab und zog seine Druckgenehmigung zurück.

Die von der Zensur verbotenen Sätze verstießen gegen eine in der Sowjetunion geltende Sprachregelung, die den Völkermord an den Juden betraf: Die Juden sollten nicht als eine besondere nationale Opfergruppe unter den Toten des Krieges hervorgehoben werden. Grossman konnte, nach allem, was er gesehen und durchgemacht hatte, ein solches Redeverbot nicht akzeptieren. Hinzu kam ein Schuldempfinden, von dem er sich nicht befreien konnte. Und das nicht allein, weil er seine Mutter nicht rechtzeitig aus Berditschew hatte evakuieren können. Grossman belastete eine Unterschrift, die er wenige Wochen vor Stalins Tod gegeben hatte: Zu Beginn des Jahres 1953 plante Stalin im Kontext der antisemitischen Kampagne gegen eine angebliche Verschwörung jüdischer Kreml-Ärzte die Deportation der sowjetischen Juden nach Sibirien. Propagandistisch vorbereitet werden sollte die Kampagne durch einen vorgefertigten »offenen Brief«, in dem bekannte jüdische Intellektuelle die Regierung und Stalin um »Schutz« der Juden vor möglichen Gewaltausbrüchen bitten, de facto aber deren Deportation legitimieren sollten. Damals hatte Grossman dem Druck nicht standgehalten und unterschrieben.

Nach Stalins Tod, nachdem die Gefahr physischer Vernichtung im eigenen Land vorüber war, wollte Grossman sich der Angst nicht mehr beugen. Er schrieb ohne Rücksicht auf mögliche neue Durchsuchungen durch den KGB. In seiner letzten Erzählung »Alles fließt« (1963), in der sich essayistische und literarische Passagen mischen, zieht der Protagonist Iwan Grigorjewitsch nach jahrzehntelanger Haft im GULAG Bilanz seines Lebens und überdenkt die entbehrungsreiche Geschichte seines Volkes im 20. Jahrhundert. Sein Fazit über den sowjetischen Staat fällt bitter aus: »Der Staat ohne Freiheit ist in seine dritte Etappe eingetreten. Lenin hat ihn begründet. Stalin hat ihn erbaut. Und nun, in der dritten Etappe, ist der Staat ohne Freiheit, wie die Erbauer sagen, in Betrieb genommen.« Dennoch steht am Schluss der Erzählung die Hoffnung des Protagonisten – wie seines Autors – auf die Kraft des Menschen, auf seinen unbesiegbaren Willen zur Freiheit.

Der psychische Druck dieser Jahre war an Wassili Grossman nicht spurlos vorbeigegangen. Nach langer schwerer Krankheit starb er 1964, noch vor seinem sechzigsten Geburtstag.

Der Name des Schriftstellers Wassili Grossman wird im Bewusstsein der Leser in erster Linie mit seinem Roman »Leben und Schicksal« verbunden bleiben. In den erstmals ins Deutsche übersetzten Erzählungen aus den fünfziger Jahren entdeckt der Leser andere Facetten. In den äußerst dicht geschriebenen Geschichten gibt es keine epische Breite, kaum ausführliche Beschreibungen. Die Charaktere und Lebenswege der Protagonisten sind mit wenigen Strichen skizziert. Manches ist nur beiläufig erwähnt, vieles bloß angedeutet. Grossmans Erzählgestus ist meist ruhig, fast lakonisch, er bleibt stets nahe an den Figuren, an ihren Sorgen und Nöten, ihrem Leid und ihrer Freude. Seine Neigung zu philosophischer Reflexion zeigt sich auch in diesen Texten, vielfach stehen narrative Passagen neben essayistischen, mischt sich Zeitbezogenes mit Zeitlosem. Immer wieder geht es dabei um Leben und Tod, um Liebe und Vertrauen, aber auch um Verrat und Enttäuschung, um Schuld und Vergeben. Die Nationalität oder auch die staatliche Zugehörigkeit der Figuren verlieren aus dieser Perspektive ihre Relevanz.

Zum auslösenden Moment für eine Geschichte wird oftmals ein Einschnitt im Leben der Hauptfigur – das kann der Tod sein (wie in »Die Mieterin«, »Der Elch« und »Wenn alles einstürzt«), die Konfrontation mit einem bislang ausgeblendeten, eher schwierigen sozialen Lebensalltag (wie in »Einige traurige Tage«, »Im großen Moskauer Ring« und »Die Junge und die Alte«) oder ein anderes einschneidendes Erlebnis. In »Abel« beispielsweise ist es die Beteiligung am Atombombenabwurf, die einen der amerikanischen Piloten unter der Last der eigenen Schuld zerbrechen lässt. Im Zentrum der titelgebenden Erzählung »Tiergarten«, die während der letzten Kriegstage im Berliner Zoo spielt, steht der deutsche Tierpfleger Ramm, dem die verstörten Tiere mehr Vertrauen einflößen als die Menschen.

Durch derartige Erlebnisse eröffnet sich den Figuren eine neue Sicht auf das Leben, in der Zwischentöne zu hören sind und die sie veranlasst, nach der Verantwortung für das eigene Handeln zu fragen. Die literarische Erkundung des

Lebens jenseits eines einfachen Schwarz-Weiß-Kontrastes, die Ehrfurcht vor dem Leben eint Wassili Grossman mit einem anderen großen russischen Schriftsteller des 20. Jahrhunderts, mit dem ihn eine enge Freundschaft verband: mit Andrej Platonow.

So verwundert es nicht, dass Grossman keine Antworten anstrebt, sondern Fragen stellt, Geschichten so zu verdichten vermag, dass der Leser zum Nachdenken über eigene Erfahrungen angeregt wird. In der Erzählung »Wenn alles einstürzt« stirbt eine alte Frau. Ihr Leben war nicht besonders aufregend gewesen. Sie hatte drei Männer überlebt, die sie eher aus Vernunftgründen geheiratet hatte. Während der letzten Stunden sind Verwandte bei ihr. Kaum, dass sie tot ist, beginnen alle, ihre Sachen aufzuteilen. Hinter dem betont höflichen Umgang aller miteinander schwelen Konflikte, die aber nicht ausgetragen werden. Die Tote hatte ihr Leben lang kaum etwas wegwerfen können. Ihr Zimmer ist vollgestopft mit Koffern und Kartons voller alter Sachen. Längst ist das meiste unbrauchbar geworden. Die alten Kleidungsstücke sind zerschlissen, von Motten zerfressen. Bis auf den echten Schmuck und wenige Gegenstände wandern alle Dinge, die den Lebensinhalt der Toten ausgemacht hatten, säckeweise auf den Müll. Als die Nichte der Verstorbenen am darauffolgenden Morgen auf die Straße tritt, um zur Universität zu fahren, hört sie, wie zwei junge Männer im Wechselspiel das Torerolied aus »Carmen« von Bizet pfeifen. »Da schau an, wie leicht das Erbe von Bizet sich aufteilen lässt«, so lautet der letzte Satz. Am Ende steht die unbeantwortete Frage: Was bleibt von einem Menschen? Lässt sich das Leben eines Menschen in Dingen aufwiegen?

In einigen der bewegendsten Erzählungen erscheinen die Tiere nahezu als die besseren, ehrlicheren Menschen. »Die Straße« handelt von einem italienischen Maultier, das von den Menschen im Krieg als Lasttier geschunden und bis in die endlosen und eisigen russischen Weiten getrieben wird, wo es ebenso zu erstarren droht wie alles ringsum. Als es endlich von russischen Soldaten in einen Stall geholt und neben eine Stute gestellt wird, kommt sein Lebenswille allmählich zurück. »Das Leben des Maultiers Giù und das Schicksal der Stute aus Wologda«, schreibt Grossman (und die Worte nehmen bewusst den Titel seines verbotenen Romans auf), teilten einander ihre guten, lebensstiftenden Erinnerungen mit und »es lag eine wundersame Anmut in diesen nahe beieinanderstehenden, zutraulichen zärtlichen Wesen inmitten der Kriegsebene unter dem grauen Winterhimmel«.

Die Häufigkeit der christlichen Bilder und Symbole in Grossmans literarischem Werk hat Kritiker immer wieder verleitet, von Grossmans Verhaftetsein in einer christlichen Ethik zu sprechen. Anders aber als beispielsweise Boris Pasternak sprach Grossman vom Leben als einem Gleichnis. Pasternak nannte die Bibel ein »Notizheft der Menschheit«, dessen Lebendigkeit in der Empfänglichkeit »für alle Anverwandlungen« späterer Jahrhunderte begründet sei. Die Kulturgeschichte stellte sich für ihn als eine »Kette von Gleichungen in Gestalten« dar, die »paarweise das in der Reihe nächste Unbekannte mit dem Bekannten«, dem aktuellen Moment, verbinden. Pasternak interessierte die »Kraft der Verkettung« in der durchgängigen Bildlichkeit der historischen Symbolik, letztlich die Verbindung zwischen Leben und Tod, zwischen der abwesenden und der anwesenden Zeit. Daher erzählte er (vor allem im Roman »Doktor Schiwago«) die Geschichte seiner Figuren im Lichte der christlichen Heilsgeschichte. Anders Grossman. Er griff ebenfalls oft auf biblische Motive zurück, aber nicht, um eine religiöse Deutungsperspektive zu vermitteln, sondern um das Zeitlose in den Alltagsgeschichten seiner Figuren zu beleuchten. In jeder Begebenheit, in jedem auch noch so kleinen Moment aus dem Leben der sogenannten einfachen Leute suchte er das den konkreten Moment Übersteigende und in diesem Sinne Ewige aufzuzeigen.

Vor diesem Hintergrund erschließt sich das Verstörende des Essays »Die Sixtinische Madonna«. Beim Anblick von Raffaels Gemälde fragt sich der Ich-Erzähler, warum im Gesicht der Mutter, die ihr Kind dem Schicksal entgegenstrecke, keine Angst vor dem Kommenden zu sehen sei. Die Madonna mit dem Kind wird für den Erzähler zum Symbol eines sich durch die Jahrhunderte wiederholenden schweren Schicksals des Menschen. Es entstehe eine »zärtliche, bewegende und kummervolle Gemeinschaft zwischen Menschen verschiedener Generationen, Völker, Rassen, Jahrhunderte«. »Der Mensch«, heißt es weiter, »erkennt sich selbst, sein Kreuz, und begreift plötzlich den erstaunlichen Lauf der Zeit, die Verbindung, die zwischen ihm und den heute Lebenden besteht, zwischen ihm und allem, was war und überholt ist, und dem, was sein wird.« Obgleich vom Kreuz – einem christlichen Symbol – die Rede ist, geht es Grossman nicht um Opferbereitschaft vor dem Hintergrund einer Erlösungsgewissheit. Er folgt auch nicht der sowjetischen Propagandaformel von einer selbstlosen und heldenhaften Opferbereitschaft für die »lichte Zukunft des Kommunismus«. Zugleich aber war es während des Krieges gerade der Glaube, das eigene Leben im Kampf gegen Nazideutschland für die gerechte Sache, für das Leben künftiger Generationen einzusetzen, aus dem er wie viele andere seiner Generation Zuversicht schöpfte. Er teilte die Idee vom »heiligen Volkskrieg«, in dem das sowjetische Volk den Sieg davon getragen habe. Grossman deutet Raffaels Gemälde als eine Art Urszene: Solange es Leben auf Erden gebe, würden Menschen immer wieder ihr schweres Los annehmen. Wie stark diese Gedanken autobiographisch konnotiert sind, zeigt sich daran, dass er an dieser Stelle auf das Vernichtungslager Treblinka zu sprechen kommt und eine längere Passage aus seinem Essay von 1945 »Die Hölle von Treblinka« zitiert. Grossman schrieb »Die Sixtinische Madonna« während der Arbeit an »Leben und Schicksal«, in dem er das ethische und ästhetische Wagnis einging, sich in jene hineinzuversetzen, die »den tiefsten Punkt des Abgrunds« (Primo Levi) berührt hatten und nicht zurückgekehrt waren. Sein Nachdenken über die letzten Momente im Leben der Opfer des Vernichtungskrieges der Nazis gegen die Juden kulminiert hier in der Bemerkung, er habe im Gesichtsausdruck der Madonna mit dem Kind die Mutter erkannt, die mit ihrem Kind in die Gaskammer lief. Es könne aber ebenso, so heißt es weiter, auch der Gesichtsausdruck einer russischen Mutter mit ihrem Kind sein, die während der Zwangskollektivierung nach Sibirien deportiert wurden.

Es war wohl eher Zufall, dass den deutschen Lesern in ein und demselben Jahr 2007 sowohl Wassili Grossmans Roman »Leben und Schicksal«[76] in einer vollständigen Übersetzung als auch der erste Band der »Erzählungen aus Kolyma« von Warlam Schalamow (1907–1982)[77] zugänglich wurden. Schalamow war achtzehn Jahre in Gefängnissen und Zwangsarbeitslagern des GULAG, allein vierzehn Jahre in den Lagern der ostsibirischen Region am Fluss Kolyma, dem Kältepol der Erde, wo die Gefangenen selbst bei minus 50 Grad Celsius – und oftmals auch darunter – noch unter freiem Himmel arbeiten mussten. Über den erschreckend schnellen Zersetzungprozess, dem der Mensch unter derartigen Bedingungen unterworfen war, schrieb Schalamow äußerst karge, minimalistische Erzählungen.

In der zeitlichen Koinzidenz der deutschen Neuerscheinungen von Schalamow und Grossman scheint dennoch eine symbolische Bedeutung zu liegen. Beide Schriftsteller einte das Entsetzen über das Ausmaß an Terror und Gewalt, denen die Menschen im 20. Jahrhundert ausgesetzt waren. Beide, Grossman und Schalamow, besaßen ein Auge für Details und die Fähigkeit, sie sprachlich zu einprägsamen Bildern

---

76 Wassili Grossman: »Leben und Schicksal«. Aus dem Russischen von Madeleine Ballestrem, Arkadi Dormann, Elisabeth Markstein und Annelore Nitschke. Mit je einem Nachwort versehen von Jochen Hellbeck und Wladimir Woinowitsch. Claassen Verlag, Berlin 2007

77 Warlam Schalamow: »Durch den Schnee. Erzählungen aus Kolyma 1«. Aus dem Russischen von Gabriele Leupold. Herausgegeben und mit einem Nachwort von Franziska Thun-Hohenstein. Matthes & Seitz, Berlin 2007; »Linkes Ufer. Erzählungen aus Kolyma 2«. Aus dem Russischen von Gabriele Leupold. Herausgegeben von Franziska Thun-Hohenstein. Matthes & Seitz, Berlin 2008

und Szenen zu verdichten. Beide benannten das Grauen, stellten die Frage nach dem Wert des einzelnen menschlichen Lebens und nach der Kraft, die den Menschen angesichts des Erlebten am Leben hielt. Beide verstanden sich als Zeugen, die auch im Namen der Toten sprachen. In ihrem literarischen Schreiben aber folgten sie unterschiedlichen ästhetischen Vorstellungen. Ihre Ansichten über die Wirkung von Literatur gingen weit auseinander: Schalamow verortete sein literarisches Schreiben in der Nachfolge der russischen Moderne. Nach Auschwitz, Kolyma, Hiroshima müsse es aus seiner Sicht eine »neue Prosa« geben, die »durchlitten sei wie ein Dokument« und die die existentielle Gefährdung des Menschen fixiere. Jeden belehrenden und moralisierenden Ton lehnte Schalamow ab. Grossman hingegen vertraute auf die läuternde Kraft des literarischen Wortes und auf das nach wie vor ungebrochene Erkenntnispotential der klassischen epischen Erzähltradition. Über Grossmans innere Verwandtschaft mit Lew Tolstoi und Anton Tschechow ist viel geschrieben worden. Das Pathos, das in Wassili Grossmans literarischen Texten immer wieder durchbricht, ist jedoch, anders als bei Tolstoi, keineswegs didaktisch und moralisierend. Es ist eher ein mitfühlender emotionaler Ton, der an Tschechow erinnert.

Zwischen Zweifel und Hoffnung, Enttäuschung und Zuversicht baut Wassili Grossman letztlich immer auf den Menschen. Einer der Schlussgedanken des Protagonisten aus »Alles fließt« könnte als Motto über seinem literarischem Spätwerk stehen: »Warum war sein Leben so schwer gewesen? Er hatte nicht gepredigt, nicht gelehrt, er war der geblieben, der er von Geburt an war – ein Mensch.«

Inhalt

claassen

Knut Hamsun
Hunger
Roman

Aus dem Norwegischen von Siegfried Weibel
Mit einem Nachwort von Daniel Kehlmann
ca. 224 Seiten / Gebunden mit Schutzumschlag
ISBN 978-3-546-00449-7

»Ein Klassiker, so vielgestaltig, dass er nicht aufhört, uns zu überraschen.«
Daniel Kehlmann

Am 4. August 2009 jährt sich der 150. Geburtstag des norwegischen Literaturnobelpreisträgers Knut Hamsun. Mit *Hunger* gelang ihm 1890 sein literarischer Durchbruch. Nie wurde menschliches Leid so schonungslos und genau geschildert wie in diesem weltberühmten Roman über einen zerlumpten, halb verhungerten Künstler.

»*Hunger* ist eines der Ausnahmebücher, in denen sich fortwährend etwas Neues ereignet, ohne dass man je ins Beliebige gerät.«
Dieter Wellershoff

»Keine literarische Erfahrung hat sich mir tiefer eingeprägt als Knut Hamsuns *Hunger.*«
Roger Willemsen

claassen

Sigitas Parulskis
Drei Sekunden Himmel

Roman

Aus dem Litauischen von Claudia Sinnig
256 Seiten / Gebunden mit Schutzumschlag
ISBN 978-3-546-00448-0

Drei Sekunden, die ich der Wirklichkeit hinterher hinke, die mir so fehlen, die ich brauche, um die Kuppel meiner Seele aufzuspannen, drei Sekunden Totenstille.

Ein schonungslos ehrlicher Roman, drastisch, komisch und romantisch: über die Angst des Fallschirmjägers vor dem Sprung, die Sehnsucht des Menschen dazuzugehören und die Einsamkeit, ein Mann zu sein.

»Ein herausragend subtiles Werk auf höchstem sprachlichem Niveau, ein Buch voll von Schmerz und Wahrheit.«

Literatūra ir Menas (Literatur und Kunst)